《说文》与训诂研究论集

宋永培 著

商務印書館
创于1897 The Commercial Press
2013年·北京

图书在版编目(CIP)数据

《说文》与训诂研究论集 / 宋永培著. —北京:商务印书馆,2013

ISBN 978-7-100-08822-0

Ⅰ. ①说… Ⅱ. ①宋… Ⅲ. ①说文—文集 ②训诂—文集 Ⅳ. ①H161-53 ②H13-53

中国版本图书馆 CIP 数据核字(2011)第 264062 号

《说文》与训诂研究论集

宋永培 著

商 务 印 书 馆 出 版

(北京王府井大街36号 邮政编码100710)

商 务 印 书 馆 发 行

北京市松源印刷有限公司印刷

ISBN 978-7-100-08822-0

2013年2月第1版 开本 850×1168 1/32

2013年2月北京第1次印刷 印张 $14^{3}/_{8}$

定价:36.00元

目　录

“训诂”的本义与“六经皆史”的内涵

——为纪念导师陆宗达先生九十诞辰而作

“训诂”这个词的意义，今人理解为“解释古代词义”。这种理解只是“训诂”一词在后来的基本意义，不是它本来的意义。这就容易导致对于“训诂工作”的本来意义的误解，从而妨碍我们对于训诂学的研究对象、方法、任务、目的的正确认识，并影响现代、当代训诂学的建立与发展。

“训诂”的本义是什么呢？潘任《说文粹言疏证》(《希郑堂丛书》本)说：“训诂之名始于《大雅·烝民》‘古训是式’。毛传：‘古，故也。’是即训诂之义。‘故、诂、古’三字通。《尔雅·释诂》释文引《字林》曰：‘诂，故言也。’又云：‘诂本作故。’《说文·言部》：‘诂训，故言也。从言，古声。’引‘《诗》曰诂训’。是《诗》之‘古训’当作‘诂训’。‘古’与‘故、诂’音义俱同。”潘任的这个说法，同于钱大昕的见解。《段注匡谬》是这样引用钱大昕的见解的：“许氏引书，往往不举全文。‘诂训’即‘古训是式’。善读书者，融会全书，知其体例，不为孟浪之言，不以‘《诗》曰诂训’为不成语也。”潘、钱二家的说法中提到了《说文》对于“诂训”本义的解释。《说文》的解释是：“诂训，故言也。从言，古声。《诗》曰诂训。”(三上)

对于《说文》这条解释不能理解为“诂，训故言也”，而应明确

"诂"和"训"连接为一个词"诂训"。这体现了《说文》的一个基本条例——连上篆为句。钱大昕《〈说文〉连上篆为句》[①]指出,《说文》的"诂"字应与"训"字连读为"诂训":"许君因文解义,或当叠正文者,即承上篆文连读,如:'诂训,故言也。'"

我们现在见到的大徐本《说文》把"诂训"解释为"故言",但是《说文》的古本也有把"故言"直接写作"古言"的。这有以下证据:《一切经音义》卷二十二引用《说文》时,写作"诂训,古言也"。《后汉书·桓谭传》:"遍习五经,皆诂训大义。"注引《说文》为"诂训,古言也"。《后汉书·郑兴传》:"使撰条例章句训诂。"注引《说文》为"诂训,古言也"。

由上可知:"古训"就是"古言"。而"古言"又叫做"古道"。所以对于《诗·大雅·烝民》"古训是式",毛传解释为:"古,故。训,道。"于是孔颖达正义解释说:"古训者,故旧之道。"[②]

需要明确的是:"训、道"是同义词,其本义(言语,道理)的词性是名词。由于古言、古道需要通过阐说来推广,需要解释才能理解,所以"古言、古道"的"言"与"道"就引申出"阐说、解释"的意义,这种引申义的词性成了动词。"训诂"的名称与本义本来是"古训、古言、古道",这种上古的"古训"到了后代已经不容易为人理解,必须加以解释,因而"古训"(古言、古道)就产生了"解释"的意义。在字形上也随之发生变化,变化的程序是:古训——故训——诂训——训故——训诂。在这些词的字形中,"古、故、诂"的形、音、义彼此联系贯通。其中,"故"发挥了中间环节的作用,在意义上它既含"古代"义,又含"老旧"义,又含"解释"义。在词性上它既是名词,又是形容词,又是动词。这样的语言例证是很多的。例如:在毛传的解释"古,故"中,"故"是名词,义为"古代"。在孔颖达的解释"古训者,故旧之道"中,"故"是形容词,义为"故旧"。在《汉书·艺文志》"《诗》有鲁故、韩故、齐后氏故、齐孙氏故"中,"故"是动词,义为"解释"。

从汉代至今,后人对上古的古训的理解必须经由解释这个阶段,所以"训诂"就引申出并固定为"解释古训"即"解释古代词义"这样的基本意义。它的本义——"古训、古言、古道"倒逐渐被人们淡忘和忽视了。但是,中国的学术文化是一脉相承地灌注下来的,既然要研究训诂,那么"训诂"的本义是一定淡忘、忽视不得的。

现在把问题重新引到上文所说的"训诂"的本义上来,并且深入一步地探寻:"训诂"的本义——"古训、古言、古道",指称什么内容,具有什么特点呢?

《诗·大雅·烝民》"古训是式"笺云:"故训,先王之遗典也。"正义:"古训者,故旧之道,故为先王之遗典也。"[③]"先王之遗典",表述的是"先王之陈迹"。这些上古的遗典、陈迹,流传到春秋战国时代,其中一部分便沉积于"六经"之中。所以《庄子·天运》说:"六经,先王之陈迹也。"

"上古"的时限,可以一直上溯到远古时期。先王的遗典(古训)和先王的陈迹,是从距今约六千年的尧舜时代发端的。

《说文·叙》简要勾勒了尧舜时代"初造书契,百工以乂,万品以察"的古史概况。在《说文》意义体系中,这种古史开始于"民居水中高土"的"尧遭洪水"事件。先民为避洪灾而由水登山,在山陵高土仰观俯察,田猎农耕。其时书契初兴,"百工以乂,万品以察"。书契不但表述了由水登山、田猎农耕的历程,也记录了平治洪水之后,降丘宅土、经纬九州的史实。

章学诚《校雠通义·内篇原道第一》中,谈到了文字产生时,

“百工以乂，万品以察”的特定的方式与体制。他说：“结绳之治，易之书契，圣人明其用曰：‘百官以乂，万民以察。’夫为治为察，所以宣幽隐而达形名，盖不得已而为之，其用足以若是焉斯已矣。理大物博，不可殚也。圣人为之立官分守，而文字亦从而纪焉。有官斯有法，故法具于官。有法斯有书，故官守其书。有书斯有学，故师传其学。有学斯有业，故弟子习其业。官守学业皆出于一，而天下以同文为治，故私门无著述文字。”

这就是说，在尧舜时代，百官通过文字来治理政事，万民凭借文字来察知事物。这种治理与察知的特定体制，是“官守学业皆出于一”。简言之就是“官师合一”。用今天的话来解释，即：官吏既担任“治民”之职，又掌管“教民”之事。“治、教”之责，“官、师”之务，都集中于官吏之身。这样一来，著述就出自于统一的“官”与“师”，“官、师”著述的内容就等同于学士学习的内容，便是表述尧舜以来百官治理的史实和万民察知的事物，以及在这种治理、察知之中形成的典章制度与文化观念。

上古时代，政治、文教上“官师合一”的特定体制是与学术文化上“道器合一”的特定形态密切联系的。“官师合一”是说官吏集“治民、教民”的职责于一身。“道器合一”则是说古道、古训都寄寓在对实事的陈述中。“官师合一”既然密切联系着“道器合一”，就表明当时的“官、师”是用和谐结合的“道、器”来治理与教化民众的。道，指概括了的事物的特点与规律，因而是应当效法的形而上的道理、原则。器，指生动具体、为人熟知的形而下的实事。《易》曰：“形而上者谓之道，形而下者谓之器。”“道”依托于具体的事物“器”才能存在，事物的特质只有通过“道”的概括才能彰显。中国学术文化的源头，正是在这种特定的“道、器”的密切结合中开辟出后代学术文化的远流来的。章学诚深明此理,他的《文史通义·外篇卷三》深刻地指出:“故知道器合一,方可言学,道器合一之故……实古今学术之要旨。”

至此可以看到,中国的学术文化,中国的古训、训诂,它们在一开始即造就了自己根本的特点,就是最为注重这种“惟精惟一”的结合:“官师合一”,“道器合一”,用“官师合一”来制定和推行“道器合一”。著名哲学家方东美先生说:“中国的早熟文化”,“中国的文明正如同东方升起的光明灿烂的太阳,驱散宇宙间的一切云雾,成为光天化日的世界。这在其他文化中是需要长时期的演变才能达到的”,“在《尚书》这部古书中,中国人在精神上最佩服、最醉心的是尧,‘钦明文思安安,允恭克让,光被四表;格于上下,克明俊德,以亲九族。九族既睦,平章百姓,百姓昭明,协和万邦,黎民于变时雍’。也就是说,中国历史上第一次就出现了大太阳,成为彻上彻下的理性世界”④。

中国古代的学术文化之所以美善与辉煌,是因为它记录与阐释了如同《论语·泰伯》所深情赞颂的“大哉尧之为君”的“成功”与“文章”。“成功”是指尧带领民众由水登山、田猎农耕、平治水土、经纬九州的丰功伟业,“文章”是指尧与民众在创建如许功业中概括与发扬的“一生万物,万物合一”的观念体系与“生生之谓易”的创造精神。所以《泰伯》篇盛赞尧的“成功”是“巍巍乎”!尧的“文章”是“焕乎”!确乎其不可拔的是“惟天为大,惟尧则之,荡荡乎民无能名焉”!

孔子衷心歌颂“大哉尧之为君”(《论语·泰伯》),表明中国的君王是从尧开始的。《白虎通·号》篇客观而又深刻地揭示“君,群也,群下之所归心也”,表明尧是以自己为民忧勤垦殖、经纬九州的盛德大业赢得群众归心，而成为万方景仰的人君、先王的。

“古训”与“六经”所载“先王之陈迹”“先王之遗典”，主要的就是尧的盛德大业，以及从中提炼、升华而出的观念与精神。我们认为，这才是“古训、训诂”的本来意义，这才是“六经皆史”的真实含义。正如章学诚《丙辰札记》（见《章氏遗书·外编》卷三）所说：“古无经史之分，圣人亦无私自作经以寓道法之理。六艺皆史之遗，后人不尽觉其渊源，故觉经异于史耳。”

这样渊深宏大、充实光辉的盛德、功业、观念、精神，有幸以“道器合一”的精妙形态寄寓于尧舜时代的古训、古道中，而这种古训、古道又通过“官师合一”的特定体制广泛而深刻地推行于尧舜时代、夏商周时代。无论是官师还是民众，都怀着无比崇敬的心情，亲切而愉悦地学习与遵从这种古训、古道。于是由尧舜时代相沿而下，不期然地形成了一个规范，一种传统，就是遵从古训，并强调遵从古训的重要。

《诗·大雅·烝民》：“古训是式”。毛传：“式，法也。”疏：“遵法而行之。”⑤

可知“古训是式”的含义，就是强调遵守古训。

《尚书·兑命》：“学于古训乃有获。事不师古，以克永世，匪说攸闻。”注：“学于古训，乃有所得。事不法古训而以能长世，非说所闻。言无是道。”⑥

《尚书·吕刑》：“若古有训。”注：“顺古有遗训。”⑦

《论语·述而》：“信而好古。”宋翔凤《论语发微》：“执古之道，以御今之有，能知古始，是谓道纪”，此“信而好古也”⑧。

《论语·述而》：“好古，敏以求之者也。”

当尧舜时代演化为陈迹，“官师合一”的政治、文教体制消逝之后，人们就更加注重对于"道器合一"的传统学术文化的崇奉、研习与传播，但此时已不是采用"官师合一"的体制，而是运用多种方式来崇奉、研习与传播了。汪中《述学》论说了这种方式的发展变化过程。他说："当时（虞夏至成周）行一事则有一书传之，后世奉以为成宪，此官府之典籍也。先王之礼乐政事，遭世之衰，废而不失，有司徒守其文，故老能言其事，好古之君子，闵久浸久而遂亡也，而书之简毕，此学士大夫之典籍也。""自辟雍之制无闻（辟雍之制的确立，辟雍教学与记载的内容，都是直接表述与纪念尧遭洪水、禹治洪水的史实——引者注），太史之官失守，于是布衣有授业之徒，草野多载笔之士。教学之官，记载之职，不在上而在下。及其衰也，诸子各以其学鸣，而先王之道荒矣。""周之衰也，典章制度，考之故旧则犁然俱在，而历世既久，徒以沿袭失之，而不能复知其制作之义。孔子则眷然于一王之作而被诸当世，故云'人存政举'，又曰'待其人而后行'。庄子则一以为无用而思欲尽去之。""当诸侯去籍，秦政焚书，有司之所掌，荡然无存，而犹赖学士相传，存其一二，不幸中之幸也。"

从汪中《述学》的论说，可知古训、训诂的存在方式与变化方式经历了以下几个阶段：

唐虞至成周——古训存于官府。

周衰至列国——古训存于学士、大夫。其时诸子各以其学鸣，诸侯纷纷废弃经籍。古训由于学士大夫的传授整理得以废而不失。

秦政焚书——官府掌守的古训荡然无存，古训由于学士相传而存其一二。

汉儒注经——主要从故老和通人的口头搜求古训；在汉代惠

帝撤除挟书之律、文帝景帝渐开献书之路后，逐渐转向用古文经学解释经书的意义。当时最重要的事件，除了郑玄融贯今古文经学，还有两件大事：一是贾逵修理旧文，对于“殊艺异术，王教一端，苟有可以加于国者，靡不悉集”[9]；二是许慎“博问通人，考之于逵”，“至于小大，信而有证，稽撰其说”。许慎不但是汉儒中最为杰出的人物(“五经无双许叔重”)，也是唐虞以来悠悠古训的集大成者。在认识了“古训、训诂”的内容与特点，清理了“古训、训诂”的产生、发展、废失、复生的历程之后，我们就明白了：

——尧的古训、古道奠定了中华民族慈仁体物、专默精诚的禀性，开辟了中国学术文化的先河。这种古训、古道在千载巨变中不论经历怎样的放失、涤除与沉积，它总能够周而复始地得到整合、重光与新生。

——在中国学术文化史上，尧的古训、古道的每一次整合、重光与复生都首先体现为对这种古训、古道的一次大规模的社会性解释。每一次解释虽然不能完全如实地再现尧的古训、古道的真面目，但都以各自的方式尽力追求着对于古训、古道的回归与认同。所以，关于“训诂”这个概念的发生，我们不能抽象地理解为是由于“时有古今，地有南北，字有更革，音有转移”(如明代陈第所言)，或者表面化地理解为是由于“秦火之后，遗文垂绝，今古悬隔”(如清代戴震所言)。只有从中国历史与学术文化的起点，考察或推求尧舜时代古训、古道的形成及其存在形式和本来意义的演变，才能找到“训诂”必然复生的根本原因。

——尧的古训、古道在中国学术文化史上的第一次整合、重光与复生是处在周衰至列国时期，这个时期，就是我们今天理解的作为“解释古代词义”的“训诂”的萌生期。以往的训诂学专书与文章把"先秦"划定为训诂萌生的时期。这个"先秦"的时限,说得还比较笼统,应当确切地划定为是在周衰至列国时期。并且,以往的训诂学专书与文章也没有考察为什么"解释古代词义"的工作要萌生在此时。这个时期的现状是"辟雍之制无闻,太史之官失守","教学之官,记载之职,不在上而在下",就是说,唐虞、夏、商、周世代相传的"官府之典籍""浸久而遂亡",人们已"不能复知其制作之义",于是"故老"口耳相传,"好古君子""书之简毕",由此而产生了"学士大夫之典籍"(见汪中《述学》)。孔子,就是这种"好古君子"中的"出乎其类,拔乎其萃"者,他整理删订的"六经",是"学士大夫之典籍"中最能显示唐虞以来中国学术文化内涵之美富的巨制。孔子的目标,是祖述与解释尧舜的古训、古道。孔子思想的继承人孟子,则大力宣传和发挥孔子祖述的尧舜古训。这在古代文献中,是有很多例句证明的。例如:

《礼记·中庸》:"仲尼祖述尧舜。"

《盐铁论·大论》:"孔子生于乱世,思尧舜之道。"

《论语·泰伯》:"子曰:大哉尧之为君也!惟天为大,惟尧则之,荡荡乎民无能名焉!"

《孟子·公孙丑下》:"我非尧舜之道不敢以陈于王前。"

《孟子·滕文公上》:"孟子道性善,言必称尧舜。"

《孟子·离娄上》:"遵先王之法而过者,未之有也。"

《孟子·离娄上》:"为政不因先王之道,可谓智乎?"

《孟子·离娄上》:"皆法尧舜而已矣。"

《孟子·告子下》:"人皆可以为尧舜。"

《孟子·告子下》:"子服尧之服,诵尧之言,行尧之行,是尧而已矣。"

《孟子·告子下》:“不教民而用之,谓之殃民。殃民者不容于尧舜之世。”

以上表明,在周衰至列国时期,训诂萌生的实质是对尧舜的古训、古道进行中国历史上第一次大规模的社会性的解释。这种解释的创始人和杰出代表,先是孔子,其后是孔子思想的继承人孟子。

——以孔子、孟子为创始人和杰出代表对尧舜的古训所作的第一次大规模解释,不仅促成了作为“解释古代词义”的“训诂”的萌生,而且奠定了此后“训诂解释”的原则与方向。孔子说:“夏礼,吾能言之,杞不足征也;殷礼,吾能言之,宋不足征也。文献不足故也。足,则吾能征之也。”(《论语·八佾》)“殷因于夏礼,所损益,可知也;周因于殷礼,所损益,可知也。”(《论语·为政》)与战国时代的学者和汉代的注释家相比,孔子掌握尧舜、夏、商、周的史实与观念更多些,对这些史实与观念认识得更深些,并且孔子距离尧舜、夏、商、周的时代更早些,更近些,他从上古的史实和观念出发来解释尧舜古训,所以采用的方式能使得人们便于理解,也乐于理解。《说文·三上》总结这种人们喜闻乐见的解释方式,于是给“训”下的定义是“说教也”。段玉裁注:“说教者,说释而教之,必顺其理。”[10]《说文·三上》:“说,说释也。”段玉裁注:“说释即悦怿,说悦、释怿皆古今字,许书无悦怿二字也。说释者,开解之意,故为喜悦。”[11]“说释”即是“悦怿”,就是愉快地去理解,或者说便于人们在愉悦中自然地得到理解。最早的上古史实是尧遭洪水、禹治洪水。古训、故训之“训”字,从言,川声。“川”是“贯穿通流水”(《说文·十一下》),它直接记录“禹疏九河,瀹济、漯而注诸海,决汝、汉,排淮、泗而注之江”(《孟子·滕文公上》)这样的情景。当初的洪水是

"水不遵道",是泛滥。而大禹治平的河水是"遵道而行",是顺遂。尧舜古训的"训"字就是为了表述经过平治之后"贯穿通流"的河水顺遂而行这样的史实、景象而创制的。可是,从尧舜时代到春秋战国时代又经过了两千余年,此时"辟雍之制无闻",唐虞、夏、商、周世代相传的较多的典籍"浸久而遂亡"。在这样的历史条件下要追思与理解尧舜古训,诸多古训的语义便成为人们认识上的障碍了。这就要"顺着"古训的语义发展演变的脉络,把从尧舜到春秋战国这两千余年中国语义变化所造成的障碍加以"贯通"。《说文》云:"毌(即今之"贯"——引者注),穿物持之也。"(七上)"疏,通也。"(十四下)"彻,通也。"(三下)"贯""疏""彻"在意义上的共同点都是指把阻塞贯穿起来,从而彻除这些阻塞。所以对于古训、训诂,在中国的传统语言学中都是讲一个"通"字,即所谓"通训诂"。例如:

《汉书·扬雄传》:"训诂通而已。"

《尔雅·释诂》郭璞注:"此所以释古今之异言,通方俗之殊语。"

孔颖达《周南·关雎·诂训传第一·正义》:"依《尔雅》训而为《诗》立传。传者,传通其义也。""诂者,古也。古今异言,通之使人知也。训者,道也。道物之貌以告人也。""诂训者,通古今之异辞,辨物之形貌,则解释之义,尽归于此。"

陈澧《东塾读书记》:"有训诂则能使古今如旦暮,所谓通之也,训诂之功大矣哉!"

贯通训诂的方式是什么呢?是"顺遂"。因而古训、训诂的"训"字,其意义特点是"顺"。这在古书中也是有诸多例证的。例如:

《诗·大雅·抑》:"四方其训之。"其中的"训"字,《左传·襄公二十六年》引作“顺”。

《广雅·释诂》:“训,顺也。”王念孙《疏证》:“训、顺古同声。”

《说文系传》:“训者,顺其意义训之也。”

《说文·三上》:“训,说教也。”段玉裁注:“说教者,说释而教之,必顺其理。引申之,凡顺皆曰训。”

这种顺遂地贯通训诂的方式,在孔子、孟子第一次大规模地解释尧舜古训的时候,是直接取法于当初大禹平治洪水的方式的。《孟子·离娄下》说:“禹之行水也,行其所无事也。”所谓“行其所无事”,是指顺着水的自然走势去疏导它。这里的关键,就是讲“导”。因而《孟子·告子下》又把“禹治水”称为“水之道”:“禹之治水,水之道也。”焦循《孟子正义》卷二十五:“水之道犹云水之路,谓水所行之路,而禹顺导之耳。”[12]可见,“顺遂”的方式,就是“疏导”的方式。焦循用“同义连文”的格式来运用“顺、导”两词,表明“顺”和“导”是同义相通的。

至此我们可以说,古训、训诂的“训”字,其意义特点既可以表述为“顺”,又可以表述为“导”。这在训诂专书中是有例证的。例如:

《尔雅·释诂》:“训,道也。”(“道”包含“导”义,后分化出“导”字)。

《一切经音义》五:“训,导也,教也。”

《一切经音义》二十二引《说文》作:“训,导释也。”

在《说文》意义体系中,“通”“迵”“达”“道”(“道”分化出“导”字)“顺”都是同义词。《说文》意义体系表明,汉语字词的本义,大多是直接而具体地表述洪水事件的。到了后来,才被假借而指称其他事物或抽象的概念。“通”“迵”“达”“道”“顺”最先是记录夏禹经由“贯通”的途径，采取“疏导”的方式来平治洪水。到孔子、孟子大规模地解释和宣传尧舜古训的时候，这些字词则引申为“顺着语义变化的条理来解释古训，以彻除由于语义的千年变化而造成的认识上的阻塞（障碍）”这样的意义。

总之，孔子、孟子对于尧舜古训的第一次解释促成了训诂在周衰至战国时期开始萌生，同时也就从根本上促成了作为解释古代词义的“训诂”的途径与方式。经由这种途径与方式所做的解释，决定了解释者和接受解释者都拥有一种切实的感受，思维处在无往不利的情境中，所以讲解和理解起来就都颇为平易和敏捷。不但产生出在体验上畅行无阻的愉悦，而且认知的速度也极为迅疾，就像洪水得到治理而进入了正道，此时它已转化为“贯穿通流”的大川，阻隔全消，一往无前了。

——尧舜古道的内容是有关尧舜带领民众由水登山、田猎农耕、平治水土、经纬九州的史实以及从中概括出的“一生万物，万物合一”的观念与“生生之谓易”的创造精神。尧舜古训、古道的实质是华夏民族的祖先尊崇天地所畅行的生机（《易·系辞传下》：“天地之大德曰生。”），也就是像博厚高明、悠久无疆的天地那样专默精诚地去慈仁体物。这在孔子、孟子叫做“仁”德。“仁”这个词的本形是从“亻”从“二”，“二”是指天地（《说文·十三下》“亟”下云：“二，天地也。”），因而“仁”的本义是指人效法天地的生生之德。这种尊崇“天地畅行之生机”的尧舜古训、古道同后来在战国时期各国诸侯崇奉的“力政”（《说文·叙》：“其后诸侯力政，不统于王。”）[13]的信条是对立的，同后来在秦皇兼并天下之时和之后奉行的“大发隶卒，兴役戍，官狱职务繁”[14]（见《说文·叙》）的“暴政”的信条也是对立的。于是在历史千回百折的运行堕入低谷的时候，就演出了令人殷忧的“(诸侯)恶礼乐之害己,而皆去其典籍”[15]和震惑百代的“秦烧灭经书,涤除旧典”[16](见《说文·叙》)这样灾难性的重大变故。尧舜古训、古道暂时遭受到非文化的疾风、狂雨、烈火的摧折。

由此而造就了对于尧舜古训、古道的第二次大规模的社会性解释,这就是在汉代形成热潮并取得一系列重要成果的汉儒注经。作为解释上古语义的“训诂”,发生期在周衰至战国时代,发展期在两汉时代。无论是发生期还是发展期,其实都是对尧的古训、古道实行整合,意在使这种古训、古道得以重光与复生。而其体现形式,在发生期是对古训、古道进行第一次大规模的社会性解释,在发展期则是对古训、古道进行第二次大规模的社会性解释。而它们的特点,在发生期是汇集散佚的尧舜的古事、古言,整理到六经的一部分篇章中,并通过聚徒讲学来传播六经,解释与推广尧舜的古训、古道。其代表人物是孔子、孟子。在发展期则是通过撰著训诂专书、确定注疏文体来对失而复得的六经中记载的尧舜的古事、古言进行收集、辨正、解释,其代表人物是贾逵、许慎、郑玄。这一时期名世的训诂专书,有秦汉之际的《尔雅》、西汉扬雄的《方言》、东汉许慎的《说文解字》和刘熙的《释名》。这一时期著名的注释书,有秦汉之际毛亨的《毛诗诂训传》、东汉郑玄的“三礼”注。这些训诂专书和注释书的“主中之主”,则唯有许慎的《说文》。因为《说文》不仅体例完备,而且它是以可信的、集大成的方式来收集与解释尧舜的古训、古道的。许慎本人五经无双,态度严谨,博综融贯,凡经书、群书、方言、通人说,都详加引证,而有关“天地鬼神、山川草木、鸟兽昆虫、杂物奇怪、王制礼仪、世间人事”的记载也包举无遗。在两次大规模地解释上古语义的潮流中,一位是孔子,一位是许慎，成为彪炳于中华学术文化史册的功高盖世的圣人。孔子是整理、解释、宣扬尧舜古道的先秦儒家的创始人，许慎则是整理汉字体系、汇集先秦古义的中国传统语言文字学巨著《说文》的创制人。许慎确立的用来统率9353个汉语字词的540个部首，集中代表了天地万象的几百个类别。他制定的部首与字词的编排顺序“始一终亥”，则象征着天地万物畅行生机的生命历程。可知许慎是从汇集与清理先秦古义的角度来解释尧舜的史实和尧舜古道的精神的。概括起来看，孔子主要是通过整理经典文献来汇集与解释古训，许慎主要是通过撰著文字训诂专书来汇集与解释古训。孔子的解释方式是整理经书，成果样式是经典文献；许慎的解释方式是撰著文字训诂专书，成果样式是文字训诂专书。文字训诂专书的重要内容是从经典文献中抽取和提炼出来的，经典文献是文字训诂专书取资和引征的基础，而文字训诂专书又足以羽翼和依附经典文献。孔子和许慎熔裁而成的经典文献与文字训诂专书的这种密不可分、互相补充的关系，为历代学者特别是清代学者“以字考经，以经考字”造就了绝好的条件。二者的渊源关系，决定了它们在中国文化史上备受尊崇的地位与价值。六经是中国古代的必读书，它们体现了中国历史文化的根柢与宝藏；《说文》被称为“天下第一种书”（清代王鸣盛语），它贮存了文字训诂的源头与体系。从根本上看，《说文》与六经是深刻地贯通了的，它们共同积淀了尧舜的古训、古道，即中国上古时代历史与文化真实的广远而渊深的内涵。

附 注

① 钱大昕《十驾斋养新录》63 页，上海书店 1983 年。

②③⑤⑥⑦《十三经注疏》568 页、568 页、568 页、175 页、247 页，中华书局 1980 年。

④ 方东美《原始儒家道家哲学》15 页，（台北）黎明文化事业股份有限公司 1983 年。

⑧ 程树德《论语集释》463 页，中华书局 1990 年。

⑨⑬⑭⑮⑯ 许慎《说文解字》319 页、315 页、315 页、315 页、315 页，中华书局 1963 年。

⑩⑪ 段玉裁《说文解字注》91、93 页，上海古籍出版社 1981 年。

⑫ 焦循《孟子正义》859 页，中华书局 1987 年。

[原载《湖北民族学院学报》（社会科学版）1995 年第 3 期]

中国20世纪上半叶的训诂研究

遵照中国训诂学发展的实际，我们划定1900年至1982年是中国现代训诂学存在的时期。这一时期中，中国传统训诂学(即中国传统语言学)发生了重大变革，在中国语言研究上形成了励志创新的范式。中国现代训诂学对于两千年传统训诂学的遗产，是在继承的基础上实行超越的。它超越传统训诂学，但前提是继承传统训诂学。因而现代训诂学不但熟谙先秦两汉及历代的经典文献与注释的材料，而且发挥新锐的科学精神，从这些材料与成果中抽绎出一系列新的训诂学术语、理论与方法。

中国现代训诂学的创始人和杰出代表，是章太炎和刘师培。章太炎的著作《国故论衡》《小学答问》《文始》《新方言》等，刘师培的著作《古政原始论》《小学发微》《正名隅论》《论小学与社会学之关系》《论中土文字有益于世界》等，都体现了对传统训诂学在继承的基础上实行超越的研究范式。就学术成就、治学特色及其影响而言，刘师培在中国近代与现代文化学术史上可谓出类拔萃的人物。在中国语言学面临近代、现代交替的转折时期，他是既拥有雄厚的传统语言文字学根基，又善于将中西方的学术加以融会，并且以创新的姿态卓有成效地保存和发展传统语言文字学的一位杰出代表。与刘师培齐名的、现代训诂学的另一位杰出代表，在中国近代与现代文化学术史上光芒四射的人物，是章太炎。章氏是卓越的国学大师，是中国历史、文化、语言的结合研究中风流儒雅、匠心独运的通人、巨擘。他的学术研究的特色，表现在不仅善于对中国语言、文化各个重要的具体问题作全面的考察，而且善于从事中国语言、文化研究的总体设计。这种具体的研究和总体的设计，往往专注于对被研究对象的内在条理和整个系统进行清理、揭示与阐释。章太炎与刘师培所作的语言研究，是对中国语言各个门类的既分析又综合的研究，是贯串着中国文学、史学、哲学的中国语言研究，是紧密联系着中国历史文化背景的中国语言研究。章、刘的相同之处，是他们的成果都体现了对传统的语言文字学在继承的基础上实行超越的中国现代训诂学的研究范式，显示了处于近现代交替时期中国语言研究的民族特点。在拙文《论刘师培、章太炎的训诂研究》中，我们已对这种新型的研究范式作了具体的论证与说明，这里不再赘述。

中国的现代训诂学与现代语言学，虽然前者符合中国语言研究的实际，其研究带着鲜明的民族特点，而后者则否；但是，20世纪上半叶的历史条件，却决定了在此后的若干年中，中国现代语言学纯形式的研究范式要暂时地席卷中国语言研究的许多领域。因为，传统训诂学对中国语言的研究已长达两千年，它在取得巨大成就的同时也因为相沿已久而积弊丛生。即使在清代朴学时期，景况也大体如此。这就是章太炎说的“小学至清而盛，亦至清而衰”，并且“虽盛犹不足以偿衰”[①]的情况。在这个时候，西学东渐，重形式、重分析的西方语言学随着“船坚炮利”的西方文化一起涌入封闭落后的中国。国人的普遍认识是：要救国，就要维新；要维新，就要学西方。许多人不知道西方文化、西方语言研究模式如何为我所用，不加选择，因而照搬西方的模式成为时尚。那时西方的文化成果与研究范式确实让人耳目一新，确实迎合了千年古国在闭锁的环境和因袭的重压下“穷则思变”的渴望；而且西方的思想与语言研究范式也确实在促使中国传统语言学采用精密方法分析形与音的形式、概括理论和建构体系等方面创造了历史的功绩。以章太炎、刘师培为代表的现代训诂学基于对中国语言文化传统的真切体认和对西方语言研究模式的深刻认识，因而一开始就与照搬西方语言研究模式的中国现代语言学尖锐对立。但深可叹惋的是，不幸刘、章二人竟匆匆谢世（刘病逝于1920年，章病逝于1936年）。骤然失去在学术上这样有根基、有主张、有成就且影响巨大的人物，中国现代训诂学即大山倾颓、梁柱折矣。

与刘、章同一时代的黄侃（1886—1935，字季刚，湖北蕲春人），在传统训诂学上根基雄深，智虑出人意表，但著述太少，而且精力大多用在文字、音韵、诗词、文学、点校与书法上，这也影响到他的学问的传播。

黄侃曾经拜刘师培为师。他极为中肯地自我解剖说：“夙好文字，经术诚疏。自值夫子，始辨津途。”[②]他从刘师培那里获得指点治学的“津途”，就是改变“经术诚疏”的状况，把经书及传注（也就是先秦文献与训诂）作为研治文字的基础。他在读书与讲学中正是这样努力实践的。这就是章太炎说的：黄侃“说经独本汉唐传、注、正义”[③]。但可惜的是黄侃“不欲轻著书，以为敦古不暇，无劳于自造”[④]。1936年编印的《黄季刚先生遗著专号》所载19篇中，有关音韵的有8篇，文字的有3篇，训诂的只有2篇。他在读书与讲学中，对训诂曾有论列。由于这种论列是以读书笔记或口头讲解的形式出现的，所以影响面有限。这些内容后来经黄焯整理为《文字声韵训诂笔记》以刊布行世，已是80年代的事了。

黄侃在传统训诂学研究中的灼见与重要成果，以及对刘师培、章太炎学说的领悟、促成与发扬，主要表现在他提出了“少则九千，多或数万”的“诸夏之文”皆可“绳穿条贯”的设想，并且助成章太炎撰辑《文始》[5]；同时又总结了“有条理系统始得谓之学”[6]的理论；还制作和强调了把“文字”“义理”“史事”“制度”结合起来进行传统语言文字学研究的条例[7]。他的这些灼见与成果，是从刘师培、章太炎的学说中生发出来的，同时对于刘、章学说的形成起了重大的推动作用。

在这一时期取得重要成果的还有吴承仕、黄节、程树德、刘赜、沈兼士、杨树达等。他们在现代训诂学中的建树是与接受刘、章学说的沾溉密切相连的。而他们在训诂研究中的不足之处，又是由于对于刘、章的学说体认不深，实行不力的结果。把文字训诂同历史文化联系起来进行相互沟通的研究的，有吴承仕、黄节、程树德和刘赜。

吴承仕(1884—1939，字䌹斋，一作检斋，安徽歙县人)曾受业于章太炎，他主张结合历代典章名物来研究训诂与语言文字。这方面的代表作，有《语言文字之演进过程与社会意识形态》《竹帛上的周代的封建制与井田制》《从〈说文〉研究中所认识的货币形态及其他》《从〈说文〉研究中所认识的货币形态及其他——中国语言文字与社会意识形态之一》《从〈说文〉研究中所认识的交换形态之史的进展》等。以《从〈说文〉研究中所认识的交换形态之史的进展》为例，吴承仕把中国上古交换形态与《说文》中的“贸”“买”“卖”“赢”“盈”“余”“商”“贾”(价)“直”(值)等字词的意义结合起来考察。指出：

从语根上去观察，卖与买是一声之转，……而买卖一语系，又从贸易的“贸”转化而来。正因为交换既走上比较复杂的途径，那反映原始单纯交换之概念的贸字，也就随之分裂而转化为买与卖了。……在单纯商品经济时代，商人因买卖所得的赢利——《说文》：“赢，有余贾利也”，赢、盈同音，盈、余是一声之转——（盈、余发声同属 y），不外是利用诈欺蒙蔽及各种“不法”手段的成果。……又因“贾”的本义即是买或卖，买卖即是交换，交换的两物必须有相当的比例，比例相当即名为“直”。故贾字转化为“贾”——“价”，连言之则谓之“贾直”——“价值”[8]。

可以看出吴承仕的训诂研究注重字词的相互联系，且把这种联系置于历史文化背景中来探讨。这种方法，接迹于刘师培、章太炎研究方法的余绪，是从刘、章的方法中发源出来的。

由于主观的、客观的原因，吴承仕没有能够把这方面的研究拓展开来。

黄节（1873—1935，原名晦闻，字玉昆，广东顺德人）也是联系历史文化背景来系统地研究语言文字与训诂的，这方面的代表作，首推《古算名原》[9]。

黄节认为：“六书之义，往往足证古代政俗之情状。”同样，从古代政俗之情状，又可以追溯汉语字词的古形古义。黄节把那些有着系统联系的汉语字词集合起来考察，与古代的文化背景相互证发，由此而提出许多真切的见解。例如他取证丰富的古代文献材料来研究具有系统联系的“成”“层”“厚”的形义。

成。《说文》：丘一成曰坏，山再成曰坯。《尔雅》：山一成谓之坯。是成者象山形以起数也。故“成”又训“重”。《尔雅》：丘一成为敦丘。注：成犹重也。《周礼》：为坛三成。疏：

谓丘上更有一丘相重累者。《山海经·西山经》:东望恒山四成。注:成犹重也。《吕览·音初》:九成之台。注:成亦重也。皆以"成"训"重",古义也。《周礼·冬官》:方十里为成。《左传·哀元年》:有田一成。则以十里为一成。盖后起之数也。

层(層)。《说文》:层,重屋也。注:曾之言重也。曾祖、曾孙皆是也。故从曾之層为重屋。《周礼·考工记》:四阿重屋。注:重屋复笮也。后人因之作楼。引申为凡重叠之称。《玉篇》:重也。累也。凡物之重者通曰層。是層者古人因重屋以起数也。亦作曾。《史记·司马相如传》:坌入曾宫之嵯峨。

厚。《说文》:厚,山陵之厚也。从厂㫗。厂,《说文》:山石之厓岩。古者无物可以象厚,乃取山之厓岩以象之。《玉篇》曰:重也。重,《说文》曰:厚也。凡重之属皆从重。量,《说文》曰:称轻重也。注:称者铨也。量者所以量多少也。有多少始有轻重,视其多少可辜榷其轻重,其字之所以从重也。皆厚之引申也。

从黄节的分析可看出,"成""层""厚"的本义都取象于高大的山陵丘阜。它们包含着一个共同的核心意义,就是"重叠"。所以古书和古注说:"成犹重也","曾(層)之言重也","厚,重也"。黄节由此而揭示:"成者象山形以起数也","层者,古人因重屋以起数也","古者无物可以象厚,乃取山之厓岩以象之"。黄节的结论是确切的。根据我们研究《说文》意义体系所得的认识,"成""层""厚"古义的发生是在"尧遭洪水"时代,其时先民为避洪灾而涉水跋山,进登于被大水"怀""襄"的山陵的极顶。"成"所记录的正是先民攀登其上的山峦的重累之状,"层"所记录的是先民上山后居住的山崖的层级,"厚"则是指称山陵高大、重叠的气象。

由于黄节贯通了彼此有联系的古义及其文化背景，所以他目光如炬，闻见不俗。正如张中行《负暄琐话》所说：黄节"旧学很精"[10]，见解常能一语中的。

程树德(1877—1944，字郁庭，福建福州人)把文字训诂同历史文化联系起来研究，集中体现于他所著《〈说文〉稽古篇》一书(商务印书馆1933年)。他的观点是：

> 泰西文字主于谐声，我国则并及象形、会意、指事、假借、转注诸法，恒可因制字之故窥见上古逸史与其社会之情状。(《〈说文〉稽古篇·序》)

程树德对于《说文》无与伦比的文献价值有极为精到的看法。他指出：

> 班史《艺文志》所录《仓颉》以下凡十家四十五篇，无一存者。今当以许氏《说文》为最古。假《说文》以证史，其间上起黄帝，下逮两汉，逸闻古俗，胥存其中。(同上)

正如《〈说文〉稽古篇·凡例》所说，此书的内容是：假《说文》以考证古之逸史及制度风俗。程树德的方法，是把《说文》中一大批形义有关的字词加以类聚，考察它们包含的某种共同的意义，以及这些意义记录的古代历史与社会的状况。

程树德把《说文》中那些在形义上有明显联系的字词汇聚在一起，通过分析这些字词的形义以及字词之间的相互联系，进而揭示出这些形义和字词联系所反映的某种历史与社会状况。程树德实行这种"因字求史之法"(见《〈说文〉稽古篇·序》)无疑是正确的，但同时又有局限。这表现在，他只是选取了在形义上有直观的联系的一部分字词，而不是着眼于《说文》全书构成系统联系的近万个字词；他的论证方法是直观的、径情直遂的，而不是从众多字词的内在、深层的联系上循环往复、曲尽其妙地挖掘、推求字词意义中贮存的历史文化背景。所以程树德采用这种"因字求史"之法的结果，就是每个具体的论题、结论之间似乎没有什么联系或联系很不密切，因而《〈说文〉稽古篇》在编排时就只能采取松散的"逐事标目"（见《凡例》）的方式。

刘赜（1891—1978，字博平，湖北广济人）受业于黄侃。1932年章太炎为刘赜的《声韵学表解》作序，接收刘赜为再传弟子。刘赜的传统语言文字学研究是杰出的，这集中表现在，他明确地认识到"语言文字皆史"，通过对《说文》全书字词形音义的综合研究来探求上古的历史文化。1963 年，他遵照其师黄侃的方法，把《说文》九千余字分隶于古本韵 28 部及古本声 19 类的表格中，在每个篆文下列出许慎的说解。由此写成《〈说文〉古音谱》（湖北人民出版社 1963 年），并将他的旧作《中国语言文字音系略例》附录于后。该书的序言中说：

> 《略例》所言，大抵以语言文字皆史为主旨，以声音系联形义为方法，以阐绎许书精蕴及先民高深文化为区区私愿。

黄焯对刘赜的研究方式有着深入的了解。他在为刘赜的《简园日记存钞》题辞时说：

> 先从父（季刚先生）定古声为十九，古韵为二十八，博平准其部类，散《说文》九千文，分列为表，置之几案，寻绎不去手，于以比合谊类，推彼见此，久之于文字衍变，尽得其统纪，而于许君立解，有说一字而兼明他义者，得互通其消息。

把刘赜、黄焯的上面两段话会合起来看，可以知道刘赜的研究的精华，在于以系统贯通的方法，对字词的形音义与上古历史文化背景这两个方面进行证发。可以说，刘赜得到了章太炎、黄侃治学的真谛，已在努力把章、黄的学说与方法加以恢宏，并试图引向深入。我们来看看刘赜《小学札记》对于“劳(勞)、獠、猎、勮、勤、燎、獵、燹、炏、哰”等字词的形义所包含的历史文化背景的阐释：

《说文·力部》：劳，勮也。从力，荧省。荧，火烧冂，用力者劳。案先民劳勮之事无过于獠猎。劳与獠古为一语，与猎亦一语近转。劳与獠、猎音义相承，明因獠、猎而劳勮也。此劳字音义之本。劳与獠、猎犹勮，务也，从力，豦声。亦犹勤，劳也，从力，堇声。“劳勮”之言起于田猎之世，“勤”起于农艺之世也。

又獠、猎必须放火，“獠”与火部“燎，放火也”音义相承，犹犬部“獵，秋田也”之与火部“燹，火也”，明“獠、猎”为焚烧草木以获禽也。

劳之音义既缘于獠、猎，其字所从之“炏”当象众火烧冂之形……“火烧冂”三字所以释炏字之形也。“冂”指草木覆蔽禽兽之所，其外三火为四周放火焚烧，狼奔豕突，群起而獠之，故曰“用力者劳”也。

又“劳”为獠猎之事，必人力众多，声振原野，故口部“哰，哰呶，讙也，从口，劳声”。……凡语言文字之起，必有实事以为依据，不可臆测，吾人识字，无异读史。

刘赜“以语言文字皆史为主旨”，通过声音系联形义来会通众多字词的“统纪”，进而发掘众多字词蕴涵的古代汉民族的“高深文化”。这种对字词的“统纪”和古代历史文化进行证发的方法，为我们在字词和文化之间作系统的贯通提供了富有价值的借鉴。

把具有系统联系的汉语字词同相应的历史文化背景结合起来做贯通的研究，这是刘师培、章太炎大力倡导、刻意厉行的基本方法。此法在黄侃、吴承仕、程树德、刘赜的研究中显示出不同程度的功效。到了沈兼士、杨树达，则转变为更多地从事语源的研究。他们在语源的研究中下了很大的功夫，取得了重要的成绩。就拓宽与加深语源研究，探讨语源研究的方法和某些规律而言，二人都是很有创造的。

沈兼士（1887—1947，浙江吴兴人）的语源研究的成果及其特色，集中体现在《右文说在训诂学上之沿革及其推阐》[11]中。他说：

余以为审形以考谊，似不若右文就合形声字之义归纳之以推测古代之字形（表）与语义（里）为较合理，此余所以推阐右文之故也[12]。

沈氏概括出右文的一般公式，并用古文来比较字义，来探寻语根。他在归纳具体词义的诸多特点，促使汉语语源研究走向系统化、理论化方面取得了明显的进展。

沈兼士和杨树达（1885—1956，字遇夫，湖南长沙人）的语源研究都受到西欧语源学的启发和影响，且都注意吸取中国传统语言学的成果。而沈兼士侧重于揭示语源共同的意义特点，这就是他所说的从“一组同声母字”中抽绎出“具有最大公约数性之意义，以为诸字之共训”[13]。杨树达则侧重于探讨、总结形声字记录语源时在形义构造上的规律。杨氏总结了他研究语源的方法与揭示的规律。他说：

我的研究方法与前人大有不同，粗略地说来，第一：受了外来影响，因比较对照有所吸取。

第二：思路广阔了，前人所受的桎梏，我努力挣扎摆脱他，务求不受他的束缚。第三:前人只作证明《说文》的工作,如段玉裁、桂馥皆是,我却三十年来一直做批判接受的工作。第四:段氏于《说文》以外,博涉经传,所以成绩最高,其余的人大都在文字本身中兜圈子。我于传注以外,凡现代语言及其他一切皆取之做我的材料,故所涉较广。第五:古韵部分大明,甲文金文大出,我尽量地利用他们。第六:继承《苍颉篇》及《说文》以来形义密合的方法,死死抓紧不放。以上六项,可以说是我研究方法的总纲。

由此总纲推衍,我得条例若干条。一曰形声字中声旁往往有义。二曰文字构造之初已有彼此相通借的现象。三曰意义相同的字,他的构造往往相同或相类。四曰象形指事会意形声四书的字往往有后起的加旁字。加旁有二,一加形旁,一加声旁。会意形声二书的字加形旁往往犯重复之病。五曰象形指事会意三书的字往往有后起的形声字,而许君或不知。(1953年《积微居小学述林自序》)[14]

杨树达所说的"得条例若干条",就是他总结的形声字记录语源时在表义构造上的规律。杨氏还提出了六条方法,其实,在上述的方法中,他最常用的是采用甲骨金文来解说字形、字义和语源。例如他解释"受"字的形义:

《四篇下·受部》说:"受,相付也。从受,舟省声。"这字甲文作,象一人拿手授舟,别一人用手接受之形。《说文》履字下说舟象履形,舟不一定是船。字形既然兼包授受两方面的意义,所以金文用受字也具两面的意思。《盂鼎》说:"不显玟王受天有大命",这受字是承受的意思。《说文》训受做"相付",依然是授予的意思。后世用加旁的授字做授予的用法,

受字便专做承受义用了。(《积微居小学述林自序》)[15]

杨氏利用甲骨金文对《说文》“受”字的形义所作的解释与证明,是正确的。他提出的研究语源的方法与总结的规律对于在汉语语源研究中体现与坚持民族特点,使汉语语源研究向着理论化的方向发展,是有重要的推动作用的。

但沈兼士、杨树达在具体的字、词义的解释中却往往出现错误。

沈兼士、杨树达在考释与解说中为何出现失误呢?主要原因,是没有能结合着特定的历史文化背景对汉语字词做系统的、贯通的研究。

沈兼士、杨树达知道要联系历史文化背景[16],但他们并不注重这一点,因而也没有大力去实行。需要强调的是,联系历史文化背景必须与对于汉语字词作系统的、贯通的研究结合起来,这两个方面应当彼此证发。离开了这种彼此证发,联系历史文化背景就不可靠,就会出现谬误。以沈兼士为例,他虽然力图从事有联系的字词的词义比较和语源研究,但是他往往把这种研究限制在“一组同声母字”中,没有从成百上千、成千累万的汉语字词整体系统的联系中来考察,因而得到的认识在“一组同声母字”中可能适用,在许多组“同声母字”之间的联系中就不适用,因为他自觉不自觉地把字词的整体系统的联系割裂开了。

刘师培的著作、章太炎的《文始》也在一定程度上存在着这种类似的弊病,所以他们对于一些具体字词的解释也是大可商榷的。例如《文始》,其总体设计可谓前无古人而又高屋建瓴地开创了《说文》及语源研究的新局面,但《文始》按照章氏的古音二十三部来排列他自己选定的《说文》字根以及由字根孳乳的字词。这种对字根及字根孳乳之义的排列在主干上是正确的,但在主干的分支上则大多失误；而且各个主干的联系实际上也是被隔断了的。从根本上看，这是由于《文始》不是按照依托于历史文化背景的系统词义的联系来排列字根和孳乳词，而是按照那种已不能反映当初生动丰富、纷繁多变的古音实际的、由后人制定的古音模式来排列字根和孳乳词。虽然章氏的古韵二十三部已经凝聚了后人古音研究的精华，但这种人为的古音模式仍无法体现当初古音复杂多变的实际情形。所可幸者，章太炎具有同时代的人无可比拟的深广的中国传统语言学根基，并且他本人练就了善于从事汉语字词的形音义综合研究的高超本领，他在《文始》中又时时作出能体现字词的某种系统联系方式的“某与某相系”的归纳与说明，从而在一定范围内弥补了他的语源研究的缺失，使得《文始》的成就达到章氏那个时代文化学术研究的巅峰。

沈兼士、杨树达没有注重对于有系统的汉语字词作贯通的研究，还有一个表现，就是没有以《说文》全书字词的系统研究为基础，而是往往用单个的或数量有限的字词或甲骨金文作标准来衡量和改造被拆散了的《说文》的单个字词或少数字词的形音义。例如沈兼士由“履”字的构形中有“舟”字，而比附与认定构形中也有“舟”字的“前”“殆为纳屦之象”，进而反诬《说文》“不行而进谓之前”的确诂“殊不合理”。而杨树达则“因冠字从元，证明造字时元字已是当首字用的”，而认为“元”字的初义是“首”，进而反诬“元字《说文》训始，不是初义”。请看，不以《说文》全书字词的系统联系的研究为基础，在文字训诂与文化的研究中要出现怎样的失误啊！

总之，在刘师培、章太炎、黄侃之外，吴承仕、黄节、程树德、刘赜、沈兼士、杨树达等人在中国现代训诂学领域也多有建树。其中，吴承仕、黄节、程树德、刘赜注重结合历史文化背景对于有一定的系统联系的字词做贯通的研究，沈兼士侧重于揭示语源包含的共同的意义特点，杨树达侧重于探讨形声字记录语源时在形义构造上的规律。他们都有很好的中国传统语言学的根基，除了都曾得益于刘师培、章太炎的治学方法与研究成果的沾溉外，还不同程度、不同侧面地汲取了西方的学术文化与研究方法的滋养。他们的建树对于中国现代训诂学的成果、理论、方法的充实、定型与传播是起了重要的促进作用的。但是由于他们在结合历史文化背景对汉语字词做系统贯通的研究方面尚不彻底，因而最终未能推进中国现代训诂学走向发展与成熟。

附　注

①《今字解剖题词》，载《章太炎文集》五 135 页，上海人民出版社 1985 年。

②《先师刘君小祥会奠文》，载 1920 年《制言》十。

③④《黄季刚先生遗著专号·序》，载《黄侃论学杂著》1 页，上海古籍出版社 1980 年。

⑤《声韵略说》，载《黄侃论学杂著》49 页。

⑥《文字声韵训诂笔记》2 页，上海古籍出版社 1983 年。

⑦《讲尚书条例》，载《黄侃论学杂著》443 页。

⑧《吴承仕文录》218 页，北京师范大学出版社 1984 年。

⑨ 载《国粹学报·政篇》第 46 期、49 期。

⑩ 载张中行《负暄琐话》7 页，黑龙江人民出版社 1986 年。

⑪⑫⑬《沈兼士学术论文集》73 页、170 页、82 页，中华书局 1986 年。

⑭⑮《积微居小学述林》5 页、210 页，中华书局 1983 年新 1 版。

⑯ 沈兼士《研究文字学形和义的几个方法》谈到研究“文字形体上的中国古代社会进化观”，杨树达《积微居小学述林自序》谈到要“用古书记载的社会事物状况来追求语源”。

［原载《长沙电力学院社会科学学报》1997 年第 1 期］

论章太炎、黄侃学术研究的根本观念*

在学术研究上，章太炎、黄侃阐述与实行的根本观念是，将学术与志行密切结合，既用学术来培育与推进志行，又用志行来实践与发展学术。这种根本观念贯串于他们几十年为学与为人的经历中。

章太炎在评述黄侃时说："世多知季刚之学，其志行世莫得闻也。……（季刚）少时读书艰苦，其锐敏勤学亦绝人。既冠，东游学日本，慨然有光复之志。尝归，集孝义会于蕲春，就深山废社，说种族大义及中国危机状，听者累千人，环蕲春八县皆向之，众至数万，称曰黄十公子。清宣统三年，武昌倡义，季刚与善化黄兴、广济居正往视，……乃返蕲春集义。"[①] 这里提到季刚之"学"，又谈到他的光复之"志"，以及响应武昌起义的集义之"行"。

章太炎对他人，也是结合为学与志行来考察的。他说："西方新学，亦徒资窃钩发冢，知识愈开，则志行愈薄，怯葸愈甚。观夫留东学子，当其始往，岂无颖脱陵厉者，而学成以后，则念念近于仕途。"[②] 他指出一些学子受西方新学蛊惑，虽有学识而奔竞仕宦，志行浇薄。

---

* 本文为作者承担的2000年国家社会科学基金项目《二十世纪上半叶的中国现代训诂学》的中期成果，项目号：00BYY018。

章太炎对于自己，也是把为学与志行融合起来衡量的。他仰慕明代的诚意伯刘公，曾说："（刘公）事业志行，仿佛二三，见贤思齐，亦我素志。""平居问学未能逮公毫末，独以怀志操行大同。"[③]志行即"怀志操行"，这是与学问密切联系在一起的。

章太炎、黄侃这种视学术与志行为统一体的观念，是对传统经籍所载"修己、治人"之学的深刻继承与发展。章太炎说："经籍所载，无一非修己、治人之事。""修己、治人，其要归于六经。"[④]这是他从中国历史、民族精神和爱国心的内在联系来全面领会与深刻把握六经所得的认识。他说：

> 吾人所共知之六经，如《尚书》《春秋》，记事书，即历史也[⑤]。
>
> 经即最古之历史也[⑥]。
>
> 经与史关系至深，章实斋云六经皆史，此言是也[⑦]。

就经与史的作用而言，经侧重于修己、为人，史侧重于培植爱国心，经与史都大有助于强固国本：

> 经术乃为人之基本，若论运用之法，历史更为重要。
>
> 夫人不读经书，则不知自处之道；不读史书，则无从爱其国家[⑧]。
>
> 今日国学之无人兴起，即将影响于国家之存灭。……国学之不知、未有可以与言爱国者也[⑨]。

章太炎、黄侃对于经与史的内涵、关系、作用的论说，对于培植爱国心、强固国本的强调，亦即对于为学与志行应密切结合这一根本观念的阐发与实行，是紧密联系时代的实际，怀着对民族、国家的责任感来实践与推行的。章太炎先生不仅号召青年与民众奋起，"应当明了是什么时代的人；现在的中国，是处在什么时期；自己对国家,应负有什么责任”[10]。而且躬亲实践,率先垂范。

章太炎说:“从前主张推倒满清,所以要研究国学;因为我们研究国学,所以要推倒满清。”[11]章氏素雄于文,博洽经史百家,力倡光复,镕铸而为《訄书》《驳康有为论革命书》,挥斥慷慨,使民志大振,为武昌起义奠定思想根基。由于清廷构陷,章氏因《苏报》案被执,虽拘狱中,仍撰《论承用维新二字之荒谬》,从经学、小学入手考释“维新”“新”的真义,揭破康有为辈保皇臣清的目的:

维新之学,始见于《大雅》,再见于伪《古文尚书》。如《大雅》言:周虽旧邦,其命维新。此谓以千数百年西岐之侯国,忽焉宠受帝眷,统一神州,而为万国之共主,是故谓之新命。满洲之新,在康熙、雍正二世。今之政府,腐败蠹蚀,其材已不可复用,而欲责其再新,是何异责垂死之翁以呱啼哺乳也[12]。

辛亥革命后,章、黄先生反对袁世凯复辟帝制。刘师培以筹安会招学者称说帝制,“季刚雅与师培善”,“自师培附帝制,遂与决”[13]。章太炎被袁世凯拘幽,“以大勋章做扇坠,临总统府之门,大诟袁世凯之包藏祸心”[14]。其时章太炎说:“然曩时所以不去者,……但以怀抱学术,教思无穷,其志不尽。……虽从政蒙难之时,略有燕闲,未尝不多所会悟,所欲著之竹帛者。”[15]幽禁三年中,章太炎研读经籍,增删《訄书》而更名《检论》,撰著论文,与黄侃、钱玄同、马叙伦等讨论学术,并在共和党本部开办国学会,主讲经学、史学、玄学、小学。时受聘于北大的黄侃“欲与章同寓,俾常近本师,遇疑难之处,可以随时请教”,“不料不数月,而黄突为警察逐出,而章氏因之复有绝食之事”[16]。

日本帝国主义发动“九·一八”事变,致热河危急。章太炎发通电,促抗日,驳卖国言论,赞十九路军,北上说张学良。时日帝胡诌“热河为满洲国之一部分”,章氏以史实确证“东三省属中国无疑”,偕马相伯发表《二老宣言》曰:“论古来历史,汉时已有辽东(原注:今锦州)、玄菟(原注:今东边道)二郡;明时亦设辽东都指挥司,驻沈阳。是其地原为中国内地,非同藩属。”“日本攻东三省,实明白取非其有,故遁其辞曰自卫;又不可,乃文其罪而造满洲国。人民不服,而有义勇军,非明明伪造耶?”[17]及1935年蒋介石政府镇压“一二·九”抗日救国游行的学生,章氏致电云:“学生请愿,事出公诚。纵有加入共党者,但问今之主张如何,何论其平素?”上海学生为华北事晋京请愿,经过苏州,章氏“派代表慰劳,并嘱县长馈食”[18]。

综观章、黄的言论与经历,为学与志行,“实是一而二,二而一的”[19],章太炎把为学与志行这两个方面完善地统一起来了。从中,我们可归纳出他们治学的几个根本观念:

第一,确认几千年的中华传统与民族精神蕴涵在经、史、小学等典籍中;研治学术是要用这些典籍所载人物、制度、地理、风俗来浇灌中华传统与民族精神,使之蔚然以新。章太炎说:“我国古学,论其大者,不过是经、史、小学、诸子几种。”[20]这几种古学的关系,诚如章学诚《文史通义·经解》云:“六经皆史,而诸子又皆出于六经。”因而章太炎说:“中国之小学及历史,此二者,中国独有之学。”[21]它们主要包括三个内容:“一,中国语言文字制作之原;二,典章制度所以设施之旨趣;三,古来人物事迹之可为法式者。”[22]正是这些内容,浇灌与培育了中华传统与中华民族精神。而为中华传统与民族精神在今日续有生机,须通过研治学术加以阐释而传播之,章太炎申论的“环球诸邦,兴灭无常,其能屹立数千载而永存者,必有特异之学术,足以发扬其种性,拥护其民德者在焉”[23],正是为此。

第二，立定高明光大之志，锤炼行已有耻、百折不挠的民族气节。就治学而言，章太炎说："士先志。"㉔是指要造就纯正的德操、高尚的品格、至大至刚的气节和艰苦卓绝的精神，"凡学者贵其攻苦食淡，然后能任艰难之事，而德操亦固"㉕。立志的目的是为培育"德行"与"国性"，克服"以危诡眇小为学"造成的"先使人狂，后使人陋"的"学弊"。而立志的重要途径是"博习群经"，"见诸躬行"。章太炎说："今之经学，渊源在顾宁人。顾公为此，正欲使人推寻国性"㉖，而顾公最为讲求的是"知耻""重厚""耿介""必信"的气节㉗。砥砺浩然沛然的民族气节，与强固"以身殉民族"的心志，是章太炎研求中国学术的精神命脉。

第三，笃信优秀的经籍，对小学、经、史之书踏实、刻苦地钻研，务求精熟，以确立学术根基。

章太炎年轻时师从俞樾，"处陵夷之世，刻志典籍"㉘，"专信古文经典"；"中年以后，古文经典笃信如故"㉙。他以孔子撰述、整理的六经为主，认为孔子"表章六经，所以传历史；自著《孝经》《论语》，所以开儒术"㉚，"世无孔子，则宪章不传，学术不起，国沦戎狄而不复，民居卑贱而不升"㉛，故极珍视而笃信之。关于诸子史传，章太炎指出："诸子自老、庄而外，管、荀、吕、韩皆要；史自四史而外，《通鉴》最要；诸家文集关涉政治者，陆宣公、范文正、司马温公、叶水心最要。"㉜

钻研经籍，则"非自《说文》《尔雅》入手不可"㉝，"研几文字之学，《说文》其总龟也"㉞。章太炎《自定年谱》云：十七岁初读《说文解字》。《自述治学》谓："知不明训诂，不能治《史》《汉》，乃取《说文解字》段氏注读之，适《尔雅》郝氏义疏初刊成，求得之。二书既遍，已十八岁。"而"读《经义述闻》，始知运用《尔雅》《说文》以说经"。章太炎曾赞誉："季刚自幼能辨音韵，壮则治《说文》《尔雅》，往往卓跞出人虑外。及按之故籍，成证确然，未尝纵意以为奇巧，此学者所周知也。"[35]

对于群经史传与注疏的学习务求精熟。章太炎"幼诵六籍"[36]，"泛览典文"[37]，十八岁时"壹意治经，文必法古"[38]；"读《十三经注疏》，暗记尚不觉苦"，"读学海堂、南菁书院两《经解》皆遍"[39]。章太炎赞誉黄侃："为学务精习，诵四史及群经义疏，皆十余周。有所得辄笺记其端，朱墨重沓，或涂缀至不可识。"[40]章太炎把这种"精习"称为"以愚自处"[41]。

精研经籍，则根基雄深。故章称黄侃"其精通练要之学，幼眇安雅之辞，并世固难得其比"[42]。

第四，学术研究应实事求是，不蹈空论华辞；应把握系统，探本求源；应在前人条例的基础上更有发明，以成新的条例与理论。章太炎反复申说国学"皆实事求是之学，不能以空言淆乱者"[43]。所谓"空言"，是与"征实"相违背的。据章太炎分析，蹈空言浮辞一是受西学的影响，二是浅陋浮躁而好高名[44]。

实事求是之学，应能明大体，把握系统。章太炎谈自己的感受："我最初专攻汉学，……当时对于学问，总求精奥，后来觉得精奥也无甚用，就讲大体，对于前人所未发明的，虽然也曾加以发明，但琐碎的事总不讲了。"[45]比如对于文字，"专从形体上去求，实在琐碎，应该从音训上去学。……譬如'天，颠也'，人身最高部是颠，天也是最高部，所以含义也相近。这样去讲求，就能得着系统，得了系统就可以免去烦琐"[46]。"明其大体"与"得着系统"是相通的，都是为了避免"精奥""枝叶""琐碎"。

他还分析了戴震"探本穷原"的研究方法："其以训诂解《仪礼》，以文字定训诂，以音声定文字，如此探本穷原，思过半矣。其传经之弟子，有孔广森、任大椿、段玉裁等三人，尚有一王念孙者，虽非戴之传经弟子，而能引《汉书》之甲处，以解其乙处，历代所不能通者，用此法则无不通矣。"[47]章、黄先生发展了戴震、段氏的探本穷原之法，进而从总体上清理出汉语言文字的系统条理，黄侃称之为"以求语言文字之系统与根源"[48]。此诚如陆宗达、王宁先生归纳的：章黄《说文》学体系的"全部核心在求根探源"[49]。这一重大创造集中体现于《文始》[50]。黄侃说："声义同条之理，清儒多能明之，而未有应用以完全解说造字之理者。侃以愚陋，盖尝陈说于我本师；本师采焉，以造《文始》，于是转注、假借之义大明；令诸夏之文，少则九千，多或数万，皆可绳穿条贯，得其统纪。"[51]

黄侃推演《文始》的方法与体系，则有《说文同文》之作。此二书纵向系联《说文》字词，探讨孳乳的脉络，明确语必有根，字必有本，其根本皆在先古，是谓求其源。又章太炎《新方言》与黄侃《蕲春语》沿着语音的线索，从《说文》字词中找到方言词的原始书写形式，以证明方言词的本宗仍在中夏，是谓归其宗。与乾嘉《说文》学相比，章黄的成就实现两个重大转变：一是由形义系统的探讨转变为音义系统的探讨；二是由共时平面的研究转变为历史源流的研究。他们论证的"语言缘起说""转注假借说"的理论，涵盖了汉语文字与词汇相因而增多的总规律。

此外，章太炎还深刻认识到中国传统学术的特色与可贵，以及中国学术发展、创新的必要，又痛感国人盲从西学、舍弃国学之现实，故特别强调在学术上必站稳脚跟："学问须有自己意思，专法古人，专法外人，而自己无独立之精神，大为不可。"[52]应首先从钻研优秀的传统典籍中培植与升华出中国学术文化的修养、根基、思想与精神，这样才能对现行的和国外的学术理论、方法加以检验、评判而决定弃取。此即“以中夏之学为主”，“辅以远西之学”[33]。

附　注

①⑬《黄季刚墓志铭》，《章太炎全集》五 259 页，上海人民出版社 1985 年。

② 1903 年 4 月 22 日《与吴君遂书》。

③⑮《章太炎书札》，钞本，温州图书馆藏。《诚意伯集序》，《大中华》二卷 8 期、9 期，1915 年 10 月、11 月。

④ 天津《大公报》1935 年 6 月 15 日，又朱祖耿记，见《制言》第 54 期。

⑤《章太炎讲学第四日记》，《申报》1972 年 4 月 23 日。

⑥《章太炎十次讲学记》，《申报》1922 年 6 月 18 日。

⑦⑧ 诸祖耿记，见《制言》第 55 期。

⑨《国学讲习会序》，载《民报》第 7 号。

⑩《论今日切要之学》，1932 年 3 月 24 日。

⑪⑲《我们最后的责任》。

⑫《国民日日报》第 3 号，1903 年 8 月 9 日，署名“绛叔”。

⑭ 鲁迅《关于太炎先生二三事》。

⑯ 徐一士《再记章炳麟羁留北京时轶事》。

⑰ 载《申报》，1933 年 2 月 10 日。

⑱ 见《追悼章太炎先生特刊》，1936 年浙江图书馆排印本。

⑳ 章太炎《说新文化与旧文化》。

㉑《太炎最近文录》。

㉒ 见《民报》第 7 号。

㉓ 章太炎《刊行教育今语杂志之缘起》。

㉔㉕ 章太炎《救学弊论》。

㉖㊳ 章太炎《自定年谱》。

㉗ 章太炎《革命的道德》。

㉘㉛ 章太炎《太炎文录》卷二。

㉙ 章太炎《致柳翼谋书》，1922 年 6 月 15 日。

㉚ 章太炎《反对以孔教为国教篇，示国学会诸生》。

㉜ 章太炎《制言》第46期。
㉝ 章太炎《与孙思昉论学书》,《制言》第46期。
㉞ 章太炎《理惑论》。
㉟《题中央大学所刻黄先生纪念册》,《章太炎全集》五131页。
㊱ 章太炎《上李鸿章书》。
㊲ 章太炎《自述学术次第》。
㊴ 章太炎《自述治学》。
㊵㊶ 章太炎《黄季刚墓志铭》。
㊷ 章太炎《题黄侃梦谒母坟图记后》,《雅言》第6期。
㊸㊿ 章太炎《制言》第25期。
㊹ 章太炎《时学箴言》,《与邓之诚论史书》。
㊺㊻ 章太炎《说新文化与旧文化》。
㊼《章太炎今日第六次讲学》,《申报》1922年5月6日。
㊽《文字声韵训诂笔记》181页,上海古籍出版社1983年。
㊾《训诂与训诂学》342页,山西教育出版社1994年。
51《黄侃论学杂著》94页,上海古籍出版社1980年。
52《章太炎演说教育》,《时报》1916年8月6日。
53 见1925年1月《华国月刊》第2期第3册。

[原载《学术研究》2003年第10期]

陆宗达、王宁先生学术的渊源、传承与发展

一

陆宗达先生是20世纪下半叶中国传统语言学研究中造诣深湛、久负盛名的一代宗师，是在50年代奋臂倡始《说文》学与训诂学，并在这一传统学术领域振衰起弊的巍巍乎大纛与巨擘。王宁先生是陆先生的忠诚助手与奋发有为的继任者，是在中国传统语言学研究中颇具功力与学术，在《说文》学与训诂学领域继往开来、励志创新的新一代名家。王先生自觉地追随陆先生的纯正学术，谨严而卓有成效地发展陆先生的《说文》形音义之学特别是意义之学。她不但创造性地、全面地研究《说文》的形义系统、同源关系、词义演变，建构《说文》学与训诂学一系列科学的术语与理论，而且创建以《说文》学为中心、篆隶研究为主要内容、着重进行基础理论建设并与现代科学接轨的专业网络，使得由陆、王先生创业的北京师范大学汉语言文字学学科点，在陆先生辞世后，学术根基益形巩固，研究局面廓然大启，在海内外造出重要影响，在该学科居于领先地位。

在学术史上留下深刻印记的学派与人物，都有广远的学术渊源可以推寻。譬诸“其万折也必东”的河水江水，由于它本源既深且远，乃可以不舍昼夜，沛然放乎四海。

陆宗达、王宁先生直接的师承是章太炎、黄侃先生。陆先生经

常告诫学生："要先接受师承，再广泛吸收。"王宁先生说："陆先生是一位重视师承、严守师说的学者，他对自己的老师章太炎、黄季刚两位先生的每一部书都读得很熟，讲得很透彻，他是顺着章黄的思路去研究清代乾嘉的小学的。"[①] 陆先生从 1926 年起追随黄侃学习经学与小学，从多遍点读《说文段注》着手，作《说文》形、音、义的综合系联，研读五经与诸子史传，在经学、文学特别是文字、音韵、训诂学的研究上达到醇正、高深的境界。王宁先生作为 1961 年陆先生指导的第一届文字训诂学研究生，学习、运用陆先生传授的章、黄研究训诂、《说文》、古韵的方法，通读、钻研上古经典文献与注疏，通读《说文》，作大小徐本的对照，作《说文》与《文始》的对照，深刻理解《说文》全书形音义的联系，受到严格的传统学术研究的训练，同时在精读、泛览、好学深思之中渐次具备深湛的理论素养和新锐的创造精神。从 1979 年起直到 1988 年陆先生逝世，王宁先生作为陆先生正式的学术助手，帮助陆先生整理书稿，与陆先生合作著书，与陆先生一起指导硕士生博士生，师生殷勤传学，转侧相师，促成了 80 年代北师大传统语言文字学重镇的强固与发展。

陆、王学术师承的脉络，是从章、黄上溯至戴、段。太炎受业于俞樾，太炎在《检论·清儒》中谈到戴震为首的皖派时指出："世多以段（玉裁）、王（念孙）、俞（樾）、孙（诒让）为经儒，卒最精者乃在小学"，"凡戴学数家，分析条理，皆缜密严栗，上溯古义而断以己之律令"。这是说，俞樾隶属戴学，戴、段诸人的成就，最精者在小学，即语言文字学，核心是《说文》的形、音、义综合研究；同时他们的经学造诣也深，善于以五经做《说文》的依据，通过考察古音来上溯古义。这种以五经做《说文》依据的方法，戴震、段玉裁称为以字考经、以经考字。段氏说:“昔东原师之言,仆之学,不外以字考经,以经考字。余之注《说文解字》也,盖窃取此二语而已。”[②]“以字考经、以经考字”方法的理论依据,戴氏阐释为“经之至者道也。所以明道者其词也。所以成词者,未有能外小学文字者也。由文字以通乎语言,由语言以通乎古圣贤之心志”[③]。戴氏的阐释,源于许慎《说文·叙》:“盖文字者,经艺之本,王政之始,前人所以垂后,后人所以识古。故曰:本立而道生。”可见陆、王先生的学术渊源,由章、黄至戴、段,可进而上推至汉代许慎。《说文·叙》这段话,太炎表述为“盖小学者,国故之本,王教之端,上以推教先典,下以宜民便俗”[④]。把许慎、戴氏、太炎的解说贯串起来,其主旨是说:文字是经的基础(本),文字记录的语言,即六经古义,所表述的是“道”,即古圣贤之心志,其实是指从中国上古先民、圣哲经历的史实中升华而出的、熔铸了中华民族品性的观念体系与创造精神。

孔子删订、整理六经,按照章太炎的说法,是把六经作为“常用的教科书”来“培养人才”,以培育和传递“中国之所以为中国”的“民族思想、民族感情、民族精神”[⑤],即“经之至者道也”。这种培养具备民族的思想、感情、精神的人才之学问,在上古称为“修己治人”之学,又叫做“束己”“克己”“观世”“济世”,这就是太炎概括的,当时“治经恒以诵法、讨论为剂,诵法者,以其义束身;讨论者,以其义观世”[⑥]。故孔门四科,第一是“德行”,然后才是言语、政事、文学[⑦]。太炎痛感于民国之后“人格堕落,心术苟偷”“腐败反甚于前”[⑧],要求及门弟子知耻、重厚、耿介、必信,给儿辈的遗嘱是“凡人总以立身为贵,学问尚是其次”。黄侃勉励学生陆宗达“当以‘刻苦为人,殷勤传学’八字交相策励”,陆、王先生憎恶“无耻的钻营、善于诈伪、空言不实”的恶习,要求学生先学“为人”,再学“为学”。

孔子精研与传播六经，孟子所作的评价是："孔子，圣之时者也。孔子之谓集大成。"[9]"圣之时者"是指能清醒地认识并奋力实现在所处时代应做成之事。这是孔子开辟的中华学术文化和修己治人的一个根本传统。用太炎的话表述，就是"应当明了(自己)是什么时代的人；现在的中国，是处在什么时期；自己对国家，应负有什么责任"[10]。孔子干七十余君而不见用，"自卫反鲁，然后乐正，雅、颂各得其所"[11]。章、黄处"华夏雕瘁，国闻沦失，西来殊学，荡灭旧贯"[12]之世，作《文始》《说文同文》以名语源，次《小学问答》以见本字，述《新方言》《蕲春语》以一萌俗，其实质是由文字形义学上升为语言学，用语言文字来沟通历史，以本民族的传统方法保存民族文化，增强民族自信心，激励爱国的热忱。陆先生在西化、苏化的风潮造成五六十年代传统训诂学断裂的时期，率先以《谈谈训诂学》《训诂浅谈》呼唤训诂学的复苏，70 年代末 80 年代初出版《说文解字通论》《训诂简论》则正式宣告了训诂学的复生。1981 年陆、王先生发表《训诂学的复生、发展与训诂方法的科学化》和《谈训诂学的理论建设》等论文，论说"训诂学在当代的理论价值与实用价值"，训诂学"奠定了汉民族语言词义学的基础"，提出"像词义这种带有鲜明民族特点的语言因素，单靠引进国外的理论研究成果，是总结不出切合汉语实际的规律的，路子还要从本民族的传统科学中去找"这一具有战略方向意义的课题。陆先生去世后，王宁先生作为中国传统语言学的领军人物，独力承担起传存发展章、黄、陆学术的重任，坚定地向着加强理论建设、方法科学化的道路前进，因为她对中国古代文化和中国传统语言学怀着罕有的笃信与忠诚："第一，中国古代文化里潜藏着的惊人的智慧和悟性对现代人仍具有启迪作用，并仍有巨大的吸引力；第二，从解读中国古代文献起步，有数千年积累、成就极为昭著的中国传统语言学的博大精深是无法否认的。”[13]同时，她也明确地认识：“21世纪初是个西化占上风的时代，人们了解中国传统学问的机会本来就少，固有的偏见还相当地深，很多前人的精辟见解一直不被接受，改变一种看法实在是难上加难。”[14]但这更加催发了她奋然前行的时速与激情。陆先生逝世十七年来，在中国传统语言学研究领域，王先生发的论著，论其数量、质量、成就、影响，堪称并世无二人；王先生作为清醒地、坚韧地发展中国传统语言学的智者、觉者、勇者、行者，在当代的中国，也是并世无二人。她没有个人的功利，只是矢志不渝地去实现恢弘传统学术的目标，这与太炎“但以怀抱学术，教思无穷，其志不尽”的志行[15]何等神似与相通。

总之，陆、王学术的渊源，是由章、黄上承戴、段“以字考经、以经考字”之学，进而取法许慎的《说文》学，直至发端于代表中国文化、学术源头的“圣之时者”孔子的“修己治人”的先秦经学，其源醇正而悠远，博厚而高明，虽多历曲折，犹能以正派汇集学术百川，荡荡乎朝宗于海。

二

陆、王先生对章、黄学术和中国传统学术的传承，是指对这种学术的领悟、仿效与实行，在传承中也对这种学术加以发展。

陆、王对章、黄学术和中国传统学术的传承，首先是对《说文》、经史之书踏实、刻苦地钻研，务求精熟，以确立学术根基。

太炎强调：“为学之要，若言精求经训，非自《说文》《尔雅》入手不可。”[16]“研几文字之学，《说文》其总龟也。”[17]避难日本期间，太炎

“日披大徐《说文》”,“尝取二徐原本,读十余过”[18]。太炎曾赞誉:“季刚自幼能辨音韵,壮则治《说文》《尔雅》,往往卓跞出人虑外。”[19]对于群经史传与注疏,章、黄刻意精研,太炎“壹意治经”,“读书精勤”[20],他赞誉黄侃“为学务精习,诵四史及群经义疏,皆十余周”,“得书必字字读之,未尝跳脱”,太炎总结这种“精习”之法,认为“学者虽聪慧绝人,其始必以愚自处,离经辨志,不异童蒙。良久乃用其智,即发露头角矣”[21]。

陆、王先生是自觉、严格地传承章、黄的“精习”之法的。当年陆先生按照黄侃的教导,三次潜心点读《说文段注》的往事已成美谈。王宁先生说:“不论在五六十年代还是在七八十年代,陆先生教自己的学生都严格遵照传统的‘为实’学风:先大量阅读第一手材料,通读《说文段注》并对大徐本全书作系联,先秦的经书、子书要选几部连注疏一起通读。”还说:“读《文始》,成为我们学习《说文》学的一个新的起点。”[22]王先生还谈到她年轻时对《说文》的“痴迷”:“那种痴迷,是接受了章、黄之学的人早期求学的必然经历。我在六十年代初跟陆宗达先生学《说文》时,也是这样如醉如痴,周围的事情都视而不见,满脑子里只有那一万来个篆、古、籀和它们的形、音、义织成的大网。”[23]王先生说的“痴迷”,其实是对《说文》的研精覃思,她率先彻底地实践了陆先生“精研《说文》是群经研究的址基”的主张。

在说明培植学术根基之后,探讨陆、王对章、黄学术的传承,必须论及太炎有选择地继承戴、段之学的同时,在治学思路上所作的重大调整。太炎《自述学术次弟》明确指出:

顷世道术衰微,烦言则人厌倦,略言又惧后人莫述。昔休宁戴君,著书穷老,然多发凡起例,始立规摹,以待后人填采。

> 一身著述既有不暇，则定凡例以俟后生，斯亦可矣。今者讲诵浸衰，徒效戴君无益。要令旧术之繁乱者引以成理，所谓提要钩玄，妙达神旨，而非略举大纲，为钞疏之业也。

太炎认为乾嘉时期研究经学与《说文》成为风尚，那时戴震在著述中确立凡例、略举大纲是可行的；但是民国前后讲诵经学、小学之风已经衰微，这时如果仍然仿效戴氏的做法就不行了，必须调整治学思路。太炎清楚经学、小学的精华与重点所在，又深知传统学术研究中的弊端，从现实出发，遂确立了"令旧术之烦乱者引以成理，所谓提要钩玄，妙达神旨"的研究思路。即：清理、改造以往小学、经学研究中繁乱的方法和理论，使小学、经学的"要""玄""旨"——其根本是"意义"，能得到系统的深入的论证和展示。

太炎这一重要思路的确立与实行催生了现代的科学的中国语言文字学，造就了《文始》《说文同文》《小学答问》《新方言》《蕲春语》等标志性著作，开辟了中国传统语言学方法与理论研究的新阶段，也促成了陆、王意义之学的产生。

王宁先生说：陆先生"是顺着章黄的思路去研究清代乾嘉的小学的"[24]。我们看到，陆、王先生遵循太炎调整的治学思路，从根本上系统地传承与发展了章、黄学术的成果、方法与理论。

（一）确立训诂学的发展趋向和训诂方法科学化的途径，为建立科学的汉语词义学创造条件

章太炎把"小学"确定为"语言文字之学"[25]，对于充分利用小学的丰富成果建设独立的有民族特点的语言文字学科具有重大意义。小学之中的训诂学是科学的汉语词义学的前身，陆、王先生认为，章、黄"从对词义的个别训释和具体整理，达到对词义的特性和

规律进行理论的探讨，从而形成体系”，表明训诂学已“开始向科学的词义学迈进”㉖。陆、王总结与传承了太炎“更新训诂学的内容、方法的主张”，主要有：将音、形结合，互相参照，作为解义的工具，同时以词义的探讨为出发点，推动文字、音韵之学的发展；从文字推出语词，将书面语与口语结合，文献语言与当代方言结合，开展新的词义学和方言词汇学的研究；仍用形音义结合的原则探求由旧词派生新词的规律，即把汉语语源的研究科学化。陆、王还总结与传承了黄侃对词义一般特点所作的系统发掘，整理出体现形与义的关系、音与义的关系、义与义的关系的训诂内容的系统，归纳出由以形索义、因声求义、比较互证组成的训诂方法系统，揭示训诂学是研究古代汉语的形式（形、音）与内容（义）结合的规律以及词义本身内在规律的科学，其定位是古汉语词义学，确认其发展趋向是把研究对象的范围扩大到各个时期的汉语，从而产生汉语词义学。关于训诂方法的科学化，陆、王不仅从原理、作用、适应条件、相互关系上对以形索义、因声求义、比较互证三种方法作出论证，而且强调词义研究应以断代研究为基础，先从先秦词义研究中总结出当时的词义规律，再扩展到各个时段的词义研究以总结相应的词义规律。在发展古代汉语以至现代汉语的词义学时，训诂的内容、方法、理论将发挥重要作用。

（二）严格地从分析第一手文献语言材料出发，以意义作为探讨的终点，尤其注重从整体上系统地研究文献词义

陆、王先生的学习和研究都经过了从音韵学起步，以文字学为桥梁，在训诂学上落脚的阶段，而以文献词义作为主要的探讨对象。而这一切都是以对文献语言材料的解读、辨认、分析、归纳为

基点的。他们充分尊重第一手文献语言材料的实际，表现在传承章、黄“反复玩索白文”的做法，精读《黄侃手批白文十三经》《手批说文》，对其他文献也是先熟读白文，然后再审视白文的注疏，总之靠着自己对正文上下文及全书中语词意义的好学深思，来发现与解决问题。陆、王对文献词义的研究带着“注重系统、整体”的特点，王宁先生说：“陆先生精通的是意义之学，他是一个研究意义方面的专家。几十年来，我们从陆先生那里得益最多的是他讲解汉语词汇意义的熟练和透彻。由于对古代文献语言和注疏材料掌握得十分丰富而纯熟，加之他接受了章黄不孤立研究一字、一词、一义的朴素系统论思想，因此，他胸中似装着一个先秦汉语词义的网络，并且对词义关系的沟通、词义的比较、词义的类聚与分析、词义的探求与解释，都有一套行之有效的方法，这套方法里有许多规律。”[27]王先生所说陆先生“接受了章黄不孤立研究一字、一词、一义的朴素系统论思想”，是指传承了太炎治学“求明其大体”“得着系统”[28]的思想，以及黄侃“有系统条理始得谓之小学”的论断[29]，太炎《文始》就是论证汉语同源词系统的创始之作。陆、王在教学中注意演示诸多语词意义的系统联系并从原理上作出解释，指导学生从事专书意义系统的研究，或从理论上探讨意义系统研究的课题。他们在感性上、理论上对上古汉语词义的整体有比较准确的把握，所以能从《说文》全书字词意义的整体联系来纠正《说文》某些说解的失误；在采用因声求义、以义证音的方法时，既能检验音韵学的音理，又能发现某些声系、韵部、拟音的疏失。

（三）开展以《说文》为中心的语言文字学研究，重点在求根探源

陆、王传承了章、黄对《说文》价值与地位的理性认识，充分了解它从源头上系统地贮存了上古汉语字词的字形、字音、词义，在汉字一形多用、数形互用的纷繁情况下牢牢抓住了本字，又在一词多义、义随字移的复杂关系中牢牢抓住了本义，为通过字形与字音探讨词义提供了最重要的依据。陆、王在探求本字、本义、推源系源时，都是以《说文》为中心进行研究的，也就是从表意汉字出发，体现了鲜明的民族特点。就探求本字、本义而言，他们通过探求本字、本义来区别本义、引申义和假借义，验证词义训释的正误，求得对词义特点的具体了解，探讨现代语言词义的由来，区别同义词，并总结说："本字和本义是确定各种意义之间关系的枢纽，对词汇研究和辞书编纂的意义十分重大，正因为如此，《说文》才取得了'源'与'母'的地位。"需要开展以《说文》为中心的语言文字学研究[30]。他们强调"本字、本文是可以互求互证的"，利用《说文》求本字时，必须注意文字造形互相联系的系统性，不是只限本字下的一条说解，而要综合《说文》全书，将有关材料集中起来，方能得到准确的解释。就我国传统字源学的研究而言，陆、王传承章、黄《说文》学体系的核心在"求根探源"的思想，坚持对早期汉语同源词的全面系联工作应从汉字的考察做起，尤以选定《说文》为可靠和便捷。他们论证《说文》是以文献用词的词义为基点来整理汉字的，亦即许慎已为我们做好了文献用字的整理工作；《说文》严格遵守形义统一的原则，是讲本字本义的，为系联同源词提供了最有利的条件；《说文》的声训、读若、形声系统中，已包含部分同源字资料，

为全面系联同源词提供了线索。陆、王认为,太炎《文始》把《说文》学由平面形义关系的研究发展到纵向历史的研究,奠定了汉语词源学的基础,今人从事汉语语词的求根探源,“应当着重探讨汉字的形、音、义结合的原理,从理论上确定同源字之间音与义、形与义各具有何种联系。只有把同源字之间声音变化、意义延伸、形体孳生的轨迹从规律上确定下来,字族的系联工作才能顺利进行”[31]。这对于章、黄的词源研究和求根探源思想,已经是在传承中加以提升与发展了。

(四)在传统语言文字学研究中强调理论建设,注重普及与应用

陆先生是训诂学大师,他的古代文献修养和传统语言文字学造诣均臻于精深、博通与老到的境界,他深知在当代振兴传统语言文字学的重要、紧迫而又不易,所以从80年代起欣然接受王宁先生的意见,“认为要想真正救活训诂学,必须从原始的材料中提炼出基础理论和可供操作的方法”。王先生说:“《训诂方法论》出版后,他又接受了我们的另一个意见:介绍训诂学要注重用一般人能懂的语料来阐明理论方法。因而,用常用词而不是生僻词作实例,尽量把原理讲透、方法说清,便成为这一阶段我们写训诂学文章的努力目标。”[32]《谈训诂学的理论建设》《论字源学与同源字》《古汉语词义答问》《训诂学的知识与运用》都是陆、王强调理论建设、注重普及与应用的代表作。以《论字源学与同源字》为例,该文深入浅出地论说同源词的派生原理和音近义通说、同源字的形体关系和右文说、历史的推源和平面的系源及传统字源学的特点、音近义通规律的探求和形音义统一的传统系源方法,这种对传统字源学的基本原理、方法特点所作的深刻而明确的阐释，在80年代振聋发聩，反响清越，有力地清扫了形式化方法在同源研究中造成的浅薄、陈腐的风气，为衡量同源词研究的是非得失提供了科学的理论根据和判别标准。

陆、王的研究注重理论建设与普及应用，是对太炎"自揣平生学术，始则转俗成真，终乃回真向俗"[33]途径的领悟、仿效与传承。几十年从事负责任的、有价值的学术研究，都要经过真积力久、渐趋醇正、回报民族的阶段。陆、王认为为了"在同样勤奋的前提下加快积累的过程"，"知其所以然地去攻读，把握科学方法去积累"[34]，就需有理论方法的指导；为使学术成果在回报民族时产生既多且快的效应，成果就应利于普及，便于应用。陆、王是从提升民族的文化水准，为传统学术注入活力的高度来强调学术的理论建设与普及的。

三

本文第二部分谈了陆、王对章、黄和中国传统学术的传承，传承中已含有发展，其中既包括陆先生对章、黄学术的传承、发展，也包括王先生对陆先生学术的传承、发展。这第三部分则着重谈陆先生逝世后的十余年中，王先生对章、黄与陆先生学术所作的一系列重要发展。

（一）确立训诂学在当代的学科地位，重建与完善汉语词汇语义学

王宁先生于80年代末、90年代初重点思考确立训诂学在当

代的学科地位问题，发表《试论训诂学在当代的发展及其旧质的终结》[35]《再论训诂学在当代的发展》[36]两篇论文，根据训诂学的历史状况和现代语言学已经形成的学科结构，指出在语言学领域里，训诂学应当与汉语词汇学和语义学衔接。训诂学理论建设应当大量借鉴词汇学和语义学的已有成果，而从训诂学中开掘、概括出的理论原理，也必然是对汉语词汇学和语义学的充实，甚至使这两门学科现有的体系发生重要的变化[37]。这与1983年陆、王先生在《训诂学的复生发展与训诂方法的科学化》中所说的训诂学的发展趋向是汉语词义学相比，训诂学的学科定位愈益明朗。2004年，王先生《汉语词汇语义学的重建与完善》发表，论说20—21世纪之交，汉语研究在走过很多的曲折道路后认识到：固守旧传统而不加变革是没有出路的，全盘西化不但没有出路，而且是危险的。遵循汉语的事实、继承和发扬自己的优秀传统、学习借鉴西方真正先进的语言学理念，在方法上走向辩证和综合，应当是今后发展的趋势。训诂学的发展趋向，则是重建与完善汉语词汇语义学。王先生认为，汉语词汇语义学应当在自己的传统中总结，因为汉语研究的传统含有最全面、最彻底的科学语义观，因而有可能产生最先进的方法。在语义的研究上，全盘西化是舍本逐末、舍近求远。王先生提出，汉语词汇语义学的重建和完善，要坚持内容决定形式、形式对内容起反作用的观点，也要坚持内因起主导作用的观点。这不是教条，是经过无数语言事实验证了的；要坚持系统论，这是中西方成功的研究中的共识。世界观和方法论问题是最大的问题，正确的世界观和方法论是我们选择继承与选择借鉴的第一个标准。王先生对汉语词汇语义学的确认，使训诂学在当代的学科地位得到更准确的界定，许多由于西化与守旧而造成的关于训诂学学科性质的混乱说法，也随之得到有力的清扫或进一步的澄清。

（二）进一步清理训诂学的术语，加强训诂学原理的总结和训诂方法的科学阐释

训诂学术语体系的建立是训诂学理论建设成熟的表现。80年代末，由于训诂学术语的理论层次逐渐分清，王先生着手建立训诂学术语体系，除了清理旧训诂学已有的概念，主要是做好系联同类概念、辨明异质概念的内在差异、区分临近概念、理顺上下位概念的层次这四个方面的工作。王先生分析训诂问题的论文，常能显示训诂术语体系的严密及其对明晰地理解训诂现象的作用。

王先生对训诂学原理的总结，包括总结训诂原理、训释原理、词源原理。训诂原理指从训诂工作和训诂材料中总结出的文献词义理论，其总结包括了对训诂现象的科学解释，对训诂方法科学依据的理论说明和从程序上加以分解，对文献词义的存在形式、运动规律、特点性质的科学论述。关于训释原理，则对训释的目的、方式，义训、形训、声训的原理与分类层次，反义同词现象的原理等作出科学解释。在词源原理部分，不仅对传统字源学的理论作出辨正，而且提出汉语词汇发生与积累的阶段性理论。王先生论说汉语词的积累大约经历了三个阶段，即原生阶段、派生阶段与合成阶段。每个历史阶段各以一种造词方式为主。原生词的音义结合不能从语言内部寻找理据，只能说是约定俗成。派生阶段是汉语词汇积累最重要的阶段，汉语由已有的旧词大量派生出单音节的新词，并促进汉字的迅速累增。周秦时代是汉语词汇派生的高峰，在纷繁的派生活动中，积累了大量的同源词。合成阶段的到来是汉语词汇发展的必然结果。此时汉语的构词元素积累到了一个足够

的数量，为合成词造词创造了必要的条件，于是两汉以后合成造词取代派生造词而成为汉语的主要造词方式[38]。这一理论对于开创符合汉民族特点的可信的词源研究和词汇史研究具有重要的指导意义。

王先生还总结了从中国传统语言学继承下来并在现代发展起来的语义观：其一，语义中心论。语言中的语义首先指的是实词的词汇意义，而且是词根的意义。语义中心，就是语义首先决定语音、语法。语义是语言的内容，根据内容决定形式的普遍哲理，不但首先是语义决定语法，而且语义系统也决定音系的规模。其二，词汇意义系统论。语义中心论建立在语义独立的基础上，实现这一点的前提，必然是实词的词汇意义自成系统。语义的系统首先在自身的聚合中实现，并不依靠语法。传统“小学”从完全依靠语言环境的随文释义，发展到脱离文献的纂集专书《说文》《尔雅》《方言》《释名》，实现了意义的类聚，使意义脱离了文献的语言，不再依赖具体环境，而成为互相依赖的一群，这就使它很容易从具体语词释读的目的，进入词汇意义系统的思考。词汇意义系统论的具体观点是：同一种语言的意义之间互有联系，或处于级层关系，或处于亲（直接）、疏（间接）的关系，词汇意义的演变牵一发而动全局，首先是自身系统决定的。其三，语义的独立研究价值。语义系统是可以描写的，正如语言形式之可以描写。不承认语义可以独立描写，是不彻底的语言观[39]。王先生总结的语义观及其理论十分清醒与透辟地反映了汉语的实际，对于从今以后开展完全符合民族特点的汉语研究意义重大，可以说在中国语言学领域具有开天辟地之功。

王先生对训诂方法的科学阐释，是基于分析词际和义际关系的理论认识。她认为,就词与词义的认同和别异来说,笼统的"词"和"词义"的概念是不够用的;区分词与词项这两个有应用意义的概念,设置义位与义素这两个层次不同的理论分析概念,从而建立关于词义内部结构的层次分析法,已经是训诂学理论建设的必然结果。做好词与词义内部结构的科学分析,才能使同源词的意义关系、同义词意义的同与异、义界的构成原理、直训必须在言语中方能成立的性质、词类与词义的一致性等得到清晰的说明,词义的比较与类聚才可以操作和检验。从义素层面认识同源词的语义关系,是王先生将西方语义学的义素概念引入汉语词源研究领域而形成的一种全新的同源词语义关系分析方法。词的深层隐含意义是词义中体现词义特点的部分,是小于义位的单位,可称为核义素;词的表层使用义中可提取出词义中体现词的事物类别的部分,也是小于义位的单位,可称为类义素。判定和分析同义词是从词的表层使用意义出发的,而判定和分析同源词是从表层使用意义和深层隐含意义出发的。

(三)创建汉字构形学体系,开展不同时期汉字构形系统的比较与汉字史的研究

王先生接受章、黄和陆先生的《说文》系联方法、朴素系统论思想而创建汉字构形学,认为科学的汉字学应是对汉字本体即字形的研究,在共时历史层面的汉字总体,有自己的构形元素,这些元素有自己的组合层次与组合模式,汉字的个体字符是互相关联的、内部呈有序性的符号系统[40]。90年代以来,王先生指导学科点上十几位博士用统一的术语和操作程序,先后对甲骨文、西周金文、春秋金文、战国楚文字和一部分东方文字、睡虎地秦文字、居延汉

简、马王堆帛书、东汉碑刻隶书、魏晋行书、隋唐五代碑志楷书、宋代雕版楷书、明代石刻佛经文字、清代民间手写与宫廷文字进行了认真的整理,对其构形系统做了逐一描写,从而完善了汉字构形学体系。王先生带领学生,在弄清个体字符变化的基础上,拟考察出汉字构形系统的总体演变规律,并对这种演变的内在的和外在的原因作出符合历史的解释。现在,这些成果都已作为汉字构形史丛书陆续出版。可以说这是使汉字学与汉字史都进一步科学化的壮举。

(四)实行研究手段、研究课题的更新,注重传统学科面向社会、面向现代化的应用

1996年王先生主持的学科点与台湾中华文化统合研讨会合作,自筹经费成立汉字与中文信息处理研究所,开始了以计算机为手段研究汉语汉字的新里程。同时改变研究思路,开始注重汉字、汉语属性的量化测查,注重共时汉字、汉语总体系统的描写和对诸多现象的综合解释。研制了计算机小篆字库、甲骨文已识字字库、历代汉字属性库等工具软件,建立了具有全方位学习和研究历史汉字、汉字信息处理功能的汉字学实验室。90年代开始,在文字学方面,承担了《中古与近代汉字史》《楚文字集成》《宋元明清手写与碑刻汉字及其文本研究》等重要的研究课题,设计了以今文字构形系统描写为主要研究方向的系列课题。在词汇学方面,实现了古今汉语的沟通,从训诂学中产生了一批新的研究课题。近年来,学科点设计的博士论文题目和出版、发表的论著中,相当一部分做到了打通古今,贯通历史和现代。学科点密切关注现代汉字的规范、中小学语文教学等应用领域,参与了建立信息处理用汉字部件

规范、古籍字库等多方面的工作，取得的成果在社会上有较大的影响[41]。

太炎先生曾引证古语："百龄影徂，千载心在。"其中暗用《尔雅》"徂、在，存也"句，意为先哲虽故去而其思想事业永存。原因在于后人已传承其思想事业而长久恢廓之了。章、黄与陆先生的学术已然如是。于是本文以诗作结，诗曰：

日观峰前海日升，曾照当年七十君。

照宋照汉兼照秦，六龙万乘来如云。

来如云，去如电，从官侍臣皆不见。

信然五经《说文》万古存，新知新运春光如海不可限。

附　注

①㉒㉔㉗㉜《纪念我的老师陆宗达先生》。

②《段注》789页。

③《古经解钩沉·序》，《戴震集》192页，上海古籍出版社1980年。

④《国故论衡·小学略说》。

⑤ 蔡尚思回忆1930年拜见章氏，见《章太炎》175页，上海三联书店1997年。

⑥《章太炎全集》三，473页。

⑦ 见《论语·先进》。

⑧《章炳麟论学集》373页，北京师范大学出版社1982年；又《与龚未生书》。

⑨《孟子·万章下》。

⑩《论今日切要之学》。

⑪《论语·子罕》。

⑫ 黄侃《国故论衡赞》。

⑬㉞㊲《训诂学原理·自序》。

⑭《〈经典释文〉音切类目研究·序》。

⑮《与龚未生书》。
⑯《与孙思昉论学书》。
⑰《理惑论》。
⑱《小学答问·序》《自述学术次第》。
⑲《章太炎全集》五，131 页。
⑳《自定年谱》。
㉑《章太炎全集》五，260 页、106 页。
㉓《〈说文〉与上古汉语词义研究·序》。
㉕《国粹学报》第二年 24—25 期。
㉖《训诂学的复生发展与训诂方法的科学化》。
㉘《国学之进步》《说新文化与旧文化》。
㉙《文字声韵训诂笔记》。
㉚《〈说文〉与本字本义的探求》。
㉛《论〈说文〉字族研究的意义》。
㉝《蓟汉微言》。
㉟《中国社会科学》1988 年第 2 期。
㊱《中国语文研究四十年纪念文集》，北京语言学院出版社 1993 年。
㊳《汉语词源的探求与阐释》。
㊴《汉语词汇语义学的重建与完善》。
㊵《系统论与汉字构形学的创建》。
㊶《继承传统，坚持创新，谋求学科在新世纪的发展》。

[本文为纪念陆宗达先生诞辰 100 周年国际学术研讨会上的发言稿]

训诂方法新论

一　三种基本的训诂方法及其联系

训诂主要是对古代书面汉语的意义进行解释，而古代书面汉语是用汉字记录的，汉字具有形、音、义三个要素。训诂的重心虽然是解释词义，但这种解释却必然牵涉到对于字形和读音的研究，必然牵涉到对于众多字词的意义联系的研究。这就决定了训诂的方法是以义的研究为重心，同时对于形、音、义进行总体和综合研究的方法。在训诂实践中，从实际的材料和具体的目标出发，训诂工作可以着眼于、侧重于字形，也可以着眼于、侧重于读音，还可以着眼于、侧重于某一篇章或某几部书之中的词义。于是为了便于表述与区别，就把这些各有侧重的基本的训诂方法称为“以形索义”“因声求义”“比较互证”。其中，“比较互证”是辅助“以形索义”“因声求义”得以正确运用的基础。采用这三种基本的训诂方法而作出的训释样式，相应地就有“形训”“声训”“义训”“义界”“互训”等①。

二 以形索义的方法

（一）以形索义的方法的理论依据——形义统一的原则

汉字字形是汉语语词的书面形式。汉字在产生时是直接记录人们使用的语词的，是明确表述当时的事物、事件、风习、情感和思想的。所以汉字字形的设计、约定是与当时所记录与表达的具体意义完全统一的。汉字在产生时的意义，通过汉字在产生时的字形——本字，而得到真实的记录和明确的表达。汉字的构形意图——笔意，把本义与本字精巧地熔铸在一起，准确地实现了本义与本字的统一。这样就造成了汉字构造的根本原则——形义统一。这一原则也就成为以形索义的方法的理论依据。例如根据《说文解字·八下》的说解，“兀”的本义是“高而上平”，它的本字是“兀”这个字形。它的构形意图，是要通过“一在人上”的构形，表示人们仰望高山及其上面的平土，来记录与表述“尧遭洪水”时代耸峙于大水之中的、供人攀登的高大的山陵州岛。本义、本字的实际内涵以及表现本义与本字统一的笔意的确切所指，在《说文解字》[②]中有着成系列的说明，并在古代文献中有着众多的例证。所以，后人采用系统方法，通过考察汉字字形的设计与意义的表达这二者的统一关系，进而推求与证明汉字古义和文献词义，就成为可能和可信的了。这样，在训诂中就提出了一个重要的带着鲜明的汉民族语言文字特点的方法——以形索义的方法。

由于本义、本字在后代有了许多变化与发展，代表原始造字意图的笔意也逐步转变为整齐化、符号化了的笔势；又由于许多单个的汉字在历代屡经改窜而失去了形与义的原貌；还由于在汉语字词联缀成语辞、篇章表述历史文化时形、音、义呈现复杂多变的情形；因此在后代运用以形索义的方法就不可能直截了当，而必须附加许多条件。稍一不慎，就可能犯“望形生训”的错误。这里，我们着重谈谈“以形索义”方法的使用条件。

（二）以形索义的方法的必备条件

1. 只有本字才能说明本义，借字不能说明本义

记录本义的字形叫本字，因而经由本字可以直接探索到本义。但汉语字词在使用中经常出现同音借用的情形。这时，不写形义贴切的本字，而写一个与本字音同或音近，但意义却无关的字来代替。这种用来代替本字的字叫做借字。通过借字是不可能探到本字表达的本义的。因而采用以形索义的方法必须识别与排除借字，通过《说文》和文献语言材料找到本字，为正确而直接地以形索义创造条件。

例如《说文·十一下》“州”下云：“昔尧遭洪水，民居水中高土。”其“居”字是借字，不是本字。段玉裁正确地指出“居”的本义接近于“箕踞”，“箕踞为大不敬，三代所无”[③]。例如《史记·高祖本纪》：“沛公方踞床，使两女子洗足。”这里的“踞”即是表示傲慢姿态的“箕踞”。而《说文》“州”下“民居水中高土”之“居”，其意义是“居处”，即今义“居住”，所以本字不应是“居”，而应是“凥”。段氏引用《说文·十四上》“凥，处也，从尸几”的解释，指出“凥”从尸从几，意思是“凭几而坐”，认为这就是居住的意义了。段氏能把“居”改为“凥”，已经比前人和同时代人高出一筹。但是他由于没有运用系统方法，只是发现了线索，却并不彻底，因而没有找到本字。《说文》字词的系统联系终于揭示了“居处”义的本字不是从“尸”从

“几”，而是从“尸”从“丌”。“尸”的本义是“主”[4]，就是人依托于某处；“丌”的本义是指洪水中高而上平的山陵州岛。“尧遭洪水”之世是汉字的本义与本字成体系地产生与确定的时代，当时“民居水中高土”之“居”只能是“凥”[5]。找到与恢复了“凥”这个本字，就能顺理成章地运用“以形索义”的方法来说明“居”的“民居水中高土”的本义，因而这个本字与其本义就十分贴切地统一起来了。

2. 只有本义才能与本字的字形直接相合，引申义与字形的关系则是间接的，有时甚至是模糊不清的

运用以形索义的方法不仅是为了探索本义，也是为了通过探索本义进而加深理解本字为何设计成这样的字形，这样也就加深了对于义的形象特征以及由此发展出的引申义的理解。

例如，文献中常常出现“逐北”这个词：

《庄子·则阳》：“时相与争地而战，伏尸数万，逐北旬有五日而后反。”

《战国策·中山》：“乘胜逐北，以是之故能立功。”

《史记·田单列传》：“燕军扰乱奔走，齐人追亡逐北。”

“逐北”之中的“北”的词义，根据《庄子·则阳》的《释文》[6]：“军走曰北。”可知是指“军队败逃”。而“北”的本字，根据《说文·八上》，是“从二人相背”。这个字形与“军队败逃”的词义是不能切合的。因为“军队败逃”不是“北”的本义，而是引申义。

“北”的本义，《说文·八上》指出是“乖也”，就是“相反、违背”。根据《说文》字词的系统联系，我们知道“北”的本义具体表述洪水时代，先民从受到洪水威胁的低下阴湿之地逃离出来，登上州丘，居住于向阳高明的州丘的南面。“北”的本字“从二人相背”的构形意图是，人们攀登并居住于向阳高明的州丘，与在此之前人们处于

低下的幽谷,是刚好相反的。可见,在“北”的本义与本字的统一中,已经包含了“逃离”“相背”的形象特征。到了春秋战国时期,从“北”的这种形象特征中发展出“军队败逃”这一引申义。因为两军作战,是从两个方向集合起来交手。这就是《左传·成公二年》中所说互相敌对的齐晋两军“自始合”。而当“齐师败绩”之时,齐师则违背自己开始作战时前进的方向而逃跑,胜利的晋军则“逐之”,就是“逐北”。所以在战场上某军的动向如果与进攻的方向相背,就是败逃,于是用“北”来指称。正如《说文·八上》“北”下《段注》指出的:“此于其形得其义也。军奔曰北,其引申之义也,谓背而走也。韦昭注《国语》曰:北者,古之背字。”

3. 只有笔意才能解说形义统一,笔势则不能解说形义统一

笔意是寄寓在本字中的造字意图;笔势则是在汉字演变中由于整齐化、符号化而脱离了造字意图的字形。笔意是伴随着汉字的产生而产生的,它熔铸了早期汉字的形象特征;而笔势则是字形演变、笔间消失的结果。因而以形索义应当恢复与确认笔意。

例如,“丘”这个字形已经是笔势,已不可能与字的本义“土之高也,非人所为也”[7]相统一了。这里采用以形索义的方法,就应当首先确认“丘”的笔意。

“丘”的笔意保存在《说文》中。《说文·八上》“丘”的本字作“从北从一,一,地也”。《说文》阐释了这个本字包含的笔意:“人居在丘南,故从北。”所谓“丘南”,是指州丘向阳高明的一面。为何“人居在丘南”?《说文·十一下》“州”下云:“水中可居者曰州。……昔尧遭洪水,民居水中高土。”水中高土的“州”,就是“丘”[8]。先民为了避离洪水的灾难,才从低下阴湿的幽谷迁居于向阳高明的州丘,此即“人居在丘南”之意。总之,“丘”的笔意是明确地解说了

"丘"的本字与本义的统一的。

4. 以形索义必须有大量翔实的语言材料作证据

本字、本义是紧随着汉字的产生而产生的，是在华夏民族进入文明时代就已约定俗成了的。因而这种本字本义在整个汉字体系中，保存在大量的古代文献语言材料中，长久地流传下来了。因此要确切地认识与运用以形索义的方法，就必须以系统地研究汉字的本字本义和古代文献的词义为基础。如果不这样做，而是凭借以今律古的眼光和孤立的、零碎的材料来以形索义，就必然沦为"望形生训"。

三 因声求义的方法

（一）因声求义的方法的理论依据——"训诂之旨，存于声音"的原则

以形索义的方法与因声求义的方法是密切相关的。以形索义是要通过本字的形体探求本义。它的中心环节是找出汉字产生时，它的字形的设计包含着什么样的意图。这个意图的根据，是贮存在本义之中的。而语词的本义，在汉字产生之前已经产生了。当时没有字形来记录，语词的本义是由声音来表达的。可见声音运载着本义。因而清代王念孙指出："训诂之旨，存于声音。"[9]黄侃也说，在先民之世，"声音即训诂"[10]。例如《说文·八上》："屋，居也。""居"属古韵鱼部，"屋"属屋部，二者古音相近，"居"这个古音同时就运载了"屋"这个本义。这样，"训诂之旨，存于声音"就成为传统训诂学的重要原则，成为因声求义方法的理论依据。

在古初，既然声音即训诂，而训诂主要解释古代词义，特别是

古代词义之源，所以从根本上来说，训诂必须从声音上来探求词义的发生。汉字产生后，它的本字记录本义，其实是连同着语词的本义及其口头形式——声音一起记录的。可见对于汉字记录的音和义来说，因声求义是经由本字记载的读音来探求其本义的。声音运载与贯串着本义，声音也就成了探求本义的根本线索。由此就使得因声求义成为训诂的一个重要的基本方法。

（二）“声训”的前提——同根词“音近义通”

“声训”是古代注释中直接体现“因声求义”的特有方式。声训在汉代特别盛行，在《方言》《释名》的训释中表现得很明显，在《说文》和文献注疏中也不时加以运用。可是不论古今，一些人由于未能自觉地认识与把握声训的使用条件，因而或者滥用声训，或者对声训的评论多有失当。例如对于东汉刘熙的《释名》，以往许多人的看法是表面的和偏颇的。《释名》那样大规模地从声音上来探求与记录事物的得名之由，其功绩是让人敬服的。由于刘熙富有文献根基，并且把握了当初造词之时声音寄寓着意义的来源这个原则，所以从总体上看，《释名》运用声训来解说词义来源大多是正确的，有些甚至是很深刻的。现在我们对于《说文》意义体系的真实性的论证同时也印证了《释名》中以往被人们误认为是“凿空”之说的词义解释往往是精审的。《释名》与《广雅》虽然后出于《尔雅》与《方言》，但它们保存的古义的数量与释义的正确性竟然优胜于《尔雅》与《方言》。例如《广雅·释诂》：“腾，渡也。”“腾，奔也。”《释名·释姿容》：“奔，变也。有急变奔赴也。”就真实地记录了洪水暴至的急变发生时先民仓惶渡水奔命的情景。这有《说文》字词的系统联系可以印证[11]。《释名》中有少数声训现在还找不到文献语言材料的证明，这或者是刘熙的附会，或者是我们对他解说的依据尚未认识，因为《说文》字词的系统联系印证了《释名》中许多字词训释的正确性，而其中一部分字词的训释却至今没有相应的文献语言材料来证明。至于有的人在今天还给予《释名》以“滥用声训”的讥评，则已明显带着偏见与无知的成分了。

汉代和后代的声训中确实存在着滥用与穿凿的错误，例如《白虎通义》中的一些声训。但这些应当加以具体的分析和区别。

正确的声训是用“音近义通”的同根词来训释，这才能达到探索词义来源的目的。在语词发生的起点，音与义的联系是由当时的人们“约之以命”来决定的，这就是《荀子·正名篇》提出的“名无固宜，约之以命，约定俗成谓之宜”的理论。语词发生后，要在这种原有语词的基础上创造新词。创造新词的一条重要途径，是原有语词的意义在引申到距离本义较远之后，在一定条件下从本义中独立出来，以新的字形和读音的面貌出现，这就造成了派生词的产生。由于派生的新词是在原有语词的基础上产生的，也就是说，派生词的音与义是从其语根的早已经约定俗成而结合在一起的音与义发展而来的，所以派生词与原有语词具有同一语根，彼此之间往往音相近，义相通。这就形成了同根词的“音近义通”现象，构成了正确运用“声训”的前提条件。

我们说声训必须遵循音近义通这个前提，就是说要把声训严格控制在用同根词作训释词这个条件之下，不能超出这个界限。这才能够保证解释的可靠性。

例如《说文·二下》：“造，就也。”许多文献注疏中也有这样的训释。这是运用声训之法释义，符合采用音近义通的同根词这个根本条件。因为“造”与“就”古同音，都属于段玉裁归纳的古韵第三部(尤幽),这是“音同”。并且二者“义通”:《说文》记载了“造”的古文是“艁”,本义是“经其舟而渡”[12],就是把许多船只排列连接起来渡越洪水。而“就”的本义,《说文·五下》训释为“就高也”。《说文诂林》“就”字条下引《说文疑疑》指出:“就高”是指“古时洪水横流,故高丘之异于凡者人就之”。唐尧时代的大趋势,是民众由渡水而登山。“渡水登山”是一个连续的完整过程,所以《说文》把“造”和“就”连起来训释,称为“造,就也”。但渡水与登山毕竟是两个阶段,为了便于指称与区别,于是“造”派生出“就”。可见这两个语词的音相同,义相通,是一对密切相关的同根词。所以说“造,就也”这个声训,无论从音、义关系,还是语词的派生及其依托的历史背景来考察,都是正确的、很典范的。

(三)因声求义要利用古音研究的成果

实行因声求义,音是基本的线索与凭借,因而确切地把握读音是很重要的条件。“训诂之旨,存于声音”,而声音是因时因地而不断变化的。上古的同音字到后代可能变得不再同音。音变甚至造成同字而异读异义。派生词从原有语词中分化而出后,其语音可能发生相应的变化,导致同根词变得不再音同或音近。所谓因声求义,不是用后代已经变化了的音去探求古义,而是“就古音以求古义”,所以这项工作必须借助古音研究的成果。

古音研究经历了“由粗转精”的过程。就古韵分部而言,先是顾炎武分 10 部,江永分 13 部,段玉裁分 17 部,王念孙分 21 部(晚年分 22 部),孔广森分 18 部,朱骏声分 18 部,江有诰分 21 部,戴震分 25 部,章太炎分 23 部,黄侃分 28 部。在古韵分部的基础上,古韵学家做了音值的拟定,并注意到韵部之间主要元音和收尾音的相同与相近关系。戴震最先提出阴、阳、入配合的理论。黄侃综合前人的成果，把他的28部按阴、阳、入三类来搭配，经由韵部之间的关系来探求词义，于是产生了“通转”之说。所谓通转，是指相近的韵部之间的相互移动变化。相对应的阴、阳、入声在主要元音上是相同的，仅仅是韵尾不同，而相应的阳声和入声韵尾的辅音发音部位又相同，因而很容易互相变化，这就是对转。相邻近的同类韵部则韵尾相同，仅仅是主要元音在舌位高低和开口程度上稍有差异，或主要元音相同而介音有所不同，它们之间也很容易互相变化，这就是旁转。章太炎《文始》创造性地依据通转理论来推求词义关系，对因声求义的方法做了系统而灵活的运用[13]。

例如《文始》“京”字条下，章太炎指出“京”由“阳唐”韵转为“之咍”韵，孳乳出“丘”。“丘”又转为“鱼虞模”韵，孳乳出“虚”。章氏所说的孳乳就是语词的派生。他对于“京”“丘”“虚”由韵转而派生的轨迹所作的分析是正确的。因为不但这些语词的韵转符合古韵研究的结论，而且这些语词在意义上是互相联系与沟通的。从根本上来说，是这些语词的派生遵循着、贯串着共同的形象特征，依托着同一个历史文化背景。“京”的本义是“绝高丘”[14]，就是指称极高大的丘。而“丘”的本义是“土之高也”[15]，“虚”的本义则是“大丘”[16]。“京”“丘”“虚”是异名而同实，都是指挺立于汤汤洪水之中、先民登临并居住其上的山陵州岛，又名丘山、昆仑丘、九州。其形象特征一是高，二是大。因而《段注》云：“京者，高也。”《尔雅·释诂》云：“京，大也。”

因声求义的方法在吸取古韵研究成果的同时，也要吸取古声（又称双声、纽变）研究的成果。因为汉语的声与韵有着明确的配合规律，声与韵的演变是彼此影响，互为原因的。注重吸收古韵与古声的研究成果，可以把声与义相互关系的研究探求得准确与全面。需要强调的是，对于吸取古韵和古声的研究成果以从事因声求义的研究，我们特别看重的，不是现代某些人掺杂了主观色彩的对于音值的拟定和音系的构拟，而是像顾炎武的《音学五书》、段玉裁的《六书音韵表》、钱大昕的《舌音类隔之说不可信》、章太炎的《文始》《娘日二纽归泥说》等通过大量语言材料对古声古韵规律的解说与论证。因为这种从中国古代翔实的声韵材料中总结出来的有血有肉的声韵规律符合中国古代语言的实际情形，因而对于因声求义基本上是可靠有用的，在探索因声求义的理论方面可以给我们许多深刻的启示。

四　比较互证的方法

（一）比较互证的实质在于对语言文字材料实行系统贯通

比较互证的方法是以形索义的方法和因声求义的方法得以正确运用的基础，也是检验以形索义和因声求义的运用是否得当的标尺。

训诂的比较互证方法，是指从具体的研究目标出发，设定研究对象的范围，对一篇文章、一本书或几部书中的语言文字材料进行全面的有系统的研究，较同辨异，彼此证发，以便清理与把握这些材料的内部条理。可见，比较互证的实质在于对语言文字材料实行系统贯通，也就是穷尽性地研究所设定的范围内的材料，把这些材料看作一个系统，从整体上来贯通它的各个部分相互联系的脉络。

不妨说，比较互证就是系统贯通。这种方法，在传统训诂学中统称为“参互比较”“融会全书”“通合观之”[17]。又可具体地称为“以本书证本书”或“以字考经，以经考字”。我们现在从事的比较互证，是继承了训诂的这些宝贵经验，融入了当代新锐的科学精神，以两千年训诂的辉煌终点作为全新的起点，在继承传统的基础上对传统实行革新与超越的。可以看出，这种训诂学上的系统贯通之法，既不是自然科学的系统论，也不是西方语言学的义场论，而是在升华了中国学术文化的传统之后形成的具有鲜明的汉民族特点的科学方法。正确而彻底地实行了这种方法，语言文字材料的“六通四辟”、本末精粗，就都原原本本地展现在我们眼前了。

（二）比较互证的关键是清理《说文》与文献语言材料的内在联系

使被研究的语言文字材料的真实面貌纲举目张地呈现出来，就需要对《说文》与文献内在联系作出系统的清理，这是运用比较互证的方法的关键所在。中国的传统学术是以经学为主干的学术，经书与群书中的字词及其注疏基本上记载了中国上古历史文化的源流。而“《说文》之为书，以文字而兼声音、训诂者也”[18]，《说文》是以字词的形、音、义系统贯通的精严的体例和凝炼的语句来贮存古代的历史文化的，所以中国两千年的学术研究都必定以《说文》为基础，为旗帜。我们今天要对古代的训诂材料作比较互证，只要抓住清理《说文》与文献语言材料的内在联系，也就全局皆活了。前人把《说文》评价为“天下书”中的“第一种书”[19]，评价为一切语言文字学专书的“主中之主”[20]，同时在《说文》的统领之下淹博、精审地占有与梳理材料，这是得到了训诂研究的真谛与生机的。

以研究《说文》与文献语言中“居处”（本字是“凥”）这个词的本义为例，怎样运用比较互证的训诂方法，从整体上来清理和贯通《说文》与文献语言材料的内在联系呢？

先看文献语言材料：

《墨子·辞过》：“古之民未知为宫室时，就陵阜而居。”

《尚书·禹贡》：“是降丘宅土。”郑注：“水害既除，于是下丘居土。”这是说，洪水为害时，民众是居处于丘上的。正如《淮南子·本经训》所云：“舜之时，……四海溟涬，民皆上丘陵。”

《风俗通义·丘》：“尧遭洪水，万民皆山栖巢居，以避其害。”

可见，文献材料的说法一致，“居”的对象是陵阜丘山。

接着看《说文》的材料：

《说文》中，“居”的本义，往往是与“丘”“高土”连用的：

《十一上》“州”下云：“水中可居者曰州。……昔尧遭洪水，民居水中高土，故曰九州。”这是“居”与“高土”（州）连用。

《十四下》“陶”下云：“陶丘有尧城，尧尝所居。”这是“居”与“丘”连用。

《八上》“丘”下云：“土之高也。……人居在丘南，故从北。”这是“居”与“丘”连用。

由以上释义看出，丘是高土，是州，居丘就是居于高土，居于州上。

而《说文》中，“高土”之“高”往往与“平”相连：

《二下》：“邍，高平曰邍，人所登。”（从《段注》本）

《十四下》：“陆，高平地。”

《三下》：“平治高土，可以远望也。”

《八下》："兀，高而上平也。"

从上述诸例看出，在语词的本义中，由于"高"义与"平"义往往相连，可知先民所居的高土，即高而上平之土，就是"兀"。这样就明确了：洪荒时代（就是洪水时代，"荒"即"巟"，水广也。见《说文·十一下》）先民栖居的高土，原来是高而上平的"兀"——陆、州、丘。"高"是说不受洪水侵害，"平"是说上面有土可以耕作。因此，"居处"的本字"凥"，绝不是如大徐本《十四上》所说的"从尸得几而止"，而应当是"从尸从兀"。就是说，先民出于避离洪灾的目的，最早是居住在高而上平的山陵州丘上的。这是华夏民族开化史的第一个篇章，给予后代汉民族的发展和传统观念的形成以巨大而深远的影响。中国上古的君王起于高山，因而侯王称为"四岳"（"岳"义为丘山），国君自比山陵。帝都名为夏屋、商丘、殷虚，屋、丘、虚的本义都指丘山。秦汉时甚重封禅之礼，《五经通义》云："易姓而王致太平，必封泰山，禅梁父。"在泰山上筑土为坛以祭天，报天之功，叫封；在泰山下小山上除地，报地之功，叫禅。可见，行封禅之礼必先登山。

《说文》字词的系统联系，展现了作为中国历史起点的"尧遭洪水"事件的一个侧面，从而揭示了"居住"这个语词的本义及其本字"凥"的真实面目，而《说文》字词的系统联系，又贯通与证发了文献语言材料中先民"就陵阜而居"的记录。《说文》与文献材料的内在联系，就在这种比较互证的方法中真切而全面地显现出来了。

附　注

① 陆宗达、王宁《训诂方法论》，中国社会科学出版社 1983 年。

② 简称《说文》。

③ 见《说文·八上》"居"下《段注》。

④ 见《段注》399页,上海古籍出版社1981年,下同。

⑤ 见下文四(二)的证明。

⑥ 陆德明《经典释文》。

⑦⑮⑯《说文·八上》。

⑧ 见宋永培《"州""丘""山""陵"的基本意义是"居处"——从汉字体系考察中华历史文化的源头(二)》,载《中国教育报》1997年11月28日。

⑨《经义述闻·序》。

⑩⑳《文字声韵训诂笔记》200页、6页,上海古籍出版社1983年。

⑪ 见宋永培《〈说文〉汉字体系与中国上古史》,广西教育出版社1996年。

⑫ 见《尔雅正义》引李巡说。

⑬ 见《训诂方法论》94页,中国社会科学出版社1983年。

⑭《说文·五下》。

⑰ 见《段注》505页、784页、765页,上海古籍出版社1981年。

⑱ 王念孙《说文解字注·序》。

⑲ 王鸣盛《说文解字正义·序》。

[原载《华东师范大学学报》(哲学社会科学版)1998年第4期]

文献正文的训诂与专书词汇研究的基本方法*

"训诂"一词的本义是指上古时代的古言古义。"训诂"一词的常用义是指对古言古义的解释。这种对古义的解释,又可称为古注。到了后代,人们说到古注,主要是指注释书中的训诂了。例如《诗经》的毛传、郑笺,《左传》的杜注,《史记》的三家注便是。就算这些古注的作者在时代上离那个被注的专书文献较近,就算古注的作者根基厚,对被注的专书文献的领悟也深,但他毕竟没有处于被注专书的时代,他毕竟不是专书的作者,所以我们在面对上古专书的时候,如果要做"彻底的忠实研究"①,那么可以信据的材料首先应是专书文献本身,可靠的方法应是钻研专书正文,而那些传、笺与注,则只能作为钻研专书的参考,这就是阎若璩《尚书古文疏证》文后钟灵的跋所说的"不屑屑受后人训诂牢笼也"②。

钻研专书文献的正文,会发现正文中也有训诂,而且某些文献正文中的训诂还比较多。据张新武《先秦文献正文中词义训诂辑录》的统计,《周易》《孝经》《左传》等三十一部古籍中这种训诂共有一千五百六十二条。周大璞主编《训诂学初稿》说:"到了春秋战国时期,文献正文里的训诂,就遍及群书,不胜枚举了。"③这句话看

---

* 谨以此文纪念导师陆宗达先生百年诞辰,庆祝导师王宁先生七十华诞。

你怎么理解，如果认为文献正文中的训诂就是指“谓吾舅者，吾谓之甥”（《仪礼·丧服》）这一类对语词的解释，或者是指“如琢如磨者，自修也”（《礼记·大学》）这一类对《诗》句的串讲，或者是指“《昊天有成命》，颂之盛德也”（《国语·周语下》）这一类对章旨的说明，那么，说“春秋战国时期，文献正文里的训诂，就遍及群书”，我们认为不符合实际。因为，春秋战国时并不是每一本书的正文中都有这种训诂，一些专书的正文中虽有训诂，但这种训诂在全书正文中占的比重并不大，这只要看看其时堪称鸿篇巨制的《左传》就知道了。《左传》中占了大量篇幅的，并不是上述以显性的形式（就是一看就知道它在作解释，其常见形式是“某谓之某”、“某者某也”）出现的训诂，而是以叙事为主（有时也包括议论）的正文。

这种以叙事为主（有时也包括议论）的正文，使你不能直观地看出它是在作解释，所以我们说它不是显性的训诂形式。但究其实它确实是在解释语词意义，而且这种解释是大规模的，它往往涵盖了一段、一篇甚至全书；同时这种解释又是自成系统的，它有该书行文的特色，它把作者对语词意义的理解融贯到对相关的史实、事物、环境、情感、观念的表述中了。我们只要潜心深研专书作者是从哪些层次或侧面来表述史实、事物、环境、情感、观念的，深研作者是用哪个或哪些重点词来集中说明史实、事物、环境、情感、观念的，也就可以清楚地发现作者是从哪几个层次、侧面来解释哪个重点词或哪些重点词了。例如《史记·卷十六·秦楚之际月表第四》：

太史公读秦楚之际，曰：初作难，发于陈涉；虐戾灭秦，自项氏；拨乱诛暴，平定海内，卒践帝祚，成于汉家。五年之间，号令三嬗，自生民以来，未始有受命若斯之亟也。

昔虞夏之兴，积善累功数十年，德洽百姓，摄行政事，考之于天，然后在位。汤武之王，乃由契、后稷脩仁行义十余世，不期而会孟津八百诸侯，犹以为未可，其后乃放弑。秦起襄公，卒于文、缪，献、孝之后，稍以蚕食六国，百有余载，至始皇乃能并冠带之伦。以德若彼，用力如此，盖一统若斯之难也。

上述两段正文重点表述的是秦楚之际政权更替何等迅疾的史实。第一段是直接叙述"五年之间，号令三嬗"，就是在五年之中接连着发生了陈涉发难、项羽灭秦、高帝建汉这三个重大事变，以至连司马迁都惊叹说："自生民以来，未始有受命若斯之亟也。"可见，"五年""三嬗"与"亟"构成相互说明的密切关系。而集中概括秦楚之际史实的重点词，是"受命若斯之亟"的"亟"。为了映衬这个"亟"，也就是凸显秦楚之际的五年中居然连续完成了三个巨变，于是在第二段回顾了"自生民以来"受命、一统的三个大阶段所经历的年岁何等漫长：一是积累数十年之后乃有虞夏之兴；二是经过十余世的创始，才有汤武之王；三十年为一世，则十余世应是四五百年；三是秦并天下之前，从襄公到始皇，业已绵延百有余载。以上所说的是这些帝业酝酿创始的时间。如果由虞夏至秦楚，则绵历约两千年之久，才完成了受命、一统的三个大阶段；但在秦楚之际，号令三嬗只需五年就完成了。两千年对应于五年，所以司马迁要感叹"一统若斯之难"和"受命若斯之亟"了，"若斯之难"无疑是为了凸显"若斯之亟"的，"亟"与"难"在这里构成相对的关系。太史公通过重大史实的表述，生动而准确地解释了"亟"这个语词的意义是指"在极短暂的时间内连续而密集地发生一系列事件或变化"。正因为时间短暂，所以不能用年，只能用月来计算，这就是取名《秦楚之际月表》的原因。因而从语言解释的角度来考察，《秦楚之际月表》的两段正文,是在集中地解释语词"亟"的意义。换一个说法,这两段正文蕴涵的"亟"的词义,是隐没在《史记》正文中的训诂。

汉代经典的正文是如此,先秦经典的正文也是如此。例如《左传·隐公元年》:

> 秋七月,天王使宰咺来归惠公、仲子之赗。缓,且子氏未薨,故名。天子七月而葬,同轨毕至。诸侯五月,同盟至。大夫三月,同位至。士踰月,外姻至。赠死不及尸,吊生不及哀,豫凶事,非礼也。

这段正文表述的史实是周天子派遣宰咺到鲁国给鲁惠公与夫人仲子赠送助丧之物,而宰咺到鲁国已超过了规定的时限。所以正文给宰咺此行下的结论是"缓"。但正文没有以显性训诂的方式"某谓之缓""缓者某也"来做直接的解释,而是用整段的表述来说明宰咺之行因何而称为"缓"。鲁惠公属于诸侯这一等级,按当时的礼制,"诸侯五月,同盟至",就是说,诸侯死后历五个月下葬,在五个月的期限内,同盟的诸侯来参加"赠死""吊丧"的送葬活动都不算晚。而周天子派宰咺来送丧仪(赗)的时间是隐公元年的"秋七月",鲁隐公始摄政即称元年,其摄政必在举行其父惠公的葬礼后。此时既是隐公元年的秋七月,表明办完葬礼已七个月,早已超过"诸侯五月而葬"的时限,因而《左传》所云之"缓",其词义是指晚于规定的时间到达,是十分迟缓与简慢了。可见这一段的重点词是"缓",整段的叙事主要是为了解释"缓"的。

写到这里,才猛然省悟到七十多年前黄侃对训诂与训诂学定义的解释是何等深刻与精粹。他说:

> 训诂者以语言解释语言之谓。若以此地之语释彼地之

语，或以今时之语释昔时之语，虽属训诂之所有事，而非构成之原理。真正之训诂学，即以语言解释语言，初无时地之限域，且论其法式，明其义例，以求语言文字之系统与根源是也。[④]

依照黄侃的见解，训诂是用语言解释语言的工作，训诂学则是在用语言解释语言的训诂工作的基础上，探求语言文字之系统与根源的一门科学。简言之，训诂的实质，训诂学的基础，就是用语言解释语言。既然如此，对训诂的指认就不能局限于“某谓之某”“某者某也”的外在形式上，也不能狭隘地认为只有在文献正文中直接解释语词、串讲句意、说明章旨的，以及在随文释义的注释书中和小学专书中的解说，才叫训诂。客观地说，在上古经典性的文献专书中，是始终贯穿着、显现着“语言解释语言”的工作的。这些专书的语言经过锤炼，行文讲究章法，从第一章到以下各章，多能做到深入而有序地解释重点语词，披阅者清理了全书语词解释的脉络，则语词分合勾连、纷繁多变的情形既能存乎一心，又可运诸掌上。就是说，只要熟读与深研正文，就可发现正文在对史实、事物、情感、观念的表述中，已对众多语词的联系、内涵、特点、构词、变化等做了确切而显白的解释。前辈著名的训诂学专家陆宗达先生十分清楚遍布于正文表述中的“语言解释语言”的丰富材料的重要性，但为了照顾人们以往对训诂的认识，他在《训诂简论》中论述“保存在文献正文中的训诂内容”时，就不但分析“(一)以训诂形式出现的正文”，而且更强调“(二)以正文形式出现的训诂”，他说：

有一种训诂材料混合在上下文里，不以训诂形式出现，而实际上起很重要的训诂作用。这种训诂必须仔细分析，才能理解它的训诂的意义。[⑤]

陆先生举了较多的例证来说明以正文形式出现的训诂，例如《左传·襄公二十八年》的正文“夫子愎。莫之止，将不出，我请止之”是展示庆舍的刚愎性格的，意思是：这个人你不叫他出来他偏出来，你请他出来他却不出来。如果没有人阻止他，他很可能不出来主持祭祀。陆先生说，这段正文是对“愎”的词义的最形象的注解[6]。

陆先生特别指出这种语言解释语言的材料“不以训诂形式出现”，而“以正文形式出现”，它们“起很重要的训诂作用”，“必须仔细分析”。但由于一度盛行的“在中国语言学中强行划分语文学与语言学，用语言学贬抑语文学，用口语研究取代文献语言研究”的倾向的影响，这种对文献正文中语言解释语言的材料的“仔细分析”迄今没有全面地正式地展开，导致汉语史研究中语言文字之系统与根源的研究不能正常地进行，上古汉语词汇断代的研究，汉语词汇源与流相互作用与衔接的研究无法措手。

21世纪初开始的专书词汇研究的任务，遍布于文献正文中丰富的解释材料的亟待清理，都急迫地提出了如何明确与实行上古专书词汇研究的方法这一重要问题。一般来说，采用怎样的方法，是由被研究事物的实际情形来决定的，上古文献专书的实际情形，前面已作分析，就是主要通过正文对史实的表述，来显现语言对语言的解释，核心问题是对词汇意义的解释，同时也包括了对语词的联系、区别、构词、变化等的解释。上古文献专书的这种实际情形，引导着我们在研究中逐步形成既能反映上古专书词汇的实际，又适合于我们采用的方法。这种方法总的要求就是精心地考察专书的各个篇章中，语词之间存在何种关系，这种相互关系显示出每个语词具有何种意义与用法，是如何显示这种意义与用法的。实行这一方法，对全书语词的相互关系，每个语词的意义与用法做了综合的分析，才可能为深入认识与系统表述语词的形、音、义、构词方式、语法关系，进而为从中归纳出上古词汇的理论，打下可靠而广阔的基础。

在具体操作这一方法时，应强调在通读全书的基础上，从钻研分析第一篇正文着手，渐次钻研分析第二篇、第三篇直至最后一篇的正文。每篇钻研分析的重点应当是：出于表达该篇的论点或主旨的需要，该篇是从哪几个方面与层次来论证的；在这些方面、层次的展示中，显现了哪些语词的什么样的相互关系；这些相互关系是如何显示与解释语词的意义与用法的。在钻研分析许多篇正文的过程中，注重归纳同一语词的不同意义与用法。在钻研分析最后一篇正文后，注重对众多语词的联系和区别进行综合与比较。在对全书各篇的正文作钻研分析的过程中，讲求循序渐进，并始终抱持着好学深思、心知其意的态度与精神。

这种具体操作的方法，是禀承了前辈专家治学的甘苦之谈与行之有效的方法的。阎若璩《尚书古文疏证》载钟灵的跋，谈到："予幼读经书，悉遵先人遗教，每篇惟从白文章句寻绎大旨，默会精微，盖不屑屑受后人训诂牢笼也。"[⑦]黄侃论及章太炎精研专书正文时，曾说："本文稍能成诵，然后涵濡餍饫，左右披寻"，"斯学纲维全在默识而贯通之，纷纷笺注皆无益也"[⑧]。陆宗达、王宁先生教育自己的学生应首先大量阅读第一手材料，先秦的经书、子书要选几部来通读，在论证问题、阐明理论与方法时应十分严谨[⑨]。以上做法与要求，是我们从事专书词汇研究的方法论依据。

这里，我们以《孟子》专书词汇研究为例，探讨并尝试着演示上古专书词汇研究的基本方法。《梁惠王章句上·第一章》：

孟子见梁惠王。王曰：叟！不远千里而来，亦将有以利吾国乎？孟子对曰：王！何必曰利？亦有仁义而已矣。王曰何以利吾国？大夫曰何以利吾家？士庶人曰何以利吾身？上下交征利而国危矣。万乘之国，弑其君者，必千乘之家；千乘之国，弑其君者，必百乘之家。万取千焉，千取百焉，不为不多矣。苟为后义而先利，不夺不厌。未有仁而遗其亲者也，未有义而后其君者也。王亦曰仁义而已矣，何必曰利？

本章正文解释的重点词是“利”“仁”“义”，它们的关系是：“利”与“仁”“义”反义。

王问孟子“亦将有以利吾国乎”与孟子回答“何必曰利？亦有仁义而已矣”，表明“利”与“仁”“义”对立。

孟子的论点是“王何必曰利？亦有仁义而已矣”。他从两个方面论证这个论点：第一方面是事实上的陈述，第二方面是道理上的推论。

先看事实上的陈述。其陈述包括三个层次：

第一层是：“王曰何以利吾国？大夫曰何以利吾家？士庶人曰何以利吾身？上下交征利而国危矣。”这一层都突出语词“利”。在“王何必曰利”“上下交征利”的语句中，“利”的词义是指“财利”，在“利吾国”“利吾家”“利吾身”的语句中，“利”的词义是指“对……有利益”[10]。在语词的相互关系中，“国”与“王”相关，“家”与“大夫”相关，“身”与“士庶人”相关。我们所说的相关是指语词在同源、同义、反义之外的关联，就是说，某词在意义和用法上一定和另外的词有联系。春秋战国时期，“国”是诸侯王所封之区域，“家”是大夫所居之区域，士庶人未有爵位，其直接关联者唯有自身。第一层说了王、大夫、士庶人之后，接着说“上下交征利而国危矣”，可知有爵位的"王""大夫"是"上",未有爵位的"士庶人"是"下"。"国危"是蒙上文而省,不省则是"国危""家危"。"交征利"的"交"是交互,"征利"之"征"是夺取,见下文的论证。

第二层是:"万乘之国,弑其君者,必千乘之家;千乘之国,弑其君者,必百乘之家。万取千焉,千取百焉,不为不多矣。"这第二层是从第一层末尾的"上下交征利而国危矣"这个承上启下的过渡句引发出来的。"上下交征利"之"交"包括上征利于下,下征利于上,所以词义是"交互"。但因为孟子是在回答梁惠王的问题,意在说明"王何必曰利",所以侧重点是讲"下征利于上",而且在战国时期,主要发生的也是下对上的僭越。下征利于上的表现是"万取千焉,千取百焉",焦循《正义》云:"经文承上万乘、千乘、百乘,则万、千、百仍指乘言。是诸侯于天子,万乘中取其千,大夫于诸侯,千乘中取其百。"[11]"上下交征利而国危矣",是怎样"交征利",怎样"国危矣"的呢?第二层就是具体的展示,即:千乘之家弑其万乘之国君,百乘之家弑其千乘之国君。故朱熹《集注》云:"国危,谓将有弑夺之祸。"[12]

第三层是:"苟为后义而先利,不夺不厌。"这段话是针对着"上下交征利"和"万取千焉,千取百焉"说的,故赵岐注:"征,取也。"[13]孙奭疏:"言必杀夺,如千乘夺取万乘,百乘夺取千乘,然后为饱足也。"[14]赵注以"取"释"征",孙疏中"夺"与"取"同义连文,可见"征"与"取"与"夺"构成同义关系。

再看道理上的推论。其推论是:"未有仁而遗其亲者也,未有义而后其君者也。"这是孟子正面阐明自己"何必曰利,亦有仁义而已矣"这个论点的理论依据。在表述上,这个推论的内容与上文陈述的事实是对立的。将这个推论与上文第三层"苟为后义而先利,不夺不厌”相对照，可以明白“后义而先利”是探下文而省，不省则是“后仁、后义而先利”。由此可知“后仁、后义而先利，不夺不厌”，也就等于“后仁而遗其亲，后义而后其君”。与上文相照应，“后其君”实指“弑其君”。此外，“未有仁而遗其亲者也，未有义而后其君者也”的表述，还解释了“仁”包含着“亲”的意义，即：“仁”与“亲”同义；还解释了“义”包含着“君”的意义，或者说“义”与“君”在语词的运用上是相关的。“仁”与“亲”同义，在《孟子》其他篇章中的例证是：《离娄上》：“仁之实，事亲是也。”《告子下》：“亲亲，仁也。”《尽心上》：“亲亲而仁民。”《说文·八上》亦云：“仁，亲也。”“义”与“君”相关，在《孟子》其他篇章中的例证是：《滕文公上》：“君臣有义。”《离娄上》：“事君无义，进退无礼，言则非先王之道者，犹沓沓也。”《离娄上》：“君义莫不义。”《尽心下》：“义之于君臣也。”

本章最后一段话“王亦曰仁义而已矣，何必曰利”是结论，它是密切呼应开头提出的论点“王何必曰利？亦有仁义而已矣”的，由此进一步坐实了“利”与“仁”“义”的反义关系。

总结对本章语词的分析论证，本章重点解释的是“利”与“仁”“义”的反义关系及其词义。在本章中，“利”的词义一是指“财利”，二是指“对……有利益”，“仁”的词义是指“事亲”，“义”的词义是指“尊君”。构成同义关系的有：“征”“取”“夺”。构成相关联系（同源、同义、反义之外）的有：“王”与“国”，“大夫”与“家”，“士庶人”与“身”。

实行上古专书词汇研究的基本方法，应坚持“唯书”“唯实”的原则，充分尊重该专书表述的实际情形，既不受现代词义、现代意识的干扰，也不受与被研究的文献专书同时代的其他文献专书在表述上的影响，也不受古代小学专书中的训释的影响，当然这并不排斥参考其他文献专书、古注与小学专书，以如实地挖掘、反映该专书语词的关系与词义。对每一本专书都做了这样忠实、彻底的研究，则专书词汇的断代研究、专题研究、古与今衔接贯通的研究、汉语词汇史的总结、语言词汇理论的提炼才有可信而完备的语料基础。

实行上古专书词汇研究的基本方法，应注重从专书首章到末章正文的熟读与精研，下一番专默精诚、好学深思的功夫。而不能单靠查检工具书与电子版的索引来作研究，当然这并不排斥在熟读精研正文的同时以索引为辅助。这些年来在一部分人中产生了从专书索引出发研究专书词汇的倾向。记得蒋礼鸿先生曾明确指出过："单靠这些笺注、索引之类的书是研究不出什么新东西来的"，"使用工具书，只能起些引导作用和帮助减少翻检之劳，不能提供什么新东西，不能代替学习、研究本身"⑮。现在经过计算机处理的精确的统计资料如词频数据库、索引数据库为考察专书语料中词汇的网络关系创造了便利的条件，但这毕竟不能代替研究者对语料的钻研与分析，专书词汇研究的根本环节仍然在于我们对专书的好学深思、心知其意。只有在接受统计资料的启发的同时或之后对语料中词汇的相互关系做了深入理解和系统清理，才能确切地描写专书词汇的实际情形，正确地概括专书词汇的原则与规律。

附　注

① 梁启超《梁启超论清学史二种》88页，复旦大学出版社1985年。

②⑦ 阎若璩《尚书古文疏证》1325页、1325页，上海古籍出版社1987年。

③ 周大璞等《训诂学初稿》16页，武汉大学出版社1987年。

④⑧ 黄侃述、黄焯编《文字声韵训诂笔记》181 页、71 页，上海古籍出版社 1983 年。

⑤⑥ 陆宗达《训诂简论》91 页、92 页，中国书店 1994 年。

⑨ 陆宗达、王宁《训诂与训诂学》1 页，山西教育出版社 1994 年。

⑩⑬⑭《孟子注疏》4 页、3 页、4 页，北京大学出版社 1999 年。

⑪ 焦循《孟子正义》42 页，中华书局 1987 年。

⑫ 朱熹《四书章句集注》201 页，中华书局 1983 年。

⑮ 蒋礼鸿《目录学与工具书》9 页，浙江古籍出版社 1985 年。

［原载《古汉语研究》2005 年第 2 期］

训诂材料的综合与词义的具体所指

训诂材料既有具体释义的，也有概括释义的。例如《国语·晋语三》："秦寇深矣。"韦昭注："深，入境深也。一曰深犹重也。"[①]"入境深"是"深"在该句中的具体释义，"重"是概括释义。具体释义又称随文释义，黄侃曰"经学之训诂贵专"，就是指对文献上下文中语词的词义作出单一、具体的解释。关于概括释义，黄侃曰"小学之训诂贵圆"[②]，是指《说文》等小学专书对语词的基本义、概括义所作的较为圆通的解释，这种解释是对具体释义加以综合后形成的。

训诂材料中数量最多的是具体释义。考察训诂材料，难点是考察随文释义，因为"随文释义是解释言语意义的，不但紧紧依附语境，而且由于训释意图的不同，采用的是多种训释方法"，又"由于时代和方法的局限，加上固守家法师承带来的一些问题，所以并非每条随文释义都是对的"[③]。这样就提出了使用训诂材料之前应当做好的一项具有决定意义的工作。这种工作的程序似有以下三个方面。

一　随文释义材料要能体现文献正文语境

文献正文所要表达的主旨是特定的，这样，文献的上下文所形成的语境必然是切实与具体的。语境即语言环境,文献正文语境指的是:出于表达特定主旨的需要,由语词连缀而成的文献的上下文,包括所表述的主旨、背景、人、事、物与过程。对文献正文中的语词所作的有价值的训释,首先应能体现这种切实与具体的语境。而体现出的这种语境,应能便于人们确切把握语词的言语意义。今试以语词"麓"的随文释义材料来说明这一问题。

《淮南子·泰族》:"既入大麓,烈风雷雨而不迷。"许慎注[④]:"林属于山曰麓。尧使舜入林麓之中,遭大风雨不迷也。"[⑤]

许氏对《泰族》正文中"麓"的训释,是体现了"麓"所在的上下文的语境的。正文的"入大麓",显现的是"向下进入于林麓之中",即"进入'林属于山'之中"这种具体的语境,这种语境展示的"麓"的言语意义,是指"麓"是附属于山的大林。确切地表述这一言语意义,则是:麓的地势低,是在山之下;麓的占地面积大,所以称为大麓。

多种文献正文的语境容有不同,但如果这些文献正文中运用了语词"麓",那么多部文献中"麓"的言语意义在主要的方面会是相同的。如果前代留下了对于数种文献中的"麓"作随文解释的有价值的材料,那么这些解释在意义上或者相同,或者可以彼此贯通。例如:

《后汉书·班固传》:"西郊则有上囿禁苑,林麓薮泽。"李贤注:"《穀梁传》曰:林属于山为麓。"[⑥]

《文选·张协〈七命〉》:"携公子而双游,时娱观于林麓。"吕延济注:"山下林曰麓。"[⑦]

《班固传》与《七命》,其正文中都是"林"与"麓"同义连用,说明"麓"即是"林",可见这两篇正文中"麓"的言语意义在主要方面(都指称"林")是相同的。

就"麓"的释义材料来考察,《班固传》注把"麓"释为"林属于山",《七命》注把"麓"释为"山下林",表面看似不同,其实二者在意义上是贯通的。"林属于山",是指在"山之下"依附于山的"林",简要而显豁地说就是"山下林"。

二 训释意图、方法要有助于表现言语意义

训释意图、方法与被解释语词的言语意义之间的关系,实质上是后代的注释者与前代文献正文的作者之间如何沟通的关系。注释者不论确立何种注释意图,采用何种训释方法,都应有助于客观地反映文献作者所表达的内容,都应有助于读者对正文中被解释语词的言语意义的理解。

比如"林属于山"的释义,包含着从语源上揭示"麓"词义来源的训释意图。依照《淮南子·泰族》"既入大麓"的许慎注,"麓"的音与义都是"属"。因而许氏采用的训释方法,是"义界式声训"法。"林属于山曰麓"是"义界式训释",就是用一句话来给"麓"下定义,而其中的主训词"属",则是用来发掘"麓"的原义的。从上古音来说,"属"与"麓"同在段玉裁《六书音韵表》第三部入声屋沃烛觉韵[8],它们在意义上都记录"在下、相连"义。现在来看"属"为"在下、相连"义的文献用例与训释材料:

《周礼·天官·叙官》:"乃立天官冢宰,使帅其属而掌邦治。"贾公彦疏:"此'属'唯指六十官之属也。"孙诒让正义引《说文·尾部》云:"属,连也。"[9]

《叙官》的正文是说天官冢宰统领其下属。贾疏与孙诒让正义

则表明属官在下而连属于冢宰。可见“属”的词义是“在下、相连”。

《汉书·司马相如传上》:“上干青云,……下属江河。”颜师古注引郭璞曰:“属,连也。”[10]

《司马相如传》的正文,“属”之前用“下”来限定,表明“属”的词义特点是“在下”,郭璞与师古的注也表明,“属”的词义是“在下、相连”。

《汉书·郊祀志上》:“文公梦黄蛇自天下属地,其口止于鄜衍。”[11]

“自天下属地”,是说从天上向下连属于地。“属”之前用“下”来限定,也表明“属”的词义是“在下、相连”。“属”与别的词组合,所显示的也是“在下、相连”之义。例如“属车”,《汉书·贾捐之传》云“属车在后”,师古注:“属车,相连属而陈于后也。”[12]“陈于后”即“陈于下”(《群经平议·春秋穀梁传》“使之如下齐而来我然”俞樾按:“下者,后也。盖古人谓前为上,谓后为下。”)。所以“属车”是指陈列在下位而相连属之车。又“属妇”之“属”指“地位低下”,《小尔雅·广义》云:妾妇之贱者谓之“属妇”。

“属”的词义是“在下、连属”,则“林属于山曰麓”这个解释语中的“林属于山”,就应是“林在山下,连属于山”,作完整的表述,“麓”就是指在山下而附属于山的林。此即“麓”在《淮南子·泰族》“既入大麓”一语中的言语意义。

由此可知,许慎确立的揭示语源的训释意图,把“属”与“麓”连接了起来;他采用的“义界式声训”的训释方法,把“林”与“山”也连接了起来。这样就凸显了“麓是林”,“在山之下”,“与山连属”这三个词义要点,这些要点会合起来,就是“麓”的言语意义的全面表述。

三 据词义的具体所指归纳词的概括义

语词“麓”的训释材料是多种多样的，在表述上涉及“山”或“林”，并且表述形式不重复的，计有五种：

1. 林属于山曰麓。(《淮南子·泰族》许慎注，《说文·林部》“麓”下一曰)

2. 山下林曰麓。(《文选·张协〈七命〉》吕延济注)

3. 麓，大林也。(《郑驸马宅宴洞中》仇兆鳌详注引服虔曰)

4. 山足曰麓。(《周礼·天官·叙官》郑玄注)

5. 麓，守山林吏也。(《说文·林部》)

依照《说文通训定声·需部》“麓”下义项的排列与解说，第1种训释的“林属于山曰麓”是“麓”的本义，第5种训释的“麓，守山林吏也”是“麓”的引申义[13]。由于麓在山之下，占地面积大，故在《淮南子·泰族》中称为“大麓”。麓既然是“林属于山”，所以由“大麓”又可称为“大林”。第3种训释的“麓，大林也”的解释，其着眼点已在发生变化：已不是全面地从“林”与“山”的关系来释“麓”，而是省略了“山”，着眼于“林”，并且进一步就“林”的外观特点来解释，是“大林”了。《说文·林部》桂馥义证所说“麓，则林之大者也”更关注于“大”，表明桂氏已经在对“麓”的随文释义材料作概括了。

这样就只剩下了“山足曰麓”的训释，与第1、2、3种训释相比，“山足”的训释很特别，在表述上它不涉及“林”与“山”的关系，也不涉及“林”，十分突兀地就把“麓”解释为“山足”。由于上文第一部分已考察了“麓”所在的语境，明白了麓的地势低，是在山之下；接着第二部分又发掘了“麓”的语源是“属”，“属”的词义特点是指“在下”；因此“麓”直接指称的就是“山下之林”，而“山下”的实体正是“山足”。《诗·召南·殷其雷》“在南山之下”郑玄笺确切地表述说：“下，谓山足。”[14]麓在山之下，因而“山足”就是麓的具体所指。这个具体所指，是对麓的其他训释材料进行概括的根本依据。

麓在文献中可以用“林”“大林”来替代，这是从第2种训释“山下林曰麓”发展出来的，是对“山下林”的概括。上文已说明“山下林”在意义上同于“林属于山”，我们现在则可说，“林属于山”的具体所指即是“山足”，“山足”之“足”恰好是“林属于山”之“属”的语源。探求其上古音，“足”与“属”“麓”同在段玉裁《六书音韵表》第三部入声屋沃烛觉韵[15]，它们在意义上都记录“在下、相连、附著”义。按照上古汉民族“近取诸身，远取诸物”[16]的命名造词方式，我们分析“足”是“属”的语源义，“足”“属”又是“麓”的语源义，当时的人们从“麓”的“山足”义出发，逐步概括与发展出“林属于山、山下林、林之大者”等义，因而可以推知，词义的具体所指是词的概括义形成的依据。

附 注

① 《国语》325页，上海古籍出版社1978年。

② 黄侃《文字声韵训诂笔记》181页，上海古籍出版社1983年。

③ 王宁《故训汇纂·序》，《故训汇纂》6页，商务印书馆2003年。

④ 《淮南子》二十一卷，流传至今的只有题名高诱注并有高诱叙的一种。据前人考证，其中《原道》《俶真》《天文》《地形》《时则》《览冥》《精神》《本经》《主术》《泛论》《说山》《说林》《修务》等十三篇为高注，《缪称》《齐俗》《道应》《诠言》《兵略》《人间》《泰族》《要略》等八篇为许注。见《淮南鸿烈集解》之“点校说明”，中华书局1989年。

⑤ 《淮南鸿烈集解》672页，中华书局1989年。

⑥《后汉书》1340页,中华书局1965年。
⑦《六臣注文选》636页,浙江古籍出版社1999年。
⑧⑮ 段玉裁《说文解字注》860页,上海古籍出版社1981年。
⑨ 孙诒让《周礼正义》15页,中华书局1987年。
⑩⑪⑫《汉书》2536页、1194页、2883页,中华书局1962年。
⑬《说文通训定声》375页,中华书局1984年。
⑭《毛诗正义》89页,北京大学出版社1999年。
⑯《易·系词下》。

[原载《学术研究》2004年第11期]

汉字古形古音古义体系的研究与前闻六经

一 汉字古形、古音、古义体系保存在前闻与六经中

能反映汉字古形体系、古音体系、古义体系面貌的第一手语言材料，不是保存在单个汉字与少数汉字中，不是保存在单个甲骨文、金文与少数的甲骨文、金文中，也不是保存在后代汉语言文字的书籍中，而是保存在前闻与六经中。这里，我们谨对“前闻”“六经”“汉字体系”的含义及其相互关系作如下探讨与论说。

“前闻”是指尧、舜、夏、商、周一代一代往下流传的可信的古言。章太炎先生曾提出一个命题：“若夫文字之学，以十口相授，非依据前闻不可得。”[①] 太炎所说的“前闻”，是指“十口相授”，从上古流传下来的古言。《说文·三上》：“古，故也。从十口，识前言者也。”《段注》：“按故者，凡事之所以然。所以然皆备于古，故曰：古，故也。”这是说，“古，故”是讲“凡事之所以然”的，也就是讲事情的本源、源头的。

表述事情本源的“古”字，其构形之所以“从十口”，是由于蕴涵了事情本源的古言、前闻最早是依靠着口头记录从上一代传达于下一代，再传达于更下面的一代的。故《段注》云：“识前言者口也，至于十则展转因袭，是为自古在昔矣。”[②]“古”字“从十口”所包含

的这种“记录古义、代代相传”的构形意图，可证太炎先生所说的“前闻”，是指凭借着“十口相授”得以流传于后世的那些上古的古言古义。

这种十口相授的前闻、古言，又叫做故言、古训。《说文·三上》“诂训，故言也”下《段注》：“故言者，旧言也。十口所识前言也。……毛传云故训传者，故训犹故言也。谓取故言为传也。”③

“古言、故言、旧言、前言”这些上古时代流传下来的古义，可以统称为“前闻”。就管见所及，《孟子·尽心下》的表述中，最早地隐含与确定了“前闻”这一名称的特定意义。《孟子·尽心下》云：

> 孟子曰：由尧舜至于汤，五百有余岁，若禹、皋陶则见而知之，若汤则闻而知之。由汤至于文王，五百有余岁，若伊尹、莱朱则见而知之，若文王则闻而知之。由文王至于孔子，五百有余岁，若太公望、散宜生则见而知之，若孔子则闻而知之。由孔子而来至于今，百有余岁，去圣人之世若此其未远也，近圣人之居若此其甚也。然而无有乎尔，则亦无有乎尔。

在《孟子》此文中，三次出现“见而知之”与“闻而知之”。就“见”这一行为的主动者而言，其所处的年代，都是“见”的主动者在先，“闻”的主动者在后。所谓“见而知之”，是说由于亲见当时的实事而得以认知这些实事。所谓“闻而知之”，是说后代的人闻听了由前代流传下来的当时亲见实事者的说法，由此而认知前代的史实。

汤“闻而知之”，所闻的是距汤五百年前的尧舜史实。这些史实，为与尧舜同时的禹、皋陶所亲见，尔后传于后世，汤乃能获知这些前闻。

文王“闻而知之”，所闻的是距文王五百余年前汤的史实。这些史实，为与汤同时的伊尹、莱朱所亲见，尔后传于后世，文王乃能获知这些前闻。

孔子“闻而知之”，所闻的是距孔子五百余年前的文王的史实。这些史实，为与文王同时的太公望、散宜生所亲见，尔后传于后世，孔子乃能获知这些前闻。

上面的分析表明，“闻而知之”是后人的行为；“闻而知之”的内容，是前人流传下来的前代的实事。所以，后人获得的前代的历史真实，就叫做“前闻”，“闻”用“前”来修饰，遂形成“前闻”这一名词。后人认知的前代的实事，即是“前闻”这一名称的含义。

夏商周时代，人们的言行必遵循“前闻”，在引述前闻时，必以忠实心体认与宗奉之，不事穿凿，不加己意。这是夏商周时代为人、为学、为政的基本准则。这样做不只是为了维护前代的历史真实，也不只是为了表明持论有据，根本原因在于当时的观念认定：世代相传的前闻古言——尧舜故训，体现了天地自然之常道，世称博厚高明、悠久无疆之学，不容割裂与增损。此即孔子“述而不作，信而好古”(《论语·述而》)的本意。因而在《论语》《孟子》中，凡所论列，不时出现“多闻”“吾闻”的语句，对于尧舜古言、前闻，可谓衷心尊崇与遵循之。

以《论语》为例：

子曰：多闻阙疑，慎言其余，则寡尤。(《为政》)

子曰：朝闻道，夕死可矣。(《里仁》)

孔子曰：……丘也闻有国有家者，不患寡而患不均，不患贫而患不安。(《季氏》)

孔子曰：……友直，友谅，友多闻，益矣。(《季氏》)

孔子曰：……隐居以求其志，行义以达其道，吾闻其语矣，未见其人也。（《季氏》）

子曰：由也，女闻六言六蔽矣乎？（《阳货》）

以《孟子》为例：

孟子对曰：臣闻七十里为政于天下者，汤是也。（《梁惠王下》）

吾闻之也，君子不以其所以养人者害人。（《梁惠王下》）

吾闻之也，有官守者不得其职则去，有言责者不得其言则去。（《公孙丑下》）

吾闻之，君子不以天下俭其亲。（《公孙丑下》）

吾尝闻之矣，三年之丧，齐疏之服……自天子达于庶人，三代共之。（《滕文公上》）

吾闻用夏变夷者，未闻变于夷者也。（《滕文公上》）

吾闻出于幽谷迁于乔木者，未闻下乔木而入于幽谷者。（《滕文公上》）

吾闻其以尧舜之道要汤，未闻以割烹也。（《万章上》）

吾闻观近臣以其所为主，观远臣以其所主。（《万章上》）

然而轲也尝闻其略也。天子一位，公一位，侯一位，伯一位……凡五等也。（《万章下》）

且君之欲见之也何为也哉？曰：为其多闻也，为其贤也。曰：为其多闻也，则天子不召师，而况诸侯乎！为其贤也，则吾未闻欲见贤而召之也。（《万章下》）

未闻君子之大道也。（《尽心下》）

对《论语》《孟子》之说进行比照，可知孔子、孟子都要引述前闻作为论说的根据，其常用语句，《论语》是“丘也闻”“吾闻”，《孟子》

是“吾闻之”。对于认知“前闻”,《论语》称为“闻道”,《孟子》称为“闻君子之大道”、闻“尧舜之道”。

《论语》《孟子》都注重“多闻”,例如《论语》的《为政》《季氏》,《孟子》的《万章下》。对于《孟子》的上下文进行考察,可以发现在孔子、孟子所处的春秋战国时期,“多闻者”即是“师”,“师”的内涵是指“多闻”。《孟子·万章下》:“为其多闻也,则天子不召师,而况诸侯乎?”这段话的意思是:正是由于“师”是指广博地闻知“前闻”(先王之道)的人,备受世人尊崇,所以连天子都没有资格召唤“师”来拜见自己,何况诸侯呢?诸侯更没有资格召唤“师”了。

“师”以“多闻”先王之大道(即“前闻”)而著称,先王之道是夏商周时期为人、为学、为政的准绳,故其时“师”与为人、为学、为政密切相关。尧舜时代“官师合一”,即指“法具于官”“官守其书”“师传其学”融合为一[4]。《荀子·大略篇》说:“言而不称师,谓之畔(即“叛”——引者注,下同)。教而不称师,谓之倍(背)。倍畔之人,明君不内(纳),朝士大夫遇诸涂(途),不与言。”可以看出,到战国时“师”与“前闻”仍受尊崇。董仲舒说:“臣愚不肖,述所闻,诵所学,道师之言,仅能勿失耳。”[5]董氏把“师”与“闻”“学”加以排比,可知三者意义贯通,同时反映出“师”与“前闻”在东汉仍有崇高的地位。

以上讨论了“前闻”的含义。现在讨论“六经”的含义。

“六经”,是指《易》《书》《诗》《礼》《乐》《春秋》[6]。六经又可称为“五经”,《段注》云:“五经者,合《乐》于《礼》则为五经也。”[7]

商周之前已有典籍。《左传·昭公十二年》载:“左史倚相趋过。王曰:是良史也,子善视之。是能读三坟、五典、八索、九丘。”三坟、五典,世称五帝之书,故《说文·五上》云:典,五帝之书也。

《段注》:“三坟、五典,见《左传》。”关于五帝,《孔子家语》《史记·五帝本纪》认为指黄帝、颛顼、尧、舜、禹,可知在商周之前已有典籍产生。

六经与五帝之书有渊源关系可寻。六经记载先王之道,将前闻著之于竹帛。《隋书·经籍志》列叙六经之源流兴废,关于《易》,则曰:

及乎三代,实为三《易》:夏曰《连山》,殷曰《归藏》,周文王作卦辞,谓之《周易》。周公又作爻辞。孔子为《彖》《象》《系辞》《文言》《序卦》《说卦》《杂卦》,而子夏为之传⑧。

关于《书》,则曰:

孔子观书周室,得虞、夏、商、周四代之典。删其善者,上自虞,下至周,为百篇,编而序之⑨。

关于《诗》,则曰:

上古人淳俗朴,情志未惑。……初但歌咏而已,后之君子,因被管弦,以存劝戒。……其后王泽竭而诗亡,鲁太师挚次而录之。孔子删诗,上采商,下取鲁,凡三百篇⑩。

关于《礼》,则曰:

先王制其夫妇、父子、君臣、上下、亲疏之节,至于三代,损益不同⑪。

关于《乐》则曰:

乐者,先王所以致神祇,和邦国,谐百姓,安宾客,悦远人,所从来久矣。周人存六代之乐⑫。

关于《春秋》,则曰:

春秋者,鲁史策书之名。昔成周微弱,典章沦废,鲁以周公之故,遗制尚存。仲尼因其旧史,裁而正之。……其所褒贬，不可具书，皆口授弟子。弟子退而异说。左丘明恐失其真，乃为之传[13]。

关于孔子整理六经，《隋书·经籍志》云：

暨夫周室道衰，纪纲散乱，……孔丘以大圣之才，当倾颓之运，叹凤鸟之不至，惜将坠于斯文，乃述《易》道而删《诗》《书》，修《春秋》而正雅颂，坏礼崩乐，咸得其所[14]。

由上可知，六经在流传与整理中，贯串着对于前闻，对于先王之道的遵修、考求与纪录。

至此可以明白六经与前闻的关系。六经所载，或接迹先王典籍，或取自前代传闻。先王典籍，亦由记载史实、前闻而成。故六经皆为上古史实与前世传闻之融贯与整理，诚如《段注》所云："六经者，古古相传之说也。"[15]

汉字古形、古音、古义体系之"古"，是指汉字的本字、本音、本义成批地、成体系地产生的时期，具体指黄帝、尧、舜、夏、商、周这一绵延颇长的时期。据《易·系辞下》，黄帝与尧、舜同时。据《说文·叙》，最早造字者为"黄帝之史仓颉"。《段注》引《帝王世纪》云：黄帝史官仓颉造字，"史者，记事者也。仓颉为记事之官，思造记事之法而文生焉"[16]。

关于汉字体系与六经、前闻的关系，《说文·叙》云："盖文字者，经艺之本，王政之始，前人所以垂后，后人所以识古，故曰本立而道生，知天下之至啧而不可乱也。"《段注》："六经为人所治，如种植于其中，故曰六艺。"段氏告诉我们，这里的"经艺"是指六经。认清汉字是"经艺之本，王政之始"的实质，也就明确了汉字与六经、王政之间"本立而道生"的关系。六经的内容是先王之"道"（《荀子·大略》云："先王之道，则尧舜已。"），而汉字是表述六经内容之根本，有了汉字这个“本”，六经才能记载先王之“道”，所以说，“本”立而“道”生。凭借着由汉字连缀而成的六经篇章，前人的史实、传闻得以远播后世，后人乃得以认识、研究前闻与古史。

本文所说的汉字体系，是指由汉字的本字、本音、本义综合而成的汉字体系，这个体系产生于黄帝、尧、舜、夏、商、周这一绵延颇长的时期。这一时期既然早已逝去，那么作为活跃于当时人们口头上与应用中的汉字体系客观、生动的形态也就随之消失。所幸汉字体系曾记载前闻与六经的内容，故后人考求汉字记载前闻与六经内容的特定的形、音、义方式，是可以重现汉字体系原貌的。我们在上文分析前闻与六经的关系时已经说明，许多前闻是载之于六经的，有的还载于六经之外的群书。《段注》云：“六艺足以摄群书，必兼言群书者，容有不见六艺而见群书者也。”[17]

由于许慎《说文》对上古汉语字词做了系统整理，因而对《说文》作系统研究不失为归纳汉字古形、古音、古义体系的一个便捷途径。我们看到，《说文》解释汉字的形、音、义时往往要引证六经、群书、方言、通人说作为依据，“方言”与“通人说”中包括的内容许多都是上古的前闻，这就表明，能够反映汉字古形、古音、古义体系之面貌的第一手语言材料，主要的只能是六经与前闻，实际上主要是六经。在单个汉字与少数汉字中，在单个甲文、金文与少数甲文、金文中，容有体现汉字体系的语言材料，但验证这种为数不多的语言材料的可靠性同样离不开以六经（也包括群书）为可信的证据。所以从总体上、从根本上来说，能反映汉字古形、古音、古义体系之面貌的第一手语言材料，不是保存在单个汉字与少数汉字中，不是保存在单个与少数的甲文金文中，而是保存在前闻与六经中。

二 融会前闻与六经的古义是研究汉字古形、古音、古义体系的前提

使古形、古音、古义体系的研究趋于可信与真实,其前提是什么呢?

在汉字研究史和中国学术史上,历代都存在着如何认识与坚持正确开展汉字研究的前提的问题。

《汉书·艺文志》谈到上古时代如何认知与解读汉字之事。《艺文志》云:

> 古制,书必同文,不知则阙,问诸故老。至于衰世,是非无正,人用其私。故孔子曰:吾犹及史之阙文也,今亡矣夫!盖伤其浸不正⑱。

师古注:

> (人用其私,)各任私意而为字。(今亡矣夫!)《论语》载孔子之言,谓文字有疑,则当阙而不说。孔子自言,我初涉学,尚见阙文,今则皆无,任意改作也⑲。

由《艺文志》与师古注,可知在上古时代,认识与解读汉字如果遇到疑难,正确的态度一是“不知则阙”,二是“问诸故老”。就是说,有疑难即暂付阙如,不强作解释,同时向故老请教前世传闻,以寻求可信的依据。但到了衰世,指春秋战国时期,则已出现“是非无正,人用其私”的情形。可见当时的汉字研究与解释已呈紊乱之势,人们摒弃证据,奋其私见,任意改作,这种渐趋不正的局面使得孔子也黯然神伤。

宋代徐铉奉诏校订《说文》时,曾谈到唐代大历年间李阳冰排

斥许慎，自为臆说，汉字研究者亦多追随李阳冰新义，致使《说文》错乱遗脱，违失本真。故徐铉云："夫以师心之见，破先儒之祖述，岂圣人之意乎？"[20]"文字者，六艺之本，固当率由古法"，遵循旧籍，恢复《说文》汉字之本原，乃于兴崇古学、振发人文有益[21]。

清代小学，虽盛而亦衰焉。章太炎先生云："清廷自为《康熙字典》，编次者多鄙生白徒，分部舛戾，点画乖缪，而学官弟子多宗之，故曰衰。"[22]太炎还批评了随情定字、游谈不根的倾向，在《题中央大学所刻黄先生纪念册》中，他有以下一大段论述：

> 季刚（黄侃之字——引者注，下同）自幼能辨声韵，壮则治《说文》《尔雅》，往往卓砾出人虑外，及按之故籍，成证确然，未尝纵意以为奇巧，此学者所周知也。说经独本汉唐传注正义，读之数周。然不欲轻著书，以为敦古不暇，无劳于自造。清世说制度者，若金氏《求古录》，辨义训者，若王氏《经义述闻》，陈义精审，能道人所不能道，季刚犹不好也。或病其执守太笃者。余以为昔明清间说经者，人自为师，无所取正。元和惠氏（惠栋）出，独以汉儒为归，虽迂滞不可通者，犹顺之不改。非惠氏之戆，不如是，不足以断倚魁之说也。自清末迄今几四十岁，学者好为魁异，又过于明清间。故季刚所守，视惠氏弥笃焉，独取注疏，所谓犹愈于野者也。若夫文字之学，以十口相授，非依据前闻不可得[23]。

这段论述中太炎所说"好为魁异"，是指缺乏根基，自逞胸臆，喜好穿凿附会、新奇怪诞之论。太炎提出的纠正错误的方法，是如同黄季刚那样培植扎实的根基，"说经独本汉唐传注正义，读之数周"，凡所论述，决不"纵意以为奇巧"，而是持论精审，"及按之故籍，成证确然"。太炎还明确提出这种切实方法的理论根据，就是：

“若夫文字之学，以十口相授，非依据前闻不可得。”

太炎这一卓越的学术论断，不仅是从经传注疏出发研究汉字之切实方法的理论根据，而且是文字学研究与中国一切传统学术研究之方法的理论根据。

太炎这个论断是在对中国传统学术之源进行深刻剖析，同时在对中国传统学术发展之流中存在的“人用其私，好为魁异”的倾向进行严正批评的基础上作出的，所以具有旺盛的生命力，在从事精审严栗的学术研究的专家学人中，获得坚定而深广的认同。在太炎作出论断之后，陈寅恪也有一段论述，与太炎论断有异曲同工之妙。他说：

> 自昔长于金石之学者，必为深研经史之人，非通经无以释金文，非治史无以证石刻。群经诸史，乃古史资料多数之所汇集。金文石刻则其少数脱离之片段。未有不了解多数汇集之资料，而能考释少数脱离之片段不误者[24]。

陈寅恪的意见是：只有了解群经诸史，才能保证考释金文石刻不出现错误。这与太炎提出的必须依据前闻，依据经传注疏才能从事文字之学的研究，是完全一致的。

从汉字古形、古音、古义体系保存在前闻与六经中这一客观事实，我们认识到融会前闻与六经的古义是研究汉字古形、古音、古义体系的前提。因而坚持精研前闻与六经的古义，坚持对这种古义作贯通的理解和精熟的把握，然后以此为依据来研究《说文》，研究甲金简帛，研究各种文字学的问题和传统学术问题。这样的研究，庶几称得上是诚实不欺的，是有意义有价值的，是对中国的学术文化怀着责任感与忠实心的。上述认识与做法不仅针对着几千年汉字研究、传统学术研究中相沿而成的“是非无正，人用其私”的积弊，也针对着百年中国由“传统沦丧、经籍荡然”而招致的诸多学人盲从西方、照搬外国、穿凿随意、空疏无根的粗鄙的风习。

六经所载前闻、史实与观念是汉字体系之源，是中国传统学术之源。不精研六经，不可能感受与认识它广远深沉的内涵与非同凡响的价值，自然也不可能培植起坚实的学术根基，提升思想与学术而达于高明光大之境界，因而也不可能有真实凝重的学术成果行世。清代朴学大师段玉裁毕身心力萃于群经与《说文》的研究中，涵濡餍饫，深根宁极，其兴感之渊雅、识见之精绝、气度之恢弘，可谓迥异于常人。他曾有一段极老到、肃括而又动情的话语，把对于六经的感受与认识十分真切地传写出来了：

> 尝闻六经者，圣人之道之无尽藏。凡古礼乐制度名物之昭著，义理性命之精微，求之六经，无不可得，虽至亿载万年，而学士大夫推阐容有不能尽，无他，经之所蕴深也。……信乎，天下之学无不可求诸经，其谓经有不载者，其忽焉不求，求之而不详者也[25]。

“天下之学无不可求诸经”，段氏的感受与认识，可作为坚确不拔的证据，证明汉字古形、古音、古义体系的研究，以及文、史、哲等传统学术的研究，都应以融会六经古义为前提。虽然清儒三百年的努力已对两千年传统学术文化做了辉煌的总结，但是不能误认为对六经的研究已没有必要。这种认为六经研究已无必要的论调与做法曾影响现代中国学界半个多世纪，也是招致当今中国学术研究中存在缺乏根基、空疏无根弊病的一个重要原因。之所以对六经的研究没有完结，尤应抓紧进行，是由于：第一，诚如段玉裁所说，“虽至千万年”，对六经的“推阐容有不能尽，无他，经之所蕴深也”。第二，只有由我们自己熟悉与了解体现了传统学术文化之源头与主干的六经原典，并对六经的全部语言材料下一番深思详考、博综融贯的功夫，我们才能体认清儒对传统学术文化的总结何以辉煌，并把这些辉煌的成果承接过来，作为当代从事传统学术文化研究的新起点而拓展之、升华之。第三，为使中国传统学术文化在21世纪的世界发挥重大作用，尤应开展新型的严谨可信的六经研究。

现在侧重谈一下就研究《说文》古形、古音、古义体系而言，如何融会前闻与六经的古义的问题。

研究《说文》古形、古音、古义体系是要有理有据地论证《说文》全书近万个字词直接与间接的联系。《说文》众多字词的形、音、义是在表述、反映上古特定的环境、事物、现象、史实、情感、观念、典制、关系、变化时构成特定的联系的。《说文》某些字词表述和反映的环境、史实、典制、变化已不可考，则可从有关的众多字词表述与反映事物、现象、关系、观念时显现的意义类别来考察与论证这些字词的联系。

由于《说文》对“六艺群书之诂皆训其意”，是以六经、群书、方言、通人说为依据来解释字词形、音、义的可靠性的；而群书、方言、通人说的内容多源于先秦，这些内容往往与六经的记载相同、相近，或在六经中有线索可寻。因此，在考察《说文》众多字词表述和反映上古特定的环境、事物、现象、史实、情感、观念、典制、关系、变化时，在考察《说文》众多字词反映上述内容而显现出某种意义类别时，如果要论证这些字词确实构成了特定的联系，就应：

首先，逐一考察每部经书中这些字词的所有用例，分析并论证这些用例显示的字词意义，梳理并论证这些字词意义的联系（包括字词意义之类别的联系）。

其次，把五部经书中相同的字词具有何种意义，构成意义之联系（包括意义之类别的联系）的字词有哪些，逐一进行论证性的比照与归纳。具有相同的核心意义的字词可归纳为一个义系。

又其次，区分与论列每个义系中，众多字词的意义联系是否存在不同的类型，有几种类型，类型之间是否存在引申发展的关系。

融会群经古义是研究《说文》汉字体系的前提，在这种融会与研究中会发现《说文》字词本义与群经字词使用义之间具有错综纷繁的相同、相反、相关的联系。

附　注

①㉒㉓ 章太炎《章太炎全集》五 131 页、135 页、131 页，上海人民出版社 1985 年。

②③⑥⑦⑮⑯⑰ 段玉裁《说文解字注》88 页、92 页、757 页、785 页、785 页、753 页、786 页，上海古籍出版社 1981 年。

④ 章学诚《校雠通义·内篇·原道第一》，载叶瑛《文史通义校注》951 页，中华书局 1984 年。

⑤ 董仲舒《天人三策·第三策》，载《春秋繁露·天人三策》321 页，岳麓书社 1997 年。

⑧⑨⑩⑪⑫⑬⑭ 魏征《隋书》912 页、914 页、918 页、924 页、927 页、932 页、904 页，中华书局 1973 年。

⑱⑲ 班固《汉书》1721 页、1722 页，中华书局 1962 年。

⑳㉑ 许慎《说文解字》320 页、321 页，中华书局 1963 年。

㉔ 陈寅恪《金明馆丛稿》230 页，上海古籍出版社 1980 年。

㉕ 段玉裁《江氏音学序》，载徐世昌《清儒学案》二 680 页，中国书店 1990 年。

[原载《暨南学报》（哲学社会科学）2003 年第 6 期]

《说文》对上古汉语字词的系统整理*

《说文解字》(简称《说文》)以据形系联的方式和以形索义的方法对上古(先秦、两汉)汉语字词做了汇集与整理。这不是一般的汇集整理,而是系统整理。

(一)总的来看,许慎具备了全面、系统整理上古字词的条件

成批地、成体系地产生的上古汉语语词,生动地存在于上古时代人们的口语表达中;当汉字产生后,这些成体系的字词也活跃于当时的书面表达中。但是每个具体的时代都要逝去,都在不断地逝去。当尧、舜、夏、商作为时代逝去之后,从尧、舜、夏、商一代一代地流传下来的、以口头与书面的形式表述的史实、情感、观念、风习、典制等,到了西周与春秋、战国时期,则更多地记录于文献典籍中,同时也保存于方言中,还保存于一些博闻强记的学者的口头。这些文献典籍,主要是这一时期产生的六经和诸子群书。换言之,成体系的汉语字词,在西周与春秋、战国时期,是以六经、诸子书、方言及一些有影响的学者的口头表述作为载体而存在着的。

---

* 本文是作者承担的国家教委博士点社科基金项目"《说文段注》词汇研究与现代词汇的建设"(项目批准号:96JBY740002)的成果之一。

这些存在于六经、诸子书、方言与某些有声望的学者口头的上古汉语字词，一直使用与流传到东汉，才由许慎在《说文》中做了系统的整理。之所以说许慎在《说文》中对成体系的上古字词做了系统的整理，是由于他具备三个基本条件：

第一，许氏精研六经，根基雄深。《后汉书·儒林传》云：许慎自幼"博学经籍"；又，时人为之语曰："五经无双许叔重。"

第二，许氏广博地占有各种上古语言材料。不仅对于六经，凡是保存上古汉语字词的载体——诸子群书、方言、汉代的"通人说"，许慎都详加采摘与博考。许冲《进〈说文〉表》谈到"慎前以诏书校书东观"。《段注》云："盖安帝永初四年，诏谒者刘珍及五经博士校定东观五经、诸子传记、百家艺术……盖此时分司其事者史不尽载，许亦其一也。许于和帝永元十二年已创造《说文》，历十一年，至永初四年复校书东观，其涉猎者广，故其书以博而精也。"[①] 这是说许慎受汉安帝诏，曾到东观校定五经与诸子、百家之书，涉猎颇广。许冲《进〈说文〉表》还说："慎博问通人，考之于逵。"许慎在《说文·叙》中也谈及"博采通人"。《段注》云："许君博采通人，载孔子说、楚庄王说、韩非说、司马相如说、淮南王说、董仲舒说、刘歆说、扬雄说、爰礼说、尹彤说、逯安说、王育说、庄都说、欧阳乔说、黄颢说、谭长说、周盛说、官溥说、张彻说、宁严说、桑钦说、杜林说、卫宏说、徐巡说、班固说、傅毅说，皆所谓通人也。"[②]"通人"，主要指汉代学问博通、有影响的学者，也指汉代以前一些有声望、有影响的人。

许冲《进〈说文〉表》还提到许慎"本从逵受古学"，"考之于逵"之事。贾逵之父研治《左氏春秋》《国语》《周官》《古文尚书》《毛诗》，贾逵悉传父业，尤精于《左传》《国语》。《进〈说文〉表》说："诏侍中骑都尉贾逵修理旧文,殊艺异术,王教一端,苟有可以加于国者,靡不悉集。"可知贾逵对于上古典籍十分博通,则许慎从贾逵受古学,于上古典籍之精熟,亦可想见。《段注》云:"古学者,《古文尚书》、《诗》毛氏、《春秋左氏传》及仓颉古文、史籀大篆之学也……许于逵受古学,故江式《论书表》云:逵即汝南许慎古学之师也。"[3]

第三,许氏博考与整理上古汉语字词时,所持态度客观而严谨。此即《说文·叙》所云"博采通人,至于小大,信而有证,稽撰其说","其称《易》孟氏、《书》孔氏、《诗》毛氏、《礼周官》、《春秋》左氏、《论语》《孝经》,皆古文也。其于所不知,盖阙如也"。许氏所持态度客观而严谨,具体地说,是指《说文》之作皆有经书、群书、通人之说作依据,这叫做"信而有证"。而对于尚不知晓者,则付诸阙如。对于许氏态度之客观与严谨,《段注》也做了论说。《段注》云:《说文》"稽考诠释,或以说形,或以说音,或以说义。三者之说皆必取诸通人。其不言某人说者,皆根本六艺经传,务得仓颉、史籀造字本意,因形以得其义与音,而不为穿凿。"[4]许慎依据六艺经传,就主要的依据而言,"孟《易》者,许君易学之宗也","孔氏者,许书学之宗也","毛氏者,许诗学之宗也","左氏者,许春秋学之宗也"[5]。许慎以《易》孟氏、《书》孔氏、《诗》毛氏、《春秋》左氏为宗,坚持古文经,同时也不废今文经,此即《段注》所说"许氏未尝不用鲁诗、公羊传、今文礼"[6]。

许慎具备了上述三个基本条件,就使得《说文》对上古汉语字词的整理基本上是可信的。总的来看,《说文》真实而全面地记录了上古汉语字词的实际情形。《说文·叙》中特别强调"必遵修旧闻而不穿凿",《进〈说文〉表》也提及"盖圣人不妄作,皆有依据",这些都是体现许慎撰著《说文》的指导思想的。有依据,不穿凿,是确保真实全面地记录上古字词的前提。《说文》既已记录了上古汉语字词的实际情形，也就表明《说文》对成体系的上古字词做了系统的整理。

（二）《说文》贮存了上古字词形、音、义的综合体系

对上古字词作系统整理可以选取多种角度，贯彻多种原则。有字形的角度、字音的角度、字义的角度，有据形系联的原则、据音系联的原则、据义系联的原则。《说文》选取的是字形的角度，贯彻的是据形系联的原则，这种角度和原则体现了汉语字词根本的民族特点，最有助于展示上古汉语字词的体系。《段注》指出："许君以为音生于义，义著于形，圣人之造字，有义以有音，有音以有形。学者之识字，必审形以知音，审音以知义。"⑦可见汉语字词根本的民族特点是形中有音，音中有义，其字形体系包容了音的体系、义的体系。《段注》还说："圣人造字实自象形始，故合所有之字，分别其部为五百四十，每部各建一首，而同首者则曰凡某之属皆从某，于是形立而音义易明。"⑧《说文》创制字形的540个部首，用部首来统帅属于同一意义范畴的字词，并按照据形系联的原则来排列540个字形部首及其统帅的字词。人们通过部首既可以把握诸多字词的意义范畴，又可以了解每个字词特定的构形、本义、本音。如同王念孙揭示的："《说文》之为书，以文字而兼声音、训诂者也。凡许氏形声、读若，皆与古音相准，或为古之正音，或为古之合音，方以类聚，物以群分，循而考之，各有条理。""《说文》之训，首列制字之本意，而亦不废假借，凡言一曰及所引经，类多有之。"⑨这是说，《说文》以形为主，同时又包容了古义与古音。它是从字形的角度、以据形系联的原则来清理、融汇、展示上古汉语字词的形的体

系、音的体系、义的体系以及三者的综合的。所以，在与义书《尔雅》、音书《切韵》对照着说的时候，人们把《说文》称为形书。由于《说文》实际上是上古字词的形、音、义体系的综合体，所以如果另外从字音的角度、字义的角度，实行据音系联的原则、据义系联的原则，那么《说文》一书就可在形书之外而编排出音书、义书。正如《段注》所说：《说文》“以形为主，经之为五百四十部，以义纬之，又以音纬之。后儒苟取其义之相同相近者，各比其类为一书，其条理精密胜于《尔雅》远矣。后儒苟各类其同声者，介以三百篇古音之部分，如是为一书，周秦汉之韵具在此矣。故许一书可以为三书”⑩。

《说文》的形书，我们今天见到的，就是《说文》大徐本、小徐本，因为它是以据形系联的方式和以形索义的方法来编排与解说上古汉语字词的，用段玉裁的话来说，叫做“以形为主，经之为五百四十部”，所以是形书。

《说文》的音书，其规模较为完备并且在制作上有开创之功的，是朱骏声的《说文通训定声》。“是编就许书五百四十部，舍形取声，贯穿联缀，离之为一千一百三十七母，比之为十八部，以著文字声音之原”⑪。王力先生评论说：“清代有成就的小学家如段玉裁、王念孙等，都知道摆脱字形的束缚从声音上观察词义的会通。朱骏声更进一步，把汉字从字形排列法改为韵部排列法。这里并不是检字法的问题，而是整个学术观点的改变。”⑫该书拆散《说文》的540个部首，把分析认定的1137个声符（朱氏称为“声”或“声母”）归并到朱氏的18部中，由此来统帅、排列《说文》近万个字词。例如第一部“丰部”中归并了声符“公”，就排列、统帅了“讼、翁、松、颂、宋”等14个字词。这种归并、排列的原则是“舍形取声”，所以说《说文通训定声》是“音书”。该书与以往的音书《切韵》《广韵》不同的地方在于它是用声符来贯串同声符字的词义与词义变化的，目的是显现“文字声音之原”，而不止是为了排列同声符字。

《说文》的义书，按照段玉裁确定的原则，是“取其义之相同相近者，各比其类为一书”[13]。朱骏声按照传统的做法对此做了实践，他“循《尔雅》之条理，贯许书之说解……十九篇经之以意”，撰成《说雅》[14]。就是把词义相同相近的字词分别汇聚，由此得到诸多义类，然后遵循着《尔雅》释诂、释言、释训等十九篇的体例来排列这些义类。例如《释诂》中就排列了表述“初始”义的“元、自、俶、始、初”等，表述“君王”义的“后、君、帝、王”等。对《说文》中词义相同相近的字词的汇聚与编排，容有多种角度与方法，我们曾提出“义位”“义系”的术语，设定“义位”代表词的一个义项，“义系”是若干个同义、近义的义位的汇聚，并归纳出《说文》的“高土”义系、“居处”义系、“进登”义系等[15]。循着这一思路全部归纳出《说文》中的义系，可以看作是编撰《说文》义书的一种尝试。

总之，编撰《说文》义书是切实可行的，《说文》形书、音书、义书是客观存在的。

（三）《说文》形、音、义综合体系记录了上古时代的汉民族对于互相联系的环境、事物、史实、情感、观念、变化等的系统认识

《说文》对成体系的上古字词做了系统整理，不仅表现在可以从《说文》一书中分出形书、音书、义书三书，分别贮存了上古字词形的体系、音的体系、义的体系，而且表现在《说文》贮存的形、音、义综合体系反映了华夏民族的祖先对于具有相互联系的上古时代

的环境、事物、史实、情感、观念、关系、变化等的系统认识。这种系统整理与系统认识，许冲在《进〈说文〉表》中做了准确的概括，他说："慎博问通人，考之于逵，作《说文解字》，六艺群书之诂皆训其意，而天地鬼神、山川草木、鸟兽昆虫、杂物奇怪、王制礼仪、世间人事，莫不毕载。"这种"莫不毕载"的群书之诂、万汇群品、礼仪人事，许慎在《说文·叙》中有三处申说：

其一是"以理群类"。故《段注》云："群类，谓如许冲所云天地鬼神、山川草木、鸟兽昆虫、杂物奇怪、王制礼仪、世间人事，莫不毕载，皆以文字之说，说其条理也。"[16]

其二是"万物咸睹，靡不兼载"。故《段注》指出："许冲云：天地鬼神、山川草木、鸟兽昆虫、杂物奇怪、王制礼仪、世间人事，靡不毕载"，"许君之书，以字部首为经而物类纬之也。"[17]

其三是"引而申之，以究万原。毕终于亥，知化穷冥"。《段注》云："究者，穷也。谓天地鬼神、山川草木、鸟兽昆虫、杂物奇怪、王制礼仪、世间人事，莫不毕举。"[18]

《说文·叙》指出："初作书，盖依类象形，故谓之文。其后形声相益，即谓之字；字者，言孳乳而浸多也。"《说文》创制的540个部首，正是"依类象形"的结晶，就是依照许氏认定的自然、人事、观念的540个类别而摹拟其意象，用以统率"形声相益"、"孳乳浸多"的近万个字词。根据《说文·叙》，我们还知道540个部首的排列及其对于近万个字词的统率，是贯彻"立一为耑""毕终于亥"（简称"始一终亥"）的原则的，贯彻这一原则的目的，是"以究万原""知化穷冥"。

那么，"始一终亥"这一原则的含义是什么呢？"始一"是说《说文》全书字词的排列从"一"的部首开始，"终亥"是说《说文》全书以

“亥”的部首为终结。《说文》“一”的本义是指“惟初太始，道立于一，造分天地，化成万物”，这个训释凝聚了上古时代华夏民族对于宇宙的初始时期自然与大道的完整形态及其化生天地与万物的变化趋向的认识。而《说文》“亥”的本义是指“荄也”，“荄”是指“草根”（一下·艸），象征“亥而生子，复从一起”，即“周而复始，生生不穷”之意。考察《说文》540 个部首“始一终亥”的排列及其对于近万个字词的统率，可知“始一终亥”原则的含义是指全面而深刻地展示、阐释自然、人事、观念中 540 个类别的融汇以及自然、人事、观念分合生灭、循环无端的历程与规律。

“以究万原”“知化穷冥”是贯彻“始一终亥”原则的目的，其含义是什么呢？上文已引《段注》之说，说明“以究万原”是指穷尽与毕举“天地鬼神、山川草木、鸟兽昆虫、杂物奇怪、王制礼仪、世间人事”的类别与变化；关于“知化穷冥”，《段注》云：“知化穷冥，即《易》之知化穷神也。”《易》之“知化穷神”，在《易》中的表述是：“穷神知化，德之盛也。”（《系辞下》）“知变化之道者，其知神之所为乎！”（《系辞上》）“成变化而行鬼神也。”（《系辞上》）这些表述告诉我们，所谓“知化穷神”，是说“真正认知了变化之道，亦即穷究了天地万物变异之神妙”。关于“变化之道”，《易》的表述是：“刚柔相推而生变化。”（《系辞上》）“在天成象，在地成形，变化见矣。”（《系辞上》）“天地变化，草木蕃。”（《坤卦》）“四时变化而能久成。”（《恒卦》）这些表述告诉我们，所谓“变化之道”，指的是阴阳（又叫天地、乾坤、刚柔）变化的原理与规律。《系辞上》的“一阴一阳之谓道”即是指此。

由于一阴一阳的变化之道隐微、完备、恒久地贯串于永无穷尽的天地万物的生命历程中，因而使得天地万物呈现出宏大精微、神妙莫测、新新不停的变化样态，似乎其中有瑰奇的神力在主宰一般。由此，《易》对于“神”的表述是：“阴阳不测之谓神。”（《系辞上》）“神也者，妙万物而为言者也。”（《说卦传》）

根据以上分析可知，《说文》贯彻“始一终亥”编排原则的根本目的——“以究万原”“知化穷冥”，具有精深的含义：通过编排表述“天地鬼神、山川草木、鸟兽昆虫、杂物奇怪、王制礼仪、世间人事”的分合变化的近万个字词，即可系统地展示受到“一阴一阳”的“变化之道”制约的天地万物纷繁复杂的样态与联系，以及周而复始的变化历程等。许冲《进〈说文〉表》指出，在《说文》中，六艺群书之诂皆训其意，而天地万物、世间人事莫不毕载。这说明“六艺群书之诂”与对于“天地万物、世间人事”的表述是统一的。班固《汉书·艺文志》的观点也与此相合。《艺文志》云：“六艺之文：《乐》以和神，仁之表也。《诗》以正言，义之用也。《礼》以明体，明者著见，故无训也。《书》以广听，知之术也。《春秋》以断事，信之符也。五者，盖五常之道，相须而备，而《易》为之原。故曰‘《易》不可见，则乾坤或几乎息矣’，言与天地为终始也。”[19]班固认为六艺之文中，“五经”的内容与道理“相须而备，而《易》为之原”，从根本上看是阐释“与天地为终始”；《说文》用“始一终亥”的部首统率六艺群书之诂以及表述天地万物、世间人事的字词，也是以“《易》为之原”（集中起来说，是以《易》的“知化穷神”说为之原），言与天地为终始。

《说文》对六艺群书之诂和表述天地万物、世间人事的字词所作的系统编排与整理，也就是对成体系的上古字词的系统整理。所以，我们说《说文》对于上古汉语字词是做了系统整理的。对《说文》字词作体系性的研究，将有助于展示上古汉语字词系统的本来面貌。

附 注

①②③④⑤⑥⑦⑧⑩⑬⑯⑰⑱ 段玉裁《说文解字注》786页、764页、785—786页、764页、765页、765页、764页、764页、783页、783页、764页、764页、782页，上海古籍出版社1981年。

⑨ 王念孙《说文解字注·序》，载段玉裁《说文解字注》1页，上海古籍出版社1981年。

⑪⑭ 朱骏声《说文通训定声》13页、941页，中华书局1984年。

⑫ 王力《中国语言学史》127页，山西人民出版社1981年。

⑮ 宋永培《说文汉字体系研究法》第四章、第五章，广西教育出版社1999年。

⑲ 班固《汉书》1723页，中华书局1962年。

[原载《齐鲁学刊》2003年第5期]

《说文解字》词义系统研究
（提要）

一　概说

（一）题旨

本文采用系联方法综合考察东汉许慎《说文解字》（以下简称《说文》）中训释词与被训释词在意义上的相互关系，进而重现与研究《说文》贮存的词义系统。

（二）研究本课题的可能性和必要性

1. 汉语词义研究的落后现状

汉语词义研究的落后状态集中表现于，没有系统地综合与分析词义，更没有对词义系统的全貌和规律作具体研究和理论说明。

2.《说文》词义材料具备系统分析的优越条件

从整体上对汉语词义进行系统研究，是改变词义研究落后状态的重要途径，也是当前汉语研究的迫切任务之一。

探求词义系统，应以综合考察经过整理的词义系统材料为前提。近、现代汉语词义的系统材料尚未作出成形整理。既经过整理，又有大量文献例证的词义系统材料，首推东汉的《说文》。

《说文》词义材料具备系统分析的四个条件：

(1)《说文》词义材料记载词的贮存义

词的贮存义即词典中的释义，它是词义的概括性与具体性的统一。《说文》所载贮存义不是独立与零散的，而是成系统地联系着的。

(2)《说文》词义材料具有明确的时代性

《说文》确定词义训释，主要引证"经书"、经书之外的群书、"方言"和"通人说"。单就《说文》证义时标出了书名、人名、方言区名的1304个词条来看，其中引用西周至秦的典籍、方言者1182个，占91%；引用汉代的书籍、通人说者122个，占9%。这表明《说文》词义材料产生的时代是明确的，就是周秦时期。

(3)《说文》词义训释在总体上信而有征

由于许慎经学淹博，态度精审，坚持以古代文献为依据确定词义训释，因而从总体上看，《说文》对周秦汉语词义的整理是可信的，它贮存的词义系统是真实的。

又由于时代和许慎认识的局限，《说文》中一部分词义训释存在着失误。但在总体上信而有征的《说文》词义系统不但反证出而且纠正了这部分训释的某些谬误。

(4)《说文》包容了周秦文献足够的词汇量

先秦汉语以单音词为主。就单音词而言，《说文》收词8834个，《论语》1513，《周易》1596，《周礼》1628，《孟子》1960，《尚书》1965，《诗经》2939，《左传》4066，《尔雅》3332。《说文》大大超过任何一部周秦文献的词汇量，表明它包容了周秦汉语足够的词汇量。

3. 重视与研究《说文》词义系统的意义

周秦汉语词义与中国传统文化的关系极为密切。几千年的汉语词义具有明显的综合性、继承性的特点。因此，重视贮存在《说文》中的上古汉语词义系统，对于从根本上改变词文研究的落后状态,发展中国语言学,建立中国文化史,都有重大的意义。它有利于系统地把握周秦汉语词义全貌,为揭示近、现代汉语词义系统积累经验,为汉语文献词义学、汉语词义学的理论与方法提供依据,印证、补正汉语上古音系统及成系统的古汉语语法现象,为有关周秦时期社会制度、思想观念、文化背景的研究提供佐证,并矫正中国思想史、政治史、文学史研究中某些奉为典常而不副实的结论。

二　重视《说文》词义系统的方法——词训系联

(一)词训系联的含义

《说文》对词义作出的解释,叫词义训释,简称"词训"。以核证文献语言材料为基础,综合比较《说文》全书训释词与被训释词的相互关系,按照这种关系对"词训"进行有理有据的分合联结和由博返约的类聚,叫"词训系联"。

《说文》词训记载周秦古义,这些古义具有整体的联系。词训系联坚持从《说文》词训的实际出发,就是忠实于周秦古义的原貌,不掺入现代人的观念。确立与实行严格的条例,是词训系联可靠性与科学性的保证。

(二)词训系联是对前人意义系联工作的继承与发展

清代《说文》研究中已采用意义系联之法。段玉裁认识到:"自有《说文》以来,世世不废,而不融会其全书者,仅同耳食。"黄侃先生强调并实行系联《说文》的词训(武汉大学保存了黄侃先生系联《说文》的一部分手稿)。陆宗达先生具体教导我们进行全书的意义系联。我们继承前辈专家行之有效的经验并不断加以发展，将辩证法与系统论的观点融入词训系联之中。

（三）词训系联的哲学基础——普遍联系的观点与对立统一规律

辩证法“是关于普遍联系的科学”（恩格斯），而普遍联系的根本内容是“对立面的统一”（列宁）。我们进行词训系联不是照搬系统论与国外语义学的义场论，而是以辩证法普遍联系的观点与对立统一规律作为哲学基础的。

（四）词训系联的条例

1. 以“义位”为系联的基本单位

“义位”代表词的一个义项。《说文》的词训包含义位，体现义位与义位的关系。以义位为系联的基本单位，就是确定词训实际包含的义位，按照义位的关系将义位逐个联结与类聚。

词训包含的义位是用“字”记录的。但记录中存在着同字而不同义位、不同字而同一义位的情形。因此系联时要将词训的“字”转化为它实际代表的义位。

（1）区别训释词、被训释词中“同字”记录的不同义位

在多个词训的训释词、被训释词中，会出现“同字”而不同义位的情形。例如①“遗，亡也。”②“赂，遗也。”③“𩛥，食所遗也。”其中①之“遗”为亡失，②之“遗”为赠送，③之“遗”为“剩余”。应当区别之后系联。

（2）将“异部重文”合并为一个义位

“异部重文”是属于不同部首的重出的异体字，它们不同字而

同一义位。例如“僔,聚也”“噂,聚语也”为异部重文,则归纳为“聚”这一义位。

2. 从不同类别的词训中确定义位

《说文》词训存在不同的类别,即:

- 从训释的方式分
  - 直训
    - 单训
    - 互训
  - 义界
- 从训释的目的分
  - 义训
    - 一般义训
    - 形训(造意、实义)
  - 声训

对不同词训的类别,应采取不同的系联方法。主要有:

3. 具体分析“直训”的“同训词”代表的义位

在“某,某也”的直训方式中,没有互训关系的即为单训。单训的训释词出现频率高,指向广,我们称为“广义训释词”。被同一个广义训释词训释的词,叫“同训词”。同训词不一定同义。例如“穿,通也”“孔,通也”“逞,通也”,“穿”“孔”“逞”是同训词,但义位并不相同。“穿”为“穿孔”,“孔”为“孔穴”,“逞”为“迅疾”。具体分析、确定了它们代表的义位,才能系联。

4. 分析、系联“义界”训释的义位

采取两个方法:

(1) 选取能表示词义特点的词分析“定义式义界”的义位

“定义式义界”是用“主训词”加上“义差”的方式表述词的意义特点的一种训释方式。“主训词”指义界中与被训释词同义的词,“义差”是被训释词区别于邻近词的意义部分。因此,分析定义式义界包含的义位，应从选取主训词与义差中能表示被训释词意义特点的词入手。例如“摘，拓果树实也”，“拓”为主训词，能表示“摘”的意义特点。“陵，大阜也”，“大”为义差，能表示“陵”的意义特点。所以应从“拓”分析“摘”的义位，从“大”分析“陵”的义位。“阜”虽为“陵”的主训词，但它表示类别。词训系联的着眼点是词义特点而不是词义类别。

（2）对“主训词”难选或“义差”难概括的“义界”，应分析、系联其整体义

“义界”训释是以句训词，其含义是句子表述的整体义。对于主训词与义差不明确的义界，尤应注意不能只分析其中某个字的意义，或只从表面上分析其意义。例如“聃，张耳有所闻也”，其义位既不是“张耳”，也不是“有所闻”，而是整体义“惊”。

5. 将“形训”的“造意”改造为“实义”

“造意”指字的造形意图，它只解释字形，不包括词的独立义项。“实义”指文献中使用过的独立义项。对于造意训释，应参照文献材料，概括出它代表的实义。例如“麤，鹿行扬土也”是解释该词“从麤从土”的造意训释，应参考《左传》《庄子》等文将它概括为“尘埃”的义位。

6. 训释词与被训释词确为同源词的“声训”，才能系联

合理的“声训”是以音近义通的同源词作训释词的，这样可以说明意义的来源并显示其特点。例如“耇，老人面如点也”“点，小黑也”，“点”是“耇”的同源词，故二者代表的义位可以系联。

7. 义位联结的原则

把词训的“字”转化为它实际代表的义位之后，构立训释关系的两个义位则称为训位与被训位。凡存在着同训、互训、递训关系

的训位、被训位,都应加以联结。

8. 义位分别的原则

义位有联结即有分别。对存在着同训、互训、递训关系的训位、被训位进行穷尽性的联结,不能进入这一联结范围的义位则加以区分。

9. 有训释关系又并列连用的两个词,其义位属同一个义系

例如"憎,恶也""忌,憎恶也","恶"训释"憎",且"憎"与"恶"连用,故二者的义位所属的义系相同。

10. 把具有相同意义核心的表示名称的义位与表示变化、性质的义位系联入同一个义系

客观世界是由无数性质各不相同而又不停地运动变化的对象构成的。把义位类聚为义系,实质是反映对象、性质、变化三者的整体性联系。因此,应将那些具有相同意义核心的表示名称的义位、表示动作变化的义位、表示性质的义位类聚到同一个义系中。例如"片,判木也"的义位是表示名称的义位,"判,分也"的义位是表示动作的义位,它们具有相同的意义核心"半分而可相合",则与其他同义义位类聚为"判副"义系。

11. 以文献语言材料为基础把握《说文》词训的联系

《说文》词训系联的深广基础在于周秦文献语言材料(包括《尔雅》《广雅》)。文献材料不仅能为《说文》词义整体联系的确实性提供证据,还能弥补《说文》词训在表述上的某些不足,把《说文》中意义相关而缺乏直接的联系线索的词训连接起来。所以词训系联要始终坚持凭借、核证文献语言材料。

以上条例是密切配合、相辅而成的。系联时要从词训的实际出发深入思考,灵活地穿插互用这些条例。

（五）词训系联的步骤

1. 校正

校正指通过考校，矫正被窜改的《说文》词训。坚持凭借文献材料，从《说文》词训成系列的联系上考察，恢复《说文》词训的旧有面貌。

2. 考释

考释指细密而有联系地考察、分析、确定词训代表的义位。做法是：

(1) 考释一义，必遍检群书

即翻检《段注》《说文通训定声》《说文义证》《说文句读》《说文斠诠》等对同一个词训的注释，吸取近代至今有关《说文》、甲金研究的成果，印证周秦文献用例。在此基础上切磋琢磨，对每个词训代表的义位作出初步确定。

(2) 综合调整

即在义位的整体联系中考察每一义位的地位、作用与特点，从系统的角度对初步确定的义位作出表述上的综合调整与修正。

3. 类聚

类聚指义位、义系、义区、词义系统之间往复多次由博返约的综合。其目的是清理词义系统内各组成部分联系的脉络并显现其整体性。

词义系统的联系脉络与整体性从各个义枢包含的枢义位的相互关系上反映出来。因此，由博返约地类聚的实质，是对各个枢义位的相互关系进行综合。

类聚要借助于制卡这一方式。首先，把《说文》中经过校正、考释、确信可以系联的7790个义位逐个制成小卡片。其次,将7790个义位类聚而成的493个义系逐个制成中卡片。第三,将493个义系类聚而成的22个义区逐个制成大卡片。第四,根据22个义区类聚而成的大系统绘制出词义系统总图。

4. 存疑

对于校正、考释、类聚中因缺乏证据而无法解决的疑难,取存疑暂阙的审慎态度。

三 《说文》词义系统描写

(一)《说文》词义系统的主要术语

1. 义位

代表词的一个义项。它作为词义系统中最小的意义单位,是词义整体联系网络的一个环节和枢纽。例如"穿,通也"代表"穿孔"这一义项,"穿孔"即是"穿"这个词的义位。

2. 枢义位

是词义系统中充当普义位、义系、义区联系枢纽的义位。

3. 普义位

是词义系统中除枢义位之外的义位。普义位的数量多于枢义位。

4. 义枢

是《说文》中特殊的词义训释。它包含枢义位,在普义位、义系、义区的联系中发挥枢纽作用。

5. 义系

普义位以枢义位为核心所作的同义类聚。义系代表词义系统的最小子系统。

6. 义区

义系以枢义位为联系枢纽所作的相关类聚。义区代表词义系统的子系统。

7. 义区群容量与义系群容量

义区群容量指义区包容的义系总量、义位总量。

义系群容量指义系包容的义位总量。

（二）《说文》词义系统概述

《说文》词义系统显现为环状网络体的联系。网络体内的意义单位按照统属关系依次为：义区、义系、义位。计有22个义区、493个义系、7790个义位，占《说文》9353个汉字包容的9302个义位的83%。

词义系统的联系是整体的联系。这种联系由错综繁纷的义区之间的联系、义系之间的联系、义位之间的联系共同构成。

义系之中各个普义位的联系以枢义位为核心，义区之中各个义系的联系，受这些义系的枢义位相互关系的制约；词义系统中各个义区的联系，为这些义区之间枢义位的相互关系所决定。

词义联系中义区、义系、义位之间错综纷繁的联系主要表现为总分相关、交错相关、推演相关、对立相关的连接、转换。对立相关贯穿于另外三种相关及其转换之中。

由于义枢的调节，义区、义系、义位之间的各种相关出现对称与重复的节奏。

词义系统在内容上反映周秦时期汉民族对天地自然、社会人事、思维观念的联系、性质、变化的系统认识，表述“合—分—合”的辩证思维体系。

(三)《说文》词义系统总图

绘制《说文》词义系统总图的方法,是用环形平面网络模拟环状立体网络,用义区、义系、义位的连接模拟词义系统的基本构成与主要联系。这样可以取得相对合理的直观效果。

词义系统中,每一环形代表一个义区。环环相套表示义区之间交错相关。环与环实线连接表示义区之间推演相关或总分相关,虚线连接表示推演相关或总分相关的两个义区之间在平面上隔着别的义区。贯穿环形的带箭头的弧线表示义区联系的走向。

〔附〕《说文》词义系统总图

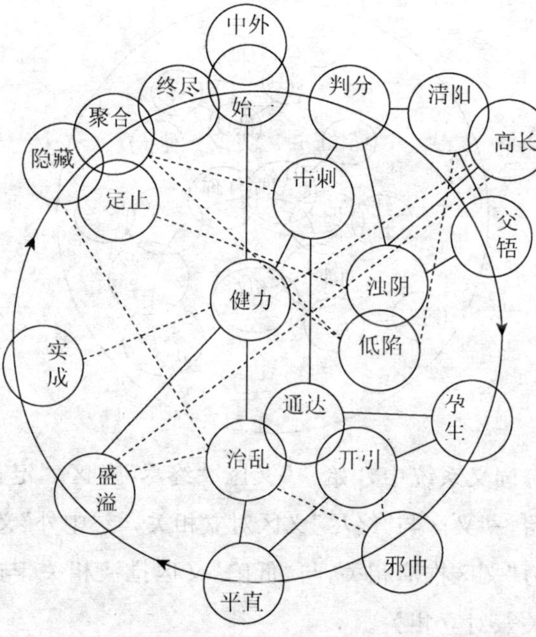

(四)《说文》词义系统分图

词义系统分图即义区图。每一环形代表一个义系,贯穿环形的带箭头的回形线表示义系联系的走向。其余表示法同于总图。

回形线称义区主线。回形线贯穿的义系称主干义系,别的义系称支脉义系。

按照总图中各义区的联系,依次排列22个义区图,并说明:每一义区表述什么内容,它与哪些义区发生何种相关的联系;义区的主干义系有哪些;义区群容量、义系群容量各是多少。

兹以“始一”义区示例。

〔附〕“始一”义区图

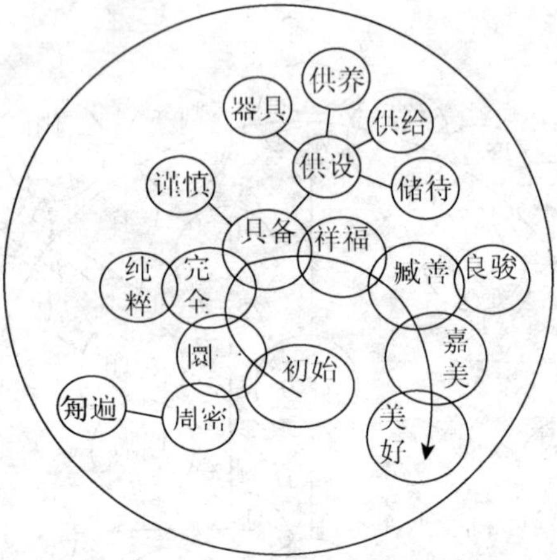

《说文》词义系统中,“始一”义区、“终尽”义区、“定止”义区交错相关,“始一”义区与“终尽”义区对立相关,与“中外”义区交错相关,与“健力”义区推演相关,与“低陷”义区推演相关,与“判分”义区推演相关兼对立相关。

“始一”义区的主干义系为:“初始”义系、“圜一”义系、“完全”义系、“具备”义系、“祥福”义系、“臧善”义系、“嘉美”义系、“美好”义系。

“始一”义区在内容上表述初始时期元气呈“圜一”之状。“圜一”隐含“完全”“周密”“祥福”“臧善”等特点。

“始一”义区包容18个义系,424个义位。其中每个义系的群容量分别为:

“初始”义系:9个义位(简称:初始9。下同)

圜一23	周密5	匊遍10	完全9	纯粹4
具备19	谨慎26	供设8	储待3	供给3
供养16	器具132	祥福14	臧善12	良骏5
嘉美97	美好29			

(五)义区内容简介

(1)“始一”义区表述初始时期元气呈“圜一”之状。“圜一”隐含“完全”“周密”“祥福”“臧善”等特点。

(2)“中外”义区从四方与中央的联系表述“圜一”之状以及“合—分—合”的圜道。

(3)“判分”义区表述“圜一”判分为天地阴阳以及“判分”“裂分”的不同性质。

(4)“浊阴”义区表述“地”的特点:形势低下、色泽幽暗、性质惇厚。

(5)“低陷”义区表述“地”处于万物“本柢”的位置,发挥“荐籍”的作用。

(6)“清阳”义区表述“天”的特点:形势高上、色泽清明、性质轻飘。

(7)“高长”义区表述“天”广大、深远且富于变化的面貌。

(8)“交牾”义区表述天地阴阳之交接、感应,以及“应和”与“牾逆”之别。

(9)“孕生”义区表述万物由“包孕”到“出生”的过程。

(10)“邪曲”义区表述万物萌生时受阻而诎曲、屯聚之态。

(11)“平直”义区表述万物滋长时伸舒挺直的仪度。

(12)至(16)“击刺”义区、“通达”义区、“开引”义区、“治乱”义区、“健力”义区,表述在“圜一”判分“天地”,“天地”“交牾”“孕生”万物,万物由“邪曲”变为“平直”的过程中,有一种源于“本始”的“健力”,通过“击刺”与“穿通”阻塞,“引提”万物“挺拔”向上,由“乱”到“理”。

(17)“盛溢”义区表述万物茂盛阶段的特点:外形壮大、内涵充盈。

(18)“实成”义区表述结实成熟是壮盛与衰朽的转折点。

(19)至(20)“隐藏”义区、“聚合”义区表述万物进入伏藏阶段后,以卷曲之状聚合,由掩闭而成壅塞。

(21)至(22)“终尽”义区、“定止”义区表述万物完成一次“合—分—合”的圜道,达于穷极、详备的境界。“止息”滋生着“健力”,“终尽”预示着新圜道的开始。

四 《说文》词义系统论证举例

(一) 关于词义系统的论证

论证词义系统,是指论说各个义区、义系、义位类聚与区别的理由,以证明词义系统的整体性联系。具体做法是,从综合分析枢义位及其联系入手,整理出每一个义区、义系与义位,并论说它们在构成的词义系统中的联系、地位与特点。

(二)"始一"义区论证

(三)"判分"义区论证

(四)"通达"义区论证

五 《说文》词义系统的规律

系统论认为,系统内各成分之间的那些关系的规律,就是那个系统的规律。《说文》词义系统的基本规律是:整体性规律、转换性规律、调节性规律。

(一)整体性规律

1. 整体性规律的含义

《说文》中支配着义区、义系、义位交织成环状网络体联系并完整地表述"合—分—合"辩证思维体系的规律,就是《说文》词义系统的整体性规律。

2. 词义系统内的义区、义系、义位交织成环状网络体联系

词义系统的环状网络联系表现为,不仅同一义区内的义系互相联系,同一义系内的义位互相联系,而且义区与义区之间,从属于不同义区的义系之间,从属于不同义系的义位之间,都纵横上

下、盘根错节地联系着。

3. 词义系统的环状网络体联系完整表述“合—分—合”的辩证思维体系

《说文》词义系统的环状网络体联系一气贯通，在内容上反映自然、社会、思维在“合—分—合”“塞—通—塞”“屈—申—屈”对立统一循环中的演进。《说文》以天地万物为本体，通过元气、天地、万物递相衍生与万物萌生、长大、成衰、杀藏的转换，象征与反映社会人事、思维观念的性质与变化，从而系统地表述周秦时代“一生万物、万物合一”的综合性、贯通性的辩证思维体系。

4. 广义词的常用义，包含这个广义词活动的义区中主干义系的义位

出现这种规律性现象的原因在于，广义词往往充当义枢中的训释词，而义区是通过义枢包含的枢义位直接联系主干义系的。这表现出词义系统的子系统——义区的整体性联系。

（二）转换性规律

1. 转换性规律的含义

《说文》词义系统整体性联系的总趋向，是义区、义系、义位之间各种相关联系的对立转换。支配着义区、义系、义位之间各种相关联系发生对立转换的规律，就是《说文》词义系统的转换性规律。

义区、义系、义位之间的相关联系主要有四种：

2. 总分相关

指整体与部分的关系。词义系统与义区之间，义区与统属的义系之间，义系与统属的义位之间，都是总分相关。

3. 交错相关

指义区、义系、义位在一个或多个义位上发生交叉重合的关系，亦即义区、义系在意义上互相包含。例如“初始”义系与“圜一”义系在“始”“一”的义位上交错相关。

4. 推演相关

指义区、义系、义位之间有逻辑事理上推演承接的关系。包括因果关系、条件关系、递进关系。例如“巍，高也”下段注：“高者必大。”表明“高”与“大”在条件方面推演相关。

5. 对立相关

指义区、义系、义位相反、相对的联系。例如“惛，不憭也”，表明“惛”与“憭”对立相关。

6. 总分相关、交错相关、推演相关之间的对立转换

这是指某义系(或义区，或义位)以枢义位为枢纽，经由别的义系(或义区，或义位)之间总分相关、交错相关、推演相关的转换之后，同另一个与之对立的义系(或义区，或义位)连接起来。

例如，“塞阻”义系连接与之对立的“达通”义系，中间经过八个义系各种相关的七次转换。转换的基本脉络是：

塞阻←……彻通……→达通

$\longrightarrow$

从中可总结出《说文》词义系统转换规律的公式：

A←……C……→B

$\longrightarrow$

双向箭头的虚线表示 A、B 义系(或义系、或义位)对立，C 表示连接的条件，射线表示转换方向。

7.《说文》中符合转换公式的义系

《说文》词义系统中，符合转换规律的公式的义系，三个一组地

配合,计有42组。如“紊乱—拨治—理顺”“蹇曲—矫煣—正直”“四方—匋遍—中央”等等。

(三)调节性规律

1. 调节性规律的含义

《说文》词义系统通过义枢的调节,支配着义区、义系、义位之间以对立转换为总趋向的整体联系在形式上保持对称与重复的特定节奏。这一规律,就是《说文》词义系统的调节性规律。

2. 义枢的三种形式

(1) 广义式

指那种训释词是广义词的词义训释。如“穿,通也”“疏,通也”“彻,通也”“逞,通也”“孔,通也”“圣,通也”表明“通”与“穿、疏、彻、逞、孔、圣”之义有关。

(2) 过渡式

指表明两个或多个义位具有总分相关或交错相关或推演相关的过渡关系的词义训释。如“通,达也”表明“通”与“达”有推演相关的过渡关系:穿通阻塞,才能畅达。

(3) 对举式

指表明两个义位对立相关的词义训释。如“达,行不相遇也”表明“达”与“遇”对立相关。“遇”为两两忤逆、相对,即“塞阻”,“达”为“无塞阻而畅达”。

3. 义枢的调节造成词义系统的节奏

义枢实行调节,是通过义枢的广义式、过渡式、对举式的连接,使义区、义系、义位的联系在形式上呈现对称与重复的节奏。

把“通”的三种形式的义枢连接起来,以图表示,即:

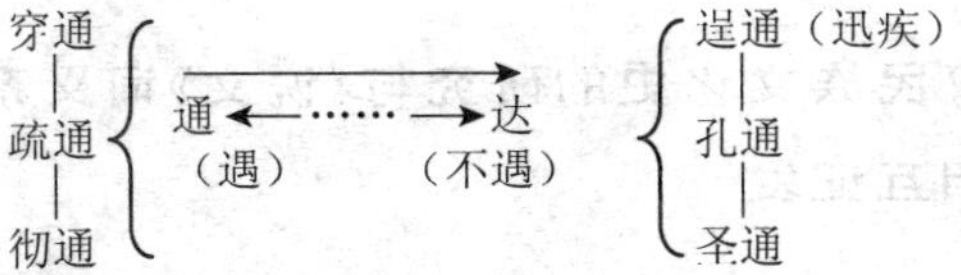

（——表交错、重复，←……→表对立、对称，—→表转换）

“通”为有阻（遇）而除阻，“达”为无阻（不遇）而畅达，故“通”与“达”对称。“通”包括“穿通、疏通、彻通”，“达”包括“逞通、孔通、圣通”，均在“通”字上重复。“通”与“达”由重复构成对称。

由于义枢包含的枢义位是义系的核心，是义系之间、义区之间联系的枢纽，因此由连接“通”的三种形式的义枢所造成的节奏，就配合与显示了“通达”义区内的整体联系和对立转换。

六　《说文》词义系统的应用

（一）对周秦汉语词义进行系统辨析

即从词义系统着眼，通过对义区、义系、义位构成的环状网络体联系中有关的几十个或几百个义位的综合分析，说明被辨析的词义（义位）的联系、特点、地点、作用与发展。这种辨析是以大量文献用例作证据的，全面、深入、发展的系统辨析。

（二）发展汉语词义学理论

有关《说文》词义系统的构成、联系、特性等一系列语言事实及理论性认识，可以为发展关于汉语词义的本质、存在形式、演变规律等词义学理论提供新的依据。

(三)汉民族文化史的研究与《说文》词义系统的研究相互证发

七 结论

《说文》贮存的词义是成系统的,这一系统代表着周秦时期汉语词义的系统。探求《说文》词义系统的"词汇系联"之法表明,汉语词义是可以进行科学的分析与系联的。对汉语词义进行系统的研究必须继承传统语言学的宝贵遗产。面对古今汉语义词系统的实际,与语音系统、语法系统的研究,与文化史的研究相结合,汉语词义的研究具有广阔的前景。

[原载《中国语言学发展方向》,光明日报出版社 1989 年]

论《说文》中单个词的词义系统

经由东汉许慎对形成于春秋战国时期的儒家经典和有影响学派的代表著作中的汉语词义，以及行用于先秦到秦汉间各地的方言中的词义，以及流传、保留于汉代的通人口头的先秦、秦汉之际的词义进行精审的总结，《说文》记载的先秦汉语词义贮存了先秦时期的人们对自然、人事、思维的深刻、系统的体验与认识，记录了先秦时期的汉语词义系统。这是代表了汉语词义发生源头的体大思精、博综融贯的先秦汉语词义系统。这个词义大系统由成百上千、成千累万个相互联系、相互作用的单个词的词义系统交织而成。这个词义大系统的各个部分以及各个部分相互联系与作用的纽带和机制是血肉不分、息息相通的。它的宏大精微和复杂多变使得人们很不容易用形式化的方法去拆卸与表现它。但是为了适合于表述，我们这里沿用人们较为习惯和易于了解的方式来指称与说明这个词义大系统的两种基本样式。第一种基本样式是单个词的词义系统，第二种样式是众多的单个词的词义系统交织而成的词义系统。第二种样式的词义系统包容第一种样式的词义系统。为了便于区别和称说，我们把第一种样式的词义系统就叫做词义系统，而把第二种样式的词义系统叫做意义体系。

在单个词的词义系统中，词的本义起着统率的作用。这时，本义既是由它发展出来的其他词义的起点，又是围绕在它周围的其他词义的核心。在先秦文献及其注疏中，在《说文》中，本义是与本字、笔意密切相关的。本字是本义的书面形式,笔意是凝结与表达本字和本义之间表里一致的关系的存在方式。《说文》不但记录了单个词的词义系统,而且为人们探求这种词义系统提供了一系列重要的线索与条件。这主要是:在确定词义时从本义出发,在分析字形时从本字出发,在阐释本义与本字的关系时从笔意的解说出发。这是《说文》"义例精密"在记录单个词的词义系统上的鲜明体现。那么,《说文》是怎样为人们探求词义系统提供一系列线索的呢?《说文》使用的根本方法是:结合着全书中与被解释的词有联系的众多的词来解说本义与本字的统一,同时引用大量的语言材料来证明。

一 运用全书众多的词的联系来解说本义与本字的统一

先秦时期汉语中的词,其词义绝大多数是多义的。在多个义项中,有本义,有发展出的意义。本义是文献语言材料能够证明的最早的词义。发展出来的意义是沿着本义的特点,朝相关的方向延伸而产生的词义。总的来看,《说文》是记载先秦时期汉语词的本义的书。字词下面列举的意义,大多数是词的本义。所谓"大多数",是说有少数字词下面列举的意义不是词的本义。这些,都是可以通过引证文献语言材料,通过考察全书词义的相互关系,来加以说明的。正如江沅所说:"许书之要,在明文字之本义而已。"[1]而记录本义的字形是本字。本字是直接为语言中的某个词所造的字,它以这个词的本义为造型依据。本义与本字是吻合的、统一的。认识这种吻合与统一,需要分析笔意。笔意是最早的造字意图,这种造字意图产生与固定下来时,就已把本义与本字熔铸在一起了。因此可以说，笔意是凝结与表达本字和本义之间表里一致的关系的存在方式，我们今天来认识本义与本字，要经由解说笔意这个途径。《说文·叙》指出：对于早期文字，“厥意可得而说”[②]。《颜氏家训》也指出：《说文》“隐括有条例，剖析穷根源……若不信其说，则冥冥不知一点一画有何意焉”。这两段话中，“说”和“意”都是连在一起的，“说意”就是解说笔意，这是认识本义与本字相互统一，也就是认识早期汉语词义在内容与形式上表里一致的桥梁。

通过解说笔意来认识《说文》中词的本义与本字的统一，这是以往人们经常采用的方法，而近代的文字训诂名家黄侃对此做了总结，黄侃说：

> 《说文》之作，至为谨慎。《叙》称博考通人，至于小大。是其所说皆有来历。今观每字说解，俱极谨严。如“示”云：“天垂象，见吉凶，所以示人也。从二。三垂，日月星也。观乎天文，以察时变。示神事也。”示，合体指事字，为托物以寄事，故言天垂象，见吉凶，所以示人也。如不说“天”，则“二”无根据；不说“垂象”，则“三垂”无所系；言“示神事”，为在下凡从示之字安根。……凡解说中从字必与其形相应，字不虚设[③]。

黄侃以解说“示”这个词的笔意为例，具体论证了《说文》中词的本义与本字的统一。“示”的本义是：上天通过显示天象，来表现出或吉或凶的征候，以便给人们看。“示”的本字是“示”这样一个合体指事字。怎样说明它的本义、本字是统一的呢？这就需要分析“示”的笔意，也就是看“示”有哪些笔画，这些笔画是怎样结合的；当初这些笔画与笔画之间的结合体现了古人什么样的意图。“示”的本字是由“二”和“川”这两部分笔画组成的，“二”是古代的“上”字，“川”指称日、月、星。“二”和“川”结合为“示”是要表达这样的意图：在上面的天通过日、月、星的排布构成某种天象，以便表现出吉凶的征候给人看。这就是“示”的本义。可见本字与本义是密切吻合在一起的。笔意正是凝结与表达这种吻合与统一的方式。我们就是通过分析字词的笔意，也就是分析古人造出这些笔画并把几种笔画结合起来究竟是什么意图，来认识本字与本义的统一的。

古人造字的意图已经成为历史。后人在考察古人造字的意图时，由于受到时间久远、笔画改窜、文献丧失、观念变化的影响与限制，往往不易确切，甚至容易出错。为了避免错谬，克服局限，许慎对于字词的形、义的表述、来历和依据做了长时期的、大量的、精细而切实的调查研究工作，具体表现为核证文献、博访通人、查证方言。因而段玉裁在注《说文》时常说：“许氏必有所本。”黄侃也指出：“《说文》所说皆有来历。”由于许慎对先秦汉语字词的形与义的确定有他自己“五经无双”的丰厚学养作为根基，他对于形与义的考察经历了几十年的调研、比较和深思熟虑，下了极为浩繁、精细和切实的工夫，这样他就得到两个结果：一是众多汉语字词的形、义是彼此联系与会通的；二是这些形、义及其联系与会通都有大量翔实的语言材料[4]可作证明。这两个结果后来都展示于许慎笔下，融汇于《说文》全书中了。所以我们今天见到的《说文》，其中所载本义与本字的统一，不是局限在单独的或少数的字词的表述上，而是贯串于全书成千累万个字词的密切联系上，就是说，全书绝大多数字词是直接间接地会通的，字词与字词之间往往是可以相互连接、补充、映衬和证明的。后人感悟到《说文》的这一最大优点与特色，就提出了对全书的字词及其形、义进行“参伍比较”的方法和“以许证许”的方法[5]。同时，《说文》在展示绝大多数字词直接间接地会通的时候，往往指明这有何种书籍、哪家的说法为证，也就是引用文献的语言材料和口头的语言材料来证明。以上表明，《说文》对汉语字词的本义与本字统一的阐释，也就是对于先秦汉语词义的确定，都不是凭空臆说，都不是以今律古。

现在我们来看《说文》在阐释某个词的本义与本字的统一，也就是解说其笔意时，怎样做到：一，联系着全书中与这个词相关的其他词；二，引用语言材料来证明。

例如《说文》对"屯"这个词的解释：

屯，难也。象草木之初生，屯然而难。从屮贯一。一，地也。尾曲。《易》曰：屯，刚柔始交而难生。（一下·屮部）

"屯"的本义是难，特指草木初生，屯然而难。"屯"的本字由"从屮贯一。一，地也。尾曲"的笔画构成。《说文》引用《易》彖传"屯，刚柔始交而难生"来解说"屯"的笔意，说明它的本义与本字是统一的。"刚柔始交"，是说天地阴阳相合化生万物，就是说万物始生。这里，万物始生是用草木的萌芽刚刚出生来表示的。草木萌生要受到土层的压迫，万物始生要遇到很多阻碍，所以都很难。王筠指出：

凡草木之生，其根必直下。若根先曲，则生意不遂。唯其芽有所碍，始有曲耳。而屯字曲其尾者，字本取难意[6]。

可见，"屯"的笔画"从屮贯一，尾曲"表述的意图是"芽有所碍"，有"难意"。这也就表明，"屯"的本字贴切地表述了"屯"的本义，本字与本义是统一的。

以上是《说文》引用《易》的语言材料来解说、证明"屯"的笔意以及"屯"的本义与本字的统一。

乙，象春草木冤曲而出。（十四下·乙部）

屮，草木之初生也。……读若彻。（一下·屮部）

春，推也。从艸从日，草春时生也，屯声。（一下·艸部）

段玉裁说："乙，象春草木冤曲而出"是表述"万物皆抽乙而出，物之出土艰屯"[⑦]。他还说：屮"读若彻。彻，通也。义存乎音"[⑧]。又说："春"的字形中的"屯字象草木之初生"，"从艸，从日，屯声"是"会意兼形声"[⑨]。出土艰难的萌芽要彻除、推弃土层。这种推弃，就是《说文解字注》所说的"会意兼形声"的"从艸，从日，屯声"（"春"）表述的内容。

在《说文》中，既有"屯"下称引《易》的语言材料证明"屯"的本字与本义统一，又有与"屯"相关的"乙""屮""春"等词的说解从其他方面印证"屯"的本字与本义统一。这使我们看到，《说文》确定本义，解说笔意，是在提供语言材料的证明的前提下，把全书的字词作为一个整体来看待，在词与词的相互联系中解说本字与本义的统一的。

这种基于语言材料证明并从词的相互联系来确定本义、解说笔意的方式，在《说文》全书中是随处可见的。例如对"乳"的本义和笔意的说明：

乳，人及鸟生子曰乳，兽曰产。从孚从乙。乙者玄鸟也。《明堂月令》：玄鸟至之日祠于高禖以请子。故乳从乙。请子必以乙至之日者，乙春分来，秋分去，开生之候鸟，帝少昊司分之官也。（十二上·乙部）

"乳"的本义为"人及鸟生子"，其本字为"从孚从乙"。《说文》引用《礼记·月令》的一段话"玄鸟至之日祠于高禖以请子"来解说"乳"的本字"从孚从乙"的意图。为什么要"从乙"呢？因为乙是玄鸟。《月令》注："玄鸟，燕也。燕以施生时来，巢人堂宇而孚乳，嫁娶之象也。媒氏之官以为候。高辛氏之世，玄鸟遗卵，娀简吞之而生契。后王以为媒官嘉祥，而立其祠焉。变媒言禖，神之也。”[10]燕子春天飞来，在人们的房舍堂宇筑巢孚蛋养子，古人认为这是嫁娶的象征。传说高辛氏那个时代，汤的先祖有娀氏之女名叫简狄的，吞食燕子的蛋而生了契。后王为此而建立了高禖祠。此后又希望生孩子时，就在燕子飞来的春分日到高禖去祭祀。所以“人及鸟生子”这一个本义，就用“乳”这个本字来记录。“乳”字“从乙”的意图，是表明生养后代。

《说文》是以引证《礼记·月令》的文献语言材料为前提来解说“乳”的造字意图的。但它不是孤立地用“乳”的本字来解释其本义，它在确定全书中与“乳”相关的其他词的本义时，一再地解说或涉及“乳”的本义与本字：

> 孔，通也。从乙从子。乙，请子之候鸟也。乙至而得子，嘉美之也。（十二上·乙部）
>
> 字，乳也。从子在宀下，子亦声。（十四下·子部）
>
> 孚，卵孚也。从爪从子。一曰信也。古文孚从禾。禾，古文保。（三下·爪部）

徐锴曰：“鸟之孚卵皆如其期，不失信也。鸟抱恒以爪反覆其卵也。”[11]

> 保，养也。从人从孚省。（八上·人部）

与“乳”的本义和本字相关的词，有“孔”“字”“孚”“保”等。《说文》解释这些词时都解说或涉及了“乳”的本义本字。“孔”的本字是“从乙从子”，其本义“孔通”即“乙至而得子”，就是春分日燕子飞来时，夫妻到高禖祭祀之后两两相合而得子。“孔通”的意义同于《诗》毛传的“孔，甚也”。而“甚”，《说文》确定的本义是“尤安乐也”。就是指夫妻经过请子的祭祀仪式后，安乐相合而得子。“夫妻相通、相合而得子”与“乳”的“生养孩子”是先后连贯、彼此统一的两个意义，所以说“孔”与“乳”的本义、本字是密切相关的。

“字”的本字与“乳”小有区别，它是强调“在宀下”“生养孩子”，因而本义就是“乳”。可见“字”的本义、本字与“乳”密切相关。

“孚”的本字是构成“乳”的本字的一个部分。“孚”的本义是“卵孚”，另一义是“信”，都是具体地说明“乳”（生养孩子）的方式与特点的：方式是“以爪反覆其卵”，特点是“信，皆如其期”。所以“孚”的本字、本义也与“乳”密切相关。

“保”的本字中有简省了笔画的“孚”，也就是“乳”字的一个组成部分。“保”的本义是“孩子的生养”，特指“提抱孩子”，它表示“孩子生养”的一种方式、一个阶段。所以“保”的本字、本义也与“乳”密切相关。

由此可以看到《说文》分析词的本字，确定词的本义是多么谨严、周详。它提供了语言材料的证明，作为解说词的本字与本义统一的依托。它解说词的本字与本义统一时不是就字论字、就词论词，不是仅仅凭借孤证，而是在全书的范围内展示诸多的证据，对于与某词相关的其他的词，它在解说的时候都要涉及这个词的本义与本字，这样就有联系地从多个角度重申与印证了这个词的本义与本字的统一。

许慎这种确定本义、本字的方法和表述本义、本字的方式，既简略又周严。因为他抓住了最根本最重要的两条：一是语言材料的证实，二是词义整体联系的印证。这样就从总体上确保了《说文》所载先秦汉语词义的真实性、可靠性。

回顾与涵泳许慎这种既简略又周严的方法与方式，对照今天研究汉语字语本义的许多人的做法，不禁感慨系之。许慎确定本义、本字的方法和表述本义、本字的方式是在两千年前作出的，而两千年后不少解说汉语字词本义的人，却从许慎的立场上来了个大倒退。在这些人的心目中，讲本义必须以分析字形为前提。所谓分析字形，就是自觉不自觉地从“我”出发，从现代的观念出发，苦心孤诣地捉摸一个字的形体究竟像个什么物体，象征什么意义。有的人对于同一个字形的解释，一会儿说像只碗碟，一会儿又说像个馅饼，而且硬要别人服从，真是霸道得离奇。这种人的字词研究不要语言材料的证明，也没有字词的相互联系的印证，纯然是毫无佐证的猜测与向壁虚造的臆说。这应当视作训诂学、文字学的末流，他们的做法与文字学、训诂学的宗师许慎开创与实行的正确的文字学、训诂学研究方式与方法，已没有丝毫共同之处了。

二 以本义为起点发展出多层多向的引申义列

在本义与本字的关系中，本义是重点，是主导的方面，因为本义是词的内容，本字是词的形式。在单个词的词义系统中，本义既是由它发展出来的其他词义的起点，又是围绕在它周围的其他词义的核心。所以在本义和由它发展出来的其他词义的关系中，本义是重点，是主导的方面。

由本义发展出诸多新的词义，这种发展出新词义的方式、类型是多种多样的。古代汉民族发展新词义的主要方式和常见类型是推演，就是词义循着某种联系不断地推导、递演。发展新词义的另一种方式和类型是总分，就是词义由总体向着它统摄的各个部分变化，发生分裂或分化。发展新词义的又一种方式和类型是交错，就是两个词义交叉重合时，它们的临界点或结合部独立出来成为新词义或者延展出新词义。发展新词义还有一种方式和类型是正反互补,也叫相反相成。就是一个词包含着或发展出两个相对、相反的意义。这往往是由于人们对同一个事物、同一种变化选取不同的观察角度,怀着不同的感情,或者对于不同的发展过程抱着相同的看法而形成的。古代汉民族发展新词义还有别的方式与类型,但是较多地出现的是上述四种。以往人们说到发展出的词义,经常说的是引申义,也有说比喻义、假借义的。我们认为,引申的说法古已有之,而且引申就是指延伸、发展,这个说法在今天也用得很普遍,所以我们这里就用"引申"来指代由本义发展出的意义,它包括上面提到的本义发展新词义的多种方式、类型,诸如推演、总分、交错、正反互补等。

汉语中单个的常用词,有许多在先秦时期已由本义发展出成系列的引申义。我们看到,一大批单个词的词义系统是以本义为起点、为核心的多层多向的引申义列。所谓多层,是指引申义列中可以分析出多个层次来。其中有距离本义近的词义,叫近引申义;有距离本义较远的引申义,叫远引申义。所谓多向,是指引申义列中的词义以本义为核心,朝着多个方向延展。引申义列的多层与多向是交织在一起的。有些单个词的本义发展出来的词义多而复杂,这样的引申义列就显现为多向之中有多层,多层之中有多向,整个引申义列犹如古木峥嵘,但见"枝枝相覆盖,叶叶相交通",分合勾连,异彩纷呈,郁郁然蔚为系统大观。

就总体上看,《说文》是记载词的本义的书,其中收载的单个词的词义,往往是这个词的本义,只有少数词义是该词的引申义。有些单个词的词义训释中包含几个义项,在大多数情况下第一个义项是该词的本义,第二个或第三个义项则是本义的引申义。如果不只是局限于分析单个词包含的几个义项的相互关系，而是着眼于分析众多的单个词与单个词在意义上的相互关系，就会发现，甲词的训释是它的本义，而乙词的训释却是甲词的本义的引申义。《说文》的“旁见说解”中也不时记录着某些词的引申义。所谓“旁见说解”，是指在其他词的训释中存在着与这个词的形、音、义相关的解释材料。人们发现，一些“旁见说解”或者保存着某个词的引申义，或者保存着揭示引申义的线索。以上情况，《说文解字注》分析了大量实例，并做了系统性的论说。

《说文》贮存了先秦时期汉语词义的系统。其中，一部分是单个词的词义系统，而绝大部分是由成千累万的单个词的本义相互联系、相互作用交织而成的意义体系。这说明，《说文》贮存的主要不是单个词的词义系统，而是众多的词的意义体系。

与《说文》中单个词的词义系统、众多的词的意义体系相互联系与照应的，是先秦时期的经书、群书中生动丰富的使用义构成的单个词的词义系统、众多的词的意义体系。经书、群书中的词义系统、意义体系与《说文》中的词义系统、意义体系之间存在着何种关系呢？一般地说，前者是后者的基础，后者是前者的综合；具体地说，二者存在着复杂的互渗、互补的关系。就单个词的词义系统而言，经书、群书中的词义系统显得丰富、详尽，《说文》中的词义系统虽然显得凝炼，却并不丰富。原因在于《说文》主要记载单个词的本义，而不是单个词的引申义。《说文》中的词义系统之所以显得凝炼，是由于《说文》中的贮存义（主要是本义）是对经书、群书的使用义进行精心整理与博综融贯的结果，是先秦词义的集大成，因而《说文》贮存义凝聚了经书、群书中的使用义的意义特点，从而可以贯通经书、群书中的使用义构成的词义系统。

我们对《说文》单个词的训释中包含的本义、引申义进行分析综合，对《说文》中相关的词的训释和旁见说解包含的本义、引申义进行分析综合，并且参照经书、群书中单个词的词义系统的启示，则可归纳整理出与经书、群书中的词义系统相联系的《说文》中单个的词以本义为起点发展出的多层多向的引申义列。

引申义列的多层与多向受着本义的制约。具体说来，是由本义蕴涵的形象特征以及形象特征凝聚的核心义决定的。形象特征是一个多侧面的整体，由形象特征凝聚而成的核心义也是一个包括多方面特点的整体。形象特征的多侧面集合在核心义的多方面的特点中。这些多方面的特点像基因、像血液那样活跃与灌注于本义的引申运动中，由此而生发出多种层次、多个方向的引申义列来。我们的先民怎样通过形象特征的再造与核心词义的凝聚而创造先秦汉语词义，这个问题在拙文《〈说文〉与先秦文献词义》中已经说明。在那里我们探求了《说文》所载“达”的先秦词义——由语言材料证明了的本义，以及“达”在东周《周礼》中发展出的引申义。至此可以把“达”的引申义列阐说和总结一下。

草木萌芽在彻除土层阻塞之后，即以其锐利的锋芒迅速、顺畅地射出地面。这个“迅速、顺畅射出地面”的词义，《诗经》毛传称为“达射”，也就是畅利，《说文》二下概括为“逞，通也，楚谓疾行为逞”。

“达射、畅利、逞通”是表述萌芽出土的状态的。还有表述萌芽彻除土层阻塞的结果的词义，就是“出土”，《说文》六下概括为“生，进也，象草木生出土上”，“出，进也，象草木益滋上出达也”。在《诗集传》中，则表述为“达，出土也”。

由于萌芽出土的方向是朝上的，所以“达”还有“向上”义。这个意义我们是从“乾”“出”“生”（六下、十四下）三个词的联系中看出来的。《说文》训释这三个词时，"达"与"出""上"连用。

"达"还含有"增大"义，因为草木从萌芽出土，到继续向上滋长，其形体日益增大。《说文》中与"出"相联系的"之"，即含有"增大"义（六下·之部）。

把上述词义归纳综合起来，可以看到"达"的本义是"草木萌生"，其形象特征是"草木迅疾畅利到达地面并向上滋长、形体增大"。它凝聚的核心义是"畅利到达、上出"。包含着这种形象特征与核心义的"达"的本义把由它发展出与贯串着的意义汇聚成一个系统。这些意义有：草木达射（畅利、逞通）、草木出土、草木向上、草木增大。画出平面图，就是：

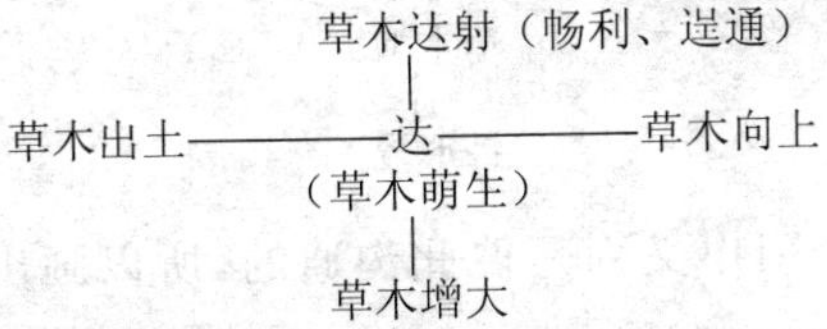

"达"的本义，到东周时代的《周礼》中有了成系列的发展引申。"达"的本义是"草木萌生"，到《周礼》中发展出的主要的引申义是"道路畅行"，具体指在周王室与四方的邦国间畅行无阻。此外还发展出"水流畅利""到达终点""推举小吏""钟形较大"等引申义。这五个新发展出的引申义，都是由"达"的本义"草木萌生"中包含的形象特征及其核心义决定的。可见"达"发展出的引申义围绕着本义中的核心义形成了新的词义系统。画出平面图，就是：

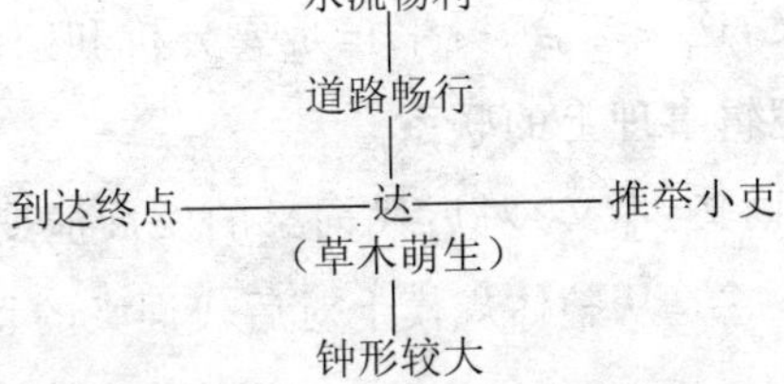

"达"的上述两个词义系统是两个内容不同的引申义列，因为它们的具体所指不能等同；但二者又是彼此沟通的，因为它们都受着"达"的早期词义（本义）包含的形象特征与核心义的制约。从本源上说，"达"的本义促成了这两个词义系统的形成，造成了这两个词义系统的联系。画出它们彼此沟通的平面图，就是：

水流畅利
|
道路畅行
|
到达终点—草木出土—草木达射（畅利、逞通）—草木向上—推举小吏
|
达
|
草木增大
|
钟形较大

"达"的两个引申义列是彼此沟通的，所以画出它们相互联系的平面图后，更能明显看出这两个引申义列其实是一个多向、多层的引申义列。它沿着四个方向引申，表明"达"的本义包含的核心义中有四个不同的特点：一是畅利，二是向上，三是增大，四是到达。在四个方向中，最多的层次是三层，即具有"畅利"义特点的那个方向上的三层。

探求本义与引申义的关系，直接目的不是要考察它们历时的源流关系，而是要在同一个平面上寻找它们在形象特征，在逻辑事理上有什么联系。把形象特征的几个侧面综合、凝聚为包括几方面特点的核心义，这一综合、凝聚正是要分析和归纳本义、引申义之间存在何种逻辑事理上的联系。

但是，先秦词义（本义）对后代词义的发展演变往往发挥着重要的制约作用。它是从整体规模上对后代词义的发展施加系统而

深刻的影响的。就是说，由于形象特征和核心义的影响，先秦词义形成了系统，后代引申发展出的词义也形成了系统。这两种系统是彼此沟通的。形象特征与核心义制约着系统中的每个词义，而且一直影响到每个词义的深层。单个词的词义系统也就是单个词的本义造成的引申义列。因而单个词的本义包含的形象特征与核心义既造成了先秦词义的引申义列，也造成了后代发展出的词义的引申义列。当我们把先秦词义的引申义列同后代发展出的引申义列加以比照的时候，就会发现，这两个分期(或时代)的引申义列之间，也就是两个分期(或时代)的词义系统之间确实存在着历时的源流关系。这种历时的源流关系反映出先秦词义系统发展出后代词义系统的关系。这与上文提到的“先秦词义从整体规模上对后代词义的发展施加系统的影响”的说法是一致的。至此，我们把前面画出的两个不同分期(或时代)的词义系统彼此沟通的平面图改画为立体图，则能够显豁地体现出具有历时的源流关系的两个引申义列之间存在的早期词义系统发展出后期词义系统的关系，以及由互有联系的两个引申义列构成一个多向、多层的引申义列之后，这个新的义列的内部整体贯通的关系：

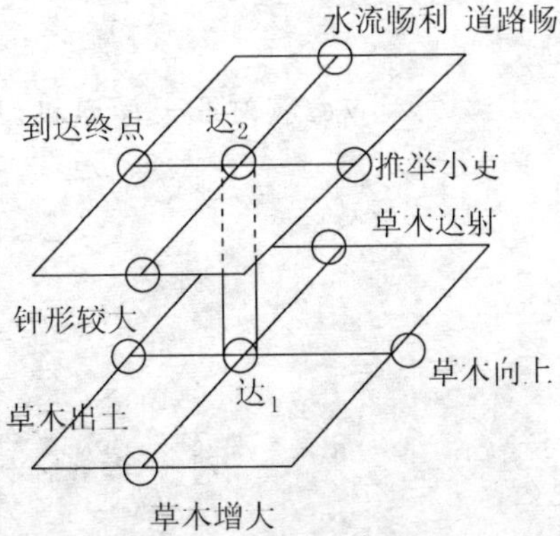

图中，达$_1$ 那个平面涉及的四个义项构成“达”的早期词义系统，达$_2$ 那个平面涉及的五个义项构成“达”在东周《周礼》中的词义系统。达$_1$ 的平面通过竖轴贯通达$_2$ 的平面，竖轴代表“达”的本义包含的形象特征与核心义，表明形象特征与核心义像主干一样联通了两个不同分期（或时代）的词义系统。两个平面的义项做到了上下两两对应，表明不同分期（或时代）的两个词义系统是按照相同的词义核心发生贯通联系的，从而表明两个词义系统具有历时的源流关系。

附 注

①《说文解字・后叙》。

②《说文》315 页，中华书局 1963 年。

③《训诂学讲词》。

④ 即群经、群书的证据，方言、通人的说法。

⑤ 见《说文段注》及清代阐释《说文》的著述。

⑥《说文释例》。

⑦⑧⑨《说文解字注》740 页、21 页、47 页，上海古籍出版社 1981 年。

⑩《十三经注疏》1361 页，中华书局 1980 年。

⑪ 就是说：鸟孚蛋是有一定日期的，从不失信。鸟孚蛋的时候常常用爪子把蛋翻来翻去，所以“孚”的本字是“从爪从子”。

［原载《河北大学学报》1995 年第 3 期］

从《说文》词义系统论证“拯溺”“濒附”“付受”“丨通”“舟旋”“恒长”“匝遍”等义的本源及其联系

《说文》是记载汉语字词本义的经典。《说文》全书近万个字词的本义依据一定的条件发生系统的联系，从而构成博雅渊深的《说文》词义系统。本文从这一词义系统出发，试对“拯溺”“濒附”“付受”“舟旋”“恒长”“匝遍”等词义的本源及其系统联系作出探索与论证。

一

《书·皋陶谟》云：“禹曰：洪水滔天，浩浩怀山襄陵，下民昏垫。”郑康成曰：“禹言洪水之时，人有没溺之害。”①

《说苑》云：“不临于深渊，何以知没溺之患。”

拙著《古汉语词义系统研究》第三编曾论证“战战兢兢，如临深渊”的本义是指先民面临洪水毁岸而色变震恐，“深渊”的本义是指《尧典》洪水②。因而郑玄所云“洪水之时，人有没溺之害”，以及《说苑》所云“不临于深渊，何以知没溺之患”，是指民众被洪水所淹。

《说文·十一上》“溺”下《段注》：“按今人用为休没字，溺行而休废矣。”这是说，溺没的本字是“休”。故《说文》云：

> 休，没水也。从人从水。读若与溺同。（十一上·水）（从小徐本）

《段注》：“此沈溺之本字也。”

置身低地的民众溺没于洪水，居处高岸的民众则对溺水者拯救之。此种拯救行动在上古称为“抍”“撜”“拯”“承”“丞”。这五个字异字同词。

《方言》云：“出休为抍。”（卷十三）《方言笺疏》云：

> 《说文》：抍，上举也。引《易》抍马壮吉。今明夷六二、涣初六，抍并作拯。汉孔彪碑：拯作抍。……艮六二：不拯其随。《释文》作承。《玉篇》：抍言烝，又上声，救助也。撜、拯并同。……《庄子·达生篇》云：使弟子并流而拯之。《列子·黄帝篇》作承。张湛注：音拯，引《方言》：休作溺，抍作承。云诸家直作拯，又作撜。……扬子《羽猎赋》：丞民乎农桑。并字异而义同。《说文》：休，没水也。读与溺同。

《方言笺疏》揭示了三个内容：

一、“抍、撜、拯、承、丞”字异而义同。

二、“抍、撜、拯、承、丞”是针对着“休，没水也。读若与溺同”而言的。“休”是溺没于洪水，“抍、撜、拯、承、丞”是从洪水中举出。

三、“抍、撜、拯、承、丞”是把洪水中的民众拯救出来，使之上岸登山。于是获得拯救而幸存的民众被称为“烝民”（即拯民、丞民、升民）。

“出溺为拯”的过程包括两个阶段：一是拯溺近岸，二是上登高山。先说第一阶段：拯溺近岸。

《说文》云：

拯，上举也。出休为拯。从手，丞声。……撜，拯或从登。（十二上·手）（从《段注》本）

“拯”，大徐本作“抍”。《段注》改作“拯”，并且补正“出休为拯”一语，然后阐明这种“改、补”的理由如下：

《易·明夷》释文曰：丞音拯救之拯。《说文》云举也，子夏作抍。《字林》云：抍，上举，音承。然则《说文》作拯，《字林》作抍，在吕时为古今字。……李注谢灵运《拟邺中集诗》、曹植《七启》、潘勖《九锡文》、傅亮《修张良庙教》、王巾《头陀寺碑》皆引《说文》出溺为拯，是古本确有此四字。……其字今作拯，陆氏德明作丞，云拯救之拯。……《集韵》抍、承、撜、拯、丞五形同字。……李引《声类》丞亦拯字。……丞声、登声皆六部也。升声亦六部。而此篆古从丞、从登不从升者，丞、登皆有上进之意，形声中有会意。经典登作升皆假借字。

《段注》从诸多文献对《说文》的引证，从《说文》《字林》的对照，从《释文》《集韵》的解释，从“丞、登、升”在形、音、义上的区别与联系，来阐释《说文》古本确为“拯，上举也”，且确有“出休为拯”一语，条理明晰，成证确然，其见解至为精审。

《说文》“拯”的具体含义是“出休”，就是把溺没于洪水者向上举出，救助上岸。因而“拯、举”义要与“救助”义相连。例证如下：

《说文句读》“抍（拯），上举也”下引玄应《一切经音义》本云：“谓上举也，救助也，出溺也。”《左传·昭公十一年》：“是以无拯。”杜注：“拯，犹救助也。”《孟子·梁惠王下》：“民以为将拯己于水火之中也。”又《滕文公下》：“救民于水火之中。”把《孟子》这两段话加以对照，可知“拯”义为“救”。而《广雅·释诂》云：“救，助也。”故“拯”义为“救助”。

在《说文》中，这种含义为“上举”“出溺”“救助”的“拯”义，与“振”是相同的。《说文》云：

振，举救之也。（十二上·手）（从《段注》本）

“振”的“举救”义，即是“上举”“救助”，故意义与“拯”相同。

“振”与“拯”同，尚有以下证据：

《国语·周语》：“以振救民。”韦注：“振，拯也。”《周礼·天官·职币》注：“振犹抍（拯）也。”《周礼·地官·大司徒》注：“振穷，抍（拯）救天民之穷者也。”张舜徽《说文约注》云：“振、抍（拯）双声，实一语也。”“许以‘举救’训‘振’，与以‘上举’训‘抍’（拯）同意。”（卷三三，页四八）

“振”同于“拯”，“拯”是指救助溺水者上岸；而“振”义亦为乘舟将溺水者救出。“振”下《段注》云：“凡振济当作此字。”“振济”即振救而济渡向岸。

二

济渡向岸，在《说文》中称为“宾附”，又简称“附”。《说文》云：

濒，水厓，人所宾附。频蹙不前而止。（十一下·频）

“濒”即今之“滨”字，它指称的实物是“水厓”。“水厓”即是“山边”“山岸”[③]。“濒”的意义训释不仅指称“水厓”，而且指出“水厓”（即“山岸”）是人们宾附的目标，但人们在宾附水厓时“频蹙不前而止”。

这里先论说“水厓，人所宾附”。

“濒”下《段注》云：“厓，今之涯字。…濒、宾以叠韵为训。濒今字作滨。《召旻》传曰：濒，厓也。”这是说，“宾附”亦即“附滨”，“滨”

是水厓、山岸，“附”是靠近土山，就是靠近山岸，因而“宾附”是指向着山岸靠近，驶向山岸。

在《说文》中，“附”包含相互密切联系的两个义项，一是靠近，二是土山。《说文》云：

近，附也。岓，古文近。（二下・辵）
附，附娄，小土山也。从阜，付声。（十四下・阜）

“近”用“附”来训释，“附”又用“小土山”来训释，“近”与“附”在意义上的联系表明，所靠近的目标是小土山。

那么，是什么事物的何种行动靠近土山呢？

《说文》“近，附也”之下列了古文“近”：岓。徐锴《说文系传》指出：“此与歬同意。”

“歬”即今之“前”，《说文》训为“不行而进”。“前”的本义是指乘舟渡河[④]。既然“近”的本义是靠近土山，而岓（近）与歬（前）同意，那就可以明白：是什么事物的何种行动靠近土山呢？是舟船渡河而驶向土山，靠近土山。舟船正在驶往土山，但尚未到达。这就是“近，附也”本义的具体所指。诚如《礼记・祭义》“为其近于道也”疏所云：“凡言近者，非是实到，附近而已。”

三

由此可以论及“付”的真实含义。《说文》“近”是用“附”来训释的，“附”的本义是土山。“附”的形符是“阜”，“阜”是土山，是高陆大陵（《说文》十四下・阜）。“附”的声符是“付”，“付”在这里是声中有义。“付”这一声符中贮藏着什么意义呢？《说文》云：

付，予也。从寸，持物以封人。（八上·人）（从小徐本）
受，相付也。从𠬪，舟省声。一曰承也。（四下·𠬪）（从《说文句读》本）
𠬪，物落，上下相付也。（四下·𠬪）

"付""受""𠬪"这三个词的意義彼此沟通。"付"训释为"予"，"付"又用来训释"受""𠬪"。

"付"训释为"予"，即授予。"受"训释为"相付"，即互相授予，其间，授予和接受是同时发生的，是统一在一起的。"𠬪"训释为"物落，上下相付"，是指上下两方同时施予和接受某物（"物落"的含义见下文的解释）。

"付"的训释中说明"持物以对人"，"𠬪"的训释说明"物落，上下相付"，那么，"付、受、𠬪"在最早产生时，其词义是记录授予和接受何种实物呢？

"受"的训释在"相付也"之下强调："从𠬪，舟省声。"《段注》指出："舟省声，盖许必有所受之。"许慎确定"受"为舟省声，其所受者为何？《说文·叙》云："郡国亦往往于山川得鼎彝，其铭即前代之古文，皆自相似。"可知山川所出之鼎彝铭文，也是许慎确定字词形、音、义的依据。《段注订补》列举多种鼎彝铭文，指出其中的"受"字皆从"舟"：

> 薛氏款识盄和钟铭："受天命，以受屯鲁。"虢姜敦："受福无疆。"师𩜁敦："庶受天命。"尹卣铭："受乃永鲁。"阮氏款识颂壶铭："尹氏受王命书，颂拜稽首受命。"颂敦铭同。天锡簋铭："帝受元命。"张仲簠铭："受无疆福。"寰盘铭："共受王命书。"以上铭文"受"字皆从"舟"。

《殷虚文字类编》亦云："《说文解字》：受，相付也。从𠬪，舟省声。古金文皆从舟，不省。”

可见，《说文》“受”字之“舟省声”实即“舟声”。“受”之“舟省声”是声中有义。“受”的构形其实是“从𠬪，从舟，舟亦声”。这个本字的构形记载的本义“相付”，意在表述：先民在“洚水惊余”的时代直接而迫切地授予和接受的，是舟船。沧海横流之世，先民要维持生存，头等大事是以舟船联通被洪水包围的众山，其时渡河的凭借唯有舟船[⑤]。

“受”的义训是“相付”，既然“相付”是相互授受舟船，那么“付”的训释“予也。持物以对人”之中的“物”，以及“𠬪”的训释“物落，上下相付也”之中的“物”，自然就是指称“舟船”了。

“𠬪”的“物落”之“落”，意义为“落成”，具体指舟船落成，开始启用。《尔雅·释诂》：“落，始也。”《左传·昭公七年》：“楚子成章华之台，愿与诸侯落之。”都是表示“落成”，即“开始使用”。洪水之世，人们最先是乘坐中部天然穿空的树干，作为原始的舟船，其后则刳木以为舟[⑥]。

四

需要引起注意的，是先民在相付（相互授予和接受）舟船时，都突出一个方向，是“上下”相受（应为“下上”相受。见下文的论证）。例证是：

甲骨文、金文的“受”字形体，中间是“舟”，两手一在“下”，一在“上”。《说文》“受”的训释之下，徐锴曰：“取上下相受也。”《说文》“𠬪”下云：“上下相付也。”

为什么相受、相付的方向是“上下”（应为“下上”）呢？这就要追索到“丨”的训释包含的深义。《说文》云：

> 丨，下上通也。引而上行读若囟，引而下行读若退。（一上·丨）（从《玉篇》所引及《文始》所引，从《段注》本、《说文句读》本）

《说文》大小徐本将“丨”释为“上下通”，使“丨”的本义迷误千年。《段注》《说文句读》《文始》依据《玉篇》而改作“下上通”，使“丨”的古义得以重见天日，可谓一字千金矣！

为何改作“下上通”才符合“丨”的本义呢？因为“丨”的本义表述洪水时代的大方向，是民众由水登山，即由下往上。“上”的本义是指山巅或山上，“下”的本义是指山下或水中[⑦]。低下之地已陷没于洪水，故由下往上意味着由水登山。

表示“由下往上”的“下上”之所以要与“通”连接起来，用以解释“丨”的本义，还因为“通”的意义特点是“上涌”“向上兴起”。“通”字从辵，甬声。“甬”下《说文系传》云：“甬之言涌也，若水涌出也。”“甬”下《段注》亦云：“按凡从甬声之字皆兴起之意。”而“兴”，《说文·三上》训为“起也”，《广雅·释诂》训为“举也”，“起”与“举”的意义特点都是“往上”。从“甬”得声的“通”，其本义是指尧舜时代经由舟船的济渡，把被洪水隔断联系的众山连接起来（联通、沟通）[⑧]。联通众山，目的是使民众避离洪水，上岸登山。所以“通”的意义特点是“向上”。《古汉语词义系统研究》在论证“前”“进”“登”记录“渡河”与“登山”的联系与特点时已经说明：“前”直接表述乘舟渡河，“登”直接表述上岸登山，“前”与“进”的特点是“进上”（即“往上”）[⑨]。由渡河到登山，是由下往上；“通”的本义既然是指舟船把洪水隔断的众山联通，以便众人上岸登山，因而“通”指称的内容就成为由水登山的必备条件，“通”指代的行为、活动也贯串于由水登山的过程中，所以"通"表述的方向"往上"与渡水登山的方向"由下往上"是完全一致的。这样一来，表示"由下往上"的"下上"就必然与"通"连接起来，共同记录"丨"的本义——洪水时代民众由渡水而登山的大趋势、总方向。

"丨，下上通也"的首要意义、主要意义，是反映尧舜时代的大趋势和总方向——为避离洪灾而由水登山。这固然是"下上通"。同时，"丨，下上通"还包含一个附加意义，就是：处于高地的，或者已经登山的民众，由丘山向下，去拯救溺水者。在此之后，被救助者得以由水登山。这一行动的方向是：先向下，再向上；总的看来，也是"下上通"。

上述情形，《说文》"丨"的训释做了总说与分说。

总说是："丨，下上通也。"——这是总说大趋势、总方向。

分说之一是："引而上行读若囟。"——这是先说由水登山，方向是由下往上。分说之二是："引而下行读若退。"——这是说从丘山向下，去拯救溺水者上岸，方向是先向下，后向上。

五

"丨，下上通也"这一总说的真实古义，上文已做了论证。现在来论证分说之一——"引而上行读若囟"的真实古义。

《说文句读》为"引而上行读若囟"作注，指出："谓自下通于上也。"《段注》指出："囟之言进也。"《说文通训定声》指出："囟读若进也。"可见，"引而上行"是"自下通于上"，其实质是"进"。《说文·二下》云："进，登也。"《古汉语词义系统研究》已论证："登"的本义直接表述上岸登山，"进"则表述"前"（渡河）与"登"这两个阶段的联系，同时表示这两个阶段的特点是“往上”[10]。

从章太炎《文始》对于“丨，引而上行读若囟”的后出字及孳乳字的说明，也可证知“引而上行”的含义是登山。《文始》“丨”下云：

> 《说文》：“丨，下上通也。引而上行读若囟。”后出字为舆，升高也。为进，为晋，为迁，皆登也。为先，前进也。为兟，进也。孳乳为前，不行而进也，即济渡之济。……为逮，自进极也。为岙，人在山上貌，亦升高义。

《文始》认为从“丨”的“引而上行”义中产生了后出字“舆、进、晋、迁、先、兟”，派生出孳乳字“前、逮、岙”。依照《文始》的说法，这些字词包含三个意义：有“济渡”、有“升高”、有“登”。把这些字词的意义按照相应的顺序排列出来，正是由渡河而登山，它们表示的方向是“自下通于上”，其意义是最后落实到“登上高山之巅”。“逮”的“自进极”义，“岙”的“人在山上”义，都表示进登于山的极顶。

根据上文的论证，“丨”的总说“下上通”是表述由水登山的大方向，“丨”的分说之一“引而上行读若囟”是进登于山顶，由此即可推知“丨”的分说之二“引而下行读若退”，是从山上向下，入水救人。

“引而下行读若退”的“退”字，《说文》所列的小篆是“復”，古文是“退”，或体字是“衲”。其中，小篆与古文都是从“日”，或体字是从“内”，此可证“日”即是“内”。旁证材料是：《左传·成公十六年》：“姬姓，日也。异姓，月也。”周人姓姬，是以姬姓表示氏族内部，故言日；楚国异姓是外族，故言月。因而“日”即是“内”。又，在《说文》中，“内”与“人”互训。由此，陆宗达先生证明“日、入、内实即一字的变易”[11]。章太炎《文始》在“入”下指出：“入、兀即古文内、外。”换言之，在上古的观念中，“兀”代表“外”，“入”代表“内”。

“兀”的本义，是指“高而上平”的丘山(《说文·八下·儿》)；“入”的本义，是“内也，象从上俱下也”(五下·入)。因此，“引而下行读若退”，就是“从上俱下”的“入、内”。上文已说明“上”是指山巅或山上(即：兀，高而上平也)，“下”是指山下或水中，由此可知“引而下行读若退”的“从上俱下”义，是具体表述从山上向下直至山底。尧时洪水怀山襄陵，直至山底即是入水救人。在《说文》中，入水救人称为“出休为拯”。

为了进一步证明“引而下行读若退”的意义是到山下入水救人，还可引用章太炎对“入”的孳乳字、变易字的解释。《文始》“入”下云：

> 《说文》：“入，内也。象从上俱下也。”此有两读。如内者，既入队部，依本音近转侵，孳乳为㕣，入山之深也(引者注：应为“入山谷之深也”。《说文斠诠》云：㕣，《玉篇》作“入山谷之深”。)。在本部孳乳为垫，下也。变易为墊，下入也。……封转幽，墊为湫，隘下也。

《文始》的解释表明，经过孳乳、变易的途径，“入，内也”在意义上与“㕣”“垫”“墊”“湫”有明显的联系：

入，内也。(五下·入)
㕣，入山谷之深也。(五下·入)(据《说文斠诠》)
垫，下也。(十三下·土)
墊，下入也。(十三下·土)
湫隘，下也。(十一上·水)(从《说文句读》本)

这五个字词中，“㕣”的意义依《说文斠诠》应为“入山谷之深”。山谷之“谷”，《说文·十一下》训为“泉出通川为谷”，饶炯曰：“泉即原字。谓本原流出之水，至通于川处，皆名为谷，即两山间通流之地。”[12]天下大势，两山之间必有川焉，两山之间容盛川水之处即为谷，故“谷”在山下，是山之底部以容盛、畅流川水者。而“深”的本义，是指从水面向下测出的长度，故《说文通训定声》云：

《说文》罙篆下：“罙，深也。”此必非水名之深，则为深浅之深可知，而深浅为深之一义亦可知。文脱耳。《尔雅·释言》：“深，测也。”《说文》：“测，深所至也。”其实，不浅当为深之本训，以称水者。

由此可知，“夬，入山谷之深”的意义，是指向下陷入深水之中。

《文始》指出：“入，内也”不但孳乳出“夬”，而且孳乳出“垫”，而“垫”变易为“墋”，“墋”对转为“湫”。这几个字词在意义上的联系依次为：夬，入山谷之深也。垫，下也。墋，下入也。湫隘，下也。那么，这些字词的意义是如何具体地联系起来的呢？

《说文义证》云：“《玉篇》：墋，垫也。”这是说，“墋”同于“垫”。《文始》的说法与此相合，《文始》云：“垫”变易为“墋”。而“垫”的意义是“下”。至于“湫隘”，意义也是“下”。

这样就可看出，“垫”“墋”“湫”三个词同义。而“墋”“湫”是由“垫”变化而出的，故“垫”是“墋”“湫”意义的核心。

“垫”的意义是“下”，是怎样一种状态的“下”呢？兹引证各家对“垫，陷也”的解释如次：

《说文系传》：“臣锴曰：《尚书》曰：下民昏垫。”《段注》：“谓地之下也。《皋陶谟》曰：下民昏垫。”《说文义证》：“《书·皋陶谟》：下民昏垫。郑注：垫，陷也。”《说文通训定声》：“按：土陷曰垫。……《书·益稷》：下民昏垫。传：溺也。郑注：陷也。”

以上各家都引证《尚书》“下民昏垫”来解释“垫”义，可知“垫，下也”的本义是具体表述“下民昏垫”的状态的。

《尚书·皋陶谟》云：“禹曰：洪水滔天，浩浩怀山襄陵，下民昏垫。”孙星衍《尚书今古文注疏》引注：“史迁说为‘下民皆服于水’。郑康成曰：‘昏，没也。垫，陷也。禹言洪水之时，人有没溺之害。’”疏：“以‘垫’为‘服于水’者，《广雅·释诂》云：‘垫，伏藏也。’李善注《文选》陆士衡诗‘伏事’，云：‘伏与服，古字通。’是伏于水谓陷于水也。”[13]这就说明：“垫，下也”指称的“下民昏垫”的状态，是说尧舜禹时代，居住在地势低下之处的民众陷溺于洪水中。

根据上述论说，垫、墚、湫同义，垫是墚、湫义的核心，“垫”由“火”孳乳而出。“火”由“入”孳乳而出。上文既已证知“入，内也”是到山下，“火”是向下陷入深水中，“垫”是居住在山下的民众陷溺于洪水，因此，“丨，下上通也。引而上行读若囟，引而下行读若退”中的“引而下行读若退”，是指已经登上丘山的民众从丘山向下，到山底入水救人。

六

至此可以对“丨，下上通也”的意义作出总结。——首要意义：渡水登山。方向：由下往上。附加意义：下山入水。方向：由上至下。下山入水的目标是“出溺为拯”，把溺水者营救上山。这样一来，“丨，下上通”就成为“由下往上、由上至下、再度由下往上与由上至下”的循环行动。正如“丨”下《段注》所云：“可上可下，故曰下上通。”

“由下往上”与“由上至下”是一个周匝，“再度由下往上与由上至下”是又一个周匝。这样就造成了《说文》所载“匊”“帀”（今写作“周”“匝”）等字词以及“舟旋”“般亘”（今称为“周旋”“盘桓”）等词义。这些字词与意义反映出这样的史实：尧舜时代的“拯溺”是往返进行的，就是凭借着舟船，把一批溺水者拯救上岸后，舟船再度驶向大波救助又一批溺水者。这种情形，《说文》称之为舟旋匝遍。

在《说文》中，表示船行的方向，有“服”“般”“匍”“恒”等字词：

服，用也。一曰车右騑。所以舟旋。从舟，𠬝声。𦨈，古文服从人。（八下·舟）

“服，用也”的本义是驾舟济渡。这从“服”的古文“从舟从人”可知。《段注》云：服“从舟从人者，凡事如舟之于人最切用也。凡事皆当如人之操舟也”。洪水之世，舟之于人、人之操舟是最为切用、首先重要的。又《段注徐笺》云：“服盖行舟之义，故其字从舟。”又《说文重文管见》云：“服从人，与𦨈同意。舟得人以舟旋，乃可用。”“𦨈”的本义，《古汉语词义系统研究》已论证是乘舟济渡，以便人们上岸登山⑭。

“服”的本义“驾舟济渡”与“般”的本义相互沟通。《说文通训定声》“服”下指出：服，“一说舟人行舟者，与‘般’同意”。《说文》云：

般，辟也。象舟之旋。从舟从殳，殳令舟旋者也。（八下·舟）（从《段注》本）

“般”的本义是表述舟的盘旋。《段注徐笺》云：“戴氏侗曰：般，旋舟也。舟在水上，旋莫易焉，故取类于舟。引之为般辟之义。……今俗又因之为般移之般。灏按：凡言盘旋、盘桓，皆本作般。从殳者，楚金云楫之属是也。”今人张舜徽的看法与《段注徐笺》同。《说文约注》云：“般字从殳，殳即撑船所用之篙也。……凡言盘旋、盘桓，本当作般。引申之又有迁移义，今俗作搬。”（卷十第七页）

“服”与“般”的沟通集中于“舟旋”的意义上。“服”下云：“所以舟旋。”“般”下云：“象舟之旋”，“殳令舟旋者也”。

《说文》所载“舟旋”一词，它在产生时，直接记录舟船从山岸驶向汪洋，救出溺水者，然后舟船掉头返回山岸。《说文》七上云：“旋，舟旋，旌旗之指麾也。”（从《说文义证》的解说）《说文义证》云：“周旋，旌旗之指麾也者，‘周’当为‘舟’，本书‘般’下云：象舟之旋。”

《说文》“旋”下所指的“旌旗”，不可用后代的“旌旗”义来理解。“旌旗”的本义，是表示在古初，用一种最为简易的象征性的标志使民众聚合，并激励民众上进。《说文约注》卷十三云：“汉人说字解经，好泥于后起之制，以考名物之异，而昧于创物之始，以明旌旗之用，今所不取也。旌旗之用，本在于会群合众，发号布令也。”尧舜时代，舟船的舟旋依照旌旗简易的标志以确定方向。其方向，在于或往上，或向下，即：或返回山岸，或驶向大波。这从“恒”“桓”等字词的形、音、义可以看出。《说文》云：

> 恒，长也。从心，舟在二之间上下，心以舟旋，恒也。（十三下·二）（从《段注》《说文义证》《说文句读》的解说而改定）

“恒”的本义与本字，大徐本作“恒，常也。从心，从舟在二之间上下，心以舟施，恒也”。《段注》认为“常当作长，古长久字只作长”。关于“舟施”，《说文义证》《说文句读》指出：“施当作旋。舟部般，象舟之旋。服，所以舟旋。”

遵照《说文义证》《说文句读》的说法，“恒”的“舟旋”与“般”“服”的“舟旋”同。而“恒”的本字是“舟在二之间上下”。这个“舟在二之间上下”的构形，《说文拈字》认为同于《说文·木部》“桓”的古文“亙”。《说文拈字》云：

> 按木部桓，竟也。古文作亙，从二从舟。二部恒，常也（引

者注：长也。下同）。从心，从舟在二之间。据此则去声亘从舟，竟岸，本义也。平声恒从心，亘声，训常（长），本义也。

现在来看《说文》对“桓”的训释：

桓，竟也。从木，恒声。亙，古文桓。（六上·木）

“桓”的“竟”义，《说文系传》解释为“竟极之也”，“横亘之也”。这个“竟极”“横亘”的本义用“桓”的古文“亙”来表示，包含着何种构形意图呢？《说文系传》指出，是包含着“舟竟两岸”这样的意图。这个构形意图，《说文通训定声》《段注》做了明确的阐发。

《说文通训定声》认为：“亙，古文桓。按：从二从舟。二者，上下厓岸也。会意兼指事。《颜氏家训·书证》：弥亘字从二间舟。”按照朱骏声的解释，“亙”是指舟在上下厓岸（即在高的山岸与低的山岸）之间绵亘、舟旋。尧时，大水包围了山岸，亦即高的山岸与低的山岸之间弥漫、绵亘着大水。“亙”的意图，是说舟船在弥漫于高岸与低岸之间的大水上舟旋，也就是舟船把被大水隔断了的高岸与低岸联通。

《段注》认为，这个构形意图是说：“舟在二之间绝流而竟。”“二之间”是指“上下厓岸”，即高岸与低岸之间。“绝流”是指舟船横渡大河。《尔雅·释水》云：“正绝流曰乱。”注：“直横渡也。”疏：“正，直也。谓横绝其流而直渡名曰乱。”因此，《段注》所说“亙”的构形表示“舟在二之间绝流而竟”，其意是指舟船在高低山岸之间的大水上横渡。

七

这种横渡、舟旋不是只做一次，而是往复进行的。所以《段注》

在“桓(亙)”下引《诗·大雅》毛传云:“恒,遍也。遍与竟义相足。”又《段注》在“恒,长也。从心,舟在二之间上下,心以舟旋,恒也”下亦云:“上下犹往复也”,“谓往复遥远”。

《段注》把“往复”进行的“舟在二之间绝流而竟”的“桓(亙)”解释为“遍”,这个“普遍”“周遍”的意义正是《说文》的“匊”“帀”“徧”。《说文》云:

匊帀,遍也。从勹,舟声。(九上·勹)

帀,匊也。从反之而帀也。(六下·帀)(从《段注》本)

徧(遍),帀也。(二下·彳)

“匊”“帀”“徧”三个词的意义彼此贯通。故“徧,帀也”下《段注》云:“帀部曰:帀,匊也。勹部曰:匊帀,遍也。”又“匊帀,遍也”下《段注》云:“帀下曰:匊也。与此为转注。”“匊、帀、徧”三个词的意义的共同点是“匊遍”。故“匊”下《说文斠诠》云:“此周遍字。应云:匊帀者,遍也。”

所谓匊遍,它的意义特点是表示行为方向的上下往复,周绕回环。故《说文部首订》云:“帀本谓往复而遍,即回环之义。”考察“匊”的构形,是从勹,舟声。“勹”的意义特点,是表示“环帀”,《段注徐笺》云:“勹为环帀之义,故旬、匊等字从之。”“匊”的“舟声”是声中有义,从勹、舟声的“匊”是具体表示舟船在水上环帀、舟旋、匊绕。舟船环帀、匊绕的目标是“州”,因而《说文·十一下》云:“州,水中可居者曰州,匊绕其旁。”(见《说文通训·定声》本)这是说,“州”的含义不仅表述水中可居,而且表述舟在州的四周旁侧周绕。舟在州的旁侧周绕,是指先民乘舟驶向厓岸;接着其中一批人下山入水,凭借舟船拯救其他溺水者上山。

所以,“匊遍”表示的上下往复、周绕回环,是记录这一史实:舟船周绕于州丘山岸，一遍又一遍地救助民众登上丘山。由于有这样的史实作背景，就不仅使得“亙”与“匊”“帀”相连，而且使得“匊”“帀”与“宙”也有了联系。

八

这里先谈“匊”与“帀”的联系以及“帀”的具体所指。

亙，上文已论证是指舟船在高低的厓岸之间舟旋，即横渡大河。匊，上文已论证是指舟船周绕于州丘山岸，即一遍又一遍地救助溺水者登上丘山。“亙”与“匊”的共同点是二者都指舟船在大水中济渡，其区别在于：“亙”着重表述舟船从此岸到达彼岸，所以它的构形是“舟在二之间绝流而竟”（《段注》语）；而“匊”着重表述舟船在山岸之间往返济渡，所以它的构形是舟的勹绕、环帀。

帀，上文已论证与“匊”的意义贯通，包含周绕、匝遍之义，所以《说文》用“匊”来训释“帀”，又用“帀”来训释“遍”。“帀”虽与“匊”意义贯通，但二者是有分工的：“匊”着重表述舟绕着山岸济渡，这从“匊”的构形“从勹，舟声”可知；而“帀”着重表述民众登山后，其中一部分人从山上向下，拯救落水者登山，这是又一次登山，所以称为“帀”，即周帀、帀遍。“帀”的构形，《说文·六下》解释为“从反之而帀也”。《段注》云：“反之谓倒之也，凡物顺逆往复则周遍矣。”《说文句读》云：“之者往也，既往而反，则反覆其道，必周帀也。”《段注》与《说文句读》是依照《说文》对“帀”的构形的说明而作阐释的。但是我们今日考察“帀”以及与“帀”密切联系的“师”的甲骨金文字形，可以发现并认定“帀”的构形并非“从反之而帀”，而是明确表示往上的方向，是表示朝着高而上平的丘山攀登前进。

“帀”的甲骨文写作“不”(后下三十八、甲七五二、邺三下四三、掇一·四三六、掇二·二八)。金文写作“不”(钟伯鼎),或写作“不”(蔡大师鼎)。“不”中的“一”表示高而上平,“二”是古文“上”字(见《说文·一上》),“上”的意义是“高”(《说文·一上》)。“不”中的“个”是表示向上的箭头,意义是登上。所以不论是甲骨还是金文,“帀”的构形意图都是指由下向上。

到秦汉时代,“帀”由于人们追求字体的茂美而笔势化,写作“厉”(见新嘉量,又二)。由此汉代的周盛把“厉”与“之”的小篆相比附,误认“帀”是“从反之”,许慎采用周盛说,遂将“帀”的构形解作“从反之而帀也”。

在《说文》中,字形从“帀”的只有一个“師”字。考察“師”的甲骨金文及其意义,有助于认识“帀”的构形意图是“由下向上”。

“師”在甲骨文中写作“𠂤”(铁四·三),在金文中经常写作“𠂤帀”(毛公鼎、散盘、師望鼎)。其构形或是“自”,或是“帀”与“自”的组合。《说文·六下》“師”的字形说解“从帀、从自”与此相合。马叙伦解说“師”字时指出:“自、阜一字。”[15]“阜”是高陆大陵,《说文·十四下》云:“阜,大陆,山无石者。”“陵,大阜也。”《说文系传》“師”下引用《春秋传》“如山如陵”来说明“自”的含义为山陵。《古汉语词义系统研究》已经论证,“師”“从自、帀,四帀众意”的构形意图,是指经由舟的周绕渡河而上岸之后布满山阜的民众[16]。因此,“帀”(在甲骨金文中写作“不”)的构形意图,是表达民众由渡河而上山,其方向,正是由下往上。

《说文·六下》收载了“師”的古文字形“𡴀”。张舜徽采用《段注徐笺》的说法,认为“師”的古文象猛兽狮子[17]。《说文重文管见》

则认为“師”的古文“下从本,本,进趣也”,“上象所建旗”。此二说均为望形生训。马叙伦引用李杲的说法,认为“師”在石经中仍是从自从帀。进而分析“師”的古文“盖从帀,皆声”[18]。此说已接近于“師”造字时的真实情形。考“帀”的金文,或写作“”(禽志鼎),在先秦古玺文中,或写作“”(东武城攻师玺)、“”(右攻师玺)。而“自”的金文多为竖写的“”,也偶有接近横写的“”(自鼎)。把这个接近横写的“”断开,放置于“”之上方的两边,于是就形成了“師”的古文“”。所以说,“師”的古文仍然是“自”与“帀”的组合,其构形意图是表述民众向上攀登,抵达于阜陵之上。

附　注

①⑬ 孙星衍《尚书今古文注疏》89页,中华书局1986年。

②《古汉语词义系统研究》第三编第四章、第八章,内蒙古教育出版社1998年。

③⑦ 同上,第三编第六章。

④⑤⑥⑧⑨⑩⑭⑯ 同上,第三编第十章。

⑪《说文解字通论》74页,北京出版社1981年。

⑫ 见《说文约注》卷22,7页所引,河南人民出版社1983年。

⑮⑱《说文解字六书疏证》卷12,5页,上海书店1985年。

⑰《说文约注》卷12,2页。

[原载《汉语史研究集刊》第一辑,巴蜀书社1998年]

从《说文》词义系统论证“舟舆”“上举”“栋极”“造就”“登进”等义的本源及其联系

一

拙文《从〈说文〉词义系统论证“拯溺”“濒附”“付受”“丨通”“舟旋”“恒长”“匝遍”等义的本源及其联系》[①]中曾经论证《说文》“匌”与“帀”的意义相互贯通，都包含着围绕、匝遍的意义。由此出发，“匌”“帀”之义就与“宙”的意义发生了贯通。《说文》云：

宙，舟舆所极也，覆也。（七下·宀）（从《说文句读》本及《说文义证》的解说）

《说文义证》云：“舟舆所极覆也者，……馥谓‘覆’别一义，当云‘舟舆所极也，覆也’。”

“舟舆所极”，是指舟舆接连运行而达到极处。“覆也”有两个含义：一是它处于最高处，故可覆盖下面的各个部分；二是到达最高处之后，则由高处向下，再由下面往上，如此往复运行。这样，“舟舆所极”与“覆也”就共同构成了“宙”的本义。“宙”这个本义表述的史实，是民众乘舟抵达高岸，接着乘舆行进，上登高山极顶。此后一部分民众下山入水，救人上岸，再度登山。“宙”这个本义具体指称的实物，是民众居处的丘山极顶。

今对"宙"的本义论证如下:

先说"舟舆所极"是指舟舆接连运行,达到极顶。

"宙"下《说文句读》云:"舟舆所极,即舟车所至。"

"舟舆所极",包括"舟之所极"与"舆之所极"。

"舟之所极",是指舟船经由济渡而抵达高岸。

依照皮锡瑞《今文尚书考证》对《尧典》"肇十有二州,封十有二山,浚川"的论证,可知洪水未平之世,除了幸存的人与鸟兽,天下所见者,唯有遍地洪水与十二座大山,而大山均被洪水隔断。此时陆路皆成水路,陆路不能行而水路可以进,进的凭借就是舟船。可见原始舟船的作用,就是把被洪水隔断的十二座大山联通。

在这种情境中,"舟之所极",就是指舟在水面济渡所能到达的终端。对于舟船而言,这种终端只能是山岸。因而"舟之所极"是指舟船经由济渡而抵达山岸。"亙"下《段注》云:"舟在二之间绝流而竟。""竟"就是"极",终端之意。"亙"这个构形中的"二",是指代洪水两边的山岸。"舟在二之间绝流而竟"同于"舟之所极",是指舟船横渡大河,抵达山岸。拙文《从〈说文〉词义系统论证"拯溺""濒附""付受""丨通""舟旋""恒长""匝遍"等义的本源及其联系》已引证《尔雅·释水》注,说明"绝流而竟"是横渡大河。

紧跟着"舟之所极"而来的是"舆之所极"。

"舆"是指代什么呢?《说文》云:

舆,车舆也。从车,舁声。一曰:车无轮曰舆也。(十四上·车)(从《说文句读》本)

辑,车舆也。从车,咠声。(十四上·车)(从《段注》本,《说文义证》《说文句读》《说文通训定声》之说同于《段注》)

车,舆轮之总名也。夏后时奚仲所造。(十四上·车)

根据《说文》,"车"是"夏后时奚仲所造"。而《说文句读》云:

《易·大传》言"服牛乘马,引重致远"。属之黄帝尧舜。虽不言车,而言引重,即是车矣。郑氏《六艺论》黄帝佐官有七人,奚仲造车。然则黄帝时自有奚仲,夏后氏之车正,与之同名耳。《荀子·解蔽篇》:"奚仲作车。"注:"奚仲,夏禹时车正。黄帝时已有车服,故谓之轩辕,此云奚仲者,亦改制耳。"

依照《说文句读》的注释,是黄帝尧舜时有奚仲,夏禹时也有奚仲,二者同名。拙著《〈说文〉汉字体系与中国上古史》第四编第三节已经论证黄帝与尧舜是属于同一时代的人,舟船是在黄帝、尧舜时代产生的。而郑氏《六艺论》说黄帝时佐官奚仲造车,《说文》则说是夏后时的奚仲造车,既然黄帝与尧舜属同一时代,夏禹又与尧舜同时,那么车舆产生、行用于尧舜之时,就应是确定无疑的了。

根据《说文》,"舆"的本义是"车舆","车"的本义是"舆轮之总名",那么,"车"与"舆"既存在着共名与专名的关系,也存在着浑言与析言的关系。

按照《说文句读》本,"舆"的正训是"车舆",它的另一个训释是"车无轮曰舆"。无论是"车舆"还是"车无轮","舆"的语源义都是"昇举"。这有以下例证:

其一,"一曰车无轮曰舆"下《说文句读》云:"无轮则人昇之矣,故从昇。"

其二,《段注徐笺》云:"舆之言昇也,人所载以行陆者也。"

其三,《说文·三上》云:"昇,共举也。"可知"昇"与"举"同义。

其四,《说文·十二上》云:"举,对举也。一曰舆也。"(从小徐本、《段注》本)既然"举"一曰"舆",则可知"舆"含"举"义。

其五,《广雅·释诂》云:"舆、輂、昇,举也。"《广雅疏证》卷一下云："舆与下䢍、异二字同。《众经音义》引《仓颉篇》云：䢍，举也。对举曰䢍，《说文》：舉，对举也。异，共举也。并字异而义同。"②

上述五个例证表明："异""举"同义，"舆"的语源义是异举，即"向上高举"。

在《说文》中，表示"举"的状态与目的的，有以下字词：

① 异，共举也。（三上·异）

② 舉，对举也。（十二上·手）

③ 举，对举也。（十二上·手）

④ 扬，飞举也。（十二上·手）

⑤ 掀，举出也。（十二上·手）

⑥ 揭，高举也。（十二上·手）

⑦ 抍，上举也。出舆为抍。撜，抍或从登。（十二上·手）（从《段注》本）

⑧ 振，举救也。（十二上·手）

以上八个字词，按照其义训可分为三组：

①②③为第一组，表示"举"的状态之一是用两手举。共举、对举是两手相对，以举出人或物。

④⑤⑥⑦为第二组，表示"举"的状态之二是向上。训释词"飞""出""高""上"均含"向上"义。"扬，飞举也"下《说文义证》云："飞举也者，李善注《南都赋》引作'高举也'。"可知"扬，飞举也"之"飞"，义为"高"。而"高"与"上"同义，《说文·一上》云："上，高也。""出"义亦为"向上"，《说文·六下》云："出，进也。象草木益滋上出达也。"其中"出"与"上"连用，训释为"进"，可知"出"义的特点是"进上"。

⑦⑧为第三组，表示"举"的目的是"举救"，即"出休（溺）为

拯"，就是救助溺水者，使之上岸登山。拙文《从〈说文〉词义系统论证"拯溺""濒附""付受""丨通""舟旋""恒长""匝遍"等义的本源及其联系》已作出论证："振，举救也"同于"拯，上举也。出休(溺)为拯"，意义是：救出溺水者后，乘舟驶向山岸。

上文说明，"舆"的语源义是"舁举"，即"向上高举"。这个"向上高举"义，与"拯，上举也。出溺为拯"具有彼此连贯的关系。"拯"是表述救出溺水者后，乘舟驶向山岸，这与"亘"的"舟在二之间绝流而竟"的意义，与"宙"包含的"舟之所极也"的意义是相通的。当舟船把溺水者运抵山岸后，紧接着而来的是"宙"所包含的"舆之所极也"的意义。"舆"的语源义是"向上高举"，它表述的状态是两手相对，向上抬举，它记录的史实，是先民避离洪灾，用"舆"把溺水者抬上高山。《广雅疏证》曾引证《史记·夏本纪》，《段注》曾引证扬雄的《太玄》，来阐说"舆"所记录的史实。

《广雅·释诂》："㬥、抍(拯)、舆、轝、舁，举也。"《广雅疏证》云：

> 《史记·夏本纪》："山行乘檋。"《汉书·沟洫志》作"山行则梮"。韦昭注云："梮，木器，如今舆床，人举以行也。"义并与檋通。……"舆"与下"轝、舁"二字同。《众经音义》引《仓颉篇》云："轝，举也。"对举曰轝，《说文》："擧，对举也。""舁，共举也。"并字异而义同[③]。

《史记·夏本纪》所载"山行乘檋"，《说文》"欙"下作"山行乘欙"。《说文》云：

> 欙，山行所乘者。……《虞书》曰：予乘四载，水行乘舟，陆行乘车，山行乘欙，泽行乘𨍭。(六上·木)

《说文句读》云：

> 阎百诗曰：欙，《史记·夏本纪》作"檋"，《河渠书》作"桥"，

《汉书·沟洫志》作"梮",实一物也。韦昭曰:梮,木器也,如今轝床,人举以行。此说近之。……某谓《史记》作"桥",桥即今之轿也。段氏曰:应劭曰:梮或作欙,为人所牵引也。梮与欙一物异名,梮自其乘载而言,欙自其挽引而言。

《说文》所引《虞书》"山行乘欙",记录了夏禹治水时,乘欙而勘察山势的情景。夏禹与尧舜同时,则尧时溺水者被救出后,"乘欙"登山,这种乘坐的器具应与夏禹"山行乘欙"之"欙"相同或相近。按照《广雅疏证》和《说文句读》的说明,这种器具一物多名,计有"樺、梮、暴、欙、桥"等名称,其作用是"舆、轝、舁、举",总括言之即是"舆",就是举以载人,用韦昭的说话,即是"如今轝床,人举以行"。

这种"人举以行"的"舆",在中国上古时代与"舟"相连、相对,共同组成当时人们渡水与登山的连贯的器具。这一史实,在扬雄《太玄》中曾有记载,段玉裁《说文解字注》"辑,车舆也"的解释中对此做了明确的解说。《说文解字注》云:

《太玄》:"礥上九,崇崇高山,下有川波。其人有辑航,可与过。测曰:高山大川,不辑航不克也。"此"辑"谓"舆",山必舆,川必航,而后可过。是古义见于子云之书,非无可征也。

《太玄》所云"崇崇高山,下有川波",折射出上古尧时的情景:除了幸存的人、飞鸟、走兽,唯有大水环绕着高山。《太玄》所云"高山大川,不辑航不克也",反映出其时人们渡水、登山,当凭借舟船、辑舆,简称即是"航、舆"。故《段注》解释说:"山必舆,川必航,而后可过。"

《太玄》的记载及《段注》的解说,表明上古时代"舟"与"舆"是连接着使用的,目的是"渡河"与"登山"。这种行动作为最早的史实积淀于字词的意义中，就是“宙”所包含的“舟、舆所极也”，即：舟所极也，舆所极也。

二

上文已经论说：“舟所极也”，是指舟船经由济渡而抵达高岸。而“舆所极也”，则是指乘欙上登于高山极顶。

“舟所极也”的“极”是高岸，则舟所抵达的目标是高岸，亦即“极”指代的实物是高岸。“舆所极也”的“极”是山顶，则“舆”所达到的目标是山顶，亦即“极”指代的实物是山顶。在这里，“高岸、山顶”的义项共同指称的整体实物，正是洪水时代万民同心奔向的丘山大陵。今将“极”的这一本义论证如下。

《广雅·释诂》云：

> 极、辽、超、踰、逴、越、邈、高、荒、裔，远也。

“极”与上述字词共同训释为“远”。这种“远”是指“高上”之处，故“极”与“超、踰、逴、越、高”同训。《广雅疏证》卷一上云：“超，上去意也”，“逴亦超也”[④]。这种“高上”之处，具体指称的是山岸，故《广雅疏证》在“极、邈、高、荒、裔，远也”下云：“裔与邈，声相近，远谓之裔，亦谓之邈，水边谓之澨，亦谓之裔，义相近也。”

拙著《〈说文〉汉字体系与中国上古史》第三章第六节已经证明：“水边”与“山岸”异名同实，水边即是山岸。而这种山岸指代的整体实物，是丘山、阜陵。《广雅疏证》在解释“极、超、高，远也”时，引证了《九歌》“平原忽兮路超远”句，从中可以看出“极、邈、高、裔”等指代的实物，是平原丘山。“平原”即《尔雅·释地》所云“广平曰原”“高平曰陆”，亦即《说文·二下》的“邍，高平之野，人所登”。

“邍”是“高平曰原”之“原”的古字。

“极”指代的实物是丘山，特指丘山的巅顶。《诗·大雅·崧高》云：“崧高维岳，骏极于天。”传：“极，至也。”“极”在这里的意义是指丘山的最高处，就是它的极顶，所以毛传训“极”的意义为“至”。“至”是指终端，山的终端正是其巅顶。“极”下《说文通训定声》云：“极者高之至也。”《段注》亦云：“凡至高至远皆谓之极。”

三

在《说文》中，“极”训为“栋”，“极”与“栋”互训，“栋”又谓之“桴”。《说文》云：

极，栋也。（六上·木）

栋，极也。（六上·木）

桴，栋名。（六上·木）

试看各家对《说文》“极”的解释：

“极，栋也”下《说文系传》云：“极，屋脊之栋也。今人谓高及甚为极，义出于此。亦谓之危。”又《说文通训定声》云：“极，栋也。按：在屋之正中至高处。”

“栋，极也”下《说文通训定声》云：“栋，极也。屋内至中至高之处。亦曰阿，俗谓之正梁。”又《段注》云：“极者，谓屋至高之处。《系辞》曰：上栋下宇。五架之屋，正中曰栋。”

“桴，栋名”下《说文句读》云：“《系传》曰：《尔雅》：栋谓之桴。注曰：屋檼。按：谓屋前后檐横栋也。”又《说文通训定声》云：“《字林》：桴，极也。按凡五架屋，正中曰栋，亦曰阿。次曰楣，亦曰梁。前后曰产，亦曰庪。”

根据《说文》对“极、栋、桴”三者关系的训释以及上述各家的注解，可知“极”是指屋内正中最高之处，“极、栋、桴”在意义上是密切贯通的。

那么，“极、栋、桴”在意义上的区别表现在哪里？“极、栋、桴、楣、梁”的得名之由又是什么呢？

程瑶田《栋梁本义述》云：

> 栋非今之所谓栋也，梁非今之所谓梁也。……《尔雅》曰：栋谓之桴，楣谓之梁。言屋之上覆者。凡屋自极南北分两下陂陀以覆之。以其在南者而言，则自极而南至于近楹谓之栋，栋又谓之桴也。栋南尽于承霤则谓之楣，楣谓之梁也。……盖栋谓之桴，如乘桴之桴。楣谓之梁，如造舟为梁之梁。桴梁名义取在水中者，故桴言其浮，而梁字从水也。假借立名，惟屋之覆者似之。……楣之名，言如眉之垂也。岸以垂于水而得湄称，屋亦以其下垂也，而得楣称。

依照程瑶田的论说，“极、栋、桴”在意义上的区别是：

极是指屋顶，即屋的最高处。

屋顶以“极”为起点向南北两方倾斜而下，即可将房屋全部覆盖。由南面的屋顶而言，从“极”向南而下，至于近楹，这部分叫做“栋”，栋又称为“桴”。

栋向南，直到承霤，这部分叫做“楣”，楣又称为“梁”。

依照程瑶田的论说，“栋、桴、楣、梁”的得名之由是：

所谓栋谓之桴，是如同乘桴之桴。所谓楣谓之梁，是如同造舟为梁之梁。并且，岸以垂于水而得湄称，屋亦以其下垂而得楣称。

这就是说——

其一，栋谓之桴，是得名于乘桴。

乘桴之“桴”,《说文》作“泭”。《说文》云:

泭,编木以渡也。(十一上·水)

《群经正字》云:“《尔雅·释言》:舫,泭也。《释水》:庶人乘泭。作‘泭’。《论语·公冶长》:乘桴浮于海。作‘桴’。《国语·齐语》:方舟设泭。乘桴济河。则一处二字并用。韦昭注谓编木曰泭,小泭曰桴。据《说文》,桴是屋栋。《尔雅·释宫》:栋谓之桴。是也。”

又《段注》云:“《方言》曰:泭谓之𥱼,𥱼谓之筏,筏,秦晋之通语也。《广韵》曰:大曰𥳑,曰筏,小曰泭。按《论语》乘桴于海,假桴为泭也。凡竹木芦苇皆可编为之。”

可见,乘桴,实即乘泭、乘筏,就是把竹木芦苇编结起来作为舟船以渡河。程瑶田所说栋谓之桴如同乘桴之桴,是说栋、桴的语源义是泭,编木以渡,就是乘着泭筏驶向山岸。

其二,楣谓之梁,是得名于造舟为梁。

“造舟为梁”之“造”,《说文》所列古文作“艁”。《说文》云:

造,就也。……艁,古文造从舟。(二下·辵)

“造”的本义是指许多船只集合起来渡河。所谓“造舟为梁”,《尔雅正义》引李巡云:“比其舟而渡曰造舟。”又《段注》云:“艁(造)者谓并舟成梁。”并船而渡与集舟成梁,实即同舟共济,就是使众人得以同时渡河登上山岸。

集舟渡河与登上山岸,是密切联系、层递而成的两个步骤,因而《说文》将“艁(造)”训释为“就”,又将“就”训释为“就高”。《说文》云:

造,就也。……艁,古文造从舟。(二下·辵)

就,就高也。(五下·京)

“就高”的本义,孔广居《说文疑疑》明确说明:“古时洪水横流,故高丘之异于凡者人就之。”这是说“就高”义是特指洪水横流的时代人们进登于丘山的极顶。这与“宙”的本义中“舟所极也”“舆所极也”所要达到的最终目标是相同的。

这就引出了对于“登”的本义做探讨的问题。

“登”的本义,《说文》训释为“上车”(二上)。似不确。“上车”是指到车上乘坐。而上车乘坐,上古三代指的是陆路乘车,此即《说文・六上》“欙”下所云“陆行乘车”。而“陆行乘车”,不能称为“登”。

遍检《说文》与较早的上古文献,可以发现一个普遍的现象,就是“登”多不与“车”相连,而往往与“山”相连。

先看《说文》的例证。“邍”下云:“高平之野,人所登。”(二下)“邍”是今“高原”之“原”字,“高原”在上古叫做“高平之野”,是“人所登”的目标,可见“登”在意义上连接的是“高原”,即“高山”。

又《说文・十四下》云:“陟,登也。从𨸏、步。”《段注》:“谓缘𨸏而步也。𨸏有层次可寻。”“𨸏”的本义是指高大的山陵。《段注》的意思是:“陟”是顺着山𨸏的层级向上行进。这就是今人说的登山时拾级而上。《殷虚文字类编》也说:陟“从𨸏,示山林形”。

又《说文・二下》云:“䠞,登也。”《说文通训定声》指出:“䠞”亦作“隮”。从𨸏,指山陵。可知“登”义与“山”义相连。

又《说文・二下》云:“遷,登也。”《三上》:“䙴,升高也。”《段注》云:“䙴与遷音义同。”这表明,“登”的含义是“升高”。在《说文》中,“高”的本义是指高山。《说文・五下》云:“高,崇也。”《九下》云:“崇,山大而高也。”(从《段注》本)“登”的含义既然是“升高”,即“升上高山”,因而“登”义是与“山”义密切相连的。

又《说文・十二上》云:“冉,登也。”依照《段注》,“登”所训释的

“冃”是从“门二”，“二”是古“上”字，而“上”的本义是“高”，《说文·一上》云：“上，高也。”因而“冃”实即“门高”之义。“门高”之“冃”为何训释为“登”呢？因为上古时代“门”可指代高山。《说文·十二上》云：“阆，门高也。”《段注》指出：“阆”的“门高”义与“阬，阆也”相合为一义。而“阬，阆也”的意义，《说文系传》云：“高大而空。”并引用《楚辞·大司命》的“导帝之兮九阬”云：“九州也。”王逸注：“导迎天帝，出入九州之山。”“阬”既指九州之山，则阆、冃的“门高”义即是指高山，因而“冃，登也”之“登”义，就与“高山”义相连。

又《说文·二下》云：“進，登也。从辵，閵省声。”“閵省声”亦即“閵声”。依照《说文》，“閵”是“冃省声”，实即“冃声”。在这里，“冃声”是以声表义，意义是“门高”。上文已证明，门高是指高山。所以“進，登也”之“登”，是指登山。

“進，登也”是指登山，还有一个证明。《说文·二下》“建”下云：“自進极也。”“進”的宾语是“极”，“极”是指山之高，《诗·大雅·崧高》：“崧高维岳，骏极于天。”传：“山大而高曰崧。”可见“极”是状貌山之高峻的，《广雅·释诂》亦云：“极，高也。”“進”直接涉及的“极”是指山之高，表明“進，登也”之“登”是登山。

现在来看上古文献的例证。以《诗》为例，其中“登”出现5次：

《公刘》：“既登乃依。”毛传：“登”是“登席”[⑤]。

《皇矣》：“诞先登于岸。”郑笺：“登，成。”[⑥]

《崧高》：“登是南邦。”毛传：“登，成也。”[⑦]

《绵》：“筑之登登。”毛传：“登登，用力也。”[⑧]

《生民》：“于豆于登。”毛传：“木曰豆，瓦曰登。”[⑨]

依照“登”下《说文通训定声》的论列，“登席”是“登”的引申义，“登成”是“登”的假借义，“登登”是重言形况字，是“登”的假借义。

义，依照《辨字正俗》的说法，“瓦曰登”是“登”的假借义。可见都不是“登”的本义。那么，“登”的本义应是什么呢？

在《诗》中，在意义是“登”的语词中，出现次数最多的语词是“陟”。《诗》中，“陟”的用例有21个：

《卷耳》：“陟彼崔嵬。”“陟彼高冈。”“陟彼砠矣。”

《车舝》：“陟彼高冈。”

《草虫》：“陟彼南山。”（出现两次）

《载驰》：“陟彼阿丘。”

《陟岵》：“陟彼岵兮。”“陟彼屺兮。”“陟彼冈兮。”

《杕杜》：“陟彼北山。”

《北山》：“陟彼北山。”

《皇矣》：“陟我高冈。”

《公刘》：“陟则在巘。”“廼陟南冈。”

《般》：“陟其高山。”

《殷武》：“陟彼景山。”

《文王》：“文王陟降。”毛传：“言文王升接天，下接人也。”[10]

《闵予小子》：“陟降庭止。”郑笺：“陟降，上下也。……上以直道事天，下以直道治民。”[11]

《访落》：“绍庭上下，陟降厥家。”郑笺：“继文王陟降庭止之道，上下群臣之职以次序者。”[12]

《敬之》：“陟降厥士。”郑笺：“天上下其事。”[13]

上述21个用例中，“陟降”连用的用例有4个，这时“陟”的意义或指“向上”（《文王》），或指“使向上”（《访落》《敬之》），或指“对上”（《闵予小子》）。此外的17个用例中，“陟”涉及的对象都是“山”：崔嵬、高冈、冈、南冈、砠、南山、阿丘、岵、屺、北山、巘、高山、景山。《皇矣》“陟我高冈”郑笺云:“陟,登也。”[14]可知在上述17个用例中,“陟”的意义是指“登山”。这表明,在《诗》关于“陟”(意义为“登”)的用例中,有81%的用例是表述“登山”的。这就足以说明,“登”的本义应当是“登山”。

通过对《说文》与上古文献用例的展示与分析,可证“登”的本义是登上山阜。《说文》“登,上车也”之训,古本可能是“上阜”,因“车”与“阜”字形相近易混,后人不省,故转抄、改窜而致讹误。“上阜”就是登山。“阜”的本义是指高陆大陵,即今人所说的高山。

附 注

① 载《汉语史研究集刊》第一辑,巴蜀书社1998年。

②③④《广雅疏证》36页、36页、13页,中华书局1983年。

⑤⑥⑦⑧⑨⑩⑪⑫⑬⑭《十三经注疏》542页、521页、566页、510页、532页、504页、598页、598页、598页、521页,中华书局1980年。

[原载《汉语史研究集刊》第二辑,巴蜀书社2000年]

从《说文》词义系统论证"水厓""崩陨""危高""惶惧"等义的本源与联系

《说文》是记载汉语字词本义的经典。《说文》全书近万个字词的本义依据一定的条件发生系统的联系，从而构成博雅渊深的《说文》词义系统。本文从这一词义系统出发，试对"水厓""崔嵬""崩陨""毁裂""危高""动摇""惶惧"等义的本源及其联系作出探索与论证。

一

《说文》收录了一批有关"水厓"的字词：

漘，水厓也。（十一上・水）

涘，水厓也。（十一上・水）

汻，水厓也。（十一上・水）

湄，水厓也。（十一上・水）

濒，水厓，……（十一下・濒）

"水厓"指的是"山岸"。证据是，《说文》云：

岸，水厓，洒而高者。（九下・屵）（从《段注》本）

岩，岸也。（九下・山）

嵒，山岩也。（九下・山）

上述三个字词的联系表明，“水厓”指的是“岸”，“岸”与“岩”同，而“岩”与“山”连用为“山岩”，“岩”既然训释为“岸”，则“山岩”即“山岸”。又：

《诗·王风》：“在河之漘。”毛传：“漘，水隒也。”正义：“隒是山岸。”

毛传指出漘是水隒，正义云隒是山岸；而《说文》漘训为水厓，可见“水厓”是指“山岸”。

那么，水厓（山岸）的特点是怎样的呢？《说文》云：

岸，水厓，洒而高者。（九下·岸）（从《段注》本）

《段注》：“《释丘》曰：望厓洒而高岸。……据李孙之释漘，则知李孙之释岸，亦必曰峭下而高上也。峭下者，谓其体斗峭平上。高上者，谓其颠有崔嵬、平坦之不同。嵬下曰：高不平也。……洒释为峭者，洒即陖之假借，二字古音同。阜部曰：陖者，峭高也。峭者，陖也。凡斗立不可上曰峭。”①

《段注徐笺》：“洒者阤之假借，小崩也。丈尔切，与洒为双声。《上林赋》：巖阤，……即其义。”

《说文义证》：“水厓而高者，《小尔雅·广诂》：岸，高也。《释丘》：重厓，岸。郭云：两厓累者为岸。又云：望厓洒而高岸。郭云：厓，水边。洒，谓深也。视厓峻而水深者曰岸。馥按：孙炎、李巡俱训洒为峭，《诗·新台有洒》传云：洒，高峻也。《楚词·九章》：上高岩之峭岸兮。”

把上述各家的解释集中起来，可知山岸的特点有三个：一是陡峭，二是四周水深，三是易崩。这三个特点互有联系，并不矛盾，它们从多个方面记录山岸的状貌与特点，在指称与表述山岸这一实物时完满地统一起来了。

山岸的特点之一是陡峭,又叫做高峻,是指山岸的坡度很陡。所以十四下“陂”下《段注》云:“凡陂(坡)必邪立。故引申之义为倾邪。”

关于坡度陡峭的字词有:

陂,阪也。(十四下·阜)

阪,坡者曰阪。一曰山胁也。(十四下·阜)

《广雅·释诂》:“阪,邪也。”

《吕览·孟春》:“阪险。高注:阪险,倾危也。”

坡,阪也。(十三下·土)

《段注》:“坡、陂二字音义皆同也。”

山岸的特点之二是四周水深。此即《尔雅·释丘》:“望厓洒而高岸。”郭注:“洒,谓深也。视厓峻而水深者曰岸。”山岸四周被洪水环绕,洪水渊深,故山岸义与水深义相连。

山岸的特点之三是易崩。这是指山岸崩坏,山石从山顶陨坠至山底,陀(沦)没入水中。

岸字从屵,屵字从山,表明“岸”的意义范畴是“山”。而“山”义多与“石”义相连,《说文》云:

山,有石而高。(九下·山)

“山”的训释注明“山”是“有石”。

石,山石也。(九下·石)

“石”的训释注明是“山”之“石”。

嵬,山石崔嵬,高而不平也。(九上·嵬)

厂,山石之厓岩,人可居。(九下·厂)

礹,石山也。(九下·石)

以上是《说文》将“山”与“石”直接相连。

山与石相连，是说山必有石，石是山岸之石，因而“岸”的意义是指高山上有石。

高山上有石，在《说文》中主要由“崔嵬”来表述。

崔，大高也。从山。（九下·山）

《段注》：“嵬下曰：山石崔嵬，高而不平也。亦即《毛传》之土山戴石曰崔嵬也。”

嵬，山石崔嵬，高而不平也。（九上·嵬）（从《段注》本）

《段注》：“《周南》：陟彼崔嵬。……《毛传》曰：崔嵬，土山之戴石者。……依许云高不平，则毛传是矣。惟土山戴石，故高而不平也。”

由于崔嵬是土山戴石，因此叫作高而不平。在《说文》中，直接指称“土山戴石”的，是“阢”。可见，崔嵬即是阢：

阢，土山戴石也。（十四下·阜）[②]

“崔嵬”即是“阢”，证据如下：

《说文校录》云：“阢当是土山戴石。《诗·卷耳》：陟彼崔嵬。毛传：崔嵬，土山之戴石者。嵬、阢，古盖通。”

《说文惠记》：“《玉篇》云：阢即崔嵬之嵬。”

《段注徐笺》：“阢当云土戴石也。今本乃妄人改之耳。”

《说文通训定声》：“按阢即崔嵬之合音也。字亦作屼。”

由以上各家的论说，“阢”的本义应为“土山戴石”，与“嵬”的本义“山石崔嵬，高而不平”相同。

土山戴石，在上古人们的心目中，意味着必将造成崩陨。

崒，危高也。（九下·山）（从《段注》本、《说文通训定声》本）

《段注》：“惟土山戴石，故易崩耳。”

《说文义证》:"《诗·十月》:山冢崒崩。笺云:崒者崔嵬。……通作卒。《诗·渐渐之石》:惟其卒矣。笺云:卒者崔嵬,谓山巅之石也。"

土山戴石,必导致山崩,这种山崩,指的是山顶与山边的众石崩陨。《义证》所引《诗·渐渐之石》笺明确指出,"崒崩"者"谓山巅之石也"。

《说文》的一系列字词记载了山岸之巅顶与边缘众石崩坏陨坠的情形:

　　䧙,崩也。(九下·屵)

　　䧙,崩也。(九下·屵)(从小徐本)

《段注》:"按此盖即䧙之或体耳。"

　　阤,小崩也。(十四下·阜)

《段注》:"大曰崩,小曰阤。……皆谓欹倾也。后人多用陊为之。"

《说文义证》:"《方言》:阤,坏也。注云:谓坏落也。……《汉书·楚元王传》:山陵崩阤。"

　　崩,山坏也。(九下·山)

《说文通训定声》:"《诗·十月之交》:山冢崒崩。"

《广雅·释诂》一:"崩,坏也。"

　　坏,败也。(十三下·土)

这种从山边陨落的山石,在《说文》中有三个名称:

第一个名称叫作山胁和山岸胁。《说文》云:

　　阪,一曰山胁也。(十四下·阜)

　　氏,巴蜀名山岸胁之自(堆)旁著欲落堕者曰氏。(十二下·氏)

“阪”下云山胁，“氐”下云山岸胁，二者同物异名。

第二个名称叫作阪。《说文》十四下“阪，一曰山胁也”可证。

第三个名称叫作陂。《说文》云：

阪，坡者曰阪。（十四下·阜）

陂，阪也。（十四下·阜）

把《说文》“阪”“陂”“氐”的训释联系起来，可知阪、陂、山胁与山岸胁同义，三者异名而同实。

山胁、山岸胁的特点是在旁侧。《释名》云：“胁，挟也，在两旁。”山胁、山岸胁是指山岸的周边旁侧的部分。

陂阪的特点有两个，一是倾邪。“陂”下《段注》云：“凡陂必邪立，故引申之义为倾邪。”

陂阪的第二个特点是分离。三上“诐”下《段注》云：“凡从皮之字皆有分析之义。”分析是指拆开、分离。

以上特点从不同的方面揭示了异名同实的山胁、山岸胁、陂、阪的状貌。这些特点是彼此贯通的，《释名》指出“胁”的意义是“在两旁”，《段注》在“陂”下指出“凡陂必邪立”，而在十二上“披”下又指出“陂者，旁其边之谓也”，可见“倾邪”义与“旁侧”义在“陂”这个词里是贯通的、统一的；同时《段注》又在“诐”下指出“从皮之字皆有分析之意”，而且我们在上文已说明从山边陨落的山石叫做山胁、山岸胁、陂、阪，所以山岸的状貌是：四周的旁侧有倾邪的山石，由于洪水的冲激襄除，旁著于山岸的山石遂分崩离析而陨坠入水中。

透过《说文》字词的联系不仅可以揭示山岸、陂阪的状貌，还可揭示山石崩陨的情景。

《说文》有关“崩陨”的字词包含两个特点：一，所崩的是山石。

二，方向是从上至下。故京房《易·复卦传》云：“自上下者为崩，厥应大山之石巅而下。”

《说文》中一批有关山石、山阜陨坠、陷落的字词记录了这种山石崩坏的情景：

陨，从高下也。（十四下·阜）

《尔雅·释诂》：“陨，坠也。”“陨，落也。”

磒，落也。从石。（九下·石）

《段注》：“本义石落也，故从石。磒与陨音义同。”

陊，落也。（十四下·阜）

《广雅·释诂》一：“陊，坏也。”

降，下也。（十四下·阜）

《段注》：“此下为‘自上而下’，故厕于‘队、陨’之间。《释诂》曰：降，落也。”

队（坠），从高堕也。（十四下·阜）（从小徐本）

《说文通训定声》：“队，从高陨也。”

硋，陊也。从石。（九下）（从《段注》本）

《段注》：“陊者落也，硋与队音义同。”

“队”本指山崩而众石陨落，故《说文系传》云：“颠队字本无土也。”由于“土”的本义特指高土，是高丘大野顶上之土，山石既已从山顶陨落至下，故《系传》云颠队字本无土。又，《荀子·儒效篇》注亦云：“隧（队）谓山石崩摧也。”

隤，下队也。（十四下·阜）

隤的意义特点有两个：

第一个特点是指山石陨落时声响很大。故《说文》云：

氏，巴蜀名山岸胁之自（堆）旁著欲落堕者曰氏。氏崩声

闻数百里。…… 扬雄赋：响若氏隤。（十二下·氏）（从小徐本）

《玉篇》："巴蜀谓山岸欲堕曰氏，崩声也。"

《段注》："自，小阜也。……小阜之旁著于山岸胁，而状欲落堕者曰氏。其字亦作坻。"

又"阺"下《段注》："氏主谓石，故崩声闻远。"

依照《说文》与《段注》，可以知道山岸将要崩落的是附著于山岸旁侧的自（小阜），这种小阜叫做氏，而氏主谓石，山的含义是有石，所以这种山岸、氏的崩落就是"山阜陷"，即沦陷，指沦没于洪水中。在《说文》中，沦陷的本字是陯：

陯，山阜陷也。（十四下·阜）

"山阜陷"犹如上文已列举的"磒"与"陨"，磒从石，即是从山。而陨是从阜。陨是从高下，磒是坠落，故是山阜陷。

隤的第二个特点是山石坠落至地底。故《说文句读》云："隤与队皆举事末，故曰队下，曰落，是既经到地也，故以'队'说隤而复以'下'实之。"

山石坠落至地底，即是陷没入洪水中。因为山陵既被洪水包围、环绕，则山下尽皆大水。《说文》云：

碣，石也，恶也。（九下·石）③

《说文句读》："孙氏、鲍氏本，皆作石也，恶也。"

"石"义与"恶"义相连，而"恶"的意义为"凶"。《说文》云：

凶，恶也，象地穿交陷其中也。（七上·凶）

在"凶"的训释词中，有"恶"，有"陷"，表示"凶"的意义包含"陷"，《说文》云：

陷，高下也。一曰陊也。（十四下·阜）

“陷”的“高下”义，是指山石从高处（山顶或山边）迅速向下陷落，故《说文句读》云：“谓高者忽陷而下也。”陷“一曰队也”，而“队”训为“落”，《广雅·释诂》则说：“队，坏也。”而“坏”，《说文》训为“山崩”。“陷”的意义，《一切经音义》十三的解释是：“陷犹坠入也，亦没也。”而“没”，《说文》训为“沉”，即沉没入水中。《说文》云：

没，湛也。（十一上·水）（从《段注》本）

《段注》：“没者全入于水。”

湛，没也。（十一上·水）

《段注》：“古书浮沈字多作湛。湛、沈古今字。沉又沈之俗也。”

“湛”的本义指沉没于洪水中，故《论衡·感虚篇》云：“尧遭洪水，可谓湛矣。”

湮，没也，（十一上·水）

《段注》：“《释诂》：湮，落也。落与没义相近。”

“落与没义相近”，反映出山石从高处坠落，正是陷没于洪水中。

上文已论说附著于山岸旁侧的小阜从上至下崩落入水中叫做“氐”。为了进一步确认这个意义，还可考察“坻、氐、下、泜、底”这五个字。《说文》云：

坻，著也。从土，氐声。（十三下·土）

坻训为“著”，是说小阜还附著于山岸的旁侧，尚未坠落。坻从土，而阜与土同义，《释名》云：“土山曰阜。”

氐，至也。从氏下著一，一，地也。（十二下·氏）

氐字从氏从一，一是地。氐字训为“至”，“至”的意义特点是向下落，《说文》十二上“至”下云：“从高下至地也”，“至，下来也”。因而“氐”是表述氐向下坠落于地。

下，底也。（一上·上）

《说文》中“上”义与“下”义相对，“上，高也”（一上），“高，崇也”（五下），“崇，山大而高也”（九下）（从《段注》本），可知“上”特指高山之巅。与之相对，则“下”应是指称山的最下部。这是可以得到证明的。下，《说文》训为“底”（一上），而“底”，《说文》训为“山居也，一曰下也”（九下）。而“居（尻）”义为“处”（十四上），“处”义为“止”（十四上），“止”义为“下基”（二上），因而“山居”就是指山的最下部，这正是“底”的本义。“底”包含两个义项：“山居也，一曰下也”，这两个义项是统一的。

说“上”是指高山之巅，“下”是指山的底部，这在文献注疏中是有例证的。例如：

《孟子·滕文公下》：“当尧之时，水逆行，泛滥于中国，蛇龙居之。民无所定，下者为巢，上者为营窟。”《四书章句集注》：“下，下地。上，高地也。”

《汉书·扬雄传》：“昔者禹任益虞而上下和。”师古注：“上，山也。下，平地也。”

又《说文》云：

泜，著止也。从水，氐声。（十一上·水）

泜字从水，训为“著止”，著是附著，止是下基（二上），因而“泜”是表达氐已从山岸崩落至山底，即沦没入水中。

山岸的崩坏，山阜的沦陷，是指山石和𠂤（堆）阜从山顶向着山底坠落。山底亦即山谷。对于这一迅猛的“高岸为谷，深谷为陵”的巨变及其过程，我们的祖先是如何认识与表述的呢？这可以从“阤、陀、地”三个字的联系与区别中去分析。《说文》云：

陁，小崩也。从阜，也声。（十四下·阜）

陁与崩同义，崩是山坏，指大山猛烈地倒垮，故《段注》云："大曰崩，小曰陁。……皆谓欹（崎）倾也。"

"陀"，《说文》未收，但十三下"坡"下徐锴云："谓坡陀也。"坡与陀连用成词，是指称山体的陡峭、山石的倾斜。这正是山岸崩陁的客观条件。《说文》云：

阪，坡者曰阪。一曰山胁也。（十四下·阜）

"阪"的训释告诉我们：阪是坡，又叫做山胁。亦即附著于山岸旁侧的小阜。"陂"下《段注》指明陂"必邪立"，就是呈陡峭倾斜状。"陁"下《段注》也指出崩陁"皆谓欹倾也"，所以说山体陡峭、山石倾斜必导致山岸崩陁。

山岸崩陁则山石与小阜陨落至山底，这种陨落至山底的实物，就是"地"。

可见，"陀"是山岸上的石与阜，"地"是山底下的石与阜。由在上的"陀"转变为在下的"地"，是因为经历了崩陨的过程——"陁"。

陀，地，陁，这三个字的组合方式及其形体构件都是相通的。其左边的偏旁"阝"是阜，阜与土同义，指高山大陵顶上之土。其右边的"它"即是"也"。二者在字形上可以互换。例如十三下"它"的异体字是"蛇"，后又写作"虵"。十二下"也"训为女阴，"它"的意义特点是"长"，而"也"的意义特点是"在下""向下"，因而石与阜在高岸上写作"陀"，向下崩陨写作"陁"，石与阜坠落至山底写作"地"。"地"字的构件及其组合告诉我们：本来是处于高山大陵顶上和旁侧的高土，由于一落千丈而处在最底层了，高土转化为低地了。

山岸崩坏，则山石陨落。山石从山顶陨坠至地，往往由巨石变为碎石。这可以从以下两组字的排比察其端倪：

1. 阤
地

2. 崒
碎

在第一组中，形符一为阜，一为土，阜即是土；声符都是“也”，“也”含向下、在下之义。

在第二组中，形符一为山，一为石，山即是石；声符都是“卒”，“卒”含急速向下、在下之义。山岸崩陨是“山阜陷”（十四下“阤”），就是山石和小阜坠落至山底即水中，所以“阤、地”之比即是“崒、碎”之比。

略有区别者，在于“阤”中的“阝”（阜）在字的左旁，“崒”中的“山”在字的上方。阜在阤字的旁侧，是表述山岸崩陨时，附著于山岸胁旁侧的小阜（氐）坠落向下。山在崒字的上方，是表述山岸崩陨前，山石是在山的顶端。这种情景，都已在上文作出了证明。

“阤、地”之比同于“崒、碎”之比，表明山石、小阜从山顶、山旁侧坠落于地时，多已成为碎石、散块。《说文》云：

碎，䃺也。（九下·石）

《段注》：“碎者，破也。”

《广雅·释诂》：“碎，坏也。碎，散也。”

破，石碎也。（九下·石）

二

山岸崩陨就是岸毁。而岸毁是由洪水迅猛的荡涤与大规模的襄除造成的。

《说文义证》在解释“崒”义为“崔嵬”时曾引用《诗·十月》“山冢崒崩”。而这篇诗的“山冢崒崩”之前，紧连着“百川沸腾”一语。此可证山岸崩陨的起因在于洪水的激荡。

又《说文》云：

崩，山坏也。（九下·山）

坏，败也。（十三下·土）

“坏”的意义是“毁”。“坏”下《说文通训定声》云：“按当训毁也。”《尔雅·释诂》亦云：“坏，毁也。”

上文已证明，岸是指山。因而“崩”的山坏义，指的是岸毁。

山坏是岸毁，是什么力量在毁岸呢？

《说文》云：

㠌，崩也。（九下·屵）

𡿯，崩也。（九下·屵）（从小徐本）

《广答问疏证》云：“𡿯，河水毁岸也。……《尔雅·释诂》音义：岸毁曰圮，亦当作𡿯为正。”河水在上古专指黄河。就像《说文·十一下》“州”下引《诗》“在河之州”的“河”一样。尧舜时代的“在河之州”，是指被黄河的洪水所包围的州岛。当时的河水毁岸，正是指滔滔洪水怀山裂岸。

又《说文》云：

毁，缺也。从土。……𣪁，古文毁从壬。（十三下·土）

上文已证明毁是指洪水毁岸。毁字从土，土特指高山大陵顶上之土，指代山陵。而毁字的古文从壬，“壬”在尧舜时代是表述洪水的强劲，因而可以指代洪水。《说文·十一下》“巠”字为“壬省声”，训为水脉、水冥巠。《段注》：“冥巠，水大貌。今字作溟涬。”《淮南子·本经训》：“舜之时，四海溟涬，民皆上丘陵。”可知是指代洪水。毁字的小篆从土，高土之土，指代山陵。毁字的古文从壬，“壬”是指代尧舜时的洪水，此可证毁岸是由于洪水的激荡。

《广答问疏证》指出“𡾰，崩也。从岸，配声”（从小徐本），就是“岸毁曰圮”，是有根据的。因为《说文·十三下》“圮，毁也”的“圮”，或体字正是“配省声”。

又“圮”下《段注》云：“《广韵》：岸毁。又覆也。”

毁岸，在《说文》中又称为蘖岸。《说文》云：

歺，列（裂）骨之残也。……读若蘖岸之蘖。（四下·歺）

《文源》指出：“歺，凡毁裂者之称。”

可见，歺读若蘖岸之蘖，也就是裂岸之裂。

章太炎《文始》云：

歺孳乳为列，分解也。

歺复读若截，或如薛，对转寒孳乳为奴，残穿也。

又孳乳为隋，裂肉也。

诸残破皆言歺，歺读如截，则旁转队孳乳为碎。

又，《说文·十一下》“容”下云：

歺，残也。

《段注》：“残犹穿也。”

以上表明，蘖岸，是毁裂山岸。

又《说文》云：

埤，坼也。（十三下·土）

坼，裂也。（十三下·土）

斄，坼也。从攴从厂，厂之性坼。（三下·攴）

从上述三个字词意义上的联系，可知坼裂的本义是指山岸的坼裂。“斄”下《说文系传》云：“厂，崖岸也。”“斄”下《段注》指出：

“山石之厓岩多坼裂，故从厂。”在注释“厂之性坼”时，《说文义证》明确认为，这正是指称“山岸胁之旁著欲落堕者曰氏”。

因此，山岸的坼裂就是裂岸。

《说文读若考》说，蘖岸即𡿪岸，𡿪假借为蘖。而蘖是巘字的异体字，巘的意义是“伐木余”。《说文》云：

> 巘，伐木余也。……蘖，巘或从木，辥声。𣏟，古文巘从木无头。（六上·木）

所谓“伐木余”，是指木的顶端被砍削后剩余的部分。此即《段注》所云“谓木秃其上而仅余根株也”。由于“蘖”字从木，所以其义训说明是“伐木”。而在文献运用中，蘖的意义特点是强调削平其顶上的部分。例如：

《国语·鲁语》：“且夫山不槎蘖。”

《汉书·货殖传》：“山不茬蘖。”颜注：“蘖，髡斩之也。”

《东京赋》：“山无槎枿。”薛注引《汉书》云：“昔先王山不槎蘖。”

颜注用“髡斩之”来解释“蘖”，而“髡”《说文》训为“鬄发”（九上·髟），就是把人头顶上的头发削平。且“髡”从兀得声，声中有义，“兀”《说文》训为“高而上平”（八下·儿），指山岸州丘的顶上已没有山石，唯有平土，可见“蘖”与“兀”的基本特点——顶上被削平——是相同的，蘖与兀是相同的。所谓“蘖岸”，实即“兀岸”，指高峻而顶上有土的山岸。

洪水毁裂山岸的景象，《说文》用“蘖岸”来表述。而到了后代，则写作“裂岸”。宋代苏轼《念奴娇·赤壁怀古》：“乱石崩云，惊涛裂岸。”其中，崩云又作“穿空”。此语应是源自《说文》“歺”所包含的“残穿”义。而“裂岸”，则是《说文》的“蘖岸”了。又“崩云”应作“崩陨”。“乱石崩云，惊涛裂岸”是古语的存留。这两句话连在一起，表明山石崩陨就是裂岸，而裂岸是由大水惊涛激荡使成的。

洪水毁岸、裂岸，在文献中又称为洪水“襄陵”（见《尚书·尧典》“荡荡怀山襄陵”）、“襄岸”（见《文选·西京赋》“襄岸夷途”）。在这里，“襄”的意义侧重点是“除去”，具体表述“大水方方为害”，“奔实有所涤除”[4]。

“襄”表示“除去”义时，它替代的词是“攘”。就“除去”义而言，“攘”是本字，“襄”是假借字。“襄陵、襄岸”应是“攘陵、攘岸”。

攘陵、攘岸是形象地展示洪水声势之浩大与威猛的。

下面，我们看看《说文》“攘”和与“攘”有关的成系列的字词：

攘，推也。从手，襄声。（十二上·手）

推，排也。（十二上·手）

排，挤也。（十二上·手）

挤，排也。（十二上·手）

抵，挤也。（十二上·手）

摧，挤也，……一曰挏也，一曰折也。（十二上·手）

以上这一组以“攘、推”义为标志的字词，或互训，或递训，彼此之间意义相同、相通，其中心意义是抵挤、摧折，故“摧”下《段注》云：“自推至摧六篆同义。”“攘推”的中心意义是抵挤、摧折，具体地说是表述洪水襄陵、攘岸而将山岸上的山石、小阜推落，使之向下陨堕。《说文》云：

陊，……从山，……读若相推落之堕。（九下·山）（从小徐本、《段注》本）

《说文》所云“相推落之堕”，表明“推”与“落”同义连文，意义为“堕”。可见《说文》的“攘，推也”，即“推，落也，堕也”。洪水襄陵、攘岸，就是推落厓岸之山石小阜令其堕落。

章太炎也曾论说以“攘推”义为标志的“摧、折、挤、抵”字词的本义是指山岸崩坏断裂，其山阜陨坠至地。《小学答问》云：

问曰：《说文》：摧，挤也，一曰挏也，一曰折也。……取何谊？

答曰：摧犹抵耳。《说文》抵亦训挤。……抵之言氐也。《说文》氐从氐下著一，氐为山岸胁旁著欲落堕者，氐则谓其岸根著地，故《说文》氐亦训至。摧之言磓，亦小阜著地者也。

章太炎的答问具体而确切，抵之言氐，摧之言自（堆），就是对山岸推折挤抵，使山岸上的石与自崩落水中。其势如摧枯拉朽，宏大而猛烈。

三

《说文》云：

巟，水广也。（十一下·川）

沆，莽沆，大水也。（十一上·水）

浩，浇也。……《虞书》曰：洪水浩浩。（十一上·水）

洞，疾流也。（十一上·水）

澗，水大至也。（十一上·水）

瀾，大波为瀾。（十一上·水）

洶，涌也。（十一上·水）

涌，滕也。（十一上·水）

滕，水超涌也。（十一上·水）

根据《说文》字词的相互联系以及《段注》的解释，上述字词的本义是指称尧时洪水。洪水连山接野、拍天驾海而来，无边际，无涯涘，其襄陵裂岸的浩大威猛的声势，使身处危岸、行于垂厓的先民无不色变震恐。因而在《说文》中，“危高、水厓”义总与“不安、惶惧”义紧密相连。

至此，我们先要论证，在《说文》中，“危高”义、“危”义是指称洪水围困、荡涤、毁裂的山岸。《说文》云：

崒，危高也。从山。（九下·山）（从《段注》本、《说文通训定声》本）

上文已论证“崒”的意义，是由于洪水毁岸，导致山巅之石崩落。在解释“崒”义时，《段注》指出：“惟土山戴石，故易崩耳。”《说文义证》引用《诗·十月》“山冢崒崩”，均可为证。而“崒”训为“危高”，可知“危高”是指崩坏、毁裂的高岸。

𡴯，危高也。从𠂤。（十四上·𠂤）

《段注订补》指出：“𡴯为岸之危高。”又指出：“𡴯崖即𡴯岸。”上文已证明𡴯岸指洪水毁裂山岸，然则“危高”是指毁裂的山岸。

“危”含“高”义，故“危”义同于“危高”，由此可知“危”也指称洪水毁裂的山岸。《说文》云：

陲，危也。从阜。（十四下·阜）

《段注徐笺》云：“垂、陲本一字，相承增偏旁。”

陲既然同于垂，而垂为“远边”（十三下·土），“垂”下《段注》云：“垂崖有远边、高边之称，厓有山边之称。”

上文已证明“水厓”即是“山岸”，指称山边与水相接的部分，因而垂、陲指代的远边、高边亦为山岸。《说文》陲训为危，可知“危”指称的是山岸。

陧，危也。从阜从毁省。徐巡以为陧，凶也。（十四下·阜）

《段注》指出，隉的构形“从阜从毁省”是会意。可知隉的本义是指陵阜崩毁。上文已证明“毁”的本义是洪水毁岸，且“山、阜、岸”意义相通，而隉训为“危”，则“隉”与“危”必是洪水毁岸。

“隉”的意义，徐巡认为是“凶”，《说文·七上》云：“凶，恶也。象地穿交陷其中也。”在“凶”的训释词中，有“恶”，有“陷”，表明“凶”的意义包含“陷”；而“陷”的本义《说文》训为“高下也，一曰陊也”（十四下·阜），具体指称山岸崩陷，山石陨坠入洪水中。可见“凶”义与“危”义是相通的、统一的。

根据上文的论证，可以明白，《说文》中“危高”的本义、“危”的本义都是指被洪水围困、毁裂的山岸。

“隉”的正训是“危”，而班固认为是“不安”，可知“危”义与“不安”义相连。

《说文》还引用《周书》“邦之阢隉”一语来说明“隉”义。“邦之阢隉”见于《书·秦誓》，传云：“阢隉，不安，言危也。”可见也是“危”义与“不安”义相连。

䠴，槷䠴，不安也。（六下·出）

《说文义证》认为“槷䠴，不安”即是《广雅》的“𩨗𩨗、𩩘𩩘，危也”。可知“危”义与“不安”义相连。

由此，《说文句读》在解释“隉，危也”时明确指出：“不安即是危。”

上文我们从分析“危”和“危高”义的角度论说“危”是指洪水毁裂的山岸。现在既已证知“不安”即是“危”，也就可以推知“不安”是由于洪水的激荡，因而“不安”的意义是与“动荡”“动摇”的意义紧密相连的。例证如下：

傛，不安也。（八上·人）

《段注》:“皆动荡貌也。”

《说文系传》:“动也,与溶同义。”

溶,水盛也。(十一上·水)

《楚辞·远逝》:“鸿溶溢而滔荡。”

《高唐赋》:“洪波淫淫之溶潏。”注:“犹荡动也。”

“傛”的“不安”义,《段注》认为是动荡,小徐认为与“溶”同义。而“溶”训为“水盛”,指洪水,其意义特点是动荡。这就是说“不安”是由洪水激荡造成的。

与“傛”“溶”同一声符的“搈”,意义也是指动摇不安。《说文》云:

搈,动搈也。(十二上·手)

《说文通训定声》:“按犹言动摇。《广雅·释诂》一:搈,动也。”

《说文义证》:“动,搈也者,《广韵》:搈,不安。”

上文引用《说文系传》说明傛与溶同义,进而证明动摇、不安是由洪水的激荡造成的。至此,我们来分析“沖”“摇”“抗”,可以进一步证明这一看法。

沖,涌摇也。读若动。(十一上·水)

《说文句读》指出,这是“上涌而兼旁摇”。《说文义证》认为,《说文》的“沖”,就是《海赋》的“沖融沆瀁”。沆,上文已证明是指洪水,因而“沖,涌摇也”与“洶,涌也”“涌,滕也”“滕,水超涌也”同义,可知“沖,读若动”是指洪水的涌腾动荡。

现在我们把“傛”“溶”“搈”三个词贯通起来:

溶,水盛也。(十一上·水)
搈,动搈也。(十二上·手)
傛,不安也。(八上·人)

这三个词声符相同，意义密切相通，从不同的侧面表述洪水的景象与特点。洪水盛大，汹涌地激荡山岸，洪水动荡不安，也使山岸动摇不安。

《说文》中，“不安”与“动摇”这两个词义是相同、相通、互补的。《说文》云：

扤，动也。（十二上·手）

《考工记·轮人》注：“扤，摇动貌。”

《方言》九：“惊谓之扤。扤，不安也。”

由《考工记》注和《方言》，可知“扤”的“动摇”，就是“不安”。

又《说文》云：

摇，动也。（十二上·手）

《方言》十二：“摇，上也。”

《广雅·释诂》一：“摇，疾也。”

“摇”所包含的“上”义、“疾”义是表述洪水的涌滕与迅疾的。《说文》：“洶，涌也。”“涌，滕也。”“滕，水超涌也。”“冲，涌摇也。”它们的共同意义都是“向上”。又《孟子》赵岐注称洪水为“洚洞无涯”，“洚”是水不遵道，“洞”是疾流，表明洪水不但向上涌滕，而且声势迅猛。

按照《说文通训定声》的解释，“扤”的动摇不安义，是直接表述“臲卼”“杌陧”的。朱骏声说：“按（扤）字亦作卼，作杌。《易·困》：臲卼。《书·秦誓》：杌陧。”

《易》的臲卼，《书》的杌陧，在《说文》中写出槷魁、阢隉。

《说文》的“魁，槷魁，不安也”（六下·出），引用“《易》曰槷魁”来证明。而《易·困卦》正义云：“臲卼（槷魁），动摇不安之貌。”在“不安”之前用“动摇”修饰。“隉”下《段注》指出，槷魁即是阢隉。

上文已证明阢隉(陧)是指洪水冲激、毁裂的山岸,因而“槷黜”的“动摇不安”,就是指高岸的山石因洪水的激荡而动摇。

洪水之世,先民居处山岸,见山石因洪水激荡而致动摇不安,由是内心也动荡不安。这种内心的不安,在《说文》中表述为忧愁与惶惧。《说文》云:

忧,心动也。(十下·心)(从《段注》本)

悸,心动也。(十下·心)

《说文通训定声》:“《楚辞》:悼乱惶悸兮失气。注:惧也。”

慄,愁不安也。(十下·心)

《说文系传》:“忧悒也。”

《段注》:“谓忧而不得息也。”

这也表明“不安”含“忧愁”义。

这种面临洪水激荡、毁裂山岸而产生的忧戚不安的神情,在《书·尧典》中称为“下民其咨”。《尧典》云:

汤汤洪水方割,荡荡怀山襄陵,浩浩滔天。下民其咨,有能俾乂?

“下民其咨”一语,《史记·五帝本纪》作“下民其忧”。《尧典》注:“言民咨嗟忧愁,病水困苦。”⑤又孙星衍《尚书今古文注疏》:“史公‘咨’为‘忧’者,《广韵》云:嗞嗟,忧声也。”

依据上文注释,“下民其咨”之“咨”,正是忧愁。“咨”的忧义,在《说文》中写作“嗞”。《说文》云:

嗞,嗟也。(二上·口)(从《段注》本)

《段注》:“嗟:言部作謎,云謎,嗞也。与此为互训。”

謎,嗞也。一曰痛惜也。(三上·言)

关于“謎,嗞也”的意义,《说文义证》引用《玉篇》的训释“忧叹也”来说明。关于“一曰痛惜也”，则引用《书·尧典》“下民其咨”传云“怨叹咨嗟”来说明。这两个义项均含忧叹义，因而是统一的。《说文》字词在表述先民面临洪水的神情时，往往用“痛惜”来说明（见下文的论说）。

这里需要补充说明《尧典》“下民其咨”一语中“下民”的含义。“下民”，孔疏解释为“在下之人”⑥。对于“在下”不应作孤立、绝对的理解，不要认为“在下”就是全被洪水淹没了，如果民众已遭灭顶之灾，则何来“其咨”可言？所谓“在下”是与“在上”对应着说的。“在下”并不是地位特别低，低到了山脚下，以致被洪水吞没；而是说它与“在上”相比，地势较低，它是“在上”的下面。即使如此，它仍处于山厓高岸，地势仍较高，只不过没有“在上”那么高罢了。故《孟子·滕文公下》“下者为巢，上者为营窟”赵岐注：“民患水避之，故无定居。埤下者于树上为巢，犹鸟之巢也。上者，高原之上也。凿岸而营度之，以为窟穴而处之。”

《孟子》把洪水时代的“下者”与“上者”对应着说，可见二者都尚未被洪水吞没。因此《尧典》注在解释“下民其咨”时，就只说“言民咨嗟忧愁”，而不突出“下”字，且并未说明“下民”已被淹没。

上者、下者，上众、下民，当时都处于山岸，而山岸重岩叠嶂，在先民的心目中，山岸分为数成，也就是多层，又称为山之节（卩），即后人所说山之阶、山之级，故《尔雅·释丘》有“丘一成为敦丘、再成为陶丘、再成锐上为融丘、三成为昆仑丘”的说法，《说文·十四下》亦云：“陶，再成丘也。”再成，就是两层。山与丘对文则别，就是山低丘高，所以先民都处于山岸，因而可以说在下者就处于山，在上者就处于丘。山低丘高，故洪水上涌时，《尚书》先说“怀山”，接着才说“襄陵”（陵与丘义通）。又，山岸由于洪水的涤荡而崩陨陷落时,《说文》说的是“山阜陷”(十四下“阤”),先说山陷,接着才说阜陷(阜与陵同义)。因为山与阜对文则别:山低阜高。洪水的上涌是先淹低的,后淹高的。上古经典文献的表述是很精确的,这就如同《易》经的表述那样,《易》在表述高与低的顺序时,是先言高,后言低:

天尊地卑,乾坤定矣。(《系辞传》上)

在天成象,在地成形,变化见矣。(《系辞传》上)

但如果从人们行进的角度来指陈高低的序列,在表述时则是由低到高:

卑高以陈,贵贱位矣。(《系辞传》上)

由低到高,所以是先说卑,后说高。这与《礼记》的表述是完全一致的:

君子之道,辟如行远必自迩,辟如登高必自卑。(《中庸》)

孔疏:“卑,下也。行之以远者近之始,升之以高者卑之始,言以渐至高远。”

所以,关于《尧典》的“下民其咨”,可以按照《尧典》注,译成“民众咨嗟忧愁”。如果一定要突出下民的“下”,则可译为“山岸上地势较低之处的”。

“下民其咨”的“咨”,即《说文》“嗞,嗟也”。

《说文》中与嗞嗟的“忧愁、怨叹”义相通的字词较多,例如:

愁,忧也。(十下·心)

恖,愁也。(十下·心)

悴,忧也。(十下·心)

慯,忧也。(十下·心)

患,忧也。(十下·心)

愵，忧也。（十下·心）

惂，忧困也。（十下·心）

在《说文》中，忧愁义与惶惧义是密切相关的。例如：

惴，忧惧也。……《诗》曰：“惴惴其慄。”（十下·心）

这是忧义与惧义连用，也就是战栗。

慽，忧也。（十下·心）

慧琳《音义》十四卷引《说文》：“慽，忧惧也。”

《尔雅·释言》：“慄，慽也。”郭注：“战慄者忧慽。”

慧琳的引证和《尔雅》的训释都表明忧义与惧义相互包含。

悼，惧也。（十下·心）

《一切经音义》七：“怕（悼）惕者，谓忧惧也。”

惕，惊也。（十下·心）（从《说文句读》本）

《玉篇》：“忧也，疾也，惧也。”

惶，恐也。（十下·心）

《广雅·释诂》：“惶，惧也。”

《玉篇》：“惶，忧惶也，恐也。”

《一切经音义》三：“惶，忧悼在心之貌也。”

以上训释，都表明忧义与惧义相关。

在尧舜之世，先民忧惧的感情是由洪水毁裂山岸引发的。被洪水包围、冲激与毁裂的山岸在《说文》中称为“危”和“危高”，故“危”也包含惧义。《说文》云：

危，在高而惧也。（九下·危）

所谓“在高而惧”，《说文句读》解释说：“人在厂上，登高临深”，为“可惧之象”。

“危”有惧义，取象于“人在厂上”，厂是山石之厓岩（九下·

厂),厂的籀文为厈,即是岸。故取象于"人在厂上"即是取象于人在山岸。

按照《说文句读》的解释,人在山岸即是"登高临深",这就是"可惧之象"。依据《说文》,"临深""恐惧",即是"在渊上,战战兢兢"。"深"与"渊"都是指称洪水。所以"危,在高而惧也"是表述先民置身高岸,为洪水围困,见惊涛裂岸时战栗而悲愁的神情。

人在山岸而忧惧,《说文》中山岸与山边、水厓异名而同实,因而在形、音、义上与表示水涯(厓)有关的字词,其意义多含忧惧义。例如:

浦,濒也。(十一上·水)
濒,水厓,……(十一下·频)
悑,惶也。(十下·心)

浦与悑,声符都是甫。浦义为水厓,悑义为惶惧。

渍,水厓也。(十一上·水)
愤,懑也。(十下·心)

渍与愤,声符都是贲。渍义为水厓,愤义为懑。愤、懑与悲哀、忧愁、怨怒义相关。例如《问丧》曰:"悲哀志懑气盛。"贾谊《旱云赋》:"闷懑而愁愤。"《一切经音义》三:"愤,怒气盈盛也。"

漘,水厓也。(十一上·水)
唇,惊也。(二上·口)

漘与唇声符相同,漘声符为脣,脣、唇声符都是辰。漘义为水厓,唇义为惊恐。

水厓义之所以与忧惧、惊恐义密切相关,是因为在先民的心目中,水厓即山岸,山岸义紧连着岸毁义。

上文已证明,"凶"的本义包含"陷","陷"的本义指称山岸崩陷，山石陨坠入洪水中。因此，“凶、陷”的意义也与惊惧义相连。这些词义的相互关系，章太炎《文始》做了具体论说。《文始》“凶”下云：

《说文》：凶，恶也。象地穿交陷其中也。旁转谈孳乳为……陷，高下也。……又变易为恐，惧也；为烘，战栗也。

而山岸崩毁的动因，在于洪水迅猛的激荡与襄除。因此，在《说文》中，在形、音、义上与表示洪水义有关的字词，其意义也就多包含惊惧、哀痛、悲愤义。例如：

洪，洚水也。（十一上・水）
烘，战栗也。（十下・心）（从《段注》本）

洪与烘，声符都是共。其义一为洪水，一为战栗。战栗是恐惧义，《尔雅・释诂》：“战栗，惧也。”《广雅・释诂》：“烘，惧也。”

沆，莽沆，大水也。（十一上・水）
忼，忼慨。忼慨，壮士不得志于心也。（十下・心）（从《段注》本）

沆与忼，声符都是亢。沆的本义指洪水，而忼即“忼慨”，义为悲愤。《说文义证》引《后汉书・杨震传》注：“忼慨，悲叹。”又《说文句读》云：“情愤恚也。”

洞，疾流也。（十一上・水）
恫，痛也。（十下・心）

洞与恫，声符都是同。洞的本义指洪水，《孟子・滕文公下》：“洚水者，洪水也。”赵岐注：“水逆行，洚洞无涯，故曰洚水也。”洚与洞连用，则洞本指洚水。恫字亦作恸。《诗・桑柔》：“哀恫中国。”《史记・燕世家》：“百姓恫怨。”可知恫义为悲恸哀怨。

先民面临洪水时或战栗，或悲愤、悲恸，可见惶惧义与悲痛义是彼此包含的。

这种情形在《说文》中有较多的例证。例如：

歖，悲意。（八下·欠）

《说文义证》："悲意者，《一切经音义》：《埤苍》：歖，恐惧也。《通俗义》：小怖曰歖。"

《说文义证》所引的"怖"指恐惧，《说文·十下》"悑"的或体作"怖"，意义为"惶也"，而"惶，恐也"。可见《说文》的"歖，悲意"是指恐惧，表明恐惧义与悲痛义是相互包含的。

譆，痛声也。（三上·言）（从《说文句读》本）

《说文句读》："《玉篇》：惧声也。又曰：悲恨之声也。"

可见也是惧义与悲义相互包含。

我们还看到，在忧义、悲义、惧义之中，还贯串着"惊"义。例如：

愓，惊也。（十下·心）（从《说文句读》本）

《说文》愓训为惊，在《玉篇》中则训为"忧也，惧也"。

歖，悲意。（八下·欠）

《公羊传》："歖然而骇。"

而"骇"，《说文》训为"惊也"（十上·马）。可见悲义与惧义、惊义相通。

悼，惧也。（十下·心）

《一切经音义》七："怮（悼）愓者，谓忧惧也。"

怂，惊也。……读若悚。（十下·心）

《段注》："悚当作竦。"

《西京赋》："怵悼慄而怂兢。"

悼义为忧惧，与表示恐义的慄、表示惊义的怂连用，可知忧、惧、惊义是密切贯串的。

忧、惧、惊这些字词的本义之所以密切贯串，是由于它们在产生时就紧紧地联系在一起，从多个侧面共同表述先民面临洪水时突发的、复杂多变的情感。在这些情感中，突出的、主要的是惊恐，是战战兢兢，所以与洪水的“洪”声符相同的“烘”字，其意义为“战栗”（十下·心）；《孟子》解释“洪水”的意义时，也用“惊恐”义来表述与印证，这就是：

《书》曰：洚水警余。洚水者，洪水也。（《滕文公下》）

古注在提及“洚水警余”这句话时，大多认为“警”是“戒、诫”。例如：朱熹《孟子集注》：“警，戒也。”焦循《孟子正义》解释“洚水警余”时引用《说文·言部》云：“警，戒也。”此外，今人杨伯峻《孟子译注》则把“洚水警余”译为“洚水警诫我们”。

这里需要强调指出的是，“警”的本义是惊，“戒”的本义是亟，意义特点也是惊（这在下文要作出说明）。不能用后人理解的“警戒”“警诫”“戒守”“戒备”义来认识“洚水警余”之“警”。

《孟子》引用的《尚书》逸篇“洚水警余”，其中的“警”应为“驚（惊）”，证据如下：

其一，上文已引用并分析大量书证，说明先民面临洪水时，突出的主要的情感是惊恐，是战战兢兢。

其二，《十三经注疏》中，孔疏对“洚水警余”的解释是“洚水警惧我”，“警”字虽未用“惊”来替换，但使“警”与“惧”连用，可知其意义为惊惧。

其三，《文选·叹逝赋》注：“警犹惊也。”

其四，《广雅·释训》云：“警警，不安也。”上文已证明，不安即是“危”，本指山岸之石因洪水激荡而致动摇不安。由此而导致身居山岸的先民在内心也动荡不安。这种内心的不安在《说文》中表述为惊惧，因而《广雅》的“警警，不安也”就是“惊惊，不安也”，可证“警”义的内涵是惊。

其五，《说文》训“警”为“戒”（三上·言）。而十下“悈”《段注》云：“悈与戒、苟、棘、亟音义皆同。”分析它们的共同意义，都包含着“惊遽”，具体指惊惧而急迫地奔避。又阮元《揅经室续集·释敬》云：“苟（音亟，不是苟且的苟），是古‘敬’字。”而“警”字从言，从敬，敬亦声（三上·言），是会意兼形声，所会的意，正是惊。我们看到，“敬”的本义是表述洪水暴至时，先民战战兢兢、急遽奔避的神情。《说文》云：

敬，肃也，从攴苟。（九上·苟）

敬的义训是肃，而肃，《说文·三下》解释它的构形意图是“在𣶒上，战战兢兢也”。《说文义证》指出：“战战兢兢者，如临深渊也。”《书·大诰》：“若涉渊水，予惟往求朕攸济。”传云：“言祗惧。”这是说，“敬”的本义是指面临洪水而惊惧。

敬的构形是“从攴苟”，《说文系传·通论》云：“敬者肃也，于文苟攴为敬，苟者亟也，自急敕也。”《段注》则指出：“攴犹迫也，迫而苟也。”《段注徐笺》云：“疑苟即古敬字。”可见，敬的构形是要体现急迫、惊惧，它与敬的本义是密切结合的。

《说文》中，“敬”所训释的字词，意义大多是惊惧。例如：

《十下·心部》的“愓”，大徐本、小徐本用“敬也”来训释，而《说文句读》本把“敬也”改作“惊也”。又《文选·射雉赋》李善注、《一切经音义》卷五引《说文》并作“愓，惊也”。

夤，敬愓也。（七上·夕）

这里的“敬”与“愓”连用，上文“愓”训为“敬”，意义为“惊”，则此处与“惕”连用的“敬”，意义也应为“惊”。惊惕义与惧义是相通的。故《书·冏命》：“怵惕惟厉。”传云：“言常悚惧惟危。”

竦，敬也。（十下·立）

《段注》：“敬者肃也。《商颂》传曰：竦，惧也。”

段氏认为这里的“敬”是“惧”义。

兢，一曰兢，敬也。（八下·兄）

《段注》：“《小雅》：战战兢兢。传曰：战战，恐也。兢兢，戒也。”

《说文义证》认为，“兢，敬也”同于“肃，持事振敬也，战战兢兢也”。指出：“《释训》：兢兢，戒也。《书·皋陶谟》：兢兢业业。《诗·云汉》：兢兢业业。传云：兢兢，恐也。”

赵古则《六书古义》：“兢，敬畏也。”

按照《段注》《义证》《六书古义》的解释，“兢，敬也”之“敬”，义为惊恐。

戁，敬也。（十下·心）

《段注》：“敬者肃也。《商颂》：不戁不竦。传曰：戁，恐。竦，惧也。敬则必恐惧。”

《尔雅·释诂》：“戁，惧也。”

祇，敬也。（一上·示）

《书·金縢》：“罔不祇畏”，《史记·周本纪》作“敬畏”。敬与畏并列连用，可知敬含畏义。

上述众多例证表明，“敬”的本义是面临洪水而惊遽。从“敬”得声、得义的“警”，其意义特点也是惊遽，故“洚水警余”的确切意义是“洪水惊余”。

附 注

① 陵即竣,斗即陡。
② 依《说文校录》《段注徐笺》《说文通训定声》的论说而改定。
③ 见《说文诂林》9390 页,中华书局 1988 年。
④⑤⑥《十三经注疏》122 页、122 页、122 页,中华书局 1980 年。

[原载《达县师范高等专科学校学报》(社会科学版)1999 年第 3 期]

论《说文》意义体系的内容与规律

一 《说文》意义体系的内容与文献价值

我们都知道《说文》是记载字、词的本义的书；但我们不一定知道：《说文》9353 个字、词[①]的本义能不能会通；在有机地会通之后所呈现的《说文》意义体系，又记载着什么样的内容。段玉裁主要从理论上揭示了把《说文》全书会通的可能性与必要性，他说："自有《说文》以来，世世不废，而不融会其全书者，仅同耳食。"[②]"倘不能观其会通，则许书徒存而已矣。"[③]之所以说段氏揭示《说文》全书的会通主要是在理论上，而没有在整个实践上，是因为，他所说的"全书会通"，一方面指会通全书的条例，另一方面指在解释每个词的本义时，不要孤立地从字形出发，而应着眼于全书中其他词与这个词的联系来解释词的本义。这是比他的同辈与前辈高明的地方，但同时也留下了遗憾，就是他在实际上并没有把全书的词会通，也没有把他考订的每个词的本义都融会、联通。今天我们以段氏的终点为起点，把他和他的同辈大师们精审地考订、整理了的丰富的文献词义材料和《说文》所载本义承接过来而会通之，同时采用系统贯通的方法从整体上审视这些语料、本义而排比之，渊渊然思，欣欣然乐，凭高向远，旁推交通，成证确然，终令精谛宏美、充实光辉的《说文》意义体系重现于世。

中国古代自成传统的学术文化，其最大特点是证实的，其内容的表述是形象具体的，其所称引的具体形象的事物是包容着深邃广远的情思、意境与观念的。不论许慎是否自觉地意识到，《说文》中字、词的本义在会通之后，其所蕴涵的整体内容，是证实着由具体形象的事物所表述的历史文化事件的。许冲认为《说文》一书中"天地鬼神、山川草木、鸟兽昆虫、杂物奇怪、王制礼仪、世间人事莫不毕载"[4]，可知《说文》对于中国古代所经历与认识的天地自然、世间人事的涵盖，真可谓恢宏阔大，茫茫然浑浩无际了。那么，《说文》所涵盖的这些恢宏阔大的经历与认识，是具体地证实什么样的历史文化事件呢？自古及今，人们公认《说文》是附庸于六经的，请问附庸于六经的什么内容呢？以往人们大多考证《说文》所引经、所引群书的语句在经与群书中的出处与意义，而没有想到把《说文》引经、引群书所证成的本义加以会通，从整体上来考察这些会通了的本义是怎样附庸于六经的。《说文》当然不是仅仅从每个字、词本义的出处与意义上来附庸于六经，《说文》之所以能够引经、引群书、引通人说、引方言来证成本义，《说文》所载的本义与本义之间之所以具有整体会通的联系，根本上是由于《说文》中贮藏着一个体大思精的意义体系，这一意义体系的来源与依据，是六经、群书所记载的在历史上确曾发生过的一系列重大事件。

《说文》是六经的附庸，而"六经，先王之陈迹也"[5]，先王之陈迹保存在古代文献典籍中，凭借文献典籍可以给以系统的证明。自许慎《说文》言之，先王之陈迹，即是上起唐尧、中经夏商周三代、以迄春秋（也旁及秦汉）的历史文化事件。程树德《〈说文〉稽古篇·序》云："班史《艺文志》所录《仓颉》以下凡十家四十五篇，无一存者。今当以许氏《说文》为最古。假《说文》以证史，其间上起黄帝，下逮两汉，逸闻古俗，胥存其中。”[⑥]《说文》是许慎对六艺群经、诸子史传和前言古语中的意义进行精审考证和博综融贯之后，以排列字、词本义的方式对这种考证所作的总结。六艺群经、诸子史传和前言古语的意义是表述先王之陈迹的，则《说文》取自六艺群书或印证于六艺群书的字词本义，从根本上说就是对先王之陈迹的总结。不错，《说文》不是直接敷写先王之陈迹，而是以其独创的540部首来编排字、词。这种部首编排，恰是抓住了汉语字、词最可宝贵的民族特点，即：汉语字、词是以形表义的特殊史料。所谓“以形表义”，是说早期汉字在成体系地记录具有整体联系的早期汉语词义时，是以形与义的密切统合来婉转表述当时发生的历史文化事件的。这是远古特定时期的历史文化事件在古人头脑中的反映，使得成批的形与义能够密切统合，使得成批的本义能够构成整体联系。可见，早期汉字成批的形与义、成批的本义，在它们浑然天成的整体贯通之中，已经铭刻了远古特定时期的历史文化背景，所以汉字确然是“中国文化的脊梁”[⑦]。《说文》按照540部首来“据形系联”汉语字、词，这同《说文》汉语字、词的本义由于整体会通而表述古代历史文化事件相比，表面看似不同，实则互为表里，它们都共同植根于六经群书对古代先王陈迹的记载之中。许慎认为：“盖文字者，经艺之本，王政之始，前人所以垂后，后人所以识古，故曰本立而道生。”他说过：“必遵修旧文而不穿凿”，“信而有证，稽谍其说”[⑧]。许冲也说：“盖圣人不空作，皆有依据。今五经之道昭炳光明，而文字者，其本所由生。”[⑨]他们是深刻地把握了文字（早期汉语字、词）、经艺（六经群书的记载）、王政（古初历史文化事件，即先王之史实）之间“本立而道生”的关系的。文字联缀而成经艺，经艺记载王政，整体贯通的字词之本义也可表述王政——这几个方面——深迴宛转，潜通密贯，彼是相因，妙若连环。我们透过《说文》540部首对字词的排列，把全书的本义加以会通，乃发现9353文的意义构成严谨的体系，条理秩然地座实于对于《尧典》洪水到亡新居摄的历史文化事件的完整表述之中。质言之，《说文》保存的古形、古音系统表述了唐尧以来的古义系统，反映了从唐尧至秦汉的重大事件与文化背景。这就是《说文》意义体系的内容。能够在早期汉语字词形、音、义的系统联系中贮藏唐尧以来的历史文化的，唯有《说文》。这就是《说文》“昭质不亏兮衍百代”的无与伦比的文献价值。

二 《说文》意义体系表述历史文化事件的方法与规律

（一）《说文》意义体系表述历史文化事件的第一条方法与规律，是声符相同的字词两两为一组，通过形符的对应造成三组以上的排比，共同表述历史文化事件的一个阶段。

《说文》意义体系记载了以“尧遭洪水”事件为起点的中国上古史。我们即以《说文》对上古史起点的反映为例，具体阐释它表述历史文化事件的方法与规律。

《说文》意义体系是怎样反映“尧遭洪水”事件发生的呢？我们看到，表述“洪水”义的词的声符，与表述“惊恐、哀痛”义的词的声符往往相同，并且它们通过形符的对应造成意义的排比。例如：

洪，洚水也。（十一上·水部）
供，战栗也。（十下·心部）

沆，莽沆，大水也。（十一上·水部）
忼，忼慨。忼慨，壮士不得志于心也。（十下·心部）（从《段注》本）

按："忼慨"义为悲愤。《说文义证》引《后汉书·杨震传》注："忼慨，悲叹。"又《说文句读》云："情愤恚也。"

洞，疾流也。（十一上·水部）
恫，痛也。（十下·心部）

按：《孟子》赵岐注："水逆行，洚洞无涯，故曰洚水。"[10]"洚洞"连用，则"洞"本指洚水。

《说文通训定声》：恫"字亦作恸"。《诗·桑柔》："哀恫中国。"《史记·燕世家》："百姓恫怨。"可知"恫"为悲恸哀怨。

以上三组词中，洪与烘、沆与忼、洞与恫，相同的声符分别为"共""亢""同"，是声符相同的词两两结合为一组。与此同时，洪与烘、沆与忼、洞与恫，每一组的两个词在形符上发生对应，其形符一从水，一从心，由此造成三组词的排比。从意义上看，从水的词表述洪水，从心的词表述惊恐、哀痛。这三组词在形、音、义上的贯通所造成的排比，共同反映出人们面临洪水时惊恐、哀痛的神情。这些意义自然地构成一个义系[11]，我们称之为"洪烘"系。

"洪烘"系的构成与存在，是以洪水事件为依据的，因而在文献记载中有诸多例证可资证明。《孟子·滕文公下》所载"当尧之时，水逆行，泛滥于中国，蛇龙居之，民无所定。……《书》曰：'洚水警余。'洚水者，洪水也"的历史事实，是"洪，洚水也""沆，莽沆，大水也""洞，疾流也"等词义的依据；而"烘，战栗也""忼，忼慨也""恫，痛也"等词义，则源于《书·尧典》所载面对"汤汤洪水方割，荡荡怀山襄陵，浩浩滔天"的情势所产生的"下民其咨，有能俾乂"的惊恐、愁苦的心情。

“洪烘”系领属的“浥悒”系则表述人们遭受洪水困厄的忧愁。《说文》云：

浥，湿也，（十一上·水部）
悒，不安也。（十下·心部）

湫，隘下也。（十一上·水部）
愁，忧也。（十下·心部）

垫，下也。《春秋传》曰：垫隘。（十三下·土部）
執，悑也。悑，惶也。惶，恐也。（十下·心部）

这三组词，每一组声符相同，分别为邑声、秋声、执声。形符上造成对应，浥悒，湫愁，一从水，一从心。“垫”的形符虽从“土”，而“垫是下湿之名”[12]，又“垫，溺也”[13]，故“垫”所从之“土”在这里与“水”相通。在意义上，从水的词为下湿之义，从心的词为忧愁不安之义。它们在形音义上的贯通反映出人们困顿于低陷、浥湿之地的忧愁。这三组词的排比构成一个义系，称为“浥悒”系。

“浥悒”系的形成在古文献中也多有例证。《书·皋陶谟》说，为洪水所困时，陷身低洼浥湿之地，“下民昏垫”，不堪其苦。孙星衍《尚书今古文注疏》指出：“垫”“为下湿之义”，“洪水漫天，包驾山谷，下民有泯陷之患”[14]。“浥悒”系表述人们在低陷之地被洪水困厄的愁苦，因而从属于“洪烘”系。

“洪烘”系及其领属的“浥悒”系反映先民遭受洪水侵害的惊恐、愁苦，从而表述了中国上古史的开端——“尧遭洪水”事件的发生[15]。

这里要补充说明的是：在揭示声符相同、形符对应的词表述历史文化事件的方法与规律时，为什么要把这个词与那个词联系成一组，而不把这个词与别的词联系成一组呢？以“洪烘”系为例，与

“洪”声符相同的词《说文》有九个：恭、閧、供、烘、拱、恭、拲、拳、巷，为什么不把“洪”同“恭”以外的词联系成一组呢？这是否带有主观随意性呢？我们的认识是：在探求《说文》意义体系的方法与规律时，基本原则是着眼于《说文》全书词的整体贯通。体现这一原则的常用方法，叫做协同式排比的系联法。这个方法要求：不能局限在某一类声符相同的词的圈子里系联，也不能在少数词的范围内系联，而是综观《说文》全书，根据众多的词形音义整体联系的走向，考察某一类声符相同的词与其他类声符相同的词之间的关系。在这个基础上对《说文》全书的词作出客观的、自然的排布。这种客观、自然的排布显示出来的结果是：各类声符相同的词两个为一组，造成三组或三组以上的协同式排比，显现出某种相同、相关或相通的意义类聚，由此表述历史文化事件中相互联系、大小不等的某一个阶段。这个阶段可以是历史文化事件的开端，也可以是结尾，也可以是开端与结尾之间的过渡。这种意义类聚我们称为“义系”，它是《说文》意义体系中的最小子系统。为什么要把“洪”与“恭”联成一组，而不把“洪”与别的从“共”得声的词联成一组呢？因为《说文》中词与词形音义整体联系的走向表明：在许多类声符相同的词之中，以“水”为形符与以“心”为形符的词往往发出联接，共同表述面对洪水则惊恐愁苦的意义。本文列举的洪、恭，沆、忼，洞、恫，浥、悒，湫、愁等六组词的排比即表明了这种联接、组合的趋向。当然，《说文》中构成排比以表明这种趋向的词还不止这六组。同时，更为重要的是：这些词的协同式排比所共同表述的意义在文献语言材料中拥有丰富的例证。比如本文引证的《书·尧典》《孟子·滕文公下》，还有尚未列举的《左传·昭公元年》《淮南子·本经训》等。总之，一是《说文》中许多类声符相同的词都通过形符对应体现出某种特定意义的排比趋向，二是这种特定意义的排比趋向在文献语言材料中拥有众多的例证。所以协同式排比的系联是客观的、可信的。

（二）《说文》意义体系表述历史文化事件的第二条方法与规律，是从对于历史文化事件进程的反映出发，使表述历史文化事件某两个特定阶段的义系，在意义上自然地形成对立。

我们知道《说文》中声符相同的词两两为一组，通过形符的对应显示出三组以上的排比，由此构成一个义系，用以表述历史事件的一个阶段。"洪烘"系是这样形成的。别的表述历史文化事件发生、发展阶段的义系，也是这样形成的。例如：

崇，山大而高也。（九下·山部）（从《段注》本）
悰，乐也。（十下·心部）

垲，高燥也。（十三下·土部）
恺，乐也。（十下·心部）

按：《说文通训定声》：垲"谓高地"。

陸，高平地。（十四下·𠂤部）
睦，目顺，一曰敬和也。（四上·目部）

这三组词，声符相同的词两两结合为一组，分别为"宗"声、"岂"声、"坴"声。在形符上则造成对应，形符的一方为从"山"，另一方为从"心"。三组词在形符上虽有一些差异，但每一方形符的含义是相通的：崇从山，垲从土，陸从𠂤，《说文通训定声》认为垲谓高地，即是高土。《说文》所云高地、高土均指高山，例如：丘，土之高也；坴，土高也。皆为高山。陸从𠂤，而𠂤训为"大陸，山无石者"，也是指山。又，悰、恺，形符均从心。"睦"的形符虽从目而不从心，但"目"与"心"在含义上也相通：《大戴记·曾子立事》所云

"目者，心之符也"可以为证。因此，崇、悰，垲、恺，陸、睦，三组词声符相同，形符对应，意义形成排比，它们在形音义上的贯通表明：先民避离洪灾、登上高山后感到喜悦和顺。由此构成的义系称为"崇悰"系。"崇悰"系反映了"尧遭洪水"事件的发展。

"洪烘"系表述先民受到洪水侵害则惊恐愁苦，"崇悰"系表述避离洪水、登上高山则喜悦和顺，这两种处境与感受是相反的，因而"洪烘"系与"崇悰"系在意义上形成对立。

（三）《说文》意义体系表述历史文化事件的第三条方法与规律是，义系的对立都要实行转换，走向统一，这种转换、统一是经由其他义系在意义上的推演、交错而实现的。

义系的对立指两个义系存在着意义上相反、相对的关系。这种语言现象体现了历史文化事件的两个阶段。义系的对立不但是客观存在的，而且是必需的。它们反映了两个历史阶段的联系，预示了两个对立义系实行转换、走向统一的趋势与线索。

具体实行对立义系的转换与统一，是由其他义系的推演、交错来完成的。义系的推演指义系之间有逻辑事理上推导、递演的关系，包括因果关系、条件关系、递进关系等。义系的交错指义系之间在一个或多个义位（义位指词的义项）上发生交叉重合的关系。

如果把义系的对立所反映的内容看作某一个历史文化事件的开头阶段与结尾阶段，那么义系的推演、交错所反映的内容则是联接开头与结尾的中间过渡阶段。中间过渡阶段一般是比较长的，因而义系的推演、交错往往比较详尽。

促成反映"尧遭洪水"事件的开头与结尾阶段的"洪烘"系与"崇悰"系在发生转换时，经过了众多义系曲折往复的推演、交错过程。大略言之，这一过程首先是"渡水"义到"登山"义的推演，然后是“州场”义与“耕畴”义的交错。

第一，“渡水”义到“登山”义的推演。

这个推演过程的总纲，集中表现于《说文》“州”的词义训释：

> 州，水中可居者曰州。水匌绕其旁，从重川。昔尧遭洪水，民居水中高土，故曰九州。……（十一下·川部）（从《段注》本）

“民居水中高土”就是登山棲居，这有《风俗通义》“丘”下的释义为证：“尧遭洪水，万民皆山棲巢居，以避其害。”⑯

《说文》“州”下所云“昔尧遭洪水，民居水中高土”是对先民由“渡水”到“登山”这一推演过程的集中概括；这个概括体现于《说文》全书词与词的整体联系上，则有“由济而跻”“由涉而陟”“由津而建”等二十组词的推演。这里列举四组：

> 济，济水，……（十一上·水部）
> 跻，登也。（二下·足部）

按：《说文注》：“今字以为济渡字。”《尔雅·释言》：“济，渡也。”又《说文》水部：“渡，济也。”

《易·震》：“跻于九陵。”《尔雅·释地》：“大阜曰陵。”则“跻”为登山。

> 涉，徒行沥水也。（十一下·林部）
> 陟，登也。（十四下·阜部）

按：涉之“沥水”即渡水。《广雅·释诂》：“涉，渡也。”

商承祚《殷虚文字类编》：陟“从阜，示山林形”。又《诗·卷耳》：“陟彼崔嵬。”《诗·皇矣》：“陟我高冈。”笺：“陟，登也。”可知“陟”为登山。

津，水渡也。（十一上・水部）
逮，自进极也。（二下・辵部）（从小徐本）

“津”“逮”声符相同。津为水渡，逮为自进极。何谓自进极？《广雅・释诂》：“极，高也。”《诗・大雅・崧高》：“崧高维岳，骏极于天。”传：“山大而高曰崧。”可见“极”是表述“崧高”的。《段注》认为“崧”“即崇之异体”，云：“《诗序》曰：崇丘，万物得极其高大也。此崇之故训也。”并引用《河东赋》“瞰帝唐之崧高”为证[17]。“帝唐”指尧，则“崧高”“骏极于天”是状貌尧所在的崇山，即“水中可居”之“州”的高大气象的。由此可知“逮”的“自进极”，指进登崇山。那么“由津而逮”的推演，就是表述尧与民众经过津的水渡，进登于崇山之上。

歬，不行而进谓之歬，从止在舟上。（二下・止部）
进，登也。（二下・辵部）

在洪水怀山襄陵之世，有山可上登，而无地可平行。其时只有凭借舟船，才能上岸登山。“歬（前）”用“止在舟上”的构形表示“不行而进”之义。“止在舟上”，是“象人足在舟上”[18]，代指人在舟上。“不行”，是说人不在地上步行，而是凭借舟船在水路前进，如《说文注笺》所云：“人不行而能进者，唯居于舟为然。”居舟而进，就是济渡。故章太炎说：“歬，不行而进也，即济渡之济。”[19]“歬”训为“不行而进”，而“进”训为“登”，向上登进。在洪水时代，向上登进只能是登山。

上述四组词，“济、跻”“津、逮”声符两两相同；“涉、陟”同从“步”取义；“歬、进”古声同为齿音，古韵为元真旁转。在意义上，四组词的整体联系构成鲜明的推演式排比：其中每一组的两个词一为渡水，一为登山，这两个意义紧密相联，前者表示条件，后者表示目的，二者的推演表述了洪水时代人们由渡水到登山的过程。由此而形成的义系称为“济跻”系。

这一过程的具体情节，在声符相同、形符对应的词的组合中有确切的反映，计有：集舟成梁、同舟共济、匍绕腾奔、登山颠跻，等等。为篇幅所限，兹不备举。

第二，“州埒”义与“耕畴”义的交错。

义系的推演体现到历史文化事件上，是历史文化事件的开端阶段向着结尾阶段延伸。当延伸到接近结尾阶段时，开端与结尾这两个对立的阶段必然发生联接。这联接的部分我们称为结合部。结合部反映到语言词义上，就是两个对立义系在一个或多个义位上发生了交叉重合。《说文》中不少词的存在形式是一词两义或多义，它们在意义体系中正是承担着语言领域对立义系的结合部的职能。

《说文》“州”的词义训释不但是反映“尧遭洪水”事件推演过程的总纲，也是反映其交错过程的总纲。

> 州，水中可居者曰州。水匍绕其旁，从重川。昔尧遭洪水，民居水中高土，故曰九州。《诗》曰：在河之州。一曰：州，畴也，各畴其土而生也。（十一下·川部）

“州”包含两个义位：一是“州埒（即：居水中高土）”；二是“耕畴（即：畴土而生）”。按照段玉裁的说法，这两个义项（即义位），“前义内可包”后义[20]。其实，是这两个义位在“州”这个词上面发生了交错。

为什么前义可包后义，为什么两个义位会发生交错呢？

“民居高土”义与“畴土而生”义统一于“州”的释义中。这个特点体现到《说文》词与词的联系上，即是声符相同的“埒”“畴”在意义上的组合：

埒，保也，高土也。（十三下·土部）
畴，耕治之田也。（十三下·田部）

“埒”的训释义之一是“高土”，在《说文》中它与下述词义构成同义关系：

州，……水中高土。（十一下·川部）
丘，土之高也，非人所为也。（八上·丘部）
陶，再成丘也。……（十四下·阜部）
垚，土高也。（十三下·垚部）

《说文》中，“高土”义与“居处”义是紧密相联的。例如“州”下云：“民居水中高土。”是“高土”与“居”相联。又《广雅疏证》指出：“土之高者曰丘。凡言丘者，皆居之义也。”可见“土高”即含“居”义。《说文》“丘”义为“土高”，“陶”训为“再成丘”，即“陶”亦为“土高”。又“垚”训在“土高”，“尧”训为“高”，“垚、尧古今字”[21]。而“陶”下云：“陶丘者尧城，尧尝所居，故尧号陶唐氏。”也是高土之“丘”义与“居”义相联；同时表明唐尧其人正是得名于避洪水时所居之高土、山丘。

“高土”义与“居”义紧密相联，说明高土的作用是让人居处。尧遭洪水时代，民居水中高土，实际上是居住于山后之厓岩中。上文引用《风俗通义》“丘”的释义时已证明居水中高土就是楼居山丘，而楼居山丘是指居“山石之厓岩”。故《说文》云：

厂，山石之厓岩，人可居。（九下·厂部）
广，因厂为屋。（九下·广部）（从小徐本）
屋，居也。（八上·尸部）
庶，屋下众也。（九下·广部）

这一组词义的相互联系说明：上古时代，众庶是“因厂为屋”之众，他们居住于“厂”这种山石之厓岩中。正如《墨子·辞过》所云：“古之民未知为宫室时，就陵阜而居。”

但是，当时的“居”并非只是“棲身”之义，更重要的是指在高土从事耕作以获生存安居。

何以知之？上文已证明尧时众庶民居住于“厂”，而《说文》的系统词义表明：众庶同时即在“厂”耕作。九下·厂部：“厤，治也。从厂，秝声。”“厂”为山石之厓岩，代指山陵高土，而“秝”为禾苗稀疏得宜（七上·秝部），代指耕作。因此“厤，治也”是指耕治，说明耕治最早是发生在山厓上的。具体地说，最早的耕治是烧种，是在山上进行的。《说文》“民居水中高土”的“州”，其第二个义项是“畴也，各畴其土而生也”。章太炎指出：“‘畴’孳乳为‘畱’，烧种也。此所谓火耕者，亦耕之类。”[22]就是说，“畴”义包含并发展出“畱”的“烧种”义。而“畱”的意义，《段注》说明是“焚其草木而下种，盖治山田之法为然”[23]。既是治山田，则在山上耕治可知。尧时在山上耕治为何要“先焚其草木”？因为“当尧之时，天下犹未平，洪水横流，泛滥于天下，草木畅茂，禽兽繁殖，五谷不登，禽兽逼人”。在这种情境下，“尧独忧之，举舜而敷治焉。舜使益掌火，益烈山泽而焚之，禽兽逃匿”[24]。丁山认为：“烈山泽而焚之”，“反映出来中国农业的原始形态”，“先是火田为狩，然后耕种那所焚之地；后世的农田，正是‘烈山泽而焚之’的遗迹”[25]，可见，洪水时代的人们在“高土”居处，也就在高土从事“耕畴”。这是我们要论说的第一点。

要论说的第二点，是高土耕畴的结果，使众庶衣食饱足。《说文》“州”的第一个义位是“水中可居”之“高土”，第二个义位是“畴也，各畴其土而生”。而“畴”，《说文》训为“耕治之田也”。在《说文》中，与“畴”声符相同，且与“州”的“水中高土”同义的词，是“埱”。“埱”包含两个义位：保也，高土也。“保”是表明“高土”的作用的。其作用有二：一是“居处”，故《诗·楚茨》“神保是飨”笺：“保，居也。”《诗·思齐》“无射亦保”笺亦云：“保犹居也。”二是衣食饱足。《说文》云：“保，养也。”（八上·人部）“保养”既指食物之供奉，也强调食物饱足，例如“宧”训为“养也”，具体指称“室之东北隅，食所居”（七下·宀部），是“养”与“食”同义；又如，保养之保与饶饱之饱，二者古文的声符相同：保古文作𠈃（八上·人部），饱古文作餜（五下·食部）。《广雅·释地》记载了尧与民众垦殖耕畴的业绩：“帝尧所治九州，地二千四百三十万八千二十四顷，其垦者九百一十万八千二十四顷。”其时唐尧忧勤劳苦以为民先，如《说文》“腒”下所云：“传曰：尧如腊，舜如腒。”（四下·肉部）臧琳《经义杂记·论〈说文〉》解释说：“称尧如腊、舜如腒者，言尧舜忧勤，故体瘠若乾腊耳。”[26]《庄子·在宥》亦云：“尧舜于是乎股无胈、胫无毛以养天下之民。”劳累得大腿上没有肉，小腿上不长毛，是何等辛勤！在高地忧勤耕畴终获成功，故《风俗通义·皇霸》云：“尧者，高也，饶也。”[27]“高”是高土，“饶”是衣食饱足，《说文》：“饶，饱也。”（五下·食部）

至此可以作一小结。洪水时代民居高土的同时即从事耕畴，而且高土耕畴得到物饶安居的结果。这一系列史实反映到词义的相互关系和存在形式上，就是“民居高土”义包含了“畴土而生”义，就是这两个意义都统一地记载于“州”的释义中。由此形成的义系称为“埱畴”系。

如果从意义体系表述历史文化事件的角度来看待词义的这种相互关系和存在形式，就会发现，这是“尧遭洪水”事件的开端阶段向前延伸，在联接结尾阶级时，这两个阶段之间形成了结合部。这种延伸与形成结合部的情况反映到意义体系上，就是在促使相互对立的“洪烘”系与“崇悰”系发生转换、走向统一时，经过“济跻”系中“渡水”义到“登山”义的推演，进而形成“埱畴”系，实现了“州埱”义与“耕畴”义的交错。或者说，“洪烘”系与“崇悰”系由于在“州”包含的“民居高土”“耕畴而生”这两个义位上发生交叉重合，因而达到统一。

说得显明一些，由于沧海横流之世有了“州”“丘”“埱”这种高土（“州、丘、埱”异名而同实）作为依托，尧与民众才得以攀登、耕畴，才能避离洪灾、延续生存，所以在意义体系中“渡水”义到“登山”义的推演、“州埱”义与“耕畴”义的交错，始终都是围绕着“州、丘、埱”义进行的。

为了深入理解“洪烘”系与“崇悰”系的统一是在“民居高土”“耕畴而生”这两个义位上发生交叉重合后完成的，我们不妨来一番前后照应式的论证。本文开头，我们曾说“洪烘”系表述先民面临洪水即惊恐哀痛，“崇悰”系表述先民登上高山则喜悦和顺。惊恐哀痛是因为陷溺水中，尚未登州；喜悦和顺是因为已经避离洪水，登上州丘。核心问题在于是否已迁居水中高土。高土的根本作用是使人们经由耕畴而得安居，因而人们为之喜悦和顺。那么《说文》是怎样表述这种喜悦和顺的缘由的呢？是通过说明干燥与耕作的关系来表述的。于是就展开了一系列的意义推演。请看：

厂，山石之厓岩，人可居。（九下·厂部）
阳，高明也。（十四下·阜部）
厂之性坼。（三下·歺部“𣦼”下）
坼，裂也。（十三下·土部）
垲，高燥也。（十三下·土部）
厤，治也。从厂，秝声。（九下·厂部）

人们登山居住于山石厓岩之“厂”，山厓地势高则向阳，向阳之地土质干燥坼裂，“垲，高燥也”表明，“燥”是高地之燥。土质干燥易于耕治，人们则在这样的环境中从事耕作。

之所以说土质干燥易于耕治，是因为古人总结的、尔后世代相传的经验是“宁燥不湿。燥虽耕块，一经得雨，地则粉解；湿耕坚垎，数年不佳”[28]。

有易于耕治的干燥土质，加上上文所说尧与民众“体瘠若腊”的忧勤耕种，故高地耕畴终获成功，人们物饶安居，举怡怡然喜乐和顺矣。

暵，干也。耕暴田曰暵。（七上·日部）
歎，吟也，谓情有所悦吟歎而歌咏。（八下·欠部）（从《段注》本）

暵、歎声符相同，意义上一为干燥、耕暴田，一为喜悦而歌咏。“暵”既指土质干燥，也指上文论证的耕种“烈山泽而焚之”之后的田地（耕暴田）。本文第二节第（二）部分论说“崇悰”系时曾引证《说文》“垲，高燥也”“恺，乐也”，说明先民登上高山则喜乐和顺；现在对照“暵、歎”在音、义上的组合，则明白了：人们为之喜乐和顺的，其具体所指原来是地势向阳、土质干燥的高地，是焚烧草木后耕种的暴田。

“洪烘”系与“崇悰”系本来是对立的，由于中间经过“济跻”系的推演而发生转换，接着通过“埒畴”系的两个义位“民居高土”“耕畴而生”而发生交叉重合，随即达到了统一。

（四）洪烘——济跻、埒畴——崇悰，是《说文》意义体系中义系的第一次对立统一。这次对立统一表述的是作为中国历史发端的“尧遭洪水”事件。

《说文》意义体系表述历史文化事件的第四条方法与规律，是义系的每一次对立统一即表述一个历史文化事件；义系的一系列对立统一之间，又通过对立、推演、交错、总分的方式联接起来，由此整体贯通地表述从“尧遭洪水”到“亡新居摄”之间先后递嬗、波澜壮阔的历史进程。

三　研究《说文》意义体系的重要意义

“尧遭洪水”事件对于中国传统的历史文化的孕育与发展真是影响深远；反映以“尧遭洪水”事件为起点的中国上古史的上古汉语意义体系对于中国传统的历史文化的表述与流播，对于后代汉语词义的形成与演变同样是影响深远。

上古汉语意义体系的发生与《尧典》洪水事件同样古老。它的形成伴随着上古史的演进而经历了旷远绵邈的日月，降及东汉有幸得到五经无双、无征不信的许慎以汉语字词形音义贯通及据形系联的方式作出忠实客观、宏阔深邃的整理与记录。这样，许慎《说文》就得天独厚、世罕其匹地贮藏了中国上古的语言与文化的真义，成为一切古典坟籍的“主中之主”[29]，故清代王鸣盛凭高向远、器宇轩昂地宣告：“《说文》为天下第一种书，读遍天下书，不读

《说文》，犹不读也。”[30]

以往由于大多从字形上作孤立、零碎的考证，忽略了《说文》全书的会通及《说文》在整体上凭借的历史文化背景，误解《说文》仅是字形之书，仅是东汉之书，因而两千年来《说文》所载系统古义隐没不彰，由此导致对中国历史文化和汉语词义的研究往往以假乱真。段玉裁《说文注》创通形音义结合研究的条例。段氏虽揭示了《说文》全书的会通，但并没有在实践上把全书的词义会通。章太炎《文始》是按照古音二十三部排列他选定的《说文》字根及字根孳乳之义，这一总体设计虽然开创了《说文》及语源研究的新局面，但实施规则却隔断了《说文》全书形音义的整体联系及这种联系凭借的历史文化背景。程树德《〈说文〉稽古篇》指出“上起黄帝，下逮两汉”的逸闻古俗保存在《说文》中，但他对《说文》所载古史的考证是局部的、片断的，尚未作整体贯通。当代蒋善国先生提出“最重要的是要把《说文》里面的九千多字当作一个有机的整体，有联系地研究汉字形、音、义”，“把《说文》融会贯通起来”[31]，表明人们在《说文》研究上已经具备广阔的科学视野与透辟的学术眼光。可以预计，《说文》意义体系的研究与揭示不仅有助于如实展示古代汉语词义及其构成发展的规律的本来面貌，而且有助于充实、改变上古历史文化研究中的结论，从而推进古代汉语和中国古代历史文化的研究走向一个全新的时期。

附注

①《说文》9353 个字并不表述 9353 个词，据我们考证，它表述 8934 个词。详见拙撰《〈说文解字〉词义系统研究提要》，载《中国语言学发展方向》169 页，光明日报出版社 1989 年。

②③⑰⑳㉓《段注》784 页、495 页、440 页、569 页、695 页，上海古籍出版

社 1981 年。

④⑧⑨《说文·叙》320 页、316 页、320 页,中华书局 1963 年。

⑤《庄子·天运》。

⑥《说文稽古篇·序》1 页,商务印书馆 1933 年。

⑦ 帕默尔《语言学概论》99 页,商务印书馆 1983 年。

⑩ 焦循《孟子正义》447 页,中华书局 1987 年。

⑪ 义系指相同、相关或相通的义位的类聚。义位指词的一个义项。

⑫《书·益稷》疏。

⑬《书·益稷》传。

⑭ 孙星衍《尚书今古文注疏》90 页,中华书局 1986 年。

⑮ 丁山指出"《尧典》洪水即中国历史的起点",见《中国古代宗教与神话考》209 页,上海文艺出版社 1988 年。

⑯㉗ 见吴树平《风俗通义校释》380 页、15 页,天津人民出版社 1980 年。

⑱ 林义光《文源》,转引自丁福保《说文诂林》2390 页,中华书局 1988 年。

⑲《文始》"丨"下,又《小学答问》"济水"下。

㉑《说文解字注笺》。

㉒《文始》"畴"下。

㉔《孟子·滕文公上》。

㉕《中国古代宗教与神话考》252 页。

㉖ 转引自《说文诂林》4568 页。

㉘《齐民要术·论耕》。

㉙ 黄侃《文字声韵训诂笔记》。

㉚《说文解字正义·序》。

㉛《说文解字讲稿》137 页,语文出版社 1988 年。

[原载《华东师范大学学报》(哲学社会科学版)1991 年第 6 期]

《说文》意义体系与成体系的中国上古史

一　引论：运用整体贯通的方法揭示《说文》意义体系记载的上古史体系

《说文》贮藏着精谛宏美的汉字意义体系。这个由9353文的整体联系镕铸而成的意义体系，隐秘而详审地记载着近人认为事迹茫昧、且古代文献不可得详的成体系的中国上古史。

康有为曾有"上古茫昧无稽考"的浩叹。他说："吾中国号称古名国，文明最先矣。然'六经'以前，无复书记。"[①] 康氏忽略了：汉字也是史料，汉字的本义具有直接表述古史的宝贵价值。汉字的产生与中国的文明同样古老；汉字出现的年代一定早于任何一部成文的典籍。即使"'六经'以前无复书记"，或者"文献不足"[②]，我们仍可经由汉字来考察古史。

汉字在历代屡经改窜，在今日由汉字考察古史，其可靠性如何呢？认识这个问题，需要明确由汉字考求古史的标准、凭借与方法。

我们是通过汉字的意义体系来探求成体系的上古史的，其标准是以意义体系对应于古史体系，不是就单个汉字、三五个汉字或几十个汉字孤立地、零碎地、表面地考释古史的片鳞碎羽或细枝末节。

经由汉字意义体系探求成体系的上古史，其凭借是许慎的体大思精的《说文》，而不是那些与《说文》相比“不可以道里计”的《仓颉》《爰历》及后代字书，也不是尚未构成完整的意义体系的甲金文字[③]（但不排斥以甲金作《说文》研究的佐证）。

许慎是“五经无双”的古文经学家，根基雄深，编著《说文》时备极审慎，“必遵修旧文而不穿凿”，必“博访通人”，“信而有征”[④]。故《说文》是对前言古语和经籍旧文中的意义精审考证、博综融贯的结晶，是先秦词义的集大成。《说文》传至今日，根据我们研究所得的认识，它仍然包容了先秦文献足够的词汇量；它会聚的词义中，90％以上产生或存在于先秦时期；这些词义在总体上是信而有征的，全书的形、音、义存在着整体的联系，其中贮存了先秦时期的意义体系[⑤]。这表明：历代对《说文》的改窜不是成体系的改窜，改窜大多表现在对单个汉字的形、音、义所作的盲目、散乱的增删、改动上。段玉裁曾说：《说文》“经后人妄窜，盖不可数计，独其义例精密，迄今将二千年，犹可推寻，以复其旧”[⑥]。段氏指出经过无数改窜后，《说文》仍“义例精密”。可见《说文》传到后世，它所具有的整体联系的条理还完好地保存着。这就为我们恢复《说文》的旧有面目，归纳其意义体系以考察古史提供了绝好的条件。

归纳《说文》意义体系以考察古史的方法，是整体贯通。就是把《说文》9353文作为一个有机的整体来看待，通过校正、考释、类聚，清理这近万个字词的形、音、义发生贯通联系的枢纽、内容与方式，进而归纳出意义体系。接着探求意义体系同它表述的古史体系是如何对应与贯通的。因此，由《说文》考察古史经过两个层次的贯通：一是《说文》全书形、音、义的贯通，二是意义体系与古史体系的贯通。

中国古代史是成体系的。梁启超说:“历史为过去人类活动之再现”,而“人类活动状态其性质为整个的,为成套的,为有生命的,为有机能的,为有方向的”[⑦],一言以蔽之是成体系的。梁氏从整体、内部联系和发展来认识历史,所以他的这段论说是富于识断的。上古史是成体系的,它的发展是不断地由对立走向统一。《说文》意义体系表明,上古史呈现为唐尧、虞舜、夏禹、商汤、周文、春秋、战国先后递嬗的历程。这个历程的各个事件之间,事件的各个阶段之间,都依据着一定的条件由两两对立经过推演而达到统一。伴随着这样的发展历程,就展现出上古时期以一阴一阳的分合交替为核心内容的文化观念。这种文化观念以古史历程为依托,是当时的人们对古史历程的认识之升华。各个具体的文化观念之间,也构成对立——推演——统一的关系。总的来看,上古史历程与上古文化观念具有复杂的对应关系,它们是整体的、成套的。无论是古史历程还是文化观念,都仿佛有生命、有机能那样,在对立与统一的转换和调节中,向着特定的方向发展。所以《说文》表述的上古史是成体系的。

汉字意义体系的形成与意义体系对于古史体系的表述是同时发生、协调进行的。汉字是成批地、成体系地产生的。

记录语词的汉字必然有意义、读音和字形。汉字在成体系地产生时,众多汉字的形、音、义呈现规律性的变化。其变化的一般规律是:以形、音、义的对应为标志,至少造成三组汉字的排比,共同表述历史事件发生发展的一个阶段或彼此有联系的事物、现象与活动。在由此造成的三组或三组以上的汉字排比中,每一组汉字的声符相同或相近,形符两两对应,意义均为由此及彼地推演。

在众多汉字记录的众多语词之间，要发生复杂的意义联系。一个字词、一组字词、一系列字词，往往基于特定的历史背景或文化内涵而与别的字词、其他组字词、其他系列的字词发生意义上的对立、推演、交错[8]，由此造成大量汉字在广阔范围内的旁推交通，足以生动、丰富地表述历史事件和人们的生活、行为、情感、思维的万千变化。

以上所说，不论是《说文》汉字形、音、义的排比，还是汉字意义的沟通，都表明《说文》全书字词的联系是密切的、整体贯通的。这种联系，直接而具体地反映出成体系的上古史。

但是，汉字这种整体贯通的联系及其对于古史的反映，却没有在《说文》字词的编排和说解方式上明确地表现出来。应当怎样认识《说文》字词的整体联系同编排、说解方式的关系呢？

《说文》字词的编排方式是据形系联，说解方式是以形说义。这些方式体现了汉字据义绘形的原理[9]，从根本上看是由华夏族先民效法天地万物生机的情感与观念决定的[10]。先民效法万物生机的情感与观念一方面滋养了后来成为中国古代文化主干的春秋时代的儒学，并在儒学中升华为"天人合德"的思维体系；另一方面又促使汉字在表达语言意义时形成"立象以尽意"的原则[11]。"天人合德"的思维体系认为，人与自然是和谐统合的整体，人应当"赞天地之化育"，"与天地参"[12]，在畅行自身生机的同时助成万物完成其畅行生机的生命历程。"天人合德"的思维同"立象尽意"的原则之间存在着被表达与表达、制约与被制约的关系，二者在汉字的运用上相辅相成地统一起来了。"立象以尽意"是指"见天下之赜，而拟诸其形容，象其物宜"[13]，它最早是汉字凭借形象表达天下万物、人事、思维的性质特征与变化之理的原则，后来推广而成中国学术文化在表达上的通则。“立象以尽意”的实质是贯彻“天人合德”，以便生动、含蓄地表达万物、人事、思维蕴涵的生机，因此它的基本方法是依据天地万物的类别以象其形。这就是《说文·叙》所云“初作书，盖依类象形”[14]之意。《说文》对9353文所体现的“天地鬼神、山川草木、鸟兽昆虫、杂物奇怪、王制礼仪、世间人事”[15]等类别加以区分，用独创的540个部首——集中代表天地万象的几百个类别——统领之[16]。对字形的解说必注明从某一部首，对意义的解说必阐明从某一部首的缘由。可见《说文》是依据“立象以尽意”的原则来区分和解说字词的。至于部首与字词的编排顺序“始一终亥”，则是象征天地万物畅行生机的历程的。按照这一顺序编排出来的字词内容，其主线为：天地造分，神人以和，草木屯生，万物晋进……霜丧辟曲，伏藏富备，亥而生子。由此展示自然、人事与思维变化贯通的条理。《说文·叙》指出：“分别部居，不相杂厕，万物咸睹，靡不毕载”[17]，“杂而不越，据形系联，引而申之，以究万原”[18]。可见《说文》是以“分别部居”“据形系联”的编排方式来“睹万物”，“究万原”，也就是彰明自然万象，贯彻“立象尽意”的原则，显示“天人合德”思维体系的内涵。

许慎生当东汉明帝至桓帝年间(此据清人严可均考订)，明帝尊崇儒学，章帝大会诸儒，和帝数幸东观，其时虽“经学大明”[19]而“小学不修”，“颇改定古文”，“未尝睹字例之条”[20]者甚众。许慎抱着“理群类，解谬误，晓学者，达神旨”[21]的目的撰著《说文》。“理群类”是用540个部首编排汉字，“达神旨”是通过全书意义的解说真切地展示“文字者经艺之本，王政之始，前人所以垂后，后人所以识古，故曰本立而道生”[22]的宏深的意旨。文字联缀而成经艺，文字与经艺表述王政，文字同为经艺、王政之本始，文字与经艺、王政之间，是“本立而道生”的关系。就是说，经由文字的本形本义的表述，从“王政”史实中总结而成的先王之“道”才能真实地记载于“经艺”中，为后人所识，替前人垂范。所谓先王之“道”，核心内容是春秋时期的儒学从古代史迹与经验中抽绎出来的“天人合德”的观念体系，即《周易》强调的“生生之谓易”“一阴一阳之谓道”。由《说文》全书字词的整体联系镕铸而成的意义体系，正是表述这些古代史迹与观念的。具体地说，是反映唐尧、虞舜、夏禹、商汤、周文以迄春秋的上古历史进程，并展现上古时期一阴一阳分合交替的文化观念的。因此，《说文》从“立象以尽意”的原则出发而采用“据形系联”的编排方式和“以形说义”的说解方式，同时为了展示“文字者经艺之本、王政之始”的意旨而在字词的整体联系中反映古代史实和先王之道，这两个方面的关系是互为表里的。编排字词的方式是外表、形式，字词的整体联系反映古史，则是实际、内容。我们对《说文》形式与内容的统一方式不应作直观、简单、孤立的理解。《说文》这样宏阔精微的巨著，它对历史文化的表述以及历史文化对它表述上的制约是深刻而微妙地交织着的。我们若能从浩繁、渊深的中华学术文化的形成、核心与形态去把握《说文》形式与内容特定的统一方式，那么对《说文》宗庙之美、百官之富的认识，势将进入一个新的境界。

《说文》的编排与说解方式是历史地造成的，是由古人的情感与观念、古代文化的表达原则、汉字的造字原理决定的。许慎其时，必然创制出这样的编排与说解方式。他能创制这样的方式，已是竭其心智之所能，进登于当时学术文化之极顶(《说文·叙》:“既竭愚才，惜道之味。”[23])。从此以后，中华学术文化才有了“隐括有条例，剖析穷根源”[24]的语言文字巨著。《说文》的编排方式与《说文》内容之精妙统一深深植根于历史文化的沃土。而到今日，如果不能深入理解这种编排、说解方式形成的原因、特点及其表达全书字词整体联系的作用，那就可能导致仅从部首与字形去做辨偏旁、正点画的研究。而抹煞了它的真实的内容与价值。

由于这两个原因：一是《说文》全书字词的形音义存在着整体贯通的联系，二是《说文》"据形系联"的编排方式可能导致后人拘囿于字形分析而忽视意义的整体联系，因而归纳《说文》意义体系以考察古史，必须采用整体贯通的研究方法。

段玉裁说："自有《说文》以来，世世不废，而不融会其全书者，仅同耳食。"[25]段氏深知，不融会全书，不作整体贯通，《说文》研究就失去了意义。

章太炎说："讲说许书，一旦解寤，的然见语言文字本原……由是所见与笺疏琐碎者殊矣。"[26]"文字者，语言之符，苟沾沾正点画、辨偏旁而已……终使文字之用，与语言介然有隔，亦何贵于小学哉！"[27]章君深知，拘囿于点画、偏旁的字形分析，作孤立、琐碎的文字研究，则不可能由《说文》而悟见语言文字本原。

语言文字学前辈大师已经明确了融会《说文》全书以系统研究汉语言文字本原的目标，然而自段氏、章君以来，考求《说文》所载古史而成书者，只有程树德的《〈说文〉稽古篇》(商务印书馆 1933 年)。程氏清醒地认识到《说文》的内容与价值，他说："班史《艺文志》所录《仓颉》以下凡十家四十五篇，无一存者。今当以许氏《说文》为最古。假《说文》以证史，其间上起黄帝，下逮两汉，逸闻古俗，胥存其中。"[28]《〈说文〉稽古篇》开辟了由《说文》研究古史的道路。但此书多属片断的考证，尚未就《说文》全书字词的联系作整体贯通。

二 论证:《说文》意义体系记载了中国上古史体系

成体系的中国上古史,是从"尧遭洪水"天始的。

康有为说:"洪水者,大地所共也。人类之生皆在洪水之后,故大地民众皆区萌于夏禹之时。"[29]

丁山说:"《尧典》洪水即中国历史的起点。"[30]

今天的许多通史和历史教科书大约以为洪水是上古传说,不足为据,故对此阙而不谈。但先秦典籍已证明上古确曾发生"尧遭洪水"事件:

《书·尧典》:"帝(尧)曰:咨!四岳,汤汤洪水方割,荡荡怀山襄陵,浩浩滔天。"

《诗·商颂·长发》:"洪水芒芒,禹敷下土方。"

《孟子·滕文公上》:"当尧之时,天下犹未平,洪水横流,泛滥于天下。"

先秦文献对洪水事件的记载虽失之简略,但承认洪水是史实,却是无疑的。汉字"是中国文化的脊梁"[31],汉字出现的年代早于任何一部成文的典籍。现在我们就通过《说文》意义体系的表述具体论证作为上古史开端的"尧遭洪水"事件。

我已经在《〈说文〉词义系统记载了"尧遭洪水"事件》[32]和《论〈说文〉意义体系的内容与规律》中清理了洪水事件的主要环节,列举"洪、烘""沆、忼""洞、恫"三组汉字,说明它们的形符发生对应,一从水,一从心;在意义上,每一组的两个词一为洪水,一为惊恐哀恸;三组汉字形音义的排比表述人们面临洪水时惊恐哀恸的神情。这与《书·尧典》"汤汤洪水方割,荡荡怀山襄陵,浩浩滔天,下民其咨”的记载是吻合的。“其咨”即在洪水面前发出惊恐哀恸之声。《尧典》疏：洪水“势若漫天，在下之民，其皆咨嗟困病其水矣”[33]。这里再列举三组：

浦，濒也。（十一上・水部）
悑，惶也。（十下・心部）

渍，水厓也。（十一上・水部）
愤，懑也。（十下・心部）

漘，水厓也。（十一上・水部）
唇，惊也。（二上・口部）

这三组汉字，也是每一组的声符相同(漘声符为脣，脣、唇声符都是辰。)三组的形符发生对应。唇的形符虽从口，而口“所以言”(二上・口部)，“言，心声也”(《法言・问神》)，故“唇”所从之“口”在此与“心”相通。三组的形符其实是一从水，一从心。在意义上，每一组的两个词一为水厓，一为惊恐迫厄。《方言》十三：“愤，厄也。”注：“谓迫厄。”三组汉字形音义的排比表述在水边的人们为洪水所困的迫厄与惊惶。

上述六组汉字的排比表述先民遭到洪水侵害时的惊恐与忧苦，我们称之为“洪烘”义系。“洪烘”义系反映“尧遭洪水”事件的开始阶段。义系是相同、相近、相通的义位的类聚。一个义位指词的一个义项。

《说文》意义体系往往通过两个义系的对立以表述某一历史文化事件的开端与结局。与“洪烘”义系对立的是“崇悰”义系。我在《〈说文〉意义体系记载了“尧遭洪水”事件》中列举“崇、悰”“垲、恺”“陸、睦”三组汉字形、音、义的排比，说明先民避离洪灾、登上高山则感到喜悦和顺。这三组汉字称为“崇、悰”义系，它反映了“尧遭洪水”事件的结局。

“尧遭洪水”事件由开端向着结局过渡，在《说文》意义体系中是通过“济跻”义系的推演(即“渡水”义到“登山”义的推演)来实现的。这个推演过程的总纲，集中表现于“州”的解释：

> 州，水中可居者曰州。水匌绕其旁，从重川。昔尧遭洪水，民居水中高土，故曰九州。……(十一下·川部)

《风俗通义》“丘”下的释义证明，“民居水中高土”就是登山栖居：“尧遭洪水，万民皆山栖巢居，以避其害。”[34]

我在《〈说文〉意义体系记载了“尧遭洪水”事件》中列举“济、跻”“涉、陟”“津、建”三组汉字的排比具体说明这种推演。这里再列举三组：

> 航，方舟也。(八下·方部)
> 阬，阆也。(十四下·阜部)

段玉裁指出：“舟所以渡，故谓渡为航。”[35]《后汉书·李南传》注：“航，以舟济水也。”又小徐本引《楚辞》“导帝之兮九阬”云：阬，“九州也”。王逸《楚辞·九歌·湘夫人》注：九阬谓“九州之山”[36]。此即《说文》“州”下“昔尧遭洪水，民居水中高土，故曰九州”之“九州”。

> 濿，履石渡水也。(十一上·水部)
> 巁，巍高也。读若厉。(九下·山部)

《说文句读》：“濿为涉之通名。”《楚辞·九叹·离世》：“櫂舟杭以横濿兮。”王逸注：“濿，渡也。”[37]又《说文通训定声》：巁“字亦作岻”。《段注》：“《玉篇》《广韵》作岻，云：巍也。”

> 泭，编木以渡也。(十一上·水部)
> 附，附娄，小土山也。(十四下·阜部)

这三组汉字，每一组的声符相同。三组的形符对应相通，实际上是一从水，一从山（阜是大山陵，《说文·阜部》："陵，大阜也。"）。在意义上，每一组的两个词一为渡，一为山。三组汉字形音义的排比表述由渡水到登山的趋向。这三组字的排比与"济跻"等三组字的排比在形义上相通，共同表述先民由渡水到登山的过程，我们称之为"济跻"义系。

洪水时期先民渡水有三个特点：一是凭借舟船，二是速度迅疾，三是同舟共济。现分述如下：

第一，凭借舟船。

歬，不行而进谓之歬。从止在舟上。（二上·止部）
进，登也。（二下·辵部）

造，就也。艁，古文造从舟。（二下·辵部）
就，就高也。（五下·京部）

《说文》"歬"即今"前"字，它用"止在舟上"的构形表示"不行而进"之义。"止在舟上"是"象人足在舟上"[38]，代指人在舟上。"不行"，是说人没有而且不可能在地上徒步而行，只能凭借舟船在水路前进。如《说文解字注笺》所云："人不行而能进者，唯居于舟为然。"居舟而进，就是济渡，章太炎确切地指出："歬，不行而进也，即济渡之济。"[39]

"造"的古文写作"艁"，《尔雅正义》引李巡说："比其舟而渡曰造舟。"[40]可知"造"的本义是以舟渡水。《说文》训"造"为"就"，又训"就"为"就高"。"就高"的本义，《说文句读》指出是"人就高丘以居也"。孔广居《说文疑疑》明确说明："古时洪水横流，故高丘之异于凡者人就之。"

由歬而进、由造而就的推演表明：先民渡水的凭借是舟船。之所以如此，是因为当时“汤汤洪水方割，荡荡怀山襄陵”（《书·尧典》），举目茫茫，大河奔流之中只剩下州——高山，洪水不但包围高山并且涌上了山冈。《孟子·滕文公上》说：“当尧之时，天下犹未平，洪水横流，泛滥于天下。”《孟子》所说“天下未平”，指见不着大野，大野已被洪水淹没，所以焦循《孟子正义》指出：“天下所以未平缘洪水。”[41]大野平地既被淹没，则陆路荡然无存，此山与彼山的联系都被隔断。此时陆路不“行”而水路可“进”，只有凭借舟船才能把洪水隔断的此山与彼山沟通，此即《说文》“舟，船也。古者共鼓、货狄刳木为舟，剡木为楫，以济不通”之意（八下·舟部）。在最早产生舟船时，它的作用就是“济”洪水时期此山与彼山之“不通”，以“不行而进”的特殊方式把洪水隔断的陆路联“通”。

《说文》所云“刳木为舟”，就是《说文》“俞，空中木为舟也”（八下·舟部）。刳木、空中木，都是指树干的中间挖空之后，人乘载于其中，浮泛于水上。这种空中木和刳木，是人们首先见到已经空腹的树干，受到启发，于是把实心的树干也挖空。此即段玉裁所说：“其始见本空之木用为舟，其后因刳木以为舟。”[42]《说文》又云：

{俞，空中木为舟也。（八下·舟部）
 堬，冢也。（《广雅·释丘》）

{方，并船也。（八下·方部）
 防，隄也。（十四下·阜部）

{舟，船也。古者共鼓、货狄刳木为舟，剡木为楫，以济不通。（八下·舟部）
 州，水中可居者曰州，水匋绕其旁。从重川。昔尧遭洪水，民居水中高土。（十一下·川部）[43]

州是水中高土，堬、防也是高土。《尔雅·释丘》：“坟，大防。”

注："谓隄。"堬同于坟：《广雅·释丘》："坟、堬、丘、陵，冢也。"王念孙《疏证》："皆谓土之高大者也。"上述三组汉字的声符相同或读音相同（舟、州古音同），每一组的两个字一为舟船，一为高土，意义上造成目的式、条件式推演，表述造船的目的是为了到达高土，到达高土的条件是舟船以济不通。

舟船是渡水的凭借，舍此则无法避离洪灾，故《诗·小雅·小旻》云："不敢冯河。"《论语·述而》亦云："冯河，死而无悔者，吾不与也。"冯河之冯，正字作"淜"，《说文》："淜，无舟渡河也。"（十一上·水部）徐锴按："《诗》曰：不敢淜河，今借冯字。"在洪水中无舟而渡，必遭灭顶之灾。这是先民用生命换来的教训，是洪水留给人们的警诫。《孟子·滕文公上》说："《书》曰：洚水警余。洚水者，洪水也。"焦循《正义》引《说文·言部》云："警，戒也。"引《尔雅·释诂》云："余，我也。"这种教训警戒如雷余声铃铃，衍百代而不绝，由洪水时代而至《诗经》《论语》时代，后人犹相与警示告诫焉。

第二，速度迅疾。

这是指先民驾船逃离洪水时，由惊遽而致船行速度极快。

{朕，我也。阙。（八下·舟部）
 騰，传也。从马，朕声。（十上·马部）

《说文》从"朕"得声之字有十二个，均含"加于某物之上"的意义：

"賸，物相增加也。从贝，朕声。"（六下·贝部）是一物加于他物之上。

"滕，水超涌也。从水，朕声。"（十一上·水部）是水波相互叠加。

"塍，稻田中畦埒也。从土，朕声。"（十三下·土部）是畦埒加于稻田之上。

“幐，囊也。从巾，朕声。”（七下·巾部）囊以盛物，是物加于囊中。

“黱，画眉也。从黑，朕声。”（十上·黑部）是黛墨加于眉上。

“螣，神蛇也。从虫，朕声。”（十三上·虫部）按《山海经·中山经》：“柴桑之山……多白蛇飞蛇。”郭注：“即螣蛇，乘雾而飞。”乘雾即加于雾之上。

“勝，任也。从力，朕声。”（十三下·力部）按《广雅·释诂》：“勝，举也。”是被举物加于举者之上。《说文》“勝”训为“任”，“任”训为“保”（八上·人部），《说文注笺》认为“任”即“任受、保任之义”，“亦谓负担为任”，是被担物加于担者之上。

“縢，缄也。从系，朕声。”（十三上·系部）按《段注》：“亦所以束者也”，“俗作藤”。又《广雅·释器》：“縢，索也。”是縢索加于被束物之上。

“謄，迻书也。从言，朕声。”（三上·言部）徐锴曰：“谓移写之也。”是将移写字之加于纸上。

“滕，冰出也。凌，或从夌。”（十一下·仌部）按六下·出部：“出，进也。象草木益滋上出达也。”可知“出”含“上”义。又“滕”的或体作“凌”从“夌”，五下·夂部：“夌，越也。”则含“向上超越”之义。故《说文通训定声》解释“滕”为“冰出水棱棱然”，即冰加于水之上。

“榺，机持经者。从木，朕声。”（六上·木部）按《三苍》曰：“经所居机曰榺。”是“经”加于“榺”之上。

“騰，传也。从马，朕声。”（十上·马部）按《广雅·释诂》：“騰，上也。”《汉书·李广传》：“暂腾而上胡儿马。”是“腾”含“向上”或

“在某物上”之义。

《说文》从“朕”得声的十二个字既然均含“加于某物之上”的意义，则“朕”的含义亦应为“加于某物之上”。甲物加于乙物之上，由受动的乙物言，是“载”；由施动的甲物言，则是“乘”。“乘”义与“载”义记录同一动作中的施动与受动两个方面，此二义密切相联，如《三苍》所云：“乘，载也。”由于中国古代注重施动的一方，因而从“朕”声之字，其训释往往径言“乘”义。如：

“滕”下《段注》：“《小雅》：百川沸腾。毛曰：……腾，乘也。腾者，滕之假借。”

“螣”，《尔雅》郭注：“乘雾而飞者。”

“勝”，《诗·小雅·正月》：“靡人弗勝。”传：“勝，乘也。”

“腾”，《诗·鲁颂·闷宫》：“不震不腾。”传：“腾，乘也。”

“賸”，《长笛赋》：“薄凑会而賸节兮。”注：“賸，乘也。”

上文已论证“朕”的含义为“加于某物之上”，即“乘”。姚文田、严可均《说文校议》云：“朕从舟，必取义于舟。”因而“朕”的“乘某物”，指称的是“乘舟”，乘舟即是济渡（见《诗·邶风·二子乘舟》朱熹《集传》）。

“朕”为“乘舟济渡”；而从“朕”得声的“腾”含义为“速度迅疾”。《说文》云：

腾，传也。（十上·马部）
传，遽也。（八上·人部）

腾训为传，传训为遽，而“遽称勿勿”（见《说文》九下·勿部“勿”下），勿勿即今之匆匆。《说文通训定声》指出：传、遽“皆所以达急速之事”。因而“腾”含有“迅疾”义。

是什么原因造成“腾”指称船行速度迅疾呢？《说文》云：

州，水中可居者曰州。……昔尧遭洪水，民居水中高土，故曰九州。（十一下·川部）
岛，海中往往有山可依止曰岛。从山，鸟声。（九下·山部）

对比这两条训释，可知“州”就是“岛”。《说文》云“水中可居者曰州”，“居”的本字作“凥”（应为“凥”，从尸从兀。兀，高而上平也。见拙文《用〈说文〉意义体系校正〈说文〉》），义为“处”，“处”训为“止”（十四上·几部）。所以“水中可居者曰州”即“水中可止者曰州”，此即“岛”的“海中往往有山可依止”。且《玉篇·山部》云：“岛，海中山可居也。”[44]直接把“止”引作“居”。岛亦作“隝”，《史记·司马相如列传》“皋陵别岛”，《汉书·司马相如传》作“皋陵别隝”。郭璞曰：“隝，水中山也。”师古曰：“大阜曰陵。言阜陵居在水中，各别为隝也。”[45]岛又作“陦”，《文选·西京赋》：“长风激于别陦。”李善注：“水中之州曰陦。音岛。”[46]岛、州均为水中可依止、可居处的山陵，且岛作陦，陦即州，故岛就是州。

“岛”不仅包含“依止、居处”之义，还包含“奔到、疾趣”之义。小徐本“岛”下引述了《释名》的训释。《释名》云：“海中可居者曰岛。岛，到也，人所奔到也。”（《释水》）而“奔到”之“奔”，《释名》训为“急变”之“变”：“奔，变也。有急变奔赴之也。”（《释姿容》）

尧那个时代的“急变”就是遭洪水。请看《说文》对大水暴至、洚水泛滥、百川滕涌的记录：

洪，洚水也。（十一上·水部）（下同）

洚，水不遵道。一曰下也。

澜，水大至也。

浩，浇也。《虞书》曰：洪水浩浩。

沆，莽沆，大水也。

濞，水暴至声。

澐，江水大波谓之澐。

澜，大波为澜。

潘，大波也。

洞，疾流也。

湍，疾濑也。

瀹，水疾声。

泛，滥也。

滥，泛也。

滕，水超涌也。

波，水涌流也。

潏，涌出也。

汹，涌也。

涌，滕也。

巟，水广也。（十一下·川部）

莽沆大水奔涌暴至，先民猝临急变，即惶遽奔避，奔避的主要方式是乘舟济渡，故济渡是在惶遽中进行的。惶是惶惧，遽是迅疾，其时惶惧与迅疾是交织在一起的。所以《说文》有洪与烘、浦与悑、漘与唇等表述惊惧义的汉字排比。《广雅·释诂》《一切经音义》亦云："遽，畏惧也，急疾也。"

"腾"的"济渡迅疾"义也在《广雅》中反映出来：

腾，渡也。（《广雅·释诂》）
腾，奔也。（同上）

"腾"同时具有渡义和奔义，表明济渡与迅疾义是紧密联系在一起的。

第三，同舟共济。

先民乘舟避离洪水不是少数人单独活动，而是众人的集体行动。

济，济水，……（十一上·水部）
儕，等辈也。（八上·人部）

渡，济也。（十一上·水部）
庶，屋下众也。（九下·广部）

帀，匊也。（六下·帀部）
師，二千五百人为師。从帀从𠂤，𠂤四帀众意也。（六下·帀部）

这三组汉字每一组声符相同或古音相近。師，脂部。帀，叶部。在意义上，每一组一为渡水，一为人众。

济在古代的常用义是渡水。《说文》水部："渡，济也。"儕指群聚的人。《段注》："儕犹辈类。"《尚书·皋陶谟》正义："朋辈与群聚义同。"

渡与庶，渡从度声，度从庶省声，渡与庶古音同。"庶"为"屋下众"，指渡水登山后在山厓居住的民众（见下文论证）。

"帀，匊也"，表述舟船在水与州之间往返济渡。"師"表述登上"水中可居之州"的众多人众。師从𠂤，𠂤含有互补的两个意义：一是山阜。《段注》："𠂤下曰：小阜也。"二是人众。《说文》"官"下云："𠂤犹众也。"因而師"从帀从𠂤，𠂤四帀众意"的构形意图，就是指称围帀、布满山阜的人众。《书·皋陶谟》云："州十有二師。"注："治洪水辅成之，一州用三万人功，九州二十七万庸。"治水时一州用十二師即三万人功。这与《说文》所载"二千五百人为師"的计算标准是相符合的。《说文》“州”下云：“昔尧遭洪水，民居水中高土，故曰九州。”治水时九州用二十七万人功，由此可推知渡水上山（州）者不会少于二十七万，真济济人众矣。

这样多的人是怎样渡水的呢？《说文》“俞”下段注：“其始见本空之木用为舟，其后因刳木以为舟。”独木舟易致倾覆，且载人不多，于是将舟船集合并列：

俞，空中木为舟也。从亼（集）从舟从巜，巜，水也。（八下·舟部）
方，并船也。象两舟省总头形。（八下·方部）
斻，方舟也。（同上）
泭，编木以渡也。（十一上·水部）

“俞、方、斻、泭”表明了舟船载人由少到多的趋向。《淮南子·泛论训》云：“古者……为俞木方板以为舟航。”高注：“方，并也，集板为之。”如果许多船只集合起来渡水，这就是“造”（古文作“艁”）。此即《尔雅正义》引李巡曰：“比其舟而渡曰造舟。”《段注》亦云：“船者谓并舟成梁。”这样众人可以同时渡河。由“造”这个词音变而成之“凑”，《说文》训为“水上人所会”（十一上·水部），也可见经由集舟成梁以渡河者甚众。

并船而渡与集舟成梁，就是同舟共济。如《淮南子·主术训》“舟航柱梁”注所云：“方两小船并与共济为航。”航即斻。方又作“舫”，《广雅疏证》卷九下云：“并船以渡谓之舫，并木以渡亦谓之舫。”在《国语·楚语》中，则有“一舫载五十人”的记载。《尔雅·释言》：“济，渡也。”《说文》八下：“方，并船也。”而《广雅·释诂》：“并、集、合、共，同也。”“同、侪、等、比，辈也。”可见，有并船集舟而济，乃有吾侪等辈。吾侪是同舟共济的朋辈，是洪水灾变的幸存者。

《说文》"州"的解释不但是"洪烘"义系与"崇悰"义系推演的总纲，也是这两个义系交错的总纲：

> 州，水中可居者曰州。水匋绕其旁，从重川。昔尧遭洪水，民居水中高土，故曰九州。《诗》曰：在河之州。一曰：州，畴也，各畴其土而生也。（十一下·川部）

"州"包含两个义位：一是州埒（即：居水中高土），二是耕畴（即：畴土而生）。按照段玉裁的说法，这两个义位，"前义内可包"后义（见《段注》569页），也就是州埒义与耕畴义发生了交叉。

这个特点体现在《说文》汉字的联系上，就是声符相同、意义相关的埒、畴的组合：

> 埒，保也，高土也。（十三下·土部）
> 畴，耕治之田也。（十三下·田部）

"埒"的义位之一是"高土"。在《说文》中，"高土"义多与"居处"义相联，如"州"下云："民居水中高土。"又"陶"义为"再成丘"（十四下·阜部），"丘"义为"土之高"，"陶"下云："陶丘有尧城，尧尝所居，故尧号陶唐氏。"也是高土义与居处义相联。可见唐尧其人正是得名于避洪水时所居之山丘、高土。

"居"并非只是"栖身"之义，更重要的是指在高土耕作以获生存安居。"民居高土"的"州"，第二个义位是"畴也，各畴其土而生也"。章太炎指出："'畴'孳乳为'畱'，烧种也。此所谓火耕者，亦耕之类。"（《文始》"畴"下）可见"畴"包含并发展出"畱"的"烧种"义。而"畱"，段玉裁指出是"焚其草木而下种，盖治山田之法为然"㊼。既是治山田，则在山上烧种可知。洪水时代在山上农耕为何要先"焚其草木"？因为"当尧之时，天下犹未平，洪水横流，泛滥于天下，草木畅茂，禽兽繁殖，五谷不登，禽兽逼人"。此时，"尧独忧之，举舜而敷治焉。舜使益掌火，益烈山泽而焚之，禽兽逃匿”（《孟子·滕文公上》）。丁山认为：“烈山泽而焚之”，“反映出来中国农业的原始形态”，“先是火田为狩，然后耕种那所焚之地；后世的农田，正是‘烈山泽而焚之’的遗迹”㊽。

在农耕中，唐尧忧勤劳苦以为民先，如《说文》“腒”下所云：“传曰：尧如腊，舜如腒。”（四下·肉部）臧琳《经义杂记·论〈说文〉》解释说：“称尧如腊、舜如腒者，言尧舜忧勤，故体瘠若干腊耳。”《庄子·在宥》亦云：“尧舜于是乎股无胈、胫无毛以养天下之形。”劳累得大腿上没有肉，小腿上不长毛，是何等忧勤！《广雅·释地》记载了尧与民众垦殖耕畴的业绩：“帝尧所治九州，地二千四百三十万八千二十四顷，其垦者九百一十万八千二十四顷。”在高地耕畴终获成功，故《风俗通义·皇霸》云：“尧者，高也，饶也。”㊾“高”是高土，“饶”是由耕畴而得衣食饱足，《说文》：“饶，饱也。”（五下·食部）

沧海横流之世由于有“州、𡏛”作为依托，尧与民众才能攀登、耕畴，得到物饶安居的结果。

《说文》“州”下引《诗》：“在河之州。”又二下·辵部：“邍，高平之野，人所登。”“邍”即“高而上平”之“原”，就是先民渡水后攀登的山丘州岛。耸峙于黄河沧海中的州岛，是中华民族的摇篮。在黄河州岛耕畴的尧与民众，开辟了中华文化的源头。正如丁山指出的：“中国的古代文化”，正是“沿着黄河下游的大平原，逐渐地向外放射”㊿。

以上只是勾勒了“尧遭洪水”事件的轮廓。《说文》意义体系对于洪水事件及上古史所作的宏阔深邃的显示，详见拙著《义始——〈说文〉意义体系与成体系的上古历史文化》。

三 结论：借鉴《说文》意义体系重新研究中国上古史与中国语言学

体大思精的《说文》意义体系以汉字形、音、义整体联系的独特方式记录中国早期词义，记载中国远古早熟文化的意义体系，其内涵与意境辉煌而幽远，真是振聋发聩，闻所未闻。《说文》经由形、音、义的整体联系，经由每个本义同意义体系的贯通来表述上古史实与文化观念，这样就造成了表述史实与文化观念的语义原理与语义规律，开辟了发展中国历史文化、发展后代汉语语义的广远深沉的源头。从这个意义上说，《说文》既是先秦语义的渊海，又是先秦历史文化的总汇，它是以辞简意丰的本义说解、以整体贯通的本义联系来凝聚先秦语义、积淀先秦历史文化的。因此清代王鸣盛指出："《说文》为天下第一种书。读遍天下书，不读《说文》，犹不读也。"[51] 历代许多有见地的学者都清醒地认识《说文》具备的非同凡响的学术地位与文献价值，因而他们研究语言、考释历史文化都要把《说文》作为不可或缺的基础与借鉴。

但现代从事中国语言研究、从事中国古代历史文化研究的许多人已经不知道《说文》如此崇高的学术地位与如此宝贵的文献价值。他们在研究中已经不凭借、不借鉴《说文》了。又由于以往大多没有采用段玉裁所说的"融会全书"的方法，所以《说文》研究注重字形分析的多，注重单字考释的多，实行形、音、义整体贯通的少，这些都妨碍了对于《说文》真实而可贵的学术宝藏的认识、开发与利用。由《说文》集其大成的先秦词义从体系上给予后代汉语词义的产生与发展以深刻的影响。《说文》意义体系贯通了古今汉语词义。以《说文》所载先秦词义为先导的古今汉语词义具有前后递嬗的连续性和古今贯通的综合性。不借鉴《说文》意义体系，不发挥《说文》意义体系的导向作用，那么对于先秦、秦汉的词义，魏晋南北朝的词义，唐宋至清代的词义，现代汉语的词义，总之对于从古及今虽有变异但在根本上一脉相承的汉语词义，是研究不真切、研究不彻底的。《说文》意义体系与上古历史文化体系的贯通给我们明确的启示："除却历史，无从谈文化"[52]，除却历史与文化，无从谈语言及语言研究。汉语与中国历史文化是一个密不可分、相辅相成的有机体，汉语的理论与规律，是在汉语表述历史文化的特定方式中形成与发挥作用的。所以，汉语与古代历史文化的研究同样要实行整体贯通，这样汉语的研究才可能符合汉语的实际，才可能具有汉语研究的民族特点。而多年以来的中国语言研究在古今语义的整体贯通、在古今语义同历史文化的整体贯通方面却存在莫大的缺陷。因此，借鉴《说文》意义体系，紧密联系成体系的历史文化，运用整体贯通的方法研究中国语言学，已经是中国语言学正本清源、回真向俗的严肃课题与可靠途径。

中国上古史同样需要重新研究。许多年来由于忽视或歪曲《说文》(例如顾颉刚、钱玄同等的"古史辨")，单纯依靠不成体系的文献材料与某些出土材料，上古史研究显得单薄、零碎，结论多有失当。人们往往以为文献材料、出土材料才是史料，而忽视了成体系的汉字也是史料，早期汉字的产生先于任何一部文献典籍。汉字是成批地、成体系地产生的。成体系的汉字的形、音、义相互结合和变幻的内容与方式，是记录这些形、音、义产生时期历史文化的某个事件或某一方面的。这种形、音、义结合和变幻的内容与方式，交织成了古人对于当时的历史文化的认识与反映。古代历史文化作为活生生的现实早已逝去，但古人对于这种历史文化的认识，却隐秘地深藏在成体系的汉字形、音、义之中，长久地保存下来了。《说文》对于汉字形、音、义的结合与变幻，以及这种结合、变幻所贮存的古代历史文化，都“莫不毕载”，所以借鉴《说文》意义体系，有理有据地清理与印证文献材料，运用整体贯通的方法，那么上古史研究是会有令人信服的新成果的。

在《说文》与上古史的研究中有一个问题应予说明。以往都说，分析《说文》本义时必须核证文献语言材料。现在发现，不一定是如此。我们所能见到的最早的文献语言材料只有春秋战国之际的《诗》《书》《礼》《易》《春秋》和“诸子”。这些材料较为具体地记载的是商周以后的史实，商周及其以前的史实在这些材料中则语焉不详。许慎“五经无双”，撰著《说文》时“六艺群书之诂皆训其意”[53]，所以《说文》中的大部分古义可与群经文献的语言材料相互证发。但《说文》中还有一种仅见于汉字记录、而在群经文献中无法证明的古义。之所以存在着这种古义，是因为许慎撰著《说文》时曾“博问通人，考之于逵”[54]。通人说和贾逵的古学中不但保存了群经文献中的古义，还保存了群经文献未能包容的前言古语。贾逵修理旧文时，“殊艺异术，王教一端，苟有可以加于国者，靡不悉集”[55]，又许慎“博采通人，至于小大，信而有征，稽撰其说”[56]，他作《说文》时，除了“六艺群书之诂皆训其意”之外，还把有关“天地鬼神、山川草木、鸟兽昆虫、杂物奇怪、王制礼仪、世间人事”[57]的记载也包举无遗。我们还可以这样来认识：《说文》是汉字古形古义的集大成，而汉字产生的年代早于任何一部文献，因而《说文》所载古形古义中必有一部分不见于文献群书。这还不说在春秋战国之前，那些比“五经”与“诸子”书的年代更早的《三坟》《五典》（据《左传》说)和《金版》《六弢》(据《庄子》说)。这些书都已经亡佚,那么这些佚书中的一部分古义也不可能在"五经""诸子"中找到证明。有一部分古义仅见于《说文》汉字的记录,现存的古代文献群书对这种古义是无法给出证明的。《说文》中,这种古义的数量不在少数,它们彼此构成有条理的联系,又与《说文》意义体系发生整体贯通的联系,所以这种古义虽然于书无证,仍应视为可信。有鉴于此,我们分析《说文》本义时就不应把核证于文献语言材料作为衡量《说文》本义的必备标准了。

由《说文》统领的中国古代语言学由于实现了古形古音古义同古代历史文化的博综融贯,而卓然成为中国传统文化学术的领先的和基础的科学。这一事实证明着中国的古代语言学和传统文化学术是何等元气淋漓、气象发皇。借鉴《说文》意义体系,承继与发扬博综融贯的传统,那么中国语言学与中国上古史的研究将出现新的局面,是可以预期的。

附　注

①㉙ 康有为《孔子改制考》1 页、9 页,中华书局 1958 年。

②《论语·八佾》。

③⑨ 陆宗达、王宁《训诂方法论》70 页、32 页,中国社会科学出版社 1983 年。

④⑭⑮⑰⑱⑳㉑㉒㉓53545556 57《说文》316 页、314 页、320 页、316 页、319 页、315 页、316 页、316 页、319 页、320 页、320 页、319 页、316 页、320 页,中华书局 1963 年。

⑤⑧ 对《说文》意义体系的论证见宋永培《论〈说文〉意义体系的内容与规律》(载《华东师范大学学报》1991 年第 6 期)和《〈说文〉词义系统研究(提要)》(载《中国语言学发展方向》论文集,光明日报出版社 1989 年)。

⑥⑲㉕35 42 47《说文解字注》411 页、782 页、784 页、404 页、403 页、695 页,上海古籍出版社 1981 年。

⑦ 梁启超《中国历史研究法》37～38 页，上海古籍出版社 1987 年。

⑩《老子》二十五章："人法地，地法天，天法道，道法自然。"

⑪⑬《易·系辞传上》。

⑫《礼记·中庸》。

⑯《说文·叙》把"建首"与"类聚""群分"连在一起，说明部首是指代万物的类别的。

㉔《颜氏家训集解》458 页，上海古籍出版社 1980 年。

㉖《章太炎选集》587 页，上海人民出版社 1981 年。

㉗《章炳麟论学集》348 页，北京师范大学出版社 1982 年。

㉘ 程树德《〈说文〉稽古篇》1 页，商务印书馆 1933 年。

㉚㊽㊿ 丁山《中国古代宗教与神话考》209 页、252 页、189 页，上海文艺出版社 1988 年。

㉛ 帕默尔《语言学概论》99 页，商务印书馆 1983 年。

㉜ 载《古汉语研究》1991 年第 2 期。

㉝《十三经注疏》122 页，中华书局 1980 年。

㉞㊾ 见《风俗通义校释》380 页、15 页，天津人民出版社 1980 年。

㊱㊲ 洪兴祖《楚辞补注》69 页、233 页，中华书局 1983 年。

㊳ 见《文源》。

㊴《文始》"丨"下，又《小学答问》"济水"下。

㊵ 转引自郝懿行《尔雅义疏》908 页，上海古籍出版社 1983 年。

㊶《孟子正义》374 页。

㊸《说文通训定声》《说文义证》《说文句读》《段注》均认为《说文》"州"下之"周"作"匊"。

㊹《宋本玉篇》401 页，北京市中国书店 1983 年。

㊺《史记》3022 页，中华书局 1959 年；《汉书》2554 页，中华书局 1962 年。

㊻ 萧统《文选》42 页，中华书局 1977 年。

51《说文解字正义·序》。

52 钱穆《中国文化史导论》5 页，上海三联书店 1988 年。

［原载《四川大学学报》（哲学社会科学版）1994 年第 1 期］

从《说文》词义系统探求古代社会统一多于分裂的思想依据

一

东汉许慎《说文解字》(以下简称《说文》)蕴积着中国古代文化的宝藏,其中,"六艺群书之诂皆训其意,而天地鬼神、山川草木、鸟兽昆虫、杂物奇怪、王制礼仪、世间人事莫不毕载"[①]。经过对于《说文》全书的词义训释的考释、系联,可以证明,这些训释代表的词义是成系统的,这一词义系统是周秦时期汉语的词义系统,它为我们从整体上揭示与论说中国古代社会的制度礼仪、人情习俗、传统观念等提供了系统的佐证。可以认为,《说文》词义系统是今后发展中国社会语言学、文化语言学以及重建中国文化史的基石。

中国历史上虽然有过大的分裂变乱,但跟统一安定相比,分裂的次数和年代总是少而短的,而统一则在跨过为数不多的分裂之后,龙骧虎步,前后纵贯中国社会几千年。

统一年代多于分裂年代的客观现象可以从地理、经济、政治诸方面去探求原因,也可以透过《说文》词义系统包容的汉民族的传统观念,从思维体系上去寻求理论依据。

值得注意的是,《说文》词义系统中,表示"聚合"的义位 369 个,表示"分解"的义位 133 个,说明表示聚合的义位大大多于表示分解的义位；同时，《说文》词义系统主要表现为对立的义系②构成或转化为统一。

历史上，统一年代多于分裂年代；《说文》中，表示聚合的义位多于表示分解的义位，而且《说文》词义系统主要表现为对立的义系达到统一。历史与《说文》，在强调与反映“统一”的重要地位上吻合了。这是否偶然的巧合？历史，是古代人们经历过的客观事实；《说文》的系统词义，是古代汉民族对于作为大系统而存在的客观事实与主观世界能动地反映的产物。在对于“统一”的强调与反映上，《说文》与历史为何能够吻合？其间有没有内在联系？研究这个问题，应从比较《说文》词义系统中有关“判分”“分裂”的义系入手。

二

同样是表示“分”的义位，但它们的内在含义、它们与别的义位联系时的走向，却截然不同。《说文》词义系统以大量义位的类聚极富于规律性地揭示了这一点。这就是：

凡是表示一物两分，且分而可以相合的义位，均含祥瑞、诚信、褒扬的色彩；

凡是表示一物多分，因而分后不可能相合的义位，均含灾祸、凶险、贬斥的色彩。

表示一物两分，且分而可以相合的义位，类聚而成“判分”义系。今举 4 例以明之。

判，分也。从刀，半声。（四下·刀部）

朱书：“《周礼·朝士》：‘凡有责者有判书。’注：‘半分而合者。'"[3]

片，判木也。从半木。（七上·片部）

《段注》："谓一分为二之木"，"判者分也"，"《丧服传》曰：'夫妻牉合也。''牉'当作'片'，'片'即《媒氏》'判'字。郑注《周礼》云：'判，半也，得耦为合。'"[4]

副，判也。从刀，畐声。（四下·刀部）

《段注》："副之则一物成二，因仍谓之副。因之凡分而合者皆谓之副。"[5]

剖，判也。从刀，音声。（四下·刀部）

《义证》："《襄十四年左传》""注：中分为剖"[6]。

《段注》："《史记》曰：驺衍称引'天地剖判以来'。"[7]

"判分"义系的以上4义位，都表示一物两分而可相合。这是它们意义上的共同点。

表示一物两分而可相合的"判分"义系，它所类聚的义位带着鲜明的褒扬色彩。

在《说文》及古代文献中，一物两分而可相合的典型例证，是天地剖分、夫妻判合、信使之符节、责任之券契。此四者都富于神圣、祥瑞、诚信的特征。

天地又叫乾坤、阴阳。古人认为太极剖分而为天地，同时天地感应相合，使万物得以化生。故《易·序卦传》云："有天地，然后万物生焉。"《周易乾凿度》亦云："乾坤者，阴阳之根本，万物之祖宗也。"可见古人视天地分而相合为神圣，极表尊崇。

以天地分合比拟于人伦，即为夫妻判合。《论衡·自然篇》："天地合气，万物自生，犹夫妇合气，子自生矣。"古人把夫妻判合而得子视作祥瑞之征，给予衷心嘉美。故《说文》"乳"下云："玄鸟至

之日(夫妻)祠于高禖以请子。""孔"下云:"乙至而得子,嘉美之也。"(十二上·乙部)

符节也是分而相合,其用在于征验。《说文》:"符,信也。汉制以竹,长六寸,分而相合。"(五上·竹部)《义证》:"《周礼》:门关用符节。盖以全竹为之,剖之为两,各执其一,合之以为验也。"[⑧]又《说文》:"信,诚也。"(三上·言部)符节以两分而相合的方式成为体现信诚的器物。

券契的方式与作用同于符节。《说文》:"券,契也","券别之书以刀判栔其旁"(四下·刀部)。《段注》:"判,分也。栔,刻也。两家各一之书牍,分刻其旁,使可两合以为信。"[⑨]

一物两分而相合,带着褒义,与之相反的另一种性质的"分",则带着贬义。"剐解"义系、"剥裂"义系、"破碎"义系所表示的,则是有贬斥色彩的"分"。

表示一物两分,分而后不能相合的义位,类聚而成"剐解"义系。

"剐解"义系包括"剈""冎""剐"等义位。"解"本来的意义是指把牛或其他动物分解为骨与肉,分开之后不能再合起来,所以《说文》的解释是:"剈,分解释也。""冎,剐人肉置其骨也。""剐,解骨也。"骨肉相连,浑然天成;一旦分解,则永生不可能相合复生。

表示一物多分、散分,分而后不能相合的义位,类聚而成"剥裂"义系、"破碎"义系。

"剥裂"义系包括"列""割""卜"等义位。《说文》:

列,分解也。(四下·刀部)

《句读》:"《释言》:'割,裂也。'当作'列'。"[⑩]这表明,"列"即"裂"。

割，剥也。（同上）

《段注》："'割'谓残破之。《释言》曰：盖、割，裂也。"[11]

既是"残破"，则是一物多分，根本不能再合。

卜，灼剥龟也。（三下·卜部）

龟甲灸裂为多块，亦不能弥合起来。

以上为"剥裂"义系显现的特点：一物多分不能相合。

"破碎"义系的特点同于"剥裂"义系，但它表示的破裂程度更甚于"剥裂"。

"破碎"义系包括"破""碎""糠"等义位。《说文》：

破，石碎也。（九下·石部）

碎，糠也。（九下·石部）

《段注》："碎者，破也。糠者，破之甚也。"[12]

糠，碎也。（七上·米部）

"破碎"义系所强调的，是破裂到粉碎的程度，以至益发不可收拾矣。

两分、多分之后不能相合的"剔解"义系、"剥裂"义系、"破碎"义系带着明显的贬斥色彩。只要看看它们与哪些义系发生直接的联系，就一目了然了。

《说文》"剐""冎"是使骨与肉分离，因此包含着"离散"之义，正如《广雅·释言》所云："离，剐也。"《广雅·释言》亦云："离，散也。"

《说文》"离散"义系所表述的，多为耗损、灾祸、悲哀、死亡之义。例如：

涣，流散也。（十一上·水部）

费，散财用也。（六下·贝部）

"散、费"就是损耗，故《广雅》云："费，损也。""费，耗也。"

古人认为判刑流放也是“散”，放散至边远之地。

> 𥻦，㮣𥻦，散之也。（七上·米部）

《段注》：“‘𥻦’本谓教米，引申之凡放散皆曰𥻦”，“《孟子》曰：‘殺三苗于三危。’即‘𥻦三苗’也”[13]。

“殺三苗”就是流放三苗。

悲恸哭泣而至气竭声嘶，《说文》用“誓”表示，义为“悲声也”（三上·言部）。“悲声”实即“散声”，《说文》：“㾷，散声。”（七下·疒部）悲声往往沙哑噎堵，有“散、尽”之义，故《方言》云：“㾷，噎也。㾷，散也”。

水流散尽几至干涸，《说文》叫做“澌”，义为“水索也”（十一上·水部）。故《玉篇》云：“澌，水尽。”又云：“索，散也。”孤寂独处叫“索居”，也是离散义。《礼记·檀弓》：“吾离群而索居。”注：“索犹散也。”

古人心目中，“死”也是离散。《说文》：“死，澌也，人所离也。”（四下·死部）即生命散尽，“形体与魂魄相离”[14]。

“离散”义系表述的内容多不吉利，由此可证明与之密切相连的“剔解”义系带着明显的贬斥色彩。

与“剔解”义系有同义关系的“剥裂”义系、“破碎”义系，它们在《说文》中依次联系着的，是“毁败”义系、“毁谤”义系、“敝败”义系、“残贼”义系、“崩坏”义系。

这种联系是以“破”“缺”“毁”的训释为中介的：

> 破，石碎也。（九下·石部）
>
> 缺，器破也。（五下·缶部）
>
> 毁，缺也。（十三下·土部）

可见，“破碎”与“破缺”同义，“破缺”又与“毁败”同义。

"毁败"义系表示的是一种败坏的行为与状态：

败，毁也。（三下·攴部）

垝，毁垣也。（十三下·土部）

殨，胎败也。（四下·歺部）

餧，一曰鱼败曰餧。（五下·食部）

由"毁败"义系派生出"毁谤"义系。"毁谤"指人言语毁败他人：

谤，毁也。（三上·言部）

《段注》："谤之言旁也。旁，溥也。大言之过其实。"⑮

诽，谤也。（同上）

《段注》："诽之言非也，言非其实。"⑯

"毁败"义系还与"敝败"义系交错相关。"敝败"义系表示衣物损坏的状态：

敝，一曰败衣。（七下·㡀部）

絮，一曰敝絮。（十三上·糸部）

"毁败"义系又与"残贼"义系交错相关。"残贼"义为杀害、杀伤，指以武器毁败人或物：

贼，败也。（十二下·戈部）

《段注》："（《左传》）叔向曰：杀人不忌为贼。"⑰

残，贼也。（四下·歺部）

朱书："《叹逝赋》：夫何往而不残。注：毁也。"⑱

"毁败"义系还与"崩坏"义系有意义上的交错关系。"崩坏"指山陵、堤岸等毁败：

坏，败也。（十三下·土部）

崩，山坏也。（九下·山部）

总之,“剔解”“剥裂”“破碎”义系,以及与它们密切相联的“毁败”“毁谤”“敝败”“残贼”“崩坏”义系,所表述的内容无不笼罩着悲凉、窘困、凶险、忧恐的气氛。古人赋予这些义系的贬斥色彩,可谓极其浓烈了。

至此可以作一小结。《说文》中确实存在着两种不同性质的“分”:一为“判分”,表示一物两分,分后可以相合,它带着褒扬色彩;一为“裂分”,表示一物两分或多分,分后不能相合,它带着贬斥色彩。

为什么“判分”受褒扬,“裂分”受贬斥呢?这就应当从古代汉民族对客观世界运行之“理”的认识上来探究原因。

三

先秦人们的心目中,客观世界运行之“理”,简言之叫作“太极生两仪”。《易·系辞上》概括为:“易有太极,是生两仪。”

“太极”又叫“太一”:“太极谓天地未分之前,元气混而为一,即是太初、太一也。”[19]

在《说文》中,“太一”是指初始时期“圜而全”的整体:

一,惟初太始,道立于一。……(一上·一部)

圆,圜全也。(六下·口部)

《段注》:“圜者天体,天屈西北而不全,圜而全,则上下四旁如一,是为浑圜之物。”[20]

初始时期“圜而全”的元气发生变易,即为天地阴阳,阴阳分而相合即化生万物。故《说文》云:

一,惟初太始,道立于一,造分天地,化成万物。(一上·

一部）

地，元气初分，轻清阳为天，重浊阴为地，万物所陈列也。（十三下·土部）

因而“易有太极，是生两仪”包括两重含义。第一是说太初之时浑然一体的元气判分为二，形成天地物质实体；第二是说有天地就有阴阳，阴阳分立而又相合，这一运动过程贯串于万物之中。俞琰《俞氏易辑说》认为：“仪也者，一阴一阳对立之状也。《尔雅》云：‘仪，匹也。’谓其阴阳相并也。”因此，“太极生两仪”表述了阴阳对立又统一的思想，即矛盾双方永不间断地分而相合的思想，它反映了客观世界运行之理，包容了先秦时期精湛的辩证法。

由此，太极生两仪之理就成为古人驾驭与评判吉凶的准则。《易·系辞上》指出：“易有太极，是生两仪。两仪生四象，四象生八卦。八卦定吉凶，吉凶生大业。”把这段话连起来完整地理解，即是：符合一物两分、分而相合之理的，则吉；反之，一物多分，分而不合的，则凶。

关于分、合的条件及与吉、凶的关系，《易·系辞上》说：“方以类聚，物以群分，吉凶生矣。”《周易尚氏学》是这样阐释的：“阴阳遇为类，类则聚，聚则和合而吉”，“分则类离，离则凶矣”。这表明，聚合的条件是要“相类”。分立而可遇合，才称得上“相类”。故《易·咸卦》注：“凡感之为道，不能感非类者也。”[21]《咸卦》疏又云：“咸，感也。此卦明人伦之始，夫妇之义，必须男女共相感应，方成夫妇。既相感应，乃得亨通。”[22]因而“聚则和合而吉”，是指阴阳相类感应，交接繁衍。这正是“聚合则吉”的根本原因。聚合繁衍而致兴盛，分裂则不能交感繁衍，以致衰败灭绝。所以聚合则吉，裂分则凶。

四

“聚合则吉、裂分则凶”在《说文》词义系统中有着形象而深刻的含义。

体大思精的《说文》词义系统展现出这样的图景：无论是宏观的圜一天体还是微观的生物个体，无论是自然，还是社会、思维，都在对立统一的周天式循环中永无休止地演进着。这种循环以天地万物的变化为本体与标志，从圜一之状的元气造分天地阴阳开始，通过交悟妊孕、屯难衺曲、开引通达、挺生晋进、华盛丁实、霜丧辟曲、伏藏富备的阶段，经由登升、迁化、齐均的周绕，在聚合为高一级圜一之状时完成。这种循环的发端是圜一聚合，中间经过判分、变化，最终回归于聚合圜一，因而反映这种首尾衔接、终始更替的循环，记载这种循环思维的《说文》词义系统，可以简称为“合—分—合”的词义系统。

《说文》词义系统显示，初始时期的“聚合圜一”与终尽时期的“聚合圜一”都具有全备、充实的特点。

而“全备”“充实”之义在《说文》中是“福”“富”的本义：

福，备也。（从《段注》本）（一上·示部）

富，备也。（七下·宀部）

《段注》：“‘富’与‘福’音义皆同。”《书·洪范》：“二曰富。”传云：“财丰备。”[23]

“富”“福”本指资财丰富、全备。后来，“世所谓福者，谓受鬼神之佑助”[24]，则发展出“祥，福也”（一上·示部）的意义。而这个“祥”既含“福”义，又含“吉”义。例如《尔雅·释言》：“祺，祥也。”而

《说文》:“祺,吉也。”(一上·示部)《尔雅·释诂》:“禧,福也。”而《说文》:“禧,礼吉也。”“祥”包含着“福”与“吉”义,于是“吉”与“祥”也就同义连用。

因此,《说文》中“聚合则吉”的含义之一,是指“圜一”的元气通过分而相合的方式,重返全备充实的“圜一”之状,以获得富福吉祥。

“聚合则吉”的含义之二,是指阴阳交感繁衍的新生一代,强力勇健,体德嘉美,正富青春。

《说文》的“吉”包含着“直”义:

“幸”是解释为“吉”的,叫做“吉而免凶也”(十下·夭部)。而从“幸”得声的“绛”,其义为“直”(十三上·系部),“婞”下亦云“婞直”(十二下·女部)。

从“吉”得声的,也多有“直”义。例如:

颉,直项也。(九上·页部)

桔,一曰直木也。(六上·木部)

那么,从分而相合的观点来看,“吉”的“直”义指的是什么呢?

壬,一曰物出地挺生也。(八上·壬部)

“挺生”,就是“直生”。

《礼记·月令》:“季春之月”,“萌者尽达”。注:“芒而直曰萌。”

“萌生”,也是“直生”。

在古人心目中,草木萌生,万物挺出,是在什么力量推动下发生的呢?《说文》云:

挺,拔也。(十二上·手部)

《段注》:“《左传》:周道挺挺,直也。”[25]

拔,擢也。(同上)

擢，引也。（同上）

神，天神引出万物者也。（一上·示部）

祇，地祇提出万物者也。（同上）

由此可以看到，古人认为，挺生的万物是由天神地祇引提而出的。天地又叫阴阳，故《说文》又云：

雷，阴阳薄动生物者也。（从《段注》本）（十一下·雨部）

霆，雷余声铃铃，所以挺出万物。（从《段注》本）（同上）

阴阳相合而引提万物，“引提”是向上“擢拨”，故万物萌发也呈“挺直”昂扬之态。

因此，从分而相合的观点来看，“吉”包含的“直”义，是表示春气开发之时，万物刚健日新、挺直向上的浩荡气象。

《说文》中不仅“吉”包含“直”义，而且“吉祥”义还与“藏善”“良骏”“嘉美”“美好”等义交错融合，紧密相连。

以“良骏”的意义系列为例，《说文》：

吉，善也。（二上·口部）

良，善也。（五下·畗部）

骁，良马也。（十上·马部）

《段注》：“亦精骏之称”，“引申为勇捷之称”[26]。

骏，马之良材者。（同上）

毚，狡兔也，兔之骏者。（十上·㲋部）

《段注》：“按‘骏’者，少壮之意。”[27]

从中可以看出，“吉”义已深含“少壮”“精骏”“勇捷”之义。

由此，“良骏”义又与“强力”“猛健”“能傑”等义交错融合。

这样，聚合则吉的结果，即展示出《周易》“天行健，君子以自强不息”之精蕴，其“吉善”如朝阳，如良马，如乳虎，如子母牛，如春气之发动，如草木之勃兴，清新、润泽、隆盛、勇悍，捷疾迁登，生生不穷。

总之，《说文》的“聚合则吉”是指通过生生不息地交感繁衍，一方面重返圜一状态，另一方面则永葆其刚健日新之青春。而“裂分则凶”，即无由交感繁衍，势必堕入空寂穷冥。换言之，分而相合，则孕育、更替、炎上，是终则始；分而不合，则亏损、殄灭、沉沦，是终则止。

五

中国古代社会中，统一年代多于分裂年代。参照《说文》的词义系统，从汉民族传统的思维体系来认识这种社会历史现象，应当说这同基于“太极生两仪”之理的“合—分—合”循环观密切相关。在这一观念中，事物发展的每一过程“合”为“始”，“合”亦为“终”；“分”是在“合”中之“分”，是以“合”为趋向的“分”；分而相合是康庄正途，受褒扬，四分五裂是西风古道，被贬抑。这种观念应和着、影响着社会历史现象的发生与变化，对于中国古代社会保持与促进统一，更革与消除分裂，无疑是起了重要而积极的作用的。

附　注

① 许冲《上〈说文〉表》。

② 义位代表词的一个义项，是词义系统中最小的意义单位。义系指义位的同义类聚，代表词义系统的最小子系统。

③⑱ 朱骏声《说文通训定声》751 页、770 页，中华书局 1984 年。

④⑤⑦⑨⑪⑫⑬⑭⑮⑯⑰⑳㉓㉕㉖㉗ 段玉裁《说文解字注》318 页、179 页、180 页、182 页、180 页、452 页、333 页、164 页、97 页、97 页、630 页、277

页、339 页、605 页、463 页、463 页、472 页,上海古籍出版社 1981 年。

⑥⑧ 桂馥《说文解字义证》361 页、379 页,上海古籍出版社 1987 年。

⑩ 王筠《说文句读》532 页,上海古籍书店 1983 年。

⑲㉑㉒《十三经注疏》82 页、46 页、46 页,中华书局 1980 年。

㉔ 郑玄《祭统》注。

[原载《语言·社会·文化》,语文出版社 1991 年]

《说文》与文献词义学的发展

一 《说文》是文献词义学的基石

汉民族的文献词义学是在《说文》与先秦文献词义基础上发生的，是伴随着对《说文》与先秦文献词义所作的科学、深入的研究而发展起来的。离开了《说文》和科学深入的《说文》研究，就不会有文献词义学。《说文》是文献词义学的基石。

（一）《说文》是文献词义学的"主中之主"

黄侃说过："《说文》一书，于小学实主中之主也。"[1] 黄侃说的"小学"，即中国传统的语言文字之学。文献词义学是传统的语言文字学的继承与发展，所以，《说文》是传统语言文字学的"主中之主"，也是文献词义学的"主中之主"。

首先，《说文》是文献词义学的"主中之主"，是由于《说文》为文献词义学提供了经过积极整理和精审总结的、丰富可靠的文献词义材料。收集整理文献词义解释材料的专书，在汉代除了《说文》还有《尔雅》《方言》《释名》。但《尔雅》《方言》《释名》收录词汇的数量没有《说文》那样多，词义解释没有《说文》那样完备。《方言》把通语和方言俗语结合起来解释词义。《释名》从声音线索上解释词义，其中一部分是穿凿附会的。《尔雅》是文献中随文释义材料的汇编，全书文成众手，在词义的解释与排列上存在着不严密、不科学的地方。王念孙《说文解字注序》曾说："《说文》之为书，以文字而兼声音训诂者也。"并指出，研究《说文》，应当像段玉裁那样"知其典要，观其会通"[②]。这说明，《说文》是从形、音、义的结合上解释先秦词义的，《说文》所载先秦词义在整体上是"会通"的、有系统的。而这些特点，《尔雅》《方言》《释名》都不具备。黄侃在把《说文》同《尔雅》《方言》《释名》做了比较之后说："《尔雅》一书，本为诸经之翼，离经则无所用；即离《说文》，而其用亦不彰。此如根本之与枝叶也。《方言》《释名》解释不备，亦次于《说文》。《释名》以声为训，而音韵变迁，训诂歧异，皆必征之《说文》，故《释名》亦以《说文》为依归。《说文》一书，于小学实主中之主也。"[③]

其次，《说文》是文献词义学的"主中之主"，是由于《说文》为文献词义学原理的揭示、理论体系的清理和方法的使用奠定了坚实而广阔的基础。中国传统语言学的一个根本原则，在于它是实证的，理论与方法都熔铸在丰富的实例中，在实例的运用中显示出生动灵活的理论与方法来。文献词义学是传统语言学的发展与科学化，它在更高的程度上保持了中国传统学术的实证特色，它的理论与方法的生命力，同样存在于可靠而丰富的实例的运用中。从《说文》全书相互联系、相互作用、整体贯通的众多词义中，我们分析综合单个词的形象特征与核心义，总结出先秦文献词义通过形象特征凝聚的核心义影响后代汉语词义发展的理论[④]。我们还通过早期词义的形象特征同早期汉字字形（本字）的统一判定词的本义，接着以本义为起点归纳多层多向的引申义列，并在这种判定与归纳的基础上清理单词词义系统，总结出单词词义系统中有关本义和引申的一些理论[⑤]。我们还通过研究《说文》表述词义关系的诸种格式认识词的反义关系、同义关系、同源关系的联系与区别，探求这些词义关系的原理，总结出词义的相对关系是词的反义关系的重点，是词义关系的基础的理论，总结出揭示同源词的意义特点的方法[⑥]。我们还通过分析、归纳《说文》贮存的体大思精的先秦文献的词义系统，总结出众多的词构成的词义大系统中形、音、义整体贯通的规律，总结出词义系统表述历史文化事件的诸多方法，如形、音、义的协同式排比，义系的对立、推演、交错，义系的一系列的对立统一，等等[⑦]。总之，可以明确地看出，文献词义学的理论、原理、方法主要是在《说文》总结的先秦词义材料的基础上，在获取《说文》科学研究的滋养中抽绎出来的。《说文》确实是文献词义学的“主中之主”。

（二）文献词义学的基本特征

什么是文献词义学呢？文献词义学是以先秦文献词义为研究对象，探求与说明先秦文献词义的存在形式、原理、规律、理论体系和研究方法的一门科学。

文献词义学是伴随着科学、深入的《说文》研究而发展起来的。由于《说文》同先秦文献词义的关系密切，《说文》研究同文献词义研究、传统的语言文字研究关系密切，所以，文献词义学是《说文》学、传统语言文字学（包括文字学、训诂学、音韵学）的继承和发展。

20世纪上半叶，黄侃曾说：“夫所谓‘学’者，有系统条理，而可以因简驭繁之法也。明其理而得其法，虽学不能遍识，义不能遍晓，亦得谓之学。”[⑧]黄侃在这里极简要地论说了“学”的基本特征。能够称为“学”的，一是明其理，二是得其法。“理”指“系统条理”，“法”指“因简驭繁之法”。黄侃关于“学”的论说是根据中国传统语言文字学的实际与经验作出的，抓住了传统语言文字学的根本。这一论说对于我们认识文献词义学的基本特征具有指导意义。参考黄侃对于“学”的特征的论说，考察文献词义学发生发展过程中积累的经验，我们认为文献词义学的基本特征有三个方面。

第一，文献词义学注重清理与认识文献词义的条理，即文献词义的内部联系及其包含的原理。例如词义的存在形式、词义的相互关系等，这就引向对于形、音、义组合的研究，对于反义词、同义词、同源词的研究等。一般词义学研究形音义、反义词、同义词、同源词，文献词义学的特征在于，它是从源头、从系统的角度来研究与说明上述内容的。它探求与解释早期词义包容的形象特征，这种形象特征制约着形、音、义组合的方式。它把反义、同义、同源关系置于纷繁复杂的词义大系统中，探求与解释这些复杂关系怎样联结起来构成词义的系统联系。由于文献词义学清理与揭示了文献词义的内部联系及其包含的原理，它就挖掘、还原了先秦文献词义的历史特点与民族特点。

第二，文献词义学注重清理与认识文献词义的系统，它采用的是以简驭繁、整体贯通的系统研究法。它清理与认识先秦的单词词义系统和众多的词相互作用交织而成的文献词义系统，并且总结与论说单词词义系统中本义、引申义的相关规律，总结与论说文献词义系统中义系的形成、对立、推演、交错等规律。文献词义学认为，规律与方法是紧密联系的，存在着何种规律，就应当用何种相应的方法去研究它。文献词义学研究的内容之一是文献词义系统，词义系统的排布是整体贯通的，所以它相应采用的方法是整体贯通的研究法。运用整体贯通研究法的关键，是把握词的形象特征凝聚的核心义，因为这是单词词义系统的核心，同时也把握文献词义系统中充当义系与义系联系纽带的枢纽义，有了枢纽义、义系之间才能实行推演与交错。例如《论〈说文〉中单个词词义系统》中曾谈到，“达”的形象特征是“草木迅速畅利到达地面并向上滋长、形体增大”，它凝聚的“畅利到达、上出”义成为联接“达”的词义系统的核心。又如《〈说文〉贮存了先秦文献词义系统》中曾谈到“洪烘”义系与“崇悰”义系在“州”包含的“州垮、耕畴”义上发生交错，那么“州垮、耕畴”即是联接“洪烘”义系与“崇悰”义系的枢纽义。总之，抓住了形式简约、义蕴宏深的核心义、枢纽义，就把握了单词词义系统和文献词义系统的关键，所以说，整体贯通的研究法也就是词义系统的以简驭繁之法。通过整体贯通的方法来研究与论说先秦文献词义系统，这是文献词义学的一个基本特征，文献词义学是擅长于系统研究与整体贯通之道的。

第三，文献词义学主要是凭借与借鉴《说文》对文献词义的精审总结来归纳自己的系统条理，来运用其以简驭繁之法的。文献词义学把《说文》所载词义材料和先秦文献中的词义材料都看作研究文献词义的第一手资料，尤其看重《说文》的词义材料。因为《说文》的本义、古义是“五经无双”的许慎对先秦词义博综融合的结晶，是先秦文献词义的集大成。把《说文》对文献词义的精审总结作为主要的凭借与借鉴，同时也核证先秦文献中的语言词义材料，有助于我们守约博施地追溯先秦词义的源头，并且提纲挈领、条理秩然地把握先秦文献词义系统。我们在《〈说文〉贮存了先秦文献词义系统》中曾引用孙星衍、程树德的说法，说明《说文》保存了唐虞三代的古义，《说文》的文献词义系统记载了唐尧、虞舜、夏禹、商汤、周文至春秋的一系列重大事件与文化背景。接着我们论证了《说文》词义系统表述“尧遭洪水”事件所呈现的汉语字词整体贯通的规律。由此可以看到，汉语字词的形、音、义之所以组合，组合时之所以构成特定的存在形式，词义与词义之所以具有整体系统的联系，联系时之所以形成反义、同义、同源、推演、交错等关系，从根本上看都是由词义产生时、形音义组合时、词义与词义联系时人们对历史文化背景的认识决定的。就是说，形音义、词义与词义，都是在历史文化背景的表述上聚焦的。古人对当时历史文化背景的感受与认识，把有关的形音义牢牢组合在一起，把相关的词义紧紧地联系在一起。《说文》不但通过具体词的训释提示了某些词相互联系时依据的文化背景，而且通过它贮存的词义大系统揭示了先秦文献词义发生整体贯通联系时依据的文化背景。所以，绝大多数字词的形音义为什么组合、怎样组合，绝大多数词义怎样发生联系，为什么发生这种联系，这些牵涉到词义的源头和系统条理的问题，大多可以从《说文》记载的成体系的文化背景中探索原因或发现端倪。《说文》的这一宝贵价值与重大作用，是别的词义专书不能比拟的，也是其他未曾整理过的散见的词义材料不能替代的。清代王鸣盛曾经指出："《说文》为天下第一种书。读遍天下书，不读《说文》，犹不读也。"[9] 这是何等深邃的学术眼光和广阔的科学视野！站在今天的认识高度来理解这段话，我们体会到，《说文》对先秦词义所作的精审整理与会通，使得它忠实地记录了汉语词义发展的源头，客观地保存了文献词义的系统，完整地记载了这种词义源头与系统赖以产生的历史文化背景。所以就古代中华文史学术的研究而言，《说文》无愧是重要阶梯与基础；就归纳文献词义学的系统条理与研究方法而言，《说文》也是主要的凭借与借鉴。

二 文献词义学的发生、发展与科学化

文献词义学在清代戴震、段玉裁、王念孙、桂馥、朱骏声、焦循、孙诒让等人研究《说文》和文献词义的时期已经萌芽；到20世纪初章太炎、黄侃撰著《文始》《〈说文〉同文》时得以产生与发展；到今天由于科学的观点与方法的运用，文献词义学的发展愈益深入。这是文献词义学发生、发展与科学化的大略情形。

我们这里说明文献词义学的发生、发展与科学化，不是纵向地回顾其发展历程，而是横向地阐释文献词义学的系统条理和研究方法是如何明确与具备的。因为，我们上文谈到了文献词义学的三个基本特征，这三个特征集中起来，就是以《说文》总结的先秦词义为借鉴，把握文献词义学的系统条理和整体贯通的研究法。文献词义学的系统条理和研究方法，是在文献词义学发生、发展与科学化的过程中逐步明确和具备的。所以，论说文献词义学的发生、发展与科学化，可以选取一个横向研讨的角度，就是论说文献词义学的系统条理和研究方法是如何探求与明确的。这包括四个内容：一是训诂原理的揭示，二是科学术语的确立，三是理论体系的清理，四是系统方法的运用。

（一）训诂原理的揭示

训诂学是传统语言学的主要内容，是文献词义学的前身。但传统语言学、训诂学的特点是，它们的原理体现在大量的实际运用中，没有得到科学的充分的揭示。这就妨碍了它们的发展与科学化。文献词义学是传统语言学、训诂学发展的必然趋势，它把揭示

训诂原理看作是自己继承传统，并由此而创立与走向成熟的重要条件。

揭示训诂原理，是指从理论上阐明训诂的成因、实质、规律、方法等，以便探求汉民族语言文字的系统与根源。什么叫作训诂原理，揭示训诂原理有什么重要性，这些问题，黄侃已有清醒的认识。他在《训诂述略》中说：

> 若以此地之语释彼地之语，或以今时之语释昔时之语，虽属训诂之所有事，而非构成之原理。真正之训诂学，即以语言解释语言，初无时地之限域，且论其方式，明其义例，以求语言文字之系统与根源是也。（着重号为引者所加，下同）

所谓法式，就是有关训诂的方法。所谓义例，就是有关训诂的成因、实质、规律的理论。“论其方法，明其义例”，就是揭示训诂原理。

从理论上揭示训诂原理的工作，严格地说是从清代开始的，清代以后则逐渐深入。训诂原理是多方面的。这里我们以“声义同条”的原理为例，说明清代及其以后是怎样逐步深入地揭示这一原理的。

训诂中“因声求义”方法的采用，说到底是反映和依据“声义同条”的原理。先秦萌芽、汉代大行的“声训”，宋代的“右文说”都只是做了一些实证与归纳的工作，尚未进入理论阐释的阶段。到清代，戴震、段玉裁、王念孙才自觉认识到音、义“二者恒相因”[10]，“声与义同原”[11]，“训诂之旨存乎声音”[12]的道理，这就促使训诂在继续从事实证工作的同时跃入理论概括以及用理论概括推进实证工作的历史阶段。其后，刘师培、章太炎、黄侃、沈兼士、杨树达等对“声义同条”的原理陆续有所阐发，在理论与实证的结合说明上取得一系列创造性成果。

刘师培写有《论字义之起源》一文[13]，认为“上古音起于义”，其时先民“观察事物，以义象区别”。指出“字音既原于字义，既为此声，即为此义”。刘师培认识到音来源于义，义是在古人观察事物、获取义象时形成的。

黄侃认为：“凡文字之意义相关者，其音亦往往相关。”[14]“凡声之起，非以表情感，即以写物音，由是而义傅焉。”[15]既然在表达情感与物音时产生了“义”，那么依附于情感与物音的“义”就是音的内涵。

章太炎说：“太古草昧之世，其言语唯以表实”，语言“以音为表”[16]。又说：“比次声音，推迹故训，以得语言之本。”可见语言的根本是声音表述的意义（故训）。

刘师培、章太炎、黄侃等联系语言产生时古人观察事物、选取意象、表述实物与情感的方式来分析音与义的关系，揭示上古“音起于义”，义是音的内涵，这样来阐释“声义同条”之理，就比前代学者深入与切实多了。

论及“右文”时，沈兼士指出这是因为“一组同声母字”中“具有最大公约数性之意义”，“即诸语含有一共同之主要概念”[17]。由于沈兼士坚持从意义上作“综合归纳之研究”，因而在阐释“声义同条”原理方面有如此重大的进展。

杨树达提出：“盖声音之为物也，广漠无涘，未可准依”，形音义“三事递衍，而义为之主”[18]。杨树达在博涉经传的基础上借鉴西方语言学的方法，并吸收甲金和现代语言材料，所以在论说声义关系上独标新解，卓然有所树立。

需要说明的是，章太炎、黄侃尤注意在实际应用中系统地展示、全面地解说“声义同条”的原理。章太炎采纳黄侃的见解，以“音义相雠，谓之变易，义自音衍，谓之孳乳”为条例[19]，写出系统论列同源字、词的大著《文始》，通过具体地实证“语言文字系统与根源”来“论其法式，明其义例”，在汉语同源字、词的系统研究与阐说上取得重大突破。正如黄侃所说：“声义同条之理，清儒多能明之。而未有应用以完全解说造字之理者。侃以愚陋，盖尝陈说于我本师，本师采焉以造《文始》，于是转注、假借之义大明，令诸夏之文，少则九千，多则数万，皆可绳穿条贯，得其统纪。”[20]

在现代，陆宗达、王宁对传统语言学的“声义同条”原理做了科学的理论说明。他们指出：在语言发生的起点，音与义的关系完全是偶然的，是社会约定的。正因为如此，同一声音可以表达多种完全无关的意义，语言中因此产生大量意义无关的同音词；而相同或相近的意义可以用不同的声音来表达，语言中因此又产生大量读音相异的同义词。随着社会和认识的发展，在原有语词的基础上要产生新词。其重要途径是，旧词引申到距离本义较远之后，在一定条件下脱离原词而独立。有的声音无变，已成他词；有的读音稍变，更为异语。这就是派生词的产生。同一语根的派生词，即同源词，往往音相近，义相通。在同一词族中，派生词的音和义是从其语根的早已约定俗成地结合在一起的音和义发展而来的，因此带有了可以追索的历史必然性。这就是音近义通现象。从词汇的总体来看，约定俗成是音义联系的总规律，音近义通不过是词汇发展某一方式所体现的个别规律。二者在理论上是不可列入同一层次看待的[21]。这样来认识音义关系的原理，理论上就彻底与明晰了。

训诂原理是多方面的，不只是“声义同条”。对于其他方面的训诂原理，不少学者分别有所论说。对训诂原理作出全面、概要性的说明的，是王宁的《训诂原理概说》[22]。这是第一部系统地揭示与论说训诂原理的著作，从总体上看包括三个内容：

一是对训诂现象的科学解释；

二是对训诂方法科学依据的理论说明和从程序上加以分解；

三是对文献词义的存在形式、运动规律、特点性质的科学论述。

这里我们重点介绍作者对本义及其特点、引申的内涵和规律等原理的揭示与论述。作者指出：

> 本义是与原始字形相贴切的词的一个义项，是造字最初阶段的词义，也就是在现有的书面语言材料中可以追溯的最早词义。本义的特点是具体的、经验性的，这种特点决定词义以后的运动方向。
>
> 引申是词义运动的基本形式。词义沿着本义的特点决定的方向，按照民族的习惯，不断产生相关的新义或派生同源的新词，构成有系统的义列。这就是引申。
>
> 引申规律是指两个义项彼此相关或两个同源词之间意义相通的模式。古代文献词义的引申规律有三种类型：理性的引申、状所的引申、礼俗的引申。
>
> 1. 理性的引申指词义之间因本民族共同的理性认识而发生联系，产生引申。它包括：
>
> (1) 时空的引申：表示时间、频率、速度的意义常与表示空间、密度的意义相关。(例证从略，下同)
>
> (2) 因果的引申：作为原因的事物与作为结果的事物在意义上往往相通。
>
> (3) 动静的引申：动态与静念在意义上相关。

(4) 施受的引申：表示施予和接受的意义往往相关、同源。

(5) 反正的引申：构成对立关系的事物、现象在意义上相关、同源。

(6) 实虚的引申：表示具体事物的意义和表示抽象事物的意义由于相关而引申。

2. 状所的引申指词义由于所表述的事物性状相同或处所相同而互相关联。理性的引申反映事物之间在观念上或变化过程中的相关；而状所的引申则反映事物之间外在的相似。它包括：

(1) 同状的引申：两种事物的形状、性质、特征、用途相似，其词义可以发生关联而引申。

(2) 同所的引申：不同的性状由于依托于同一事物，其词义可发生联系而互相引申。

(3) 同感的引申：事物的性状、处所在人的心理活动中产生相关意义。

3. 礼俗的引申指由于汉民族古代礼制和习俗上的原因，使得某些词的意义发生联系而引申[23]。

通过原理的揭示，作者指出传统训诂学是以研究古代文献语言的语义规律和训释方法为内容和任务的，现代训诂学的发展趋势是文献词义学。从而大大推动了文献词义学的发展与科学化。

（二）科学术语的确立

文献词义学的科学术语是指揭示了文献词义学的理论、规律、方法的本质、特点的专门用语。文献词义学的发展与科学化是同它的科学术语的确立紧密相联的。科学术语的确立是文献词义学发展的必要条件,是文献词义学的理论建设的基础。

清代学者已经对有关文献词义学的某些术语做过探讨,有了一定的理论认识。章太炎、黄侃为确立文献词义学的术语作出了很大贡献。例如章太炎用“孳乳”和“变易”两个术语来表示同源派生的两种现象。黄侃发掘了“反正为训”这个旧术语的本质,指出它体现了汉语里一种特殊的引申规律。

系统的文献词义学术语的确立只有在训诂学成果的继承与现代语言学理论、现代思维科学的借鉴相互结合起来之后,才能进行并完成。这一工作是在 20 世纪 80 年代开始的。王宁写了《训诂学术语的定称与定义》一文,首次提出了确立文献词义学术语的原则:

1. 旧术语的袭用和改造

有些训诂学术语能够体现文献词义学的原理,则可袭用。如“义训”“声训”“义界”。有些训诂学术语不够确切,则加以改造。如“互训”,实质是用单音的同义词来解释。这些解释,有的是以今语释古语,或者以常用词释难词,仅仅是单方面的解释,解释词与被解释词不能互换位置,因此黄侃把“互训”改称为“直训”,意义就确切了。有些术语虽可使用但有多种界说的,可选用其中比较合理的一种。如“孳乳”,有时指称词的分化,有时指称由词的分化而造新字。衡量起来,后者比较合理,便可将“孳乳”的定义确定为“因词的分化而在旧字的基础上造新字”。如果同一现象有两个以上的称谓,则确定一个比较合理的。如:词义引申而造新字,仍然依托原有的字形,从而形成同义词。这种现象有的称“引申”,有的称“转注”(朱骏声),有的称“假借”(章太炎)。后两种把词义现象和文字现象混淆起来，不可取；选用“引申”较合理。

2. 新术语的定称

发掘了前人没有阐述过的原理，则要确立新术语。例如，说明形义关系，就要分析字的结构。其中有一种直接参与文字的组合但本身不成文字的笔画，可以定称为“字形构件”。“字形构件”与“笔画”不同的是，它可以作为“准初文”或“杂体”[24]的一部分被拆卸下来；它与“文字”不同的是，它只有形，没有音、义。如果原有的训诂学术语中包含着几种不同的现象，需要加以区分，区分出来的现象没有旧的术语指称，则要确立新的术语。例如，“通假”这个旧术语实际上指称两种现象：一是意义无关的同音字互相借用；二是同源字分化以后，在习惯上尚未区别开而通用，如“政”与“正”。把第二种现象区分开来，用一个新术语指称，就是“同源通用”。如果原有的训诂学术语中混杂了其他概念，需要加以区分，区分出来的概念没有旧的术语指称，则要确立新的术语。例如“声训”，就其作用来说，称作“推源”，即推求派生词命名的来源，也就是用根词解释派生词。但是“声训”的训释词有些并不是根词，而是同根的派生词，在这种情况下称“推源”则不确切，因此需要设立一个新术语：“系源”。“系源”表示不能确定词源与根词，只是把同根词归纳起来；“推源”则表示能够确定词源与根词。

3. 新、旧术语的定义

新术语需要作出定义，袭用的旧术语也需要重新明确定义。第一，定义应当是准确的，即合乎它表述的现象的实际情况，表现这种现象的本质属性。如“音近义通”，必须明确它是同根派生词之间表现出的音、义关系，必须说明同根词的音、义与词根的音、义之间存在着可以追溯的渊源关系，“音近义通”的状况才得以形成。第二，定义应当是确定的、单一的，即不能有两个术语定义一样，也不能有一个术语同时存在两个或两个以上的定义。例如，“同义词”应指偶然同义而声音没有渊源关系的词，不包括义通的音近词。第三，定义应注意反映汉语的特点。文献词义学所研究的汉语文献词义现象体现了古代汉民族的鲜明特点，文献词义学的术语应当符合这种民族特点。

4. 定称和定义都要特别防止从根本上混淆文字现象与语言现象

字和词从总体上和本质上看不是一种东西。但由于研究文献语言时必须通过其书面形式或汉字来研究，而汉字是表意文字，形义之间有不可分割的关系，加之古代汉语以单音词为主，绝大多数符合一字即一词的原则，所以字和词容易发生混淆。这就要求在确定文献词义学术语时，先要分清文字与语言这两种不同的现象，慎重使用“字”与“词”这两个名称。例如，“派生词”与“孳乳字”必须分清，前者是词的分化，后者是字的增多。又如，应当把一批不能拆开的双音节单纯词称作“连绵词”，不称“连绵字”，而把连绵词中单个的字称作“连绵词中的字”。

王宁制定了上述确立文献词义学术语的正确原则，并在实践中坚持运用这些原则。基于丰厚的文献根底、科学的观点与方法以及对文献词义的深刻理解和整体把握，王宁和她的老师陆宗达创造性地确立了成系统的文献词义学术语，其中一部分刊布于他们的著作《训诂方法论》正文之后，题为《训诂学名词简释》。最为可贵、最有特色的，是他们成体系地确立术语，具体地实践了黄侃倡导的"有系统条理,始得谓之学"的思想。这是训诂学与文献词义学领域的重大创造。这样确立的术语,自然就深刻地显示出鲜明的系统性来。这种系统性体现在三个方面。

第一个方面是:术语的系统性表现在科学原理的贯穿性上。例如,词义有规律的延伸,造成两种结果:一种是许多引申义依托同一词形,形成多义词;另一种是有些延伸出的意义改换词形,分化出新词,形成同源词。这就显示出一条原理:引申义之间的意义关系和同源词之间的意义关系,受着同样的引申规律的制约。这条原理不仅贯穿于多义词的引申和同源词的义通现象,而且贯穿于同义词的辨析、同源字的通用和具体词义的证明中。把这种科学原理的贯穿性提炼为术语,则术语呈现出系统性来。

第二个方面是:术语的系统性表现在相邻和相关概念既有联系又有区别的关系上。例如,关于词源的术语,即有以下几种:

(1) 自生词与派生词。自生词指在约定俗成基础上产生的词,音与义的结合是偶然的。派生词则指由旧词分化出的新词,其音义与根词、发源词有历史渊源关系。凡自生词均不同族,派生词则有同族派生词与非同族派生词。

(2) 根词、源词与派生词。根词指同族派生词的总根,源词指某一派生词所由出的词。

(3) 推源与系源。推源指探求派生词的根词或源词,探求根词指完全推源,探求源词指不完全推源。系源指在根词不明的情况下归纳和系联同族派生词。

(4) 同源词与同音词、同义词。同音词指声音偶同的非同族词,同义词指意义相近的非同族词,同源词则指同族的派生词。同源词之间有音近义通关系。

(5) 词族、某族词。在同一根词下派生的全部词归纳在一起称词族,具体称某(词根)族词。

上述一系列术语,显示了有关词源的各种现象的相互联系与区别。

第三个方面是:术语的系统性表现在概念之间的层次上。各种层次是科学分类的结果。例如,关于训释方法的术语,从训释目的可以分成义训(为了释义)和声训(为了推源或系源);义训中包括一种特殊的训释——形训(为了发掘与形相贴切的本义)。从训释方式可以分成义界和直训。这几个术语存在着交叉或包括的关系,其层次是[25]:

- 训释术语
  - 从目的分
    - 义训
      - 一般义训
      - 形训
    - 声训
  - 从方式分
    - 义界
    - 直训
      - 单训
      - 互训

成体系地确立文献词义学的术语,即大大推进了文献词义学的发展与科学化。

(三) 理论体系的清理

文献词义学是训诂学发展的必然趋势。现代训诂学探求理论体系,其实是为文献词义学的理论体系奠基。在现代,率先建立训诂学理论体系的是黄侃。20 世纪 20 年代,黄侃在《训诂学讲词》

的"训诂述略"部分列出以下纲目：

训诂述略

训诂之意义

训诂之方法

本有之训诂与后起之训诂

独立之训诂与隶属之训诂

义训与声训

《说文》之训诂与解文训诂不同

《说文》之训诂必与形相贴切

以声韵求训诂之根源

求训诂之次序

声训

声训分类

赵振铎在他的著作《训诂学史略》[26]第二十章专门介绍"黄侃的训诂学体系"，同时对"训诂学理论体系的建立"加以总结，指出：

> 黄侃提出的框架虽然还比较粗略，但是他提出这一整套看法，是训诂学彻底摆脱经学附庸地位而独立的标志。筚路蓝缕之功不可磨灭。它对建立更系统、更科学的训诂学将会有深远的影响。

这个评价是中肯的。

陆宗达、王宁根据黄侃《训诂学讲词》所列的纲目，整理出以下体系[27]：

训诂内容			
形与义之关系（词的书面形式和内容的关系）		说字之训诂	形训
音与义之关系（词的口头形式和内容的关系）		求源之训诂	声训
义与义之关系（词义本身的内在规律）	运动规律：本有与后起（即本义与引申义） 应用规律：独立与隶属（即概括义与具体义） 训释规律：略（即训释万法及条例）		义训

黄侃的训诂学理论体系，“的确囊括了传统训诂学的全部内容，也展示了与文字学、音韵学并列的训诂学应有的研究范围”[28]。文献词义学理论体系的清理，正是在黄侃训诂学理论体系的基础上进行的。

王宁在她的著作《文言字词知识》[29]和《训诂原理概说》中，发展了前人有关训诂学理论体系的学说，吸取了现代语言学和词义学的有益成果，清理与总结出汉语文献词义学理论体系。其主要内容与结构如下（这里只列纲目）：

1. 训诂材料中的词与词义

(1) 字与词的区别

(2) 词的贮存状态与使用状态

(3) 贮存义与使用义

(4) 义和训

2. 形义关系

(1) 汉字形义统一论

(2) 本字与借字

(3) 笔意与笔势

(4) 溯本与复形

(5) 造意与实义

(6) 异字同词

(7) 以形索义

3. 音义关系

(1) 约定俗成说与音近义通说

(2)音义关系群

① 同义词

② 同音词

③ 同源词

(3) 推源与系源

① 完全推源与不完全推源

② 全面系源与局部系源

(4) 孳乳与变易

(5) 同源字

(6) 通假

① 同音借用字

② 同源通用字

(7) 因声求义

4. 词义引申

(1) 引申定义

(2) 本义和词义特点

(3) 引申规律

① 理性的引申

a. 时空的引申

b. 因果的引申

c. 动静的引申

d. 施受的引申

e. 反正的引申

f. 实虚的引申

② 状所的引申

a. 同状的引申

b. 同所的引申

c. 同感的引申

③ 礼俗的引申

(4) 引申义列

① 引申的两种结果

② 引申的多向性与多重性

5. 词义训释

(1) 词义训释的分类

(2) 义训

(3) 声训

(4) 直训

(5) 义界

6. 词义考证

(1) 考释与证明

(2) 音同与音近的考证

① 同纽和韵转

② 同纽和双声

③ 证音材料

(3) 证同义与辨义差

(4) 义通的考证

这一科学而精要的汉语文献词义学理论体系，把文献词义学的内容、特点、规律、方法、应用等诸多方面组合成一个雄阔深邃、旁推交通的统一体，体现了文献词义的历史特征与民族特点，揭示了形、音、义的整体联系以及“义”对于音、形的制约作用。文献词义学理论体系的清理与总结，是文献词义学深入发展与科学化的重要标志。

（四）系统方法的运用

中国古代的文献词义具有整体贯通的特性。活跃在文献之中、贮存于《说文》全书的文献词义是一个严密的系统。正确地反映与研究这一根本的语言实际的文献词义学，即是有系统条理的科学。这一根本的实际同时也决定了文献词义学的根本大法是系统研究的方法、整体贯通的方法。

我们这里所说的文献词义学的系统研究方法，不是国外的系统论和归纳语义场的方法，而是紧密结合中国古代文献词义实际，在吸取中国传统学术研究的有益经验、借鉴国外系统论的基础上形成的整体贯通的研究方法。

还是在清代，段玉裁就已强调系统的研究的重要性，着手使用系统研究的方法。他说：“自有《说文》以来，世世不废，而不融会其全书者，仅同耳食。”[30]宜“通合观之”[31]，“倘不能观其会通，则许书徒存而已矣”[32]。

“融会全书”，“观其会通”就是段氏采用的整体贯通的系统研究方法。《段注》中注明“某与某义略同”“某与某义相通”“某与某音略相近”者有三百处之多，表明段氏在《说文》词义的系统研究上是下了大工夫的。

章太炎著《文始》，使“诸夏之文，少则九千，多则数万，皆可绳穿条贯，得其统纪”（黄侃语），这是章氏用系统方法研究同源字、词取得的重大成果。黄侃著《〈说文〉同文》[33]，意在补充和检验《文始》。《〈说文〉同文》与《文始》完全相同者占67％，部分相同者占21％，不同者占23％，表明章、黄研究同源字、词的方向是大致相同的。《〈说文〉同文》是系统方法在同源字、词研究中的结晶。

文献词义学的根本大法是系统研究的方法，即整体贯通的方法。这一方法的基本功是词训系联。词训，是词义训释的简称。词训系联，是指以核证丰富的文献语言材料为基础，综合比较《说文》全书训释词与被训释词、训释词与训释词、被训释词与被训释词的相互关系，按照这种关系对《说文》的词训进行有理有据的分合联结与由博返约的类聚。《段注》《文始》《〈说文〉同文》中的许多卓见新解，都是从词训系联中引发出来的。《说文·心部》“惟，凡思也”下《段注》：“惟，凡思也。念，常思也。怀，念思也。想，冀思也。《思部》虑，谋思也。”[34]这就是在作词训系联。段氏解释“惟”的词义，同时把“念”“怀”“想”“虑”联系起来解释。黄侃曾说，《说文》的真功夫都在白文里，要反复玩索，以“比较”与“联贯”的方法研讨之[35]。黄侃系联《说文》白文的一部分手稿，至今保存在武汉大学，给我们直接的启发。陆宗达强调凭据《黄侃手批白文十三经》的文献材料，既把《说文》词训表述的意义拆开，又在全书范围内把这种意义加以联结，以某个词训的意义为核心，把别的词训及旁见说解类聚到这个词训的头上[36]。

鉴于《说文》是先秦文献词义的集大成，其中记载的众多词训体现了先秦词义的整体联系，所以我们以《说文》词训为系联的对象。遵循前辈专家词训系联的轨范，我们制定了词训系联的条例和工作步骤。条例主要有：以义位为系联的基本单位，从不同类别的词训中确定义位，确立义位联结与分别的原则。关于工作步骤，第一是普遍校订《说文》的词训，恢复《说文》词训的本来面貌。第二是细密而有联系地考释词训包含的义位，即：在遍检群书的基础上对每个词训包含的义位作出初步确定，接着在义位的整体联系中考察每一义位的作用与特点，从系统的角度对初步确定的义位作出表述上的调整与修正。第三是对义位作出同义类聚。义位的同义类聚（也包括相关、相通的义位的类聚）构成义系。接着通过考察义系与义系之间联结的枢纽——我们称为枢纽义位，即可以确定义系之间的主要关系，包括对立关系、推演关系、交错关系等。依据这些关系，进而有层次地类聚出《说文》贮存的文献词义系统。

由于词训包含的义位保存在《说文》中而又活跃于文献语言材料里，同时义位与义位的生动关系都植根于古代历史文化的表述中，所以不论是实施词训系联的条例还是实行词训系联的工作步骤，都必须以核证文献语言材料为基础，必须密切联系文献典籍记载的古代历史文化背景。

《说文》全书的词训系联深化了中国传统学术的整体贯通的研究方法，体现了文献词义学的系统研究方法。经由词训系联揭示的《说文》所载先秦文献词义系统，显示了中国上古的具体词义与概括词义的系统联系与完美统一，包容了汉语早期词义及其直接的派生词义之间的系统联系与完美统一。这一体大思精、错综纷繁的词义系统，信而有征、错落有致地表述了以“尧遭洪水”事件为起点，中经唐尧、虞舜、夏禹、商汤、周文以迄春秋的波澜壮阔的上古历史进程;同时以此为主干,由博返约、详审密察地展示了中国上古的文化观念体系。这个文化观念体系以天地造分、万物化生为象征,集中反映了古代汉民族“一生万物,万物合一”的综合性、贯通性辩证思维和“生生之谓易”的创造精神[37]。

运用系统研究方法揭示《说文》所载先秦文献词义系统,是文献词义学的基础工程。把握了《说文》词义系统,同时印证先秦儒、墨、道家及诸子文献中的词义材料,有助于以简驭繁、全面深刻地认识浩繁的文献词义的联系与区别,以便卓有成效地开展文献词义的系统辨析。这种辨析主要包括三项内容:一是被辨析词义所包含的义位同其他词义所包含的义位存在何种普通的整体的联系;二是被辨析词义包含的义位在普遍整体的联系中处于何种地位,发挥什么作用;三是在义位的整体联系所表现出来的义位的地位与作用之中,被辨析词义具有怎样的特点[38]。

在系统辨析与认识文献词义的基础上,才能够切实地总结出文献词义在存在形式、相互联系、发展演变等方面的基本规律。就文献词义的相互联系而言,其基本规律有总分、对立、推演、交错等,而推演的应用最广。推演是指词义(包括义位、义系等语义单位)有逻辑事理上的推导、递演的关系,具体地说有因果式、条件式、递进式等[39]。我们在《〈说文〉贮存了先秦文献词义系统》中已列举了一批文献词义的义位、义系相互对立、推演、交错的例证,这里不再重复。

附　注

①③⑧⑭㉟《文字声韵训诂笔记》6 页、6 页、2 页、204 页、90 页,上海古籍出版社 1983 年。

②⑪㉚㉛㉜㉞《说文解字注》1 页、2 页、784 页、765 页、495 页、505 页，上海古籍出版社 1981 年。

④ 见《〈说文〉与先秦文献词义》。

⑤ 见《〈说文〉与单个词的词义系统》。

⑥ 见《〈说文〉与词义关系的探讨》。

⑦ 见《〈说文〉贮存了先秦文献词义系统》。

⑨《说文解字正义·序》。

⑩《戴震集》55 页，上海古籍出版社 1980 年。

⑫ 见《经义述闻》王引之所引。

⑬ 见《刘申叔先生遗书》，《中国文学教科书》第三课。

⑮⑳《黄侃论学杂著》93 页、94 页。

⑯《国故论衡·语言缘起说》。

⑰ 见《沈兼士学术论文集》82 页，中华书局 1986 年。

⑱《积微居小学述林》213～214 页，中华书局 1983 年。

⑲《文始·叙例》。

㉑ 见《训诂学方法论》79 页，中国社会科学出版社 1983 年；《浅论传统字源学》，《中国语文》1984 年第 5 期。

㉒ 载《训诂学的研究与应用》，内蒙古人民出版社 1986 年。

㉓ 以上内容见《训诂原理概说》，载《训诂学的研究与应用》72～78 页；《训诂方法论》145～161 页。

㉔ 见章太炎《文始》。

㉕ 下图内容见王宁《谈训诂学术语的定称与定义》，陆宗达、王宁《训诂方法论》。

㉖ 中州古籍出版社 1988 年。

㉗ 下图内容见《训诂学方法论》4 页。

㉘《训诂学方法论》5 页。

㉙ 北京教育出版社 1987 年。

㉝ 见《〈说文〉笺识四种》，上海古籍出版社 1983 年。

㊱ 见陆宗达《我与〈说文〉》，载中华书局《书品》1987 年第 2 期。

㊲ 见宋永培《〈说文〉意义体系记载了"尧遭洪水"事件》，载《古汉语研究》1991 年第 2 期；《〈说文〉词义系统研究(提要)》，载《中国语言学发展方向》论文集，光明日报出版社 1989 年。

㊳ 见宋永培《论古代汉语词义的系统辨析》，载《语言学和汉语教学》论文集，北京语言学院出版社 1990 年。

㊴ 见宋永培《论〈说文〉意义体系》，载《〈说文解字〉研究》论文集，河南大学出版社 1991 年。

[原载《文科教学》1993 年第 1 期]

《说文》对反义同义同源关系的表述与探讨

探讨汉语词义之间的关系，传统的方法是把这种关系简化成反义、同义、同源三种一般的类型。这种简化反映了汉语词义关系中浅显、常见而易于把握的类别与范型，有利于认识词义关系被拆开之后的一些基本样式。东汉许慎《说文解字》(简称《说文》)对词义的解释、对词义关系的表述体现了他分析反义、同义、同源关系的经验。

一 词的反义关系

词的反义关系，指词和词之间具有相对、相反的关系。《说文》在词义训释中通过有关格式来体现这种关系。

(一)《说文》对词的反义关系的表述

词的反义关系包括两种类型：一是相对，二是相反。我们先看《说文》对"相对"这种类型的表述。

1. 相对关系

《说文》表述词义具有相对关系，所用的一般格式是把两个词对照起来说。例如：

闸，开闭门也。(十二上·门部)

骧，马之低仰也。（十上·马部）

丨，上下通也。（一上·丨部）

这三句训释中，开与闭，低与仰，上与下，都是对照着说，所以彼此构成相对关系。

词所含的意义表述人们对于客观事物的认识。在人们心目中，客观事物之所以构成相对关系，是因为它们具有某种相对的特征。因此，《说文》表述词的相对关系时，往往把两两相对的事物同该事物的特征分别联系起来对照着说。这是《说文》的训释表述词义相对关系所用的特殊格式。例如：

脂，戴角者脂，无角者膏。（四下·肉部）

龟，……外骨内肉者也。（十三下·龟部）

邑，国也。从口，先王之制，尊卑有大小。（六下·邑部）

在“脂”的训释中，脂与膏相对，脂的特征是戴角，膏的特征是无角。在“龟”的训释中，骨与肉相对，特征是骨在外，肉在内。在“邑”的训释中，大与小相对，“邑大”与“邑小”各自的特征是，位尊则邑大，位卑则邑小。

事物两两相对的特征使事物得以互相区别，但是固定在词义里的事物的特征经过了人们感受与认识上的加工。因此，诸多客观事物中两两相对的特征只要有某种相近或相似，人们的感受与认识就可以把它们联通。这种情形反映到《说文》中，就是两个相对的词可以用来指称许多互不相同的事物的特征。也可以说，两个具有相对关系的词义，可以在一定条件下分别联系其他具有相对关系的词义，把其他具有相对关系的词义贯通起来。例如：

讄，……祷尔于上下神祇。（三上·言部）

教，上所施下所效也。（三下·教部）

至，……“不”上去而“至”下来也。（十二上·至部）

这三句训释中，都有构成相对关系的词“上”与“下”。“上”与“下”用来分别表明神与祇、施与效、不与至的特征。神与祇、施与效、不与至[1]也分别构成相对关系。这三对反义词本来指称不同的内容，但由于古人感受与认识的加工，认为它们都具有“上”“下”相对的特征，所以用“上”与“下”表明其特征，把它们的关系联通起来。

2. 相反关系

《说文》表述词义具有相反的关系，所用的一般格式是，在词义训释中有否定词“不”或“未”出现。其中，主要用“不”，用“未”的情况较少。

《说文》用否定词“不”表述相反关系的例子较多。例如：

少，不多也。（二上·小部）

粹，不杂也。（七上·米部）

浅，不深也。（十一上·水部）

也可以在否定词“不”前面加上事物的名称。如：

眛，目不明也。（四上·目部）

贵，物不贱也。（六下·贝部）

歉，食不满也。（八下·欠部）

其中，“目”“物”“食”都是物名。

以上训释，是通过否定词“不”把训释词和被训释词连接起来，使二者在形式上构成相反的关系。

《说文》表述词义的相反关系还采用一种特殊的格式，就是先列出被训释词的同义词，接着列出否定词“不”以及被训释词的反义词。把这种格式简化，就是：被训释词的同义词＋不＋被训释词的反义词。这样就造成了两对反义词，一是“不”的前后两个词构成反义，二是“不”后面的词与被训释词构成反义。例如：

缔，结不解也。（十三上·糸部）

差，贰也，左不相值也。（五上·左部）（从《段注》本）

《段注》：“左之而不相当则差矣。今俗语所谓左也。”②

这两个训释中，结与缔同义，解与结反义，解与缔反义。贰、左与差同义，值与左反义，与贰反义，与差反义。在“差”的训释词与被训释词之间，形成了三对反义词。如果通过断句来表明语句的意义，就是：

缔，结，不解也。

差，贰也，左，不相值也。

这样，词义训释与被训释词的意义就清楚了，其中词与词的关系也明白了。

有人会提出疑问，“结不解”的“结”是否为名词，如果是，就不能说结与缔同义、解与结反义了。我们说，“结不解”之中的“结”是动词，不是名词。证据是，《说文》云：

纽，一曰结而可解。（十三上·糸部）

这个训释中，“可解”与“结”之间加个连词“而”，表明“结”与“可解”之间是并列关系，结与解均为动词。“结不解”的组合结构同于“结而可解”，都是并列式，因而“结”是动词。

《说文》还有用否定词“未”表述相反关系的，如：

梱，梡木未析也。（六上·木部）

《段注》：“此梡当作完，全也。”“凡全物浑大皆曰梱。”又“梡”下《段注》：“对‘析’言之，梡之言完也。”③

《说文》用“未”把“棞、梡”同“析”连接起来，表明“棞、梡”同“析”构成反义关系。根据《段注》，知“棞、梡”含“完整、全部”义，指完整的木头。而“析”，《说文》训为“破木也”，“一曰折也”（六上·木部），指被斧斤剖开的木头，或被斧头截断的草，其含义是“不完整”，所以“棞、梡”同“析”构成反义关系。

（二）词义的相对关系是词的反义关系的重点

《说文》表述词的反义关系，包括“相对”与“相反”两种类型。其中，表述相对关系的例证比表述相反关系的例证多得多，而且有关相对关系的词义内容比相反关系的词义内容丰富、生动得多。可见，《说文》中词义的相对关系是词的反义关系的重点。

这种现象的成因，《说文·叙》一开始就揭示了：“古者庖牺氏之王天下也，仰则观象于天，俯则观法于地，视鸟兽之文与地之宜，近取诸身，远取诸物。”④ 这是早期汉语词义产生的原始文化背景。你看：天象、地法，仰观、俯察；人身、万物，近取、远取。客观事物与人们的主观感知，都是以两两相对的方式出现的。这种方式，一直贯串于后来春秋战国时期的显学——儒、墨、道家的思想体系中。

例如儒家经典《周易》所说的：“天尊地卑，乾坤定矣。卑高以陈，贵贱位矣。动静有常，刚柔断矣。方以类聚，物以群分，吉凶生矣。在天成象，在地成形，变化见矣。”⑤

《墨子》也说：“天地也，则曰上下。四时也，则曰阴阳。人情也，则曰男女。禽兽也，则曰牡牝雄雌也。真天壤之情，虽有先王，不能更也。”⑥

《老子》也说：“有无相生，难易相成，长短相较，高下相倾，音声相和，前后相随。”⑦

《庄子》也说："四时迭起，万物循生。一盛一衰，文武伦经。一清一浊，阴阳调和，流光其声。蛰虫始作，吾惊之以雷霆。其卒无尾，其始无首。一死一生，一偾一起。所常无穷，而一不可待。"[8]

儒、墨、道家的思想体系，是在中国古代独特而丰腴的文化背景土壤中培植出来的，此后则给予中国历代语言、文化的形成与发展以巨大的影响。儒、墨、道之间，一理而万殊，殊途而同归。它们共同表述的，是客观事物与人们的感知沿着两两相对、分而相合的路径创生、联系、发展、更替的生命历程，是"一阴一阳之谓道"[9]的哲理。由此而凝结为以阴阳二极对立统一的学说为核心的中国古代思维体系。这种思维体系中的一阴一阳虽相对相反却并不相争相克，它们之间是或阳或阴，错综变化不已的，在这种无穷的反复中，即保持和谐而统一。"两两相对相合"的文化观念体系灌注到词义的存在与发展中，就表现为词义两两相对的关系是词的反义关系的重点。

二 词的同义关系

词的同义关系，指词与词之间具有在一个或多个义位上重合的关系（义位指词的一个义项），《说文》在词义训释中主要通过下述格式来体现这种关系。

（一）《说文》对词的同义关系的表述

1. 一般训释格式

两个词之间存在着训释与被训释的关系，就构成表述同义关系的一般训释的格式。两个词构成一般训释的格式，表明它们至少在某一义位上相同。例如：

初，始也。从刀从衣，裁衣之始也。（四下·刀部）

“始”与“初”构成训释与被训释的格式，表明它们具有同义关系，这两个词在“最早发生”这一义位上重合。《说文》的其他训释也证明“初”与“始”同义，例如：

一，惟初太始，道立于一，造分天地，化成万物。（一上·一部）

在“惟初太始”这个语句结构中，“初”与“始”两个词紧密连用以表述一个共同的意义，表明它们有同义关系。

构成一般的训释格式的词遍及《说文》全书，这些词又通过别的训释格式同其他词发生联系，这样，就交织成广大而复杂的同义关系群。

《说文》对词的同义关系的表述除了普遍存在的一般训释格式，还有一些特殊训释格式，这就是互训、递训、同训、同义连文、义界。

2. 特殊训释格式

（1）互训

互训是两个词相互训释。例如：

倚，依也。（八上·人部）

依，倚也。（同上）

“倚”与“依”相互训释，表明它们有同义关系。二者在“附著”这一义位上重合。

（2）递训

递训是几个词展转层递地训释。例如：

产，生也。（六下·生部）

生，进也，象草木生出土上。（同上）

进，登也。（二下·辵部）

“产”训为“生”，“生”训为“进”，“进”训为“登”，“产”“生”“进”三个词展转层递地训释，表明它们有同义关系。它们在“向上”这一义位上重合。

（3）同训

同训是几个词或字的训释相同。例如：

坦，安也。（十三下·土部）

便，安也。（八上·人部）

恬，安也。（十下·心部）

慰，安也。（同上）

抚，安也。（十三上·手部）

亿，安也。（八上·人部）

这六个词都训释为“安”，是同训词，表明它们有同义关系。“坦”是道路平易，人行走感觉安适。“便”是安适。“恬”是使内心安适。“慰”是使内心平静。“抚”是使安定。“亿”是使安宁。它们在“安适”“使安宁”这两个义位上同义。

由于《说文》所载词义多是与本字相贴切的本义，而且《说文》全书的词义经过许慎精心统一的整理而自成系统，词义与词义之间相互联系，训释词的使用情况脉络清楚，所以《说文》中的同训词往往是同义的。《尔雅》与《广雅》也收录了许多同训字、词。由于这些同训字、词来源于古代文献中随文释义的材料，这些释义材料中训释词的使用情况比较复杂，有用本字本义的，有用本字引申义的，还有用借字的；而且《尔雅》《广雅》成于众手，所载释义材料没有经过精心的统一的整理，因而《尔雅》《广雅》中的同训字、词不一定是同义词。在认识与使用这些释义材料时需要精细地加以鉴别。

(4) 同义连文

同义连文指词与词有训释关系又并列连用。例如：

憎，恶也。(十下·心部)
忌，憎恶也。(同上)

"憎"训释为"恶"；在"忌"的训释中，"憎"与"恶"并列连用，"憎恶"叫作同义连文。《说文》运用这种格式，表明"憎""恶""忌"这三个词有同义关系，它们在"憎恨、厌恶"的义位上重合。

《说文》往往运用同义连文的格式来表述同义关系，这种例子在《说文》全书中比较多。例如：

留，止也。(十三下·田部)
稽，留止也。(六下·稽部)

增，益也。(十三下·土部)
缠，增益也。(十三上·糸部)

完，全也。(七下·宀部)
全，完也。(五下·入部)
牲，牛完全也。(二上·牛部)

奉，承也。(三上·収部)
承，奉也，受也。(十二上·手部)
"丞"下云：奉承之义。(三上·収部)

(5) 义界

古代汉语中，同义词相互训释的基本形式是单词训释单词。以上我们谈到的一般训释格式和特殊训释格式中的互训、递训、同训都属于这种形式。在同义连文中，是两个词并列起来充当训释部分，例如“忌，憎恶也”，训释部分的“憎恶”是“憎”与“恶”两个单词并列起来的词组。这种词组之所以能够形成，是因为该词组里的两个词具有训释关系。例如“憎，恶也。”“恶”能够训释“憎”，二者才组合为同义连文。我们这里谈到《说文》中同义词相互训释的又一格式：义界。义界是对词作出的定义式训释。义界的训释部分不止一个词，它是用一个语句来作训释。但是义界的训释从根本上看仍然是单词训释单词，因为义界训释中起主要作用的是以单词形式出现的主训词。在义界式训释中，是由主训词同被训释词发生直接关系的。

主训词是义界中能够显示被训释词内容与特点的主要的用词，也就是同被训释词关系最密切的词。所以主训词同被训释词之间具有同义关系。例如：

吊，问终也。（八上·人部）

“问终”是义界式训释。其中的“问”是主训词，它显示了被训释词“吊”的特点，与“吊”的关系最为密切。《急就篇》“丧吊悲哀”颜注：“吊问者持弓会之。”正是“吊问”同义连文。这说明“问”显示了“吊”的特点，“吊”与“问”构成同义关系。

（二）同义词群之间的相对关系

《说文》中，各个同义词群之间，可以构成相对的关系。这是说：相对的词义双方，可以按照特定的内容联接其他同义词；由此形成的同义词群判然划分为两个营垒，两个词义营垒之间仍然构成相对关系。例如：

骂，马行徐而疾也。（十上·马部）

这个词义训释告诉我们，“徐”与“疾”构成相对的关系。“徐”

是安适舒缓地行走;“疾”是迅速敏捷地行走。

“徐”与“疾”双方,各自按照自己的词义特点联接其他同义词。

《说文》中,“徐”直接间接地联接了“安”(安适)、“迟”(迟缓)、“憧”(沉重)、“趮”(缓慢)、“钝”(迟钝)等同义词:

徐,安行也。(二下·彳部)

迟,徐行也。(二下·辵部)

憧,迟也。(十下·心部)

趮,行迟也。(二上·走部)

嬯,迟钝也。(十二下·女部)

其中,“徐”联接了“安”“迟”,“迟”又联接了“憧”“趮”“钝”。“憧”即今日沉重之重,“趮”即今日缓慢之慢。

《说文》中,与“徐”相对的“疾”,是指迅速敏捷地行走,这从“迅,疾也”(二下·辵部)、“疌,疾也”(二上·止部)可以看出来。“疾”直接地联接了“趮”(急躁)、“速”(迅速)、“慓”(轻捷)、“趣”(奔跑)、“敏”(敏捷)等同义词:

趮,疾也。(二上·走部)

速,疾也。(二下·辵部)

慓,疾也。(十下·心部)

趣,疾也。(二上·走部)

敏,疾也。(三下·攴部)

其中,“趮”即今日急躁之躁。“慓”的意义为轻捷,从“票”得声的词往往含有“轻”义,如:“趮,轻行也。”(二上·走部)“僄,轻也。”(八上·人部)“嫖,轻也。”(十二下·女部)

这样,就形成了两个词群:“徐”的同义词群,“疾”的同义词群。两个词群构成相对关系。

我们看到，徐、安、迟、偅、趧、钝相互间是有同义关系的，疾、趮、速、慓、趣、敏相互间也是有同义关系的；不仅如此，以上两类同义关系还发生相对的联系，这表现在，一方面是两个同义关系群构成相对关系，又一方面是，一个同义关系群里的任何一个词，都与另一个同义关系群里的任何一个词构成相对关系。

这种现象在汉语同义词中是很普遍的。就是说，在汉语其他同义词的关系上也存在着“疾”“徐”词义相对的这种规律。

三 词的同源关系

词的同源关系，指词与词之间具有音近义通的关系。《说文》在词义训释中主要通过“声训”（包括义界中的声训主训词）、“谐声”两种格式来体现这种关系。

（一）《说文》对词的同源关系的表达

1. 声训

声训是指用音近义通的词来作训释，以达到探索词义来源的目的。如果只是用音同或音近的词来作训释词，而不是用音同或音近而且义通的词来作训释词，那就不是声训，也就不可能显示词的同源关系。《说文》探求词义来源时，其训释词绝大部分是与被训释词音近义通的同源词，因而它对同源关系的探求与说明大多是可靠的。例如：

月，阙也。（七上·月部）

阙与月迭韵。同时“阙”记录了古人对于“月”的特点的认识，反映了“月”的词义来源。因而以“阙”训释“月”，是音近义通的声训。

我们说“阙”反映了“月”的词义来源,不仅有古代文献语言材料可作证明,也有从“月”得声的词多含“阙”义可作证明。

古代文献语言材料证明“月”的词义来源是“阙”(“阙”又写作“缺”),例如《礼记·礼运》:月“三五而缺”。注:“月阴,道不常满。”之所以说月“道不常满”,《说文系传校录》解释说:“月以阙为常,盈为暂。”

从“月”得声的词也多含“残缺”义。例如《说文》:

跀,断足也。从足,月声。(二下·足部)

玥,墒耳也。从耳,月声。(十二上·耳部)

刖,绝也。从刀,月声。(依《慧琳音义》四十一卷)(四下·刀部)

抈,折也。从手,月声。(十二上·手部)

这四个词都从“月”得声。无论是断足、断耳[10]、断绝、折断,都是“不完整、残缺”之义,因此,“月”的词义来源是“残缺”,这个说法是确切的。

2. 谐声

这里所说的“谐声”,是《说文》表述词的同源关系的一种特定格式。许多声旁相同的词,往往含有某一特定的意义。或者说,这些声旁相同的词,都在某一特定的意义上相通。虽然这些声旁相同的词分置于不同的部首之下,但《说文》通过“从某,某声”的说解,以“某声”为标志,已经把这部分“声与义通”的词贯串了起来。以“某声”为标志来贯串“声与义通”的一组词,这种格式,就是《说文》表述词的同源关系的谐声格式。例如:

嗔,盛气也。(二上·口部)

阗，盛貌也。（十二上·门部）

瑱，以玉充耳也。（一上·玉部）

填，塞也。（十三下·土部）

瞋，张目也。（四上·目部）

谟，恚也。（三上·言部）

镇，博压也。（十四上·金部）

颠，顶也。（九上·页部）

槙，木顶也。（六上·木部）

以上语词都从“真”得声，都含有“充实、充盛”的意义。段玉裁《说文注》研究了这种表述同源关系的谐声格式，并做了具体分析与归纳。他说：“凡……镇、瞋、谟……填……阗、嗔……瑱……字皆以真为声，多取充实之意。其颠、槙字以顶为义者，亦充实上升之意也。”[11] 这说明，以上从“真”得声的语词都在“充实、充盛”的意义上同源。

在认识《说文》用谐声表述同源关系的格式时，应当一个词一个词地考察、归纳，而不能简单、轻率地滥用演绎，误以为“凡从某声者必有某义”。看待这个问题同样要有辩证的观点：一方面，“《说文》字从何声，即从其义者，实居多数”；另一方面，也存在着“声同而义各殊”的现象[12]。总之需要对《说文》语词的音与义作具体的分析与归纳。

（二）《说文》注重揭示同源词的意义特点

同源词之间的关系是音同（或音近）义通。音同与义通是结合在一起的，音同是表述义通的。音同是形式，义通才是内容。义通集中在同源词的意义特点上。

《说文·叙》指出:“初造字,盖依类象形,故谓之文。其后形声相益,即谓之字。”[13]这就是说,“形声相益”是在“依类象形”的基础上产生与发展的。形声相益既以依类象形为基础,则依类象形中已包含了形与声的因素。形与声都是表义的,因而依类象形就是最基本的表义方式。这种最基本的表义方式,是按照先民对事物类别的感知与体认,捕捉、选取事物的某一形象特征,用它来表述某个词义或某些词义。在早期词义中凝聚了某一形象特征的那个内容,可以称为词的核心义,其实就是词的意义特点。如果贮存着这个意义特点的词(我们称为“原生词”),后来以它的声音为线索派生出能够体现这个意义特点的其他一些词(我们称为“派生词”),那么派生词与原生词之间,派生词与派生词之间,就具有了音同(或音近)义通的同源关系。这些词也都可以称为“同源词”。后人要探求与表述这些词的同源关系,就应抓住它们的意义特点。

《说文》揭示意义特点的根本方法,是通过词的整体联系,通过词与词的相互关系,来显示词的意义特点。这里说的词的整体联系、词与词的相互关系,范围是很广的,它不局限在同源词的范围之内。就是说,《说文》揭示同源词的意义特点时,可以通过同源词之间音和义的联系来揭示,也可以通过同源词与别的非同源词之间意义上的联系来揭示。例如:

浓,露多也。(十一上·水部)

襛,衣厚貌。(八上·衣部)

醲,厚酒也。(十四下·酉部)

浓、襛、醲,都从“农”得声。段玉裁根据这些词的训释得出一个结论:“凡农声之字皆训厚。”[14]为了稳妥、确切起见,这个结论改为“农声之字多训厚”好些。浓、襛、醲是用谐声格式表示同源关系的词。浓、袯、醲、农音同义通，是同源词[15]。《说文》是怎样揭示这些同源词的特点的呢？

农，耕人也。（三上·农部）（从《段注》本）

浓、袯、醲都含有“厚”义，而农的意义为“耕人”，那么它们的意义特点是什么？

农为“耕人”，与农同义的有“畯”：

畯，农夫也。（十三下·田部）

畯又称“田大夫”。《诗·七月》：“田畯至喜。”传：“畯，田大夫也。”畯又简称为“田”。《礼记·月令》：“命田舍东郊。”郑注：“田谓田畯，主农之官也。”

农既然就是畯，又称为田，那么农在田中的任务是什么呢？《说文》云：

男，丈夫也。从田从力，言男用力于田也。（十三下·男部）

《说文》“男”的训释表明，农的任务是“用力于田”；同时也表明，男就是农。章太炎、黄侃都指出：男与农“一声之转”，这两个词读音相近，在古代，男就是农[16]。

农的任务是用力于田，这在古代文献中多有例证。《尚书·盘庚》：“若农服田力穑。”《周礼·冬官·考工记》：“饬力以长地财谓之农夫。”《左传·襄公十三年》：“小人农力以事其上。”可见“农”与“田”“力”之义是联系在一起的，“农”的意义特点是在田中用力耕植。

所谓用力耕植，就是在耕植时用力厚重。这样“农”就包含了“厚”义。由此派生的同源词“浓”“袯”“醲”也就贯串了厚义。正如徐灏《说文段注笺》所说：“农者厚用其力之义，故凡农声之字皆有厚义，如：浓，露多也；酞，厚酒也；袜，衣厚貌是也。”

以上分析表明，《说文》不仅通过与“农”有同源关系的“男”“浓”“袜”“酞”来揭示“农”的意义特点，也通过与“农”没有同源关系的“畯”来揭示“农”的意义特点。总之，《说文》是在词的相互关系中、在词的整体联系中揭示词的意义特点的。

附　注

①《说文》认为“不”的本义是鸟向上飞翔，“至”的本义是鸟从高处飞到地上。

②③⑩⑪⑭《说文解字注》200 页，269 页，592 页，384 页，393 页、559 页。

④⑬《说文解字》314 页、314 页。

⑤⑨《易·系辞传上》。

⑥《墨子·辞过》。

⑦《老子》二章。

⑧《庄子·天运》。

⑫《黄侃论学杂著》98 页，上海古籍出版社 1980 年。

⑮ 章太炎《文始·叙例》认为农声之字多训厚，而农无厚义。此说不确。

⑯ 见《国故论衡》《文字声韵训诂笔记》。

［原载《河北大学学报》（社科版）1992 年第 4 期］

对《说文段注》有关“引申的系统性”论述的整理研究

在中国传统语言学史上，曾有学者做过有关汉语词义引申的研究与解说工作。但是，大规模地研究与解说汉语词义引申，总结出相应的理论与规律的，则是清代段玉裁。段氏的研究是在总结中国几千年传统语言学的丰富成果和分析大量汉语实际语言材料的基础上进行的，具有鲜明的民族特点。

在理论上，段氏多次提出这样的观点：

“凡字有本义，有引申假借之余义焉。守其本义，而弃其余义者，其失也固；习其余义，而忘其本义者，其失也蔽。”[①]

“凡字有本义，有引申之义，有假借之义。”[②]

段氏表述以上观点时都用了“凡”字。“凡”，是经过分析大量材料之后作结论时使用的“最括之称”。这表明，他对于汉语词义引申的普遍性已有了成理论的、明确的认识。

在实践中，段氏注《说文》时，分析到词义引申的字词系多达1163条[③]。《说文》收字词9353条，则《段注》分析词义引申的字词条占《说文》字词条八分之一多。这个数目不算少。黎锦熙曾说：“例不十，法不立。”《段注》分析词义引申有上千条例证，并在此基础上立了词义引申之“法”，即初步总结了汉语词义引申的理论、系统性与规律。段氏不仅分析了数以千计的引申实例，而且这种分析不是孤立和散乱的。有些人有一种误解，以为《段注》谈引申是随文作注，彼此之间缺少联系，没有系统和规律可言。这种误解大概是由于没有遍读全书，或没有深入研究《段注》而造成的。段氏弟子陈奂说：《段注》“义蕴闳深，非浅涉所能知”[④]。段氏本人在研究中是很强调“通合观之”“融会全书”的方法的重要性的。他指出：“自有《说文》以来，世世不废，而不融会其全书者，仅同耳食；强为注解者，往往眯目而道白黑。”[⑤]之所以要“融会全书”，是因为段氏研究的对象——作为中国传统语言学经典的《说文》，其全书的字词存在着可以“参五合观”的内在条理。段氏认为：“许书分部远隔，而文理参五可以合观。”[⑥]由此，段氏强调并提出在阅读和研究时宜“通合观之”[⑦]的方法。段氏实行这种“融会全书”“通合观之”的方法，因而起点高，视野广，不但能够大规模地研究与解说汉语词义引申，而且能够从中初步揭示词义引申现象的系统性，总结相应的理论与规律。我们考察《段注》时采用“融会全书”“通合观之”的方法，则有助于如实整理出段氏揭示的汉语词义引申现象的系统性，客观归纳出段氏总结的汉语词义引申的理论与规律。

汉语词义引申的现象是纷繁而有条理的。本义发展出引申义，本义与引申义组成一个或多个引申义列，引申义列的词义彼此存在着系统的联系。甲词的引申义列是如此，乙词的引申义列、丙词的引申义列、丁词的引申义列……亦是如此，总之在每个词的引申义列中，多个词义之间都存在着系统的联系。又由于某些枢纽词义发挥特定的连接作用，使得多个词的引申义列之间进而构成复杂而系统的联系。上述情形，就是汉语词义引申现象的系统性。

对于这种词义引申现象的系统性，段氏《说文注》做了初步的揭示。

一 揭示一个词的引申义列中，多个词义的相互联系

段氏指出，在《说文》字词的解释语中使用的词义，存在着这种基本情况：如果不是某个词的本义，就是某个词的引申义：

"盖非用其字之本义，即用其字之引申之义。断无有风马牛不相及者也。"⑧

段氏多次明确地指出，从根本上说，引申义是从本义延伸、发展出来的：

"于本义引申之。"(397)

"就字本义引申之。"(355)

"皆本义之引申。"(397)

词的引申义，从根本上说，是由本义发展而出的。但是在词义的复杂联系中，也存在着由近引申义发展出远引申义的情形。段氏也揭示了这种情况，把它称为：

"余义之引申。"(584)

但不论是本义发展出引申义，还是近引申义发展出远引申义，它们彼此之间，在意义上都存在着连接、灌注、依循的关系。段氏把这种关系叫做"义之相因"，他指出：

"义之相因而引申者也。"(418)

本义好比是源，引申义好比是流。由源可以派生出流，由流也可以溯源。就是说，经由引申义，可以显示与说明本义。段氏深明此理，所以强调说：

"以其引申之义明其本义。"(208)

段氏认为，在《说文》说解中，这种“以其引申之义明其本义”的情形呈现出三种类型：

第一种类型——词的解释语中，某个词的引申义可以说明与显示该词的本义。例如：

①《说文·五上》：“丰，豆之丰满也。”《段注》：“谓豆之大者也。引申之，凡大皆曰丰。……许云豆之丰满者，以其引申之义明其本义也。”(208)

②《说文·七下》：“宽，屋宽大也。”《段注》：“《广韵》曰：裕也，缓也。其引申之义也。”(341)

③《说文·十上》：“获，猎所获也。”《段注》：“引申为凡得之称。”(476)

上述①例中，“丰”的本义指“豆之大者”。而解释语“豆之丰满也”中的“丰”，词义是“大”，是“丰”的本义“豆之大者”的引申义，可知这个解释语的“丰”是以其引申义说明其本义。②例中，“宽”的本义指房屋的开间优裕、舒缓。在解释语“屋宽大也”中的“宽”指优裕、舒缓，是“宽”的本义的引申义。③例中，“获”的本义指狩猎中获得的禽兽。在解释语“猎所获也”中的“获”指获得，是“获”的本义的引申义。所以②③例也是以其引申之义明其本义。

第二种类型——词的解释语中包括两个部分，一个部分是该词的本义，另一个部分是该词的引申义，引申义可以明确显示与本义的联系。例如：

④《说文·三下》：“革，兽皮治去其毛曰革。革，更也。”《段注》：“治去其毛，是更改之义，故引申为凡更新之用。”(107)

⑤《说文·九下》：“豨，豕走豨豨也。……古有封豨脩虵之害。”《段注》：“豨豨，走貌。……许说其本义。……封豨则亦引申

之义。”(455)

⑥《说文·四下》:“肖,骨肉相似也。……不似其先,故曰不肖也。”《段注》:“骨肉相似者,谓此人骨肉与彼人骨肉状貌略同也。(不似其先,故曰不肖也。)此肖义之引申也。”(170)

上述④例中,词的解释语包括两个部分:第一个部分是“革,兽皮治去其毛曰革”,这是“革”的本义。第二个部分是“革,更也”,这是“革”的引申义。引申义“更新、更改”之“更”体现了与本义的联系,正如《段注》所说,“治去其毛,是更改之义”。⑤例中“豨”的引申义“封豨”体现出与它的本义“豕走豨豨”的联系。⑥例中“不似其先”的“似”是“肖”的引申义,指“像先辈那样贤能”。它在“相似”这一意义特点上体现出与其本义“骨肉相似”的联系。

第三种类型——词的解释语中既有词的本义,又有别一义(“一曰”),别一义恰好是本义的引申义。例如:

⑦《说文·五下》:“馁,饥也。……一曰鱼败曰馁。”《段注》:“《释器》曰:肉谓之败,鱼谓之馁。按鱼烂自中,亦饥义之引申也。”(222)

⑧《说文·八上》:“伐,击也。……一曰败也。”《段注》:“伐谓击刺之,按此伐之本义也。……(一曰败也)此谓引申之义。……败者,毁也。”(381)

⑨《说文·十四上》:“镌,破木镌也。……一曰琢石也。”《段注》:“谓破木之器曰镌也,因而破木谓之镌矣。(一曰琢石也)此破木引申之义耳。”(706)

上述⑦⑧⑨例,段氏做了分析,这些别一义(“一曰”)都是从其本义中引申出来的。

应当注意,《说文》全书说解中的“一曰”并非都是本义的引申义。段氏说:“《说文》言‘一曰’者有二例:一是兼采别说,一是同物二名。”(26)上述作为引申义的“一曰”只是“兼采别说”中的一部分,“别说”中有些词义与本义没有引申关系,对此应当审慎地分析,不可一概而论。

以上三种类型都体现了段氏揭示的“以其引申之义明其本义”的情形。段氏之所以注重揭示这种情形,是由他对《说文》总的看法,以及他研究词义演变的指导思想决定的。

段氏对《说文》总的看法是:

“许书但言本义。”(579)

同时段氏注意到两个情况:一是《说文》的解释语往往“合本义、引申义而兼举之”(424),二是在词义的演变中大量存在着“引申之义行而本义隐矣”“引申之义行而本义废矣”的现象[9]。因此,段氏研究词义演变时确定的指导思想是:

“必原其本义为言。”(390)

“讨原以纳流。”(764)

“沿其流”而“溯其原”(384)。

段氏所说的“流”,指词义发生的演变,其中大部分是词义引申;所谓“原”[10]指词的本义。“原其本义为言”,“讨原以纳流”,是说通过探讨本义来汇聚和统率引申演变的词义,便于区分《说文》的解释语中“合本义、引申义而兼举之”的情形,把握词的引申义列中各个词义的相互联系。而“沿其流”而“溯其原”,则是由引申义而推求本义,也就是“经其引申之义明其本义”,便于清理“引申之义行而本义隐”“引申之义行而本义废”的词义演变现象。不论是讨原纳流,还是沿流溯原,都是为了全面掌握词的引申义列中各个词义的系统联系,可知段氏研究词义引申演变的指导思想是有着重要意义的，从中我们可以看到段氏在研究中坚持的相互联系与发展的观点，以及他的思辨精神。

二 揭示两个词的引申义列之间的联系

词义引申的现象既存在于单个词的引申义列内部，又存在于两个词的引申义列的相互关系上。往往有这种情形：某一词的词义引申同另一词的词义引申，在引申方式或引申内容上有相同、相近之处。段氏也研究与揭示了这种词义引申的系统性。这种引申现象的系统性包括三种类型：

第一种类型——两个词的词义引申方式相同，或引申内容相同、相近。

段氏把这种类型归纳为：此引申犹如彼引申。例如：

①《说文·十上》：“状，犬形也。”《段注》：“引申为形状，如‘类’之引申为同类也。”(474)

“状”由“犬形”引申为“形状”，“类”由“犬相似”引申为“同类”(476)，引申方式都是由具体到抽象，所以段氏用“如”把二者加以类比。

②《说文·五下》：“既，小食也。”《段注》：“引申之义为尽也、已也。……正与‘小食’相反。此如乱训治、徂训存。既者终也，终则有始，小食则必尽，尽则复生。”(216)

段氏认为，“既”由“小食”引申为“尽”，与“乱”引申为“治”、“徂”引申为“存”一样，引申方式都是正反引申，所以用“如”把二者加以类比。

③《说文·五下》：“食，集米也。”《段注》：“集众米而成食也。

引申之,人用供口腹亦谓之食。……人食之曰饭,因之所食曰饭。犹之集米曰食,因之用供口腹曰食也。"(218)

"饭"由"食之"引申为"所食",是动、静引申。二者的引申方式相同,所以段氏用"犹之"加以类比。

以上是两个词的词义引申方式相同的例句。以下是两个词的词义引申内容相同或相近的例句:

④《说文·一上》:"祖,始庙也。"《段注》:"《释诂》曰:祖,始也。……皆引申之义。如'初'为衣始,引申为凡始也。"(4)

"祖"由"始庙"引申为"始",与"初"由"衣始"引申为"始",二者的引申义相同,所以段氏用"如"表示它们的联系。

⑤《说文·十四下》:"尊,酒器也。"《段注》:"凡酌酒者必资于尊,故引申以为尊卑字。犹贵、贱本谓货物而引申之也。"(752)

"尊"由"酒器"引申为"尊卑"之"尊","贵、贱"由货物的贵、贱引申指人和物的地位、价值之高低。"尊"与"贵"的引申义相近,所以段氏用"犹"表示二者的联系。

第二种类型——两个词同义(或近义),这两个词的引申义也就同义(或近义)。

段氏把这种类型归纳为:此引申为某,故彼引申为某。例如:

⑥《说文·八下》:"歇,息也。"《段注》:"息者,鼻息也。息之义引申为休息,故歇之义引申为止歇。"(410)

"息"与"歇"构成训释与被训释的关系,二者同义。息引申为休息,歇也引申为休息的同义词止歇。段氏用"故"表示它们在引申内容上的相因关系。

⑦《说文·十二下》:"戎,兵也。"《段注》:"兵之引申为车卒、步卒,故戎之引申亦为卒旅。"(630)

第三种类型——甲词的引申义与乙词的本义发生交替。

段氏把这种类型归纳为：此词义用某词之引申义。例如：

⑧《说文·九下》：“广，殿之大屋也。”《段注》：“引申之为凡大之称。”(444)

《说文·九下》：“廖，广也。”《段注》：“上文殿之大屋曰广矣，此‘广’则其引申之义也。凡读《说文》者，必知斯例而后无所座。《广雅》曰：廖，大也。”(444)

“广”的本义“殿之大屋”发展出“凡大之称”的引申义。这一引申义转而成为“廖”的本义。就是说，“广”的引申义与“廖”的本义发生了交接、更代。段氏把这种现象归纳为一个普遍条例，强调掌握这个条例的重要性：“凡读《说文》者，必知斯例而后无所座。”(座，阻碍。——引者注)

⑨《说文·九上》：“修，饰也。”《段注》：“饰即今之拭字。拂拭之则发其光彩，故引申为文饰。女部曰：妆者，饰也。用‘饰’引申之义。”(424)

《说文·十二下》：“妆，饰也。”《段注》：“此‘饰’篆引申之义也。”(622)

“饰”的本义是“拂拭”，引申为“文饰”。这个引申义转而成为“妆”的本义。就是说，“饰”的引申义与“妆”的本义发生了更替。

⑩《说文·八上》：“保，养也。”

《说文·八上》：“任，保也。”《段注》：“保之本义《尚书》所谓保抱，‘任’之训‘保’则‘保’引申之义，如今言‘保举’是也。”(375)

“保”的本义“保抱”引申为“保举”，“保举”转而成为“任”的本义。则“保”的引申义与“任”的本义发生交替。

⑪ 《说文·十四下》:"酢,醶也。"《段注》:"酢本截浆之名,引申之,凡味酸者皆谓之酢。上文醶,酢也;酸,酢也。皆用酢引申之义也。"(751)
《说文·十四下》:"醶,酢也。"
《说文·十四下》:"酸,酢也。"

"酢"的本义"截浆"引申指一般的味酸。这个引申义转而成为"醶""酸"的本义。

⑫ 《说文·十下》:"息,喘也。"《段注》:"引申为休息之称。"(502)
《说文·十下》:"愒,息也。"《段注》:"此休息之'息'。上文'息'篆训喘息,其本义。凡训休息者,引申之义也。"(507)

"息"的本义"喘息"发展出引申义"休息",转而成为"愒"的本义。

甲词的引申义与乙词的本义发生交替,这种类型的实质是指:甲词的本义发展出引申义之后,其中某个引申义从整个引申义列中分化出来,变成一个独立的词,选用另一个字形来表示,我们称它为乙词。这时,乙词已把它的前身——甲词的引申义作为自己的本义。这样,我们从甲词的整个引申义列来看,就说甲词的引申义与乙词的本义发生了交接、更代。

到这里,我们就对《段注》初步揭示的汉语词义引申现象的系统性做了清理。这种引申现象的系统性集中表现在:

1. 一个词的引申义列中,多个词义彼此联系

首先是本义发展出引申义。然后是由引申义可以说明与显示本义。后者存在着三种类型:

(1) 词的解释语中,某个词的引申义可以说明与显示该词的

本义。

（2）词的解释语包括两个部分：一是该词的本义，二是该词的引申义。引申义可以明确显示与本义的联系。

（3）词的解释语中既有词的本义，又有别一义（“一曰”），别一义恰好是本义的引申义。

2．两个词的引申义列密切联系

这种联系存在着三种类型：

（1）两个词的引申方式相同，或引申内容相同。

（2）两个词同义，其引申义也就同义。

（3）甲词的引申义与乙词的本义发生交替。

上述两个大的方面，一是讲单个词的引申义列，二是讲两个词的引申义列。

关于单个词的引申义列，着重讲的是词的解释语中，三种形式的引申义均可说明其本义。

关于两个词的引申义列，第一种着重讲引申内容相同，第二种讲同义引申，第三种讲引申中的意义交替。可以把第一、二种看作平行式引申，第三种看作层递式引申。

附　注

①《经韵楼集》卷一。

②《经韵楼集》卷五。

③ 段氏在一个字词条下分析一个词的引申现象，这算作 1 条；在一个字词条下分析多个词的引申现象，也算作 1 条；在注《说文・叙》时有 7 次分析到词义引申现象，则算作 7 条。总合起来，《段注》全书分析词义引申时涉及的字词条有 1163 条之多。

④《段注・跋》。

⑤“理而董之”条注，《段注》784 页，上海古籍出版社 1981 年，下同。

⑥ “惟”下注，505 页。

⑦ “考老是也”条注，765 页。

⑧《段注》704 页，简称 704，下仿此。

⑨ 见 231、279、502、549、658、702、721 等。

⑩《段注》91 页：“源，古作原。”

［原载《古籍整理研究学刊》1996 年第 2 期］

对《说文段注》有关"引申规律"论述的整理研究

清代段玉裁《说文解字注》(简称《说文段注》或《段注》)不仅具体论说与总结了古汉语词义引申的系统性[①],而且具体论说与总结了古汉语词义引申的基本规律。

之所以说《段注》论说与总结了古汉语词义引申的规律,有两个方面的证据:

第一,《段注》在分析词义引申现象时大多作出明确的断语,采用统一的表达格式,通过断语和表达格式既揭示某义项与由它引申出的新义项之间的内在联系,又概括这种引申的普遍性。

第二,《段注》分析了大量例证,每一类引申的例证至少在十个以上。

具体说来,《段注》论述与初步总结了古汉语词义引申的六条规律。

一 动静转移引申

动静转移引申,指表示动作的词义转移引申为表示名称、性质、状态的词义。反之亦然。

（一）作出断语，揭示动静引申的内在联系和普遍性

《说文·六上》："梳，所以理发也。"《段注》："器曰梳，用之理发亦曰梳。凡字之体用同称如此。"[②]

"凡字之体用同称如此"是《段注》对动静引申作出的断语。"体用同称"揭示了引申前后两个义项的内在联系：表示名称的词义与表示动作的词义相互转移引申时，仍用同一个称谓。

段氏的断语用"凡"来概括，是有深意的。

《说文·十三下》："凡，最括而言也。"《段注》："皆聚括之谓。举其凡，则若网在纲。杜预之说《春秋》曰：传之义例，总归诸凡。凡之言泛也，包举泛滥一切之称也。"(681)

《说文·叙》："凡仓颉已下。"《段注》："凡者，最括也。最括者，都数也。"(760)

段氏认为，"凡"是概栝"都数"（总数、大多数）的用语。用"凡"为"体用同称"现象下断语，意在揭示动静引申的普遍性。"举其凡，则若网在纲"，段氏正是通过分析大量例证，才总结出了动静引申的规律。

（二）分析大量例证，采用统一的表达格式，具体说明动静引申的普遍性

1. 段氏分析的表示动作的词义引申转移为表示名称的词义的例证

①《说文·七下》："客，寄也。"《段注》："自此讬彼曰客，引申之曰宾客。"(341)

②《说文·八下》："饮，歠也。"《段注》："水流入口为饮，引申

之，可饮之物谓之饮。”(414)

③《说文·十三上》：“缚，束也。”《段注》：“引申之，所以缚之之物亦曰缚。”(647)

④《说文·十四上》：“料，量也。”《段注》：“量者，称轻重也。……引申之，凡所量度豫备之物曰料。”(718)

⑤《说文·二上》：“牵，引而前也。”《段注》：“引申之，挽牛之具曰牵。”(52)

⑥《说文·五下》：“餬，寄食也。”《段注》：“寄食曰餬；引申之义，《释言》曰餬饘也是。”(221)

⑦《说文·五下》：“餐，吞也。”《段注》：“餐犹食也。……又引申之为‘人所食’。”(220)

⑧《说文·九上》：“令，发号也。”《段注》：“发号者，发其号呼以使人也。……引申为律令，为时令。”(430)

⑨《说文·五下》：“饭，食也。”《段注》：“谓食之也，此‘饭’之本义也。引申之，所食为饭。”(220)

⑩《说文·九下》：“砚，石滑也。”《段注》：“按字之本义为后滑不涩。今人研墨者曰砚，其引申之义也。”(453)

2. 段氏分析的表示名称、性质、状态的词义引申转移为表示动作的词义的例证

⑪《说文·六上》：“杷，收麦器。”《段注》：“杷引申之义为引取。”(259)

⑫《说文·五上》：“盪，涤器也。”《段注》：“此字从皿，故训涤器。……《易》曰：八卦相盪。《左传》：震盪播越。皆引申之义。”(213)

⑬《说文·八下》：“履，足所依也。”《段注》：“引申之训践，如

‘君子所履’是也。”(402)

⑭《说文·九下》:“磨,石硙也。”《段注》:“引申之义为研磨。”(452)

⑮《说文·五下》:“食,集米也。”《段注》:“引申之,人用供口腹亦谓之食。”(218)

⑯《说文·十四上》:“镓,铍有镡也,”《段注》:“镡,剑鼻也。……《淮南》书:飞鸟镓羽。许注曰:镓,残也。《左思赋》亦曰鸟镓翮。此等镓字乃引申之义。”(706)

⑰《说文·十四下》:“陷,高下也。”《段注》:“高下者,高与下有悬绝之势也。高下之形曰陷,故自高入于下亦曰陷。义之引申也。”(732)

⑱《说文·十一上》:“清,朗也,澄水之貌。”《段注》:“朗者,明也。引申之……凡人洁之亦曰清。”(550)

⑲《说文·十三下》:“坭,涂也。”《段注》:“涂泥可以附物者也。故引申之,用以附物亦曰涂。”(686)

⑳《说文·十三上》:“絜,麻一耑也。”《段注》:“引申之,围度曰絜。”(661)

从以上例证看出,段氏分析动静转移引申时,采用的统一的表达格式是:某引申之亦曰某。这一表达格式与他作的断语“凡字之体用同称如此”是相互配合呼应的。体用(即“静动”)同称,所以虽然已发生转移引申,但是词的名称(也表现在字形上)却不改变。

二　物人转移引申

物人转移引申,指表示物的词义转移引申为表示人的词义。

反之亦然。

(一) 揭示“以物移人”转移引申的普遍性和内在联系

段氏注意到,《说文》全书对于物名和人名是加以严格区分的。例如:

①《说文·八下》:“尾,微也。”《段注》:“人可言尸,禽兽不得言尸也。凡全书内严人、物之辨每如此。”(402)

严人、物之辨,就是严格区分人名与物名的含义与使用的界限。这是《说文》全书的一个条例。例如:

②《说文·四下》:“肉,胾肉。”《段注》:“《说文》之例,先人后物。……人曰肌,鸟兽曰肉。此其分别也。”(167)

③《说文·四下》:“腯,牛羊曰肥,豕曰腯。”《段注》:“按:人曰肥,兽曰腯。此人、物之大辨也。”(173)

④《说文·四下》:“脂,戴角者脂,无角者膏。”《段注》:“按:上文‘膏’系之人,则‘脂’系之禽。此人、物之辨也。”(175)

⑤《说文·五上》:“衃,羊凝血也。”《段注》:“前云衁血也……皆谓人,至……衃三字乃言牲血。此许书严人、物之辨也。”(214)

⑥《说文·四下》:“膏,脂也。”《段注》:“脂字不厕于此者,许严人、物之别。”(169)

⑦《说文·四下》:“臑,臂。羊豕曰臑。”《段注》:“许书严人、物之辨,人曰臂,羊豕曰臑,此其辨也。”(169)

段氏是赞同《说文》严人、物之辨的观点与做法的,他曾强调说:“正名百物,不可紊也。”(169)

在注释时,段氏就曾把“站立”区分为:“人立曰侸”,“马立曰驻”。(467)

从实际语言材料出发，段氏对《说文》的观点做了发挥，认为在“严人、物之辨”的前提下，如果要把人名、物名加以沟通，那么：“在人者可假以名物……在物者不得假以名人也。”(169)例如：

⑧《说文·四下》：“腴，腹下肥者。”《段注》：“此主谓人。……牲牛之腴，假人之称称之也。”(170)

⑨《说文·四下》：“肪，脂也。”《段注》：“《通俗文》曰：脂在腰曰肪。此假在人者以名物也。”(169)

在处理人名与物名的关系时，中国上古的传统是：尊人，先人名，后物名。《说文》是讲本义的书，必然遵循这一传统，这就是它“严人、物之辨”的根本原因。例如《说文·四下》“臑”的解释语是：“臂，羊豕曰臑。”《段注》分析说：“不曰羊豕臂曰臑，而先言‘臂’者何也？尊人也。谓人之臂，在羊豕则曰臑也。”(169)

但是在现实中，人名与物名是密切联系的；而且，词义从产生之日起就开始了演变。由于受到“尊人”观念的制约，人名与物名的沟通最早是“在人者可假以名物”，也就是在假借时，只有人的称谓才可代替物的称谓，而绝不能相反。可是，后来发生的大规模的词义引申却在处理人名与物名的关系上发生了飞跃。这就是：词义引申跨越了“严人、物之辨”的鸿沟，打破了“在物者不得假以名人”的禁区，物、人转移引申使得“在人者可移以名物”，“在物者亦可移以名人”，物名、人物得以相互转移了。段氏为这种引申作出了明确的断语：

《说文·七下》“家”下《段注》：“字义之转移多如此：牢，牛之居也，引申为所以拘罪之陛牢。庸有异乎？”(337)

“字义之转移多如此。”这一断语的含义是：许多词义引申的情形与“牢”以物移人的情形是相同的。这样，就在阐说物、人引申的普遍性的同时揭示了引申前后两个义项的内在联系，通过同一个称谓使得表物的词义与表人的词义相互借用和代替。这种内在联系把物、人转移的众多例证归纳起来了。

（二）在分析大量例证时使用统一的表达格式

段氏在分析物、人转移引申的例证时使用的统一表达格式是：本谓人，引申言物。本谓物，引申言人。例如：

1. 由"人"到"物"的转移引申

①《说文·八上》："佶，正也。"《段注》："本言人，引申言马。"(369)

②《说文·八上》："伾，有力也。"《段注》："本谓有人力，引申谓马。"(370)

③《说文·八上》："袅，以组带马也。"《段注》："《百官志》注曰：秦爵二十等，三曰簪袅，御驷马者。按于本义引申之，因以为马名。"(397)

④《说文·叙》"据形系联"下《段注》："'毛'谓眉发之属，'而'谓人须，引申乃用于鸟兽。"(781)

2. 由"物"到"人"的转移引申

⑤《说文·十上》："犺，健犬也。"《段注》："本谓犬，引申谓人。"(475)

⑥《说文·十二下》："好，媄也。"《段注》："凡物之好恶，引申为人情之好恶。"(618)

⑦《说文·六下》："圂，豕厕也。"《段注》："引申之义，人厕或曰圂，俗作溷。"(278)

⑧《说文·六下》："员，物数也。"《段注》："本为物数，引申为

人数,俗称官员。"(279)

⑨《说文·十上》:"骁,马众多貌。"《段注》:"《皇皇者华》云:骁骁征夫。传曰:骁骁,众多之貌。按:毛(亨)不曰马者,以《诗》言人也,其引申之义也。许言马者,字之本义也,以其字从马。"(469)

⑩《说文·二上》:"喁,鱼口上见。"《段注》:"喁本状鱼,引申他用。……《淮南书》:群生莫不喁喁然仰其德。《司马相如传》:延颈举踵喁喁然。皆是也。"(62)

⑪《说文·十三上》:"纇,丝节也。"《段注》:"丝之约结不解者曰纇,引申之,凡人之愆尤皆曰纇。"(645)

⑫《说文·二上》:"哭,哀声也。"《段注》:"本谓犬嗥,而移以言人也。"段氏还归纳说:"窃谓从犬之字,如'狡獪狂默猝猥㹤狠犷状獳狎狃犯猜猛犺㹶狟戾独狩臭獘献类犹'卅字皆从犬,而移以言人。"(63)

以上例证表明,由"物"到"人"的引申用例大大多于由"人"到"物"的引申。

段氏分析物、人转移引申的大量实例时,自觉地把统一的表达格式贯串于其中,可见他是归纳了物、人转移引申的体系的。

三　因果转移引申

因果转移引申,指本义与引申义之间存在因果的联系。引申过程或是由"因"到"果",或是倒"果"为"因"。

（一）归纳义例，揭示因果转移引申的内在联系与普遍性

《说文·七下》：“饰，刷也。”《段注》：“饰、拭古今字。……凡物去其尘垢即所以增其光彩，故刷者饰之本义；而凡踵事增华皆谓之饰，则其引申之义也。……凡许书之义例，依此求之，无不可得者。”（360）

“饰”表示的是拭去尘垢的行为，这正是它的引申义“增其光彩”（即“踵事增华”）所以产生的原因。可见本义与引申义之间存在着因果关系。段氏认为“饰”的“拭去尘垢”义与“增其光彩”义的关系体现了《说文》全书中因果转移引申的义例。他归纳出这一义例，就揭示了因果转移引申的内在联系。确立这样的义例，也就把握了因果转移引申的普遍性：“依此求之，无不可得者。”

（二）分析实例时采用统一的表达格式，贯串与体现因果引申的义例

1. 由“因”到“果”的引申

①《说文·八下》：“欠，张口气悟也。”《段注》：“欠者，气不足也，故引申为欠少字。”（410）

②《说文·四上》：“省，视也。”《段注》：“凡省必于微，故引申为减省字。”（136）

③《说文，十一上》：“没，湛也。”《段注》：“没者全入于水，故引申之义训尽。”（557）

④《说文·十一上》：“翼，翄也。”《段注》：“翼必两相辅，故引申为辅翼。”（582）

⑤《说文·十四下》:"陂,阪也。"《段注》:"凡陂必邪立,故引申之义为倾邪。"(731)

⑥《说文·十二下》:"弭,弓无缘可以解辔纷者。"《段注》:"弭可以解纷,故引申之训止,凡云弭兵、弭乱者是也。"(640)

⑦《说文·六上》:"标,木杪末也。"《段注》:"杪末,谓末之细者也。……标在最上,故引申之义曰标举。"(250)

⑧《说文·七上》:"多,緟也。"《段注》:"多者胜少者,故引申为胜之称。战功曰多,言胜于人也。"(316)

⑨《说文·十上》:"冯,马行疾也。"《段注》:"冯者,马蹄著地坚实之貌,因之引申其义为盛也、大也、满也、懑也。"(466)

2. 倒"果"为"因"的引申

⑩《说文·五下》:"饎,酒食也。"《段注》:"由黍稷而炊之,为酒为食,其事相贯。饎本酒食之称,因之名炊曰饎,因之名黍稷曰饎,引申之义也。"(219)

由于有"黍稷",乃能"炊";由于"炊",乃有酒食。这是由"因"到"果"的过程。而"酒食"名为"饎",由此推溯酒食使成的过程,于是"炊""黍稷"亦名为"饎",这是引申转移中的倒果为因。

以上例证表明,由"因"到"果"的引申绝对地多于倒"果"为"因"的引申。

段氏分析因果引申实例时,采用的统一的表达格式是:被训释词包含某义,故(因之)引申为某义。这一格式是严格地体现了他归纳的因果引申的义例的。对上述众多实例的分析虽散见于《段注》全书不同的注文中,但表达格式却如此整齐划一,以与他归纳的义例密切照应,这反映出段氏对因果转移引申的分析是形成了体系的。

四 正反转移引申

正反转移引申，指词义在演变中出现了本义与引申义正相反对的情形。

段氏对正反转移引申着重给予理论的说明，并用特定的表达格式把这类引申实例贯串起来。

（一）作出断语，阐说理论依据，揭示正反转移引申的普遍性与内在联系

①《说文·四下》："副，判也。"《段注》："副之，则一物成二，因仍谓之副。因之凡分而合者皆谓之副。训诂中如此者致多。"(179)

"副"的本义指一物分为二份。经过引申，分而合之亦称为"副"。可知本义与引申义正好相反。段氏对这种现象作出断语："训诂中如此者致多。"从而揭示了正反转移引申的普遍性。

正反引申为什么能够产生？段氏做了理论说明：

②《说文·九上》："面，颜前也。"《段注》："引申之为相向也；又引申之为相背之称。《易》：穷则变，变则通也。"(422)

③《说文·十二上》："扰，烦也。"《段注》："扰得训驯，犹乱得训治、徂得训存、苦得训快，皆穷则变，变则通之理也。"(601)

④《说文·十下》："簎，穷治罪人也。"《段注》："引申为凡穷之称。……《蓼莪》传曰：养也。养与穷相反而成，如乱可训治、徂可训存、苦可训快。"(496)

比较以上三例可知，段氏认为："穷则变，变则通"，就是"相反

而成”。这是他分析正反引申时所持的理论依据，也是他揭示的正反引申的内在联系。这种内在联系、理论依据体现出来的典型例证，就是“乱可训治、徂可训存、苦可训快”。在段氏看来，穷通转换、相反相成是客观变化与人们思维之常“理”，反映到词义演变上，就是“乱可训治”这一类正反转移引申。

（二）以“治乱、徂存、苦快”作为表达格式

段氏认为“治乱”“徂存”“苦快”这三对两两相反的语词相互训释，是词义正反转移引申的典型例证，因而以之为统一的表达格式，在分析正反引申的实例时，大多用“治乱、徂存、苦快”加以比况。《段注》采用这一格式来分析正反引申实例有十五处之多。例如：

⑤《说文·五下》：“既，小食也。”《段注》：“引申之义为尽也、已也。……正与‘小食’相反，此如乱训治、徂训存。既者终也，终则有始，小食则必尽，尽则复生。”（216）

五　由具体到抽象的引申

这类引申，是指表示具体事物的词义引申为表示抽象事物的词义。

（一）分析大量实例，确立常见的表达格式

《段注》谈及引申的字词条有 1163 条，而分析由具体到抽象的引申实例的词条占三分之二以上。

对于这种引申，段氏确立了常见的表达格式：某引申为凡某之

称。此外还有一个表达格式：甲引申为乙。例如：

①《说文·六上》：“桡，曲木也。”《段注》：“引申为凡曲之称。”(250)

②《说文·七上》：“晢，昭晢，明也。”《段注》：“本谓日之光，引申之为人之明晢。”(303)

以上两种表达格式虽有不同，但体现的引申方式是一致的，都是由具体到抽象的引申。“曲木”“日光”是表示具体事物的词义，引申义“凡曲之称”“人之明晢”是表示抽象事物的词义。

段氏对这种引申虽未作出断语来说明，但是这类引申实例有八九百条，段氏又有统一的格式贯串于如此众多的实例的分析中，所以说，段氏的分析是体现了由具体到抽象的引申的普遍性的。

(二) 揭示具体词义引申为抽象词义的内在联系

段氏指出，具体词义引申为抽象词义，往往要通过比喻的方式。例如：

①《说文·十三上》：“纲，网纮也。”《段注》：“引申之为凡维系之称。……《诗》曰：纲纪四方。笺云：以网罟喻之。”(655)

②《说文·十三上》：“缨，衣戚也。”《段注》：“衣戚，衣部所谓襞。……引申之为凡戚之称。……缨以衣喻。”(656)

③《说文·十三上》：“络，絮也。”《段注》：“包络字，汉人多假‘落’为之，其实‘络’之引申也。《扬雄传》曰：绵络天地。以絮喻也。”(659)

④《说文·一上》：“瑞，以玉为信也。”《段注》：“引申为祥瑞者，亦谓感召若符节也。”(13)

⑤《说文·七下》：“疾，病也。”《段注》：“按经传多训为急也、

速也。此引申之义，如病之来多无期无迹也。”(348)

段氏采用“以甲喻乙”“甲如(若)乙”的术语分析上述例证，“喻”“如(若)”揭示了具体词义与抽象词义的内在联系：就是引申前后的两个义项指称的事物在形象特征或性质上有某种相关，能引发人们的联想，把两个义项连接起来。例如由“疾病”引申为“急速”，是因为二者在“来去无期无迹”的特点上相关。

六 由个别到一般的引申

这种引申，是指代表个别事物的词义引申为代表同类的一般事物的词义。

(一) 采用统一的表达格式，分析大量实例

①《说文·六上》：“柄，柯也。”《段注》：“柄之本义专谓斧柯，引申为凡柄之称。”(263)

②《说文·十二下》：“匠，木工也。”《段注》：“以木工之称引申为凡工之称也。”(635)

③《说文·四上》：“雏，鸡子也。”《段注》：“鸡子，鸡之小者也。……引申为凡鸟子细小之称。”(142)

④《说文·四下》：“骸，胫骨也。”《段注》：“引申为凡人骨之称。”(166)

⑤《说文·四上》：“鸣，鸟声也。”《段注》：“引申之，凡出声皆曰鸣。”(157)

⑥《说文·七上》：“粉，所以傅面者也。”《段注》：“引申为凡细末之称。”(333)

⑦《说文·十四上》“辒”下《段注》:“箱本谓大车之舆,引申之而凡车之舆皆得名箱。”(723)

⑧《说文·一上》:“气,云气也。”《段注》:“气本云气,引申为凡气之称。”(20)

⑨《说文·二上》:“牲,牛完全也。”《段注》:“引申为凡畜之称。”(51)

⑩《说文·四下》:“胡,牛颔垂也。”《段注》:“引申之凡物皆曰胡,如老狼有胡……是也。”(173)

⑪《说文·九上》:“颗,小头也。”《段注》:“引申为凡小物一枚之称。珠子曰颗,米粒曰颗是也。”(418)

⑫《说文·九下》:“库,兵车藏也。”《段注》:“此库之本义也。引申之,凡贮物舍皆曰库。”(443)

⑬《说文·十上》:“骈,驾二马也。”《段注》:“骈之引申,凡二物并曰骈。”(465)

⑭《说文·七下》“帑”下《段注》:“本谓罪人之子孙为奴,引申之则凡子孙皆可称奴。”(361)

⑮《说文·十上》:“驷,一乘也。”《段注》:“四马为一乘。……引申之,凡物四曰乘,如乘矢、乘皮、乘韦、乘壶皆是。”(465)

⑯《说文·十一下》“霿”下《段注》:“晦本训月尽,引申为日月不见之称。”(574)

⑰《说文·十二上》:“拜,首至手也。”《段注》:“拜本专为空首之称,引申之,则稽首、顿首、肃拜皆曰拜。”(595)

⑱《说文·三上》:“谓,报也。”《段注》:“盖刑与罪相当谓之报,引申凡论人论事得其实谓之报。谓者,论人论事得其实也。”(89)

上述各例,都是指称个别事物的词义引申为指称同类的一般事物的词义。段氏的表达格式是:某引申为凡某之称。他用统一的格式分析众多相同类型的引申实例,从而体现了这种引申的普遍性。

需要说明的是,段氏分析由具体到抽象的引申时,采用的常见格式也是"某引申为凡某之称"。由个别到一般的引申,由具体到抽象的引申,这两种方式有相似之处,所以表达格式也有相同之处,但具体到抽象的引申还有一个表达格式——"甲引申为乙",则是个别到一般的引申所没有的。在揭示引申的内在联系时,段氏对这两种引申的不同也做了区分:他认为个别到一般的引申是"小大分系",具体到抽象的引申要通过比喻。

(二)揭示这种引申的内在联系

⑲《说文·五上》:"筐,取虮比也。"《段注》:"引申为栉发之比。……栉者,梳比之总名也。"(191)

⑳《说文·十一下》:"州,水中可居者曰州。"《段注》:"州本州渚字,引申之乃为九州。俗乃别制洲字,而小大分系矣。"(569)

段氏关于"总名""小大分系"的观点揭示了词义由个别到一般的引申的内在联系。"取虮比"是指称个别事物的名称,引申为"梳比",就成为与"取虮比"同类的总的名称。"州"本义为州渚,词义指代的范围小,引申为"九州",词义指称的范围大。可见,从个别名称引申到总的名称,从范围小的词义引申到范围大的词义,这就是"总名""小大分系"揭示的这种引申的内在联系。

（三）从理论上说明这种引申产生的必然性

《段注》全书在十多处论及“别”和“属”两个语词及其相互关系。“别”的词义指代个别事物、范围小的事物，“属”的词义指代同类的一般事物、范围大的事物。例如：

㉑《说文·一上》：“玟，玉属也。”《段注》：“凡言某属者，谓某之类。”(17)

这就是说，玟是玉这个大类中的一种玉。

因而，别与属的关系，就词义而言，是词义指代的个别事物与一般事物的关系，范围小的事物与范围大的事物的关系。这种关系的含义，段氏在分析实例时做了辩证的阐说：

㉒《说文·七上》：“秔，稻属。”《段注》：“重其同则言属，秔为稻属是也。重其异则言别，稗为禾别是也。”(323)

㉓《说文·八下》：“属，连也。”《段注》：“凡言属而别在其中；……言别而属在其中。”(402)

㉔《说文·十上》“猴”下《段注》：“二者可相为属而非一物也。”(477)

从这些阐说可知，段氏认为，指代同类的一般事物的词义汇集了指代个别事物的词义的共同点，指代个别事物的词义体现了这种共同点，而又各有其特点。共同点与特点紧密联系，不可分割，存在于众多事物及其词义中。共同点与特点不能等同，每个特点彼此也不能等同。人们突出其特点时用“别”指代，同时就体现了共同点；突出其共同点时用“属”指代，同时就包含了特点。这些阐释，反映了指代个别事物的词义存在的合理性，也反映了指代同类的一般事物的词义存在的客观性，还反映了由个别引申到一般的必然性。所以,段氏有关"别"和"属"关系的阐说,是对于词义由个别引申到一般所做的较为深入的理论说明。

至此,我们对《段注》总结引申规律的情况做一归纳说明。段氏分析了每一种引申的大量实例,通过作出断语、采用统一表达格式和分析大量实例来概括与说明每种引申的普遍性,揭示与体现每种引申的内在联系,从而初步总结出汉语词义引申的六条规律:

第一,动静转移引申。内在联系:体用同称。表达格式:某引申之亦曰某。

第二,物人转移引申。内在联系:在人者可移以名物,在物者可移以名人。表达格式:本谓人,引申言物;本谓物,引申言人。

第三,因果转移引申。内在联系:本义与引申义存在因果关系。表达格式:被训释词包含某义,故(因之)引申为某义。

第四,正反转移引申。内在联系:相反相成。表达格式:此如"治乱、徂存、苦快"。

第五,由具体到抽象的引申。内在联系:相关比喻。表达格式:某引申为凡某之称,甲引申为乙。

第六,由个别到一般的引申。内在联系:小大分系。表达格式:某引申为凡某之称。

附　注

① 见《对〈说文段注〉有关"引申的系统性"论述的整理研究》,《古籍整理研究学刊》1996年第2期。

② 《段注》258页,上海古籍出版社1981年。简称258,下仿此。

[原载《古籍整理研究学刊》1996年第5期]

论陆宗达、王宁的《说文》意义之学

《说文》意义之学是《说文》汉字学中基础和核心的学科。在当代，《说文》意义之学由陆宗达、王宁先生加以全面的发展，并做了精审的总结。

一

王宁先生指出："中国传统的'小学'是以研究意义为中心的。形和音（文字、音韵）都只是工具，意义是研究的出发点，又是研究的落脚点。陆先生精通的是意义之学，他是一位研究意义方面的专家。"[①]

陆宗达、王宁先生从事的《说文》研究，核心是意义之学。他们对《说文》学的重要贡献，在于重现与确立了《说文》意义之学的本来面目与崇高地位，这样就使得汉语形、音、义的研究，汉语古今源流的研究，有了可以遵循的中心，使得文、史、哲、训整体贯通的研究，中国传统学术、文化的研究有了可以依凭的根本基础。

陆、王先生重现与确立《说文》意义之学的本来面目与崇高地位，是在考察意义系统、揭示意义源头、总结意义之学的理论这三个方面进行的。

而开展这三个方面研究工作的前提，一是实行《说文》白文词训中形、音、义的综合系联，其意在于把握全书意义的系统联系；二是清理十三经、诸子的白文在词义上的相互联系，进而沟通《说文》的意义与十三经、诸子的词义相互之间系统的、深刻的联系。

黄侃先生云："夫所谓学者，有系统条理，而可以因简驭繁之法也。"② 陆、王先生沟通了《说文》词训与十三经、诸子的词义之间系统的深刻的联系，并在此前提下考察意义系统，揭示意义源头，总结意义之学的理论，这样就明晰地清理了上古的经典文献与小学专书中意义的系统条理，精熟地把握了贯通其系统条理的因简驭繁之法，由此而使得《说文》的意义研究在 20 世纪 80 年代名副其实地成为"学"，使得中国传统语言学中最可宝贵的这种意义之学在经过几千年的板荡、放失，特别是近百年的尘埋、窜乱之后终于真实而牢固地得以重现与确立。

陆、王先生发展与精通的《说文》意义之学，是高屋建瓴而又体大思精的。它以唐虞夏商周时代成体系地产生的、作为源头而存在的词义，纵贯春秋秦汉魏晋唐宋各代的词义以及文字、音韵、辞章，横被训诂学、经学、诸子学、史学、文学、医学、名物学各领域，在现代与当代继承了中国古代学术"必征诸实、必寻其源、由博返约"的传统，并且发展与升华了这些传统。

二

陆、王先生确立与重现《说文》意义之学的本来面目与崇高地位，其价值与意义是不同寻常的。

上古汉语语词的本义，其产生年代与华夏民族的发祥史同样古老。陆、王先生在《训诂方法论》中指出：本义是内涵，它与其口头形式本音同时产生。在进入文明时代之后，才有表示本义与本音相结合的书面形式——本字。诚如王筠所说："古人正名百物，以义为本，而音从之，于是乎有形。"[③]据丁山的考证，中国历史的起点是在距今五千年的唐尧虞舜时代[④]。其时语词的本义成批地产生，用以系统地表述平治洪水、经纬九州的史实、事物、情感与观念。按照汪中《述学》的论说，可推知从唐虞至成周的两千余年间，太史典籍存于官府的现实，记载之职与教学之官合一的体制，共同造成了"古训是式"的风尚[⑤]。其时尊崇尧舜先王的古训与遵循语词的本义彼此生发，相沿成习。这是"以义为本""本立道生"最为质朴、显豁、完备而又畅达的时期。周衰至列国的五百余年间，诸侯肆行力征，憎恶先王礼乐之害己，纷纷废弃前代经籍，且前代典籍所载典章制度由于历世既久，其制作之本义也渐次放失。此时尧舜古训与语词本义的大部分由于"有司守文、故老言事、布衣授业、草野载笔"[⑥]，尤其是孔子整理经籍，聚徒讲学，得以废而不失。震撼百代的秦政焚书，则使官府掌守的古训大多荡灭，古训由于学士与故老相传而获幸存与延续。到汉代，重要的学术成就首推贾逵"修理旧文"和许慎撰著《说文》，其次有郑玄会通今古文经。许氏"五经无双"，精严有法，毕生心力萃于《说文》，不仅"博问通人，考之于逵"，而且"六艺群书之诂皆训其意，而天地鬼神、山川草木、鸟兽昆虫、杂物奇怪、王制礼仪、世间人事莫不毕载"[⑦]，可知许氏是汉儒之中最为杰出的人物，是唐虞以来悠悠古训的集大成者。如果说唐虞至成周是尧舜古训与语词本义彰明的时代，那么周衰至列国则是古训与本义在晦冥与沦丧的同时获得整合与复生的时代。现在一些人认为这是训诂的萌生期，其实这时是中国历史上第一次对尧舜古训和语词本义进行大规模的社会性解释，以求对古训与本义的认同和回归。汉代贾、许的创制，则是在秦火之后对尧舜古训和语词本义所作的第二次大规模的社会性解释，是古训与本义在历史上的第二次整合和复生。在这两次社会性的汇集与解说上古语义的潮流中，一位是孔子，把散佚的尧舜古事古言整理于六经中，并通过聚徒讲学来传播六经，推广尧舜古训古道；另一位是许慎，把失而复得的六经所载尧舜古事古言收集辨正之后贮存于《说文》中，使其万世与日月并悬。因而孔子与许慎遂成为彪炳于中华学术文化史册的功高盖世的圣人。清代曾涤生作《圣哲画像记》，盛赞《说文》"考先王制作之源"，把许慎列入圣哲的廊庙，与孔子一体同尊。

可见中国古代的学术文化，是在遵循或是背离、发展或是毁弃尧舜古训、本义的过程中产生与形成的。中国的传统学术，不论是训诂学（广义的训诂学包括文字学、音韵学）、经学、诸子学、文学、史学、哲学，其核心与依托始终是一个意义的问题。这种意义的存在形式，是与文字、音声结合在一起的。在《说文》等小学专书中，它们凝结为形、音、义系统联系的样态；在经籍与群书中，它们依照表述特定史实、事物、情感、观念的需要而联缀成文。《说文》的编撰体制，正是"以文字而兼声音、训诂者也"[8]，就是说，它从字形入手来解说声音与训诂的结合，最终又落实到对于意义的确切表述上；同时这种解说与表述跟全书贮存的意义体系息息相通；并且拥有可靠而丰富的五经、诸子、通人说、方言的例证。所以《说文》的编撰体制非常精妙地提炼了经籍、群书中的意义，体现了本形、本音、本义系统联系的样态，从而真实、系统地记录与反映了尧舜古训与语词本义。正如孙星衍所云："唐虞三代五经文字毁于暴秦而存于《说文》。《说文》不作，几于不知六义；六义不通，唐虞三代古文不可复识，五经不得其本解。”[9]

真实而系统地记录唐虞古训与语词本义，正是《说文》“昭质不亏兮衍百代”的文献价值，由此而造就了它在传统的经学、诸子学、文学、史学、哲学研究中被奉为“圭臬”“根柢书”这样崇高的地位。精审严峻的考证大师、“近三百年学术解放之第一功臣”（梁启超语）阎若璩对此解得最为确切，他说：“善夫徐铉《进〈说文〉表》云：‘大抵此书务援古以正今，不徇今而违古。’予谓贾（逵）、许所授受，古也。”[10]这里强调《说文》“务援古以正今”，是“正今”，不是“证今”，亦即《说文》所载古本义是纠正秦汉之后古义出现差失的准绳。

客观事实告诉我们，除了《说文》，从汉儒注经开始，训诂的解说大多已背离、偏失古训与本义，堕入以今律古、空言臆决的歧路。所以阎若璩说：“康成（郑玄）亦多臆。”[11]戴震说：“经自汉经师所授受，已差违失次。”[12]

在周秦至汉代问世的有助于读懂先秦经籍的小学专书中，《尔雅》所载多为随文释义，在意义上不成系统，《方言》则主要收集方言口语，《释名》大多为声训。只有《说文》以形、音、义结合的完备编制整理了构成系统联系的本义，所以它是小学书的“主中之主”（黄侃语），是帮助理解先秦经籍的“天下第一种书”（王鸣盛语）。

但是，汉代之后，却大多忽视与掩盖了《说文》的价值与崇高地位，仅仅把它看作东汉之书、字形之书。王筠说：“魏晋以后，传述《说文》者，不知为说经之钤键，而视为杂凑之字书。”[13]从黄侃《论自汉迄宋为〈说文〉之学者》一文的论列，可知历代人往往究诘《说文》的字形，且恣意窜乱之，凡此“俱由增修者不通古义”所致[14]。这种不注意《说文》意义研究而拘执于孤立、零碎的字形研究的浅陋习气一直蔓延到现代，以致章太炎不得不明确批评这一倾向说："文字者，语言之符，苟沾沾正点画、辨偏旁而已……终使文字之用，与语言介然有隔，亦何贵于小学哉！"[15]陆宗达、王宁先生也反复强调：《说文》不只是文字学书，也是训诂学书。它是以义为本的，应当围绕着意义这个中心来研究《说文》形、音、义是如何结合的[16]。

对《说文》与文献中音声的研究，历代都有涉及。从明末开始，古声韵的研究渐渐演成潮流。但是如黄侃所言："陈（第）、顾（炎武）、毛（奇龄）、江（永）诸家，虽于古声音之学究之綦详，而于义之一途则多不之及。"[17]直到段玉裁，才创通形、音、义结合起来注释《说文》的条例；王念孙则在《广雅疏证》全书中贯彻因声求义的原则；章太炎撰《文始》，全面地应用清儒"声义同条之理"来解说字词的变易、孳乳，使《说文》近万个字词"皆可绳穿条贯，得其统纪"[18]。

中华学术和《说文》学经过两千年千回百折的反复与蕴积，终于向着开发意义和以义为中心的方向推进。但令人深为叹惜的是，从20世纪初开始，特别是30年代章、黄先生辞世之后，西方语言学纯形式的分析方法侵入了中国语言的研究领域，加之50年代苏化研究模式的钳制，意义与文化的研究成为禁区，汉语研究只是用纯形式的方法去研究字形、语音、方言、修辞，中国语言学被切割为尽量单一、琐细的学科，互不沟通，在高校课程中训诂学、《说文》学被无理取消。

纵观几千年的中国学术史，可以发现先秦是以意义为中心，通过经书与经书研究对多学科实行博综融贯的时期。孔子整理的经书凝结了尧舜古训与语词本义，经书与经书研究创生了诸多学科：由《诗经》而有文学，由《尚书》《春秋传》而有史学，由《周易》《周礼》

而有哲学，五经共同创生出经学[19]，各学科都离不开“意义”（尧舜古训与语词本义）的依托。

从秦汉之际开始，经学逐渐分化出古代的史学、文学、哲学，训诂学逐渐分化为侧重于形的研究、音的研究、义的研究。分化是必然而必须的，但“分”的研究一定不能离开“合”的研究，也就是要在“整体”观念指导下“分析”出各个部分，然后重新组合为“整体”。这是中华学术特有的“合—分—合”观念，又叫作“由博返约”“守约施博”的传统。所以王夫之指出：“全体之而得矣，全体之，则可以合，可以分。”[20]但实际情形是：在汉代，只有《说文》贯彻了以义为中心，形、音、义“合—分—合”的传统的原则，而汉代以后的人不了解《说文》的价值和许慎的苦心，竟在研究中把《说文》形、音、义的联系生硬地割断了。从魏晋至今，大多只从“字形”上探究《说文》，只作单个字或三五个字的孤立零碎的研究，结果是从字形上窜乱了《说文》。从宋代至今，另有一批人只从“读音”上探究《说文》，也从“读音”上来曲解与割裂《说文》。原因都在于没有从“义”上来“合—分—合”。段玉裁、黄侃都曾对上述畸形的《说文》研究方式怅憾久之，段氏说：“自有《说文》以来，世世不废，而不融会其全书者，仅同耳食；强为注解者，往往眯目而道白黑。”[21]黄侃说：“近世人……或称《说文》说解穿凿剿说之失，皆不识《说文》之真义者也。”[22]“音韵之学，重在施于训诂，而不在空言也。”[23]

正是在两千年来造成的《说文》研究往往忽视“意义”“只分不合”的接近于积重难返的情境中，在近百年中国现代语言学排斥传统学术、崇尚西方纯形式分析而形成的氛围中，陆宗达、王宁先生从80年代以来发表一系列《说文》学的文章，出版《训诂方法论》《古汉语词义答问》等有重大影响的著作。这些论著，发展段氏“融会全书"和黄侃"比较、联贯"的方法[24]，阐述《说文》存在着形的系统、音的系统、义的系统，并且以义为出发点与落脚点，实行《说文》全书形、音、义的综合系联，通过归纳义的系统来贯通形的系统与音的系统，使得两千年的《说文》研究出现全新的局面，开始接上了已中断两千多年的先秦时代中华学术"以义为本"的传统，推动《说文》研究从此跨入能够重现《说文》真实面目，进而成为中华传统学术的基础科学与领先科学的新阶段。

三

陆、王先生发展的《说文》意义之学，其前提和基本方法，一是实行《说文》全书形、音、义的综合系联，二是清理十三经、诸子的白文在意义上的相互关系。其根本原则，是沟通《说文》的意义与十三经、诸子的词义相互之间系统的深刻的联系。

形、音、义系联的方法是由黄侃先生提出的。采用这一方法的依据在于：认定《说文》是极可信据、价值很高的中国语言学和中华学术的经典，它的真功夫都在白文词义的训释中，全书词训所载形、音、义具有可以清理的各种类型的系统联系。

由王宁先生笔录整理的陆先生的自传《我的学、教与研究工作生涯》[25]中，谈到1928年黄侃先生指导先生通读三遍《段注》时实行形、音、义系联的情形："季刚先生教我的方法是利用全书进行形、音、义的综合系联，就是把书里有关一个字的散见在各处的形、音、义材料都集中在这个字头上。这种系联工作工程相当大，需要高度集中注意力，还需要对《说文》十分熟。不过，这项工作做下来，我对《说文解字》的理解似乎发生了质变。几十年来，我解决古代文献的许多疑难问题，总离不了用《说文》作桥梁。”

形、音、义系联的具体做法，陆先生在《我与〈说文〉》[26]中做了演示。以“正”这个词义的系联为例，先生是这样演示的：“例如，五上工部‘巨’下说：‘矢者其中正也。’五下矢部‘短’下说：‘有所长短，以矢为正。’三下攴部：‘政，正也。’八上人部：‘佶，正也。’这几条都要抄在‘正’字头上。而二下正部：‘正，是也。’二下是部：‘是，直也。’十二下乚部：‘直，正见也。’则‘是’‘直’要抄在‘正’字头上。这是有关‘正’的意义的材料。把这一类材料集中起来，就可显现出某个意义系统，发现其中的核心、层次及联系的环节。”

实行形、音、义综合系联，是为了清理与把握《说文》全书意义的系统联系。正如陆先生指出的：“只有把每个字的形、音、义拆开，同时又从《说文》全书的整体上来重新组合、编排这些形、音、义，才能重现形的系统、音的系统、义的系统，以及这些系统的综合。而从系统之间的综合上来认识每个字词的意义，才认识得全面、深刻。”[27]

陆、王先生要求的大徐本、小徐本的对照，正是在这种全书形、音、义综合系联的过程中进行的。把这种综合系联同核证文献语言材料结合起来，才能鉴别出大小徐的同一个训释孰优孰劣，从而使大小徐对照在综合系联与《说文》研究中发挥确实的作用。

对于《说文》中白文形、音、义的综合系联，是与对于先秦经书、子书白文中词义的成系统的研究密切贯通的，这是陆、王先生的《说文》意义之学的一条根本原则。

陆、王先生强调钻研《说文》白文和经书、子书的白文，是强调完整地、直接地掌握第一手语言资料，是与章、黄先生的严谨学风相吻合的。黄侃曾说：“余杭章君不能不推斯学魁儒，余见其案头除石印大徐《说文》外，更无段、桂诸家之书，知斯学纲维全在默识而贯通之，纷纷笺注皆无益也。”[28]黄侃所说“纷纷笺注皆无益”，正是为了突出钻研《说文》白文的必要。

陆、王先生的《说文》意义研究特别强调核证文献语言材料。这种核证，不是就单个或少数的意义、例证作表面上的对照，而是使《说文》词训的综合系联与文献中词义的系统研究这两个方面做到符合实际的贯通。

陆、王先生对《说文》的意义与文献中的意义进行贯通，是对戴震、段玉裁“以字考经、以经考字”学术规范的重要发展。戴、段明确认为，《说文》中的意义主要是本义，经书、诸子、《尔雅》《毛诗》《方言》《释名》中的意义主要是引申义，这两方面的意义“互为表里”[29]。因为《说文》是唐虞古训与语词本义的集大成，而经书、子书、《尔雅》《毛诗》《方言》《释名》大部分记载唐虞之后的史实与观念，其中的意义大多是唐虞古训的引申演变，所以“字”与“经”有底层与表层的层累关系，有源与流的贯通关系，二者可以互考。

陆、王先生对《说文》本义与经书文献意义的贯通有“系统互渗”的特色。就是说，可以由《说文》多个本义的系统联系去推演、梳理经书文献中多个意义的系统联系，也可以由经书文献中多个意义的系统联系去追溯、印证《说文》中多个本义的系统联系。

陆、王先生十分擅长于经书文献中各个意义及其相互联系的考求与梳理。王宁先生说：“几十年来，我们从陆先生那里得益最多的是他讲解汉语词汇意义的熟练和透彻。由于对古代文献语言和注疏材料掌握得十分丰富而纯熟，加之他接受了章、黄不孤立研究一字、一词、一义的朴素系统论思想，因此，他胸中似装着一个先秦古代汉语词义的网络，并且对词义关系的沟通、词义的比较、词义的类聚与分析、词义的探求与解释，都有一套行之有效的方法，这套方法里含有许多规律。”[30]

陆、王先生对经书文献中众多意义相互联系的寻求与梳理，始终贯串着对于《说文》众多本义的系统联系的清醒认识和准确把握。这种认识与把握集中体现于：《说文》词的本义中，由形象特征凝聚的核心义，如何制约着经书文献中相关意义的发展；《说文》中，使多个词的本义构成系统联系的枢纽义，是怎样使经书文献中的词义发生系统联系的；经书文献词义的系统联系与《说文》本义的系统联系有何异同。

上述认识与把握都生动地活跃于陆、王先生的讲课与论著中，使得《说文》意义之学的研究与应用泱泱然蔚为大国，展现出“深造之以道，欲其自得之也。自得之，则居之安；居之安，则资之深；资之深，则取之左右逢其原”[31]的宏廓老到的学术境界。

四

在《说文》形、音、义综合系联及其与经书、子书中意义的系统贯通的雄厚根基之上，陆、王先生主要从考察意义系统、揭示意义源头、总结有关意义研究的理论这三个方面来发展《说文》的意义之学。

黄侃先生曾说：“孤立之字，古今所无。……中国文字俱脉络贯通。”[32]其脉络贯通的表现，首先是因为字词“有各个之本，有共同之本”。他打比方说：“譬之言《易》，六十四卦，卦卦有其本义，而卦卦相通，乃为全书。是以言本，有各个之本，有共同之本。”[33]陆、王先生研究《说文》意义时具体实现了黄侃这一精辟的思想。《说文》不仅每个字词有其本义，而且全书绝大部分字词的本义在一定条件下直接或间接地脉络贯通，由此反映出上古时代字词成批地产生时，所系统表述的特定历史条件下纷繁多变的事物、活动、情感与观念，这就是《说文》中的"各个之本"融贯而成的全书的"共同之本"。

考察《说文》字词"各个之本"的意义，陆、王先生重视抓本义蕴涵的形象特征。本义产生时，都是直接记录实际的事物与活动的，形象特征就是华夏族的先民在认识与捕捉了当时的事物、活动的多个特点之后，提炼出来并确定在词义里的生动活泼的内容。这种内容，后来凝聚为词的核心义，所以核心义就有多个方面的特点。陆、王先生在《训诂方法论》中指出："本义是体现在文字字形中的词的某个义项，它往往与某一具体形象连在一起。……具体形象决定了词的多个义项的关联。比如，与'齐'相联系的'禾麦吐穗上平'的形象，贯穿了'齐'的各个义项：'齐'有'调配''约束'的意思……又有'剂量'之义，以后派生出'剂'字。这一系列变化，出发点都是'禾麦吐穗上平'这个具体形象。"[34]

在考察众多字词各种类型的"共同之本"的意义时，陆、王先生注意分析贮存在义界、推源的训释中或文献词义中的一种词义，我们称之为枢纽义。枢纽义起着使多个词的本义构成系统联系的作用，有助于众多字词共同表述各种事物的联系与变化。例如，陆先生为我们授课，涉及《左传·宣公二年》"从台上弹人，而观其辟丸也"一句时，指出："台"与"观"意义相互关联。他引出《说文·五下》"高，崇也，象台观高之形"的训释，强调这是体现了"台""观""高""崇"四个字词相互联系的说解（即枢纽义），表明这些词的意义特点都是"高"，其特点是寄寓在"高大的土山"的形象特征之中的。这个枢纽义使得下列字词构成系统联系：十二上至部："台，观，四方而高者。"八下见部："观，谛视也。"五下高部："高，崇也。象台观高之形。"九下山部："崇，山大而高也。"（从《段注》本）

在考察多个引申系列的关系时，陆、王先生注意深入而切实地分析意义的各种重合关系。他们在《谈比较互证的训诂方法》中指出：第一种是"点"的重合，带有偶然性。虽在这一"点"上的概括意义相同，但具体意义各有侧重。第二种是"段"的重合。这些引申系列首先有了某个相同义项，然后纳入了同一类型的引申规律。在它们的重合之处，表现出一定的必然性，而由于本义即出发点不同，这种重合仍以偶然成分居多。第三种是"线"的重合，它们的本义、引申规律基本是一致的。

陆、王先生对于意义系统所作的考察研究，无论在《说文》学还是中国语言学中都处于领先地位。因为这种研究有着雄厚的根基，是在对小学专书和文献材料中的意义分别做了系统考察、切实贯通和精熟把握之后进行的，而且其着眼点不是单个词的意义小系统，而是众多字词复杂联系的意义大系统，是从大系统来驾驭小系统。这是大系统的观念与整体贯通的方法在汉语意义研究中第一次大规模的精审的运用。所以这种对于意义系统的考察研究，标志着中国语言的意义研究开始质的飞跃。回望那些缺乏根柢、戚戚于零碎字义的考索，汲汲于单个字词的意义小系统的探求者，其高下悬隔又何如哉！

五

除了考察意义系统，陆、王先生《说文》意义之学的中心内容是揭示意义源头。

中国的学术文化由于源远流长，古今融会，所以推本求源是它的一个根本传统。黄侃说："一切学问皆必求其根本，小学亦何独不然？"[35]《说文》"务援古以正今，不徇今而违古"（徐铉语），故《说文》学的实质，是推本求源之学，是援古正今之学。

陆、王先生指出："章黄《说文》学体系"的"全部核心在求根探源。""需要纵向地系联《说文》的字（词），探讨孳乳浸多的脉络，以明确语必有根，字必有本，而其根本皆在先古，是谓求其源。"[36]

陆、王先生是通过对一大批因孳乳而相关的字词进行分析，清理这些字词在古音上的线索，恢复其本字的笔意，搜求义通的证据，这样来揭示意义源头的。

因此，他们对声训、对同源词的意义之源及其原理做了深入的研究，推出《因声求义论》《传统字源学初探》《论字源学与同源字》《论〈说文〉字族研究的意义》等一批重要成果。这些成果对前人和同时代人的超越主要表现在：(1)对章黄《文始》《〈说文〉同文》杰出的字源字族研究的总体设计和众多精审的分析作出公正切实的评价。(2)精心发展与实践《文始》《〈说文〉同文》的总体设计，充分继承章黄有关字源字族研究的卓越成果，并凭借着对于《说文》形、音、义系统与经籍文献词义的贯通，有理有据地纠正章黄的错缪与失误。(3)清醒而透彻地阐释声近义通的原理，从系统研究的角度归纳同源与字族的理论。

上述成果在80年代问世时，振聋发聩，反响清越，有力地清扫了形式化方法在同源研究中造成的浅薄、陈腐的风气，树立了以意义为中心开展同源研究的楷范，也为衡量同源研究的得失提供了理论依据和判别标准。

意义源头自然不仅仅是个同源义通的问题。戴震说："故训明则古经明，古经明则贤人圣人之理义明，而我心之所同然者，乃因之而明。贤人圣人之理义非它，存乎典章制度者是也。"[37]可见，意义源头是贮存于典章制度之中的，它反映了上古时代的人们对当时的史实、事物、情感、观念的认识。所以陆先生在《说文解字通论》中专章论说"《说文解字》中所保存的有关古代社会状况的资料"[38]，在《训诂简论》中把"考察古代社会"列为重要的训诂方法[39]。关于揭示意义源头的必要性，章太炎说："事虽繁啧，必寻其原，然后有会归也。"[40]而人们有一种误解，认为上古绵邈，文献阙失，溯古寻源不大可能。但阎若璩明确指出："古人之事，应无不可考者，纵无正文，亦隐在书缝中，要须细心人一搜出耳。"[41]细心搜讨源头的要求，戴震指出："必征之古而靡不条贯，合诸道而不留余义，巨细必究，本末兼察。"[42]阎若璩则是："手一书，至检数十书相证。"[43]可见，其关键一是清理由流溯源的条理，二是展示大量可靠的证据。在《因声求义论》《古汉语词义答问》中，陆、王先生把这两个方面结合得颇为完美，辩才锋颖，证据出入无方，对意义源头的论证是很精彩的。

六

陆先生是对《说文》学、训诂学、经学"知之深、剖之密"的老一辈专家，又是赞同用现代科学眼光研究传统学术并从中概括新型理论的与时俱进的大师。

陆先生对《说文》意义之学的理论总结，是在他的理想的学术传人王宁先生的积极参与之下共同作出的。王宁先生具备传统的和现代的功力与学术，是在《说文》学领域继往开来、振衰起弊的新一代名家。

陆先生十分赞赏《左传·昭公二十年》中晏子论说的“和而不同”的观点：“君所谓可而有否焉，臣献其否以成其可。君所谓否而有可焉，臣献其可以去其否。”陆先生认为师生关系亦应如此，他鼓励学生坚持创新的方法与独立的见解，不要求学生亦步亦趋。王宁先生在学术上不仅根基雄深，注重实证，而且富有科学头脑，长于理论的精深剖析与规律的严密推导。陆先生热情支持王宁先生发扬长处，他虚心研究新的科学理论，诚恳接受王宁先生的一系列建议，慈惠勤谨，从善如流。有关意义之学的许多重要理论的总结，都是在陆、王先生相互研讨、辩难、订正之中形成的。这种在学术上“和而不同”、转侧相师、彼此推挽的师生关系，大有助于《说文》学承先启后的发展与成熟，尤其值得我们珍惜与效法。

王宁先生回顾说：“到了 80 年代，他（指陆先生——引者注）经过认真的反思，使自己的教学方法有所改变。他认识到，大量的语料是必须的，而充分地说理也不可缺少，不但要讲是什么，还得讲为什么。他接受了自己学生的意见，认为要想真正教活训诂学，必须从原始的材料中提炼出基础理论和可供操作的方法。《训诂方法论》出版后，他又接受了我们的另一个意见：介绍训诂学要注重用一般人能懂的语料来阐明理论、方法。因而，用常用词而不是生僻词作实例，尽量把原理讲透，方法说清，便成为这一阶段我们写训诂学文章的努力目标。”[44]

陆、王先生对《说文》意义之学的理论做了精审的总结，其内容与架构大略如下（这里只列纲目）：

一、意义的存在形态：1. 字与词；2. 义与训：（1）意义训释的分类;(2)义训、声训、直训、义界;3.系统形态与层累形态:(1)形、音、义结合,义为中心;(2)形的系统、音的系统、义的系统;(3)形象特征与核心义;(4)枢纽义;4.贮存状态与使用状态。

二、意义的内涵:1.史实、事物的记录;2.情感、观念的提炼;3.典章制度的反映。

三、字形与意义的关系:1.形义统一论;2.本字与借字;3.笔意与笔势;4.造意与实义;5.溯本与复形;6.异字同词;7.以形索义。

四、读音与意义的关系:1.约定俗成说与音近义通说;2.反义词、同义词、同源词;3.推源与系源:(1)完全推源与不完全推源;(2)全面系源与局部系源;4.孳乳与变易;5.同源通用与同音借用;6.因声求义。

五、意义的引申:1.引申的定义;2.本义与引申义的关系;3.引申规律:(1)理性的引申:a.时空的引申;b.因果的引申;c.动静的引申;d.施受的引申;e.正反的引申;f.实虚的引申;(2)状所的引申:a.同状的引申;b.同所的引申;c.同感的引申;(3)礼俗的引申;4.引申系列。

六、意义的研究:1.《说文》形、音、义综合系联;2.经书、子书词义的系统考察;3.《说文》本义与经书、子书引申义的贯通;4.查本推源;5.较同辨异;6.寻形分字。

陆、王先生总结的意义之学的理论具有三大特点:

第一是鲜明的民族特点。陆、王先生是从《说文》意义的系统形态、文献词义的系统联系以及二者的沟通之中总结作为源头的意义是如何表述上古的历史、文化的,由这种特定的语言表述方式中概括出的意义理论必然带着深刻的汉民族特点的印记。

第二是系统贯通的特点。这一理论的纲与目之间、各个部分之间是相互贯通的。它们凭借着生动丰富的语言材料,在体现语言意义表述历史、文化的原理、方式、规律上聚合为一个系统。

第三是构用相证的特点。"构"是指意义理论的架构,"用"是指意义理论的应用。这一理论架构不仅笼盖了上古汉语意义的原理、规律,而且可与此后各代的汉语在发展与应用中形成的原理、规律相互证发。这表明《说文》意义之学的理论与这一理论的应用是契合的,与后代的汉语意义理论是古今融会的。

附　注

①㉚㊹《纪念我的老师陆宗达先生》,载《训诂与训诂学》5 页、5 页、4 页,山西教育出版社 1994 年。

②⑰㉓㉔㉘㉜㉝㉟《文字声韵训诂笔记》2 页、4 页、150 页、90 页、71 页、46 页、12 页、15 页,上海古籍出版社 1983 年。

③《说文释例·序》。

④《中国古代宗教与神话考》209 页,上海文艺出版社 1988 年。

⑤《诗·大雅·烝民》正义:"古训者,故旧之道,故为先王之遗典也。"《荀子·大略》:"先王之道则尧舜已。"古训即故训、诂训、训诂,可知"训诂"一词的本义是指尧舜的古言古道。"古训是式"是指以尧舜的古言古道为法则、准绳。

⑥ 汪中《述学》。

⑦《说文·叙》。

⑧ 王念孙《说文注·序》。

⑨⑭《重刊宋本〈说文〉序》。

⑩⑪《尚书古文疏证》526 页、230 页,上海古籍出版社 1987 年。

⑫㊳㊷《戴震集》191 页、214 页、184 页,上海古籍出版社 1980 年。

⑬《说文释例》。

⑮㊵《章炳麟论学集》348 页,北京师范大学出版社 1982 年。

⑯《〈说文解字〉与训诂学》,载《训诂学的知识与应用》51 页,语文出版社 1990 年。

⑱㉒《黄侃论学杂著》94 页、25 页,上海古籍出版社 1980 年。

⑲《爰晚庐随笔》370 页,湖南教育出版社 1991 年。

⑳《周易外传》160 页,中华书局 1977 年。

㉑㉙《说文解字注》784 页,507 页、426 页、455 页、342 页,上海古籍出版社 1980 年。

㉕ 载《文献》1986 年第 3 期。

㉖㉗《我与〈说文〉》,载中华书局《书品》1987 年第 2 期。

㉛《孟子·离娄下》。

㉞《训诂方法论》137 页,中国社会科学出版社 1983 年。

㊱《训诂与训诂学》342 页、343 页。

㊳《说文解字通论》157 页,北京出版社 1981 年。

㊴《训诂简论》124 页,北京出版社 1980 年。

㊶《潜邱札记》卷六。

㊸《咏先府君行述》。

[原载《四川大学学报》(哲学社会科学版)1996 年第 3 期]

《诗经》、群经的贯通研究与诗义考释

五经是中国学术文化之源。五经出现以后，对其中一经的研究，必联系其他经，所谓“不通众经，则不能治一经”[①]。这不只是学士大夫为学为人的基本途径，且也成为几千年中国学术文化的一个根本传统了。

清代三百年，在努力恢复五经的真实面貌并挖掘五经相互贯通的深刻意义上取得辉煌的成就。而与此同时，人用其私、巧说邪辞者亦复不少。加之清廷自为《康熙字典》，编次者多鄙生白徒，分部舛戾，点画乖谬，而学官弟子多宗之。故太炎先生云：“小学至清而盛，亦至清而衰，……虽盛犹不足以偿衰也。”[②]

从20世纪初开始，由于西学大规模阑入与新思潮风起水涌，传统陵夷、经籍荡然日甚一日。到30年代，太炎先生目睹此学术文化之危局，乃曰：“新学之徒，以一切旧籍为不足观也。……祸几于秦皇焚书矣。”50年代之后的情形，众所周知，兹无庸更置一辞。总之是，今日正当盛年而致力从事传统学术研究的学人，能读群经史传者几希。欲从事《诗经》研究而于《诗经》与毛郑未及通读与熟悉，于五经与注疏亦未及通读与熟悉，则所谓继承与创新云云，及其研究成果之诚信与价值，何可认同也哉！

（一）《诗经》研究应忠实于原文，在总体上应信守毛郑，断倚魁之说

中国传统学术的发生是在周秦之际将历代师生授受、父子相传的前闻古道记载于六经中[③]。由此而形成中国学术研究的一个传统，就是凡所论列，都持之有据。其基本依据，是前代的父师流传下来的可信的前言往行，以及记载这些前言往行的真实的经典原文及其注疏。太炎先生曾谈及经传注疏的重要，他说：

> 余以为昔明清间说经者，人自为师，无所取证。元和惠氏（惠栋）出，独以汉儒为归，虽迂滞不可通者，犹顺之不改。非惠氏之戆，不如是，不足以断倚魁之说也。自清末迄今凡四十岁，学者好为魁异，又过于明清间。故季刚（黄侃）所守，视惠氏弥笃焉，独取注疏，所谓犹愈于野者也。

太炎看到明清间说经者“人自为师，无所取证”的倾向蔓延而及于民国，有烈焰愈炽、不可向迩之热，于是指出：“自清末迄今凡四十岁，学者好为魁异，又过于明清间。”“好为魁异”，是指抛弃经传注疏，自逞胸臆，喜好穿凿附会、新奇怪诞之论。太炎指出的纠正错误倾向的方法，是如同惠栋那样，“独以汉儒为归”，如同黄侃那样，“说经独本汉唐传注正义，读之数周”，凡所论述，决不“纵意以为奇巧”，而是持论精谨，“及按之故籍，成证确然”。

太炎先生对明清间学者“人自为师，无所取证”的倾向的批评，以及对黄侃“独取注疏，成证确然”的赞赏，是针对着新学之徒“盲从西方，凭虚无根”的粗鄙风习而发的，不意今日学界“束书不观，人心猖披”的浮靡倾向又甚于畴昔。因此就《诗经》研究而言，潜心

钻研《诗经》原文，注重全书字词的特定意义与相互联系，同时辨析毛传、郑笺的是非、疏密，以之为考释《诗》义的基础、佐证，这应当作为《诗经》研究的一个重要的前提条件。

《诗经》的传授，在汉代有鲁、齐、韩三家，均属今文经学，而毛诗属古文经学。段玉裁《毛诗故训传定本小笺题辞》云：

> 毛传于鲁、齐、韩后出，未得立学官。而三家既亡，孤行最久者子夏所传，其义长也。其称故训传何也？古者传以述义，如左氏、公羊氏、谷梁氏之于《春秋》，子夏之于《丧服》，某氏之于《小正》，皆是也。释故、释训，以记古今异言，《尔雅》是也。毛公兼其意而于故训特详，故不专曰传，而曰故训传，是小学之大宗也。（《清经解》第四册）

依照段氏所说，三家诗亡佚后，完整地流传的唯有毛诗，"其义长也"。毛亨的《毛诗故训传》之所以不专称为"传"而称"故训传"，是因为它"以记古今异言"，且"于故训特详"，"故训"即"古训、古言、古道"，《故训传》对于古训、古言记载特详，故段氏称之"是小学之大宗也"。毛诗的汉人注释，主要是毛亨的《故训传》、郑玄的"笺"。郑玄融会今古文经，笺诗以"宗毛为主"，毛诗属古文经学。"如有不同，则下己意"（《郑志》）。"己意"以吸取今文经学的三家诗，特别是韩诗之说为主。《毛诗故训传》详载诗的古言、古道，郑笺兼载《诗》之古言与今言，故段玉裁指出："读毛而后可以读郑，考其同异、略详、疏密，审其是非。"④

《诗》的真实面貌存在于《诗》全书字词连缀而成的白文中，对《诗》真实、深刻的古义所作的阐释保存于毛传（《毛诗故训传》，以下简称毛传）、郑笺的详略同异之中。今人若从事可信的、负责的《诗经》研究，自应首先钻研《诗经》白文，注重全书字词形、音、义的相互联系，以《诗经》本书证本书。接着清理毛传、郑笺在表述上的同异，注重它们与《诗经》本文的相互联系。在这两个方面的结合上都要下一番“好学深思，心知其意”（段玉裁语）的功夫，才能清醒、切实地把握《诗经》古义，破除历代说诗者的倘魁之说，特别是现代人以今律古的“新奇可喜”之论。

（二）有理有据地贯通《诗》与群经、《诗》与《说文》《尔雅》

这是指从上古时期广阔的文献范围内来研究与印证《诗经》。

之所以能够而且必须实行《诗》与群经的贯通，是因为《诗》的成书年代上起西周初年，下至春秋中期（从阴法鲁说），与之同时的有《周易》的《卦辞》《爻辞》（作于西周初年，从杨伯峻说），还有今文《尚书》中关于西周的几篇，以及到周代由商的后裔宋国人写定的几篇，另外《甘誓》也是到周代重新写定的（从刘起釪说）。《周礼》成书最晚不在东周惠王后（从洪诚说），即在春秋初年，亦与《诗》同时。这些经文在史实的表述，及语言词汇的运用上与《诗》存在着或隐或显的相通之处。循着这种相通的要点与线索有理有据地贯通《诗》与群经，可以为深入研究《诗》的内容、语言形式和时代意义找到更多的证据。不仅如此，从春秋时期起，《诗》已在社会的政治与文化生活中发挥典常的指导作用，其作用渗透于《左传》《论语》《孟子》等经书中，从这些经书的语言词汇及其表述的事物、史实、情感、观念，很容易察知《诗经》的影响，《左传·襄公二十八年》载卢蒲癸所说“赋诗断章，余取所求焉”以及《论语·季氏》载孔子曰“不学诗，无以言”，都突出显示了《诗》的崇高地位及对群经的影响。从《诗》对其他经书渗透的角度来有理有据地贯通《诗》与群经，有助于考察《诗》的本来面貌与变化脉络。

之所以能够并且必须实行《诗》与《说文》《尔雅》的贯通，是因为《诗》与《说文》存在着互为表里的关系和在意义上转移引申的关系。段玉裁对《诗》与《说文》的联系知之深，剖之密，他十分深刻地揭示说：

《尔雅》自其转移者言之，许指造字之本言之。

许说其本义，《尔雅》说其引申之义也。

（毛）传用其引申之义，许用其本义也。

（毛）传说其引申之义。

毛传正许说之引申也。（《段注》）

依照段氏所说，《说文》主要是讲字词本义，《尔雅》、毛传主要是讲引申义。因为《说文》是“六艺群书之诂皆训其意”[5]，它是从汇聚字词本义、以形说义的角度来集六经群书训诂之大成的。而《尔雅》则是直接记录经书的训诂，其训释与编排并不着眼于体现字词意义的源与流。所以段氏指出《说文》是说本义，《尔雅》、毛传都是说引申义。段氏在明确指出《说文》与《尔雅》、毛传的区别的同时，也阐释了三者之间的联系。他清楚地指出：

《说文》《尔雅》相为表里。

字书与说经有不同，实无二义也。（《段注》）

段氏所概括的“相为表里”“实无二义”确切地阐释了《说文》与《尔雅》、毛传相互证发、密切贯通的联系。段氏说的“字书”是指《说文》，“说经”是指毛传等结合经文内容对字词所作的“因文求义”的解释。《尔雅》记录了“因文求义”的训诂，故也属“说经”的范围。就意义的发展而言，《说文》记载本义，《尔雅》、毛传记载引申义，它们共同记载了经书中字词意义的源与流的联系，所以说“实无二义”。

考求经书中字词意义的源与流的联系，是理解经书内容时必须具备的基本功。于是戴震提出了“经之至者，道也。所以明道者，其词也。所以成词者，未有能外小学文字者也”的著名论断，由此而演化为乾嘉学者“以字考经，以经考字”的学术规范，成为清代辉煌的学术研究的主流得以确立的理论依据。

段玉裁说：“昔东原师之言，仆之学，不外以字考经，以经考字。余之注《说文解字》也，盖窃取此二语而已。”(《段注》)“以字考经，以经考字”学术规范的实质，是将《说文》深藏的训诂之源与“五经”广泛展示的训诂之源与流（主要是流）全面深入地贯通，从而正确地考论上古时代的史实、义理与典章制度。今人研究《诗经》，为了克服“奋其私智，以今律古”的倾向，同样应实行“以字考经，以经考字”的学术规范，有理有据地贯通《诗》与群经、《诗》与《尔雅》《说文》。这是《诗经》研究的又一个前提条件。

（三）在以上两个前提条件下继承清代《诗经》研究优秀成果，辨识与利用出土材料，借鉴国外的研究理论与方法

清代《诗经》研究涌现出的精审有据的成果，今日无疑是应该继承的，但“继承”不是“照抄”，需要眼光，能够辨识它何以是“精审有据”的，还需要水平，能够恰当地领会清代精审有据的成果中贯串的观点、方法，使之在我们的创造性研究中发挥积极的作用。而《诗经》研究的这种眼光、水平不可能凭空产生，它是在对《诗经》全书白文及毛郑之说，对群经及《说文》《尔雅》作踏实、深入的钻研中逐步具备的。可见，继承清代的优秀成果只有在上述两个前提条

件下才可能有效地实行。

多年来已出土一批有关《诗经》的材料，这些材料或亟待整理，或已初步整理而尚未正确充分地利用。其中一个重要原因，是缺乏具有《诗经》整理研究基本功的人才。有一定数量的研究者似未达到上文论及的两个基本条件，所以虽有出土的《诗经》竹简，或不能识读，或不能正确地分析。最近有一位北京的专家作讲座，谈到新发现的《诗经》竹简上，写的是“邦风”。遂认为后人写成“国风”是避刘邦的讳。又，“风、雅、颂”之“雅”“颂”写成“夏”“讼”。由此便认为，文学史中关于《诗经》的内容要改写了。持这种论调者，看来未及通读五经、《说文》与《段注》。因为上古经书与《说文》所载古形古义中，表示“封域”的“国”是由“邦”指称的。“雅”是“楚乌”，不表示“正大”义，“正大”义是由“夏”来指称的。“歌颂”，《说文》作“歌讼”，《段注》云：“讼、颂古今字。古作讼，后人假颂貌字为之。”这表明，“风、雅、颂”之“颂”，本字作“讼”，是传统学术的常识，用不着诧为异宝。又《段注》云：“世祖以上虽高帝不讳，盖汉制也。”（第2页）故《说文》“邦”下不曰“上讳”而曰“国也”。可知指“邦风”改作“国风”是避刘邦讳，显系臆测之辞。章学诚云：“事屡变而复初，文饰穷而反质，天下自然之理也。”（《文史通义》）就《诗经》研究而言，不论材料、方法、时代如何变化，总要回复到《诗经》的本文以及字词意义的源流上来检验与说明。若不具有上文所说两个基本条件，对经书与《说文》不熟，虽有出土材料而无所用之，甚至混淆真伪古今，使课题的研究丧失价值。

关于借鉴国外的研究理论与方法，我们看到，近年出了一批用国外的文化学、人类学研究《诗经》的著述，其中有一种常见的论述格式，就是用国外的某种理论、方法来类推或规定《诗》义。作者擅长于对国外理论的思辨，而避开对《诗经》本体文字记号的考察，和对毛传、郑笺、《说文》有关材料的分析，结论少有说服力。

这种研究方式与时下流行的一种看法是合拍的，就是认为由于历史的原因，我们这一代人缺乏经学、小学的修养与根基，但可以通过借鉴、采用国外与现代科学的理论与方法来弥补。这是一种本末倒置的观点。哲学家方东美指出："拿空袋子装外来思想是不行的，必须自己先有高度智慧，才能在学术文化上取法乎上，视为他山之石可以攻错，使双方的长处都能显示出来。"⑥ 这里所说的"空袋子"，是指缺乏汉民族传统学术文化的修养与根基。所说的"必须自己先有高度智慧"，是指应首先从钻研优秀的传统典籍中培植与升华出中国传统学术文化的修养、根基、思想与精神。有了这种高度智慧，内心随之充实，脚跟为之立定，敢于和善于在学术文化上取法乎上，不仅能从研究材料中提炼出符合材料实际的卓有成效的理论与方法，而且能对国外与现代科学的理论与方法加以正确的检验、评判而决定弃取。在尚不具备中国学术文化的根基之时即欲借鉴、采用外来的理论与方法，结果往往照搬滥用，造成危害。

（四）在《诗》与群经的贯通中实行文学、史学、哲学、语言文字学的复合型研究

本文第二部分所说的贯通《诗》与群经，是指通过考察与《诗》同时的经书，以及考察在《诗》之后、受到《诗》影响的经书，来扩大《诗》的材料的范围，重现《诗经》体大思深的原貌。这里所说的文、史、哲、语复合型研究，是指克服现代《诗经》研究中学科分割的弊端，将多学科复合为有机的整体，使《诗经》研究生动丰满，真实

可信。

今人张舜徽曾经阐发一个重要观点:“天地间著之文字以传世者,不外三门:一为抒情,二为记事,三为说理。抒情之作,《诗》三百篇是也;记事之书,《尚书》《春秋》是也;说理之文,《易》《礼》是也。是古之五经,已该三者之体。抒情之作,今称文学;记事之书,今称史学;说理之文,今称哲学。”⑦对上述观点作简明表述,就是:由《诗经》而有文学,由《尚书》《春秋》而有史学,由《周易》《礼》而有哲学。可见,后世的文、史、哲是从五经发源的。本来,五经是彼此贯通为一个整体的,五经中的每一经都蕴涵着文、史、哲,不过就每一经的特色而言,《诗》侧重于文学,《尚书》《春秋》侧重于史学,《周易》《礼》侧重于哲学罢了。因此,五经在创生文、史、哲的过程中,也就造成了中华学术文化各学科整体贯通的综合性和古今发展的连续性,也确立了中华学术文化在研究时必须遵循的整体把握、分合交叉的基本理论与方法。我们只要看看古代没有单一的文学著作,也没有单一的文学家,文学家同时也是史学家、哲学家(如扬雄、钱大昕、章太炎),就知道多学科博综融贯是中华学术文化的一个根本传统了。惜乎百年中国由于西化、苏化研究模式的钳制与干扰,学科愈分愈细,互不沟通,学术研究大多失却了它应有的生机了。以往的《诗经》研究被限制在古典文学的上古诗歌领域,而以《诗》为材料作语言文字研究、作史学研究的少,这种研究与其他学科作沟通就更为稀见。这些都妨碍了对《诗》这一学术文化渊源之宝藏的开发与利用。有鉴于此,袁行霈先生建议:“开设文史哲共通的专书讨论课程,例如《论语》《孟子》《老子》《庄子》《左传》《史记》《诗经》《楚辞》《三国演义》《红楼梦》,等等,都是古代文学、古代史以及中国哲学史的博士生应当共同研习的。”⑧要求人文学科的博士生应共同研习《诗经》等代表中国学术文化"源"与"流"的多部原典，不仅反映了多学科交叉会通的大趋势，也体现了当代学人钻仰经典文献，培植学术根基的迫切性与责任感。

凭借着《诗》与群经贯通的广阔背景，利用出土材料，吸取清人成果，借鉴国外方法，可以选取《诗》中的一段史实或一种情感或一种观念作为研究对象，从文、史、哲、语多个领域清理、挖掘材料的内涵与联系，条分缕析之，交叉复合之，则真实凝重的新型成果之行世可以预期。

（五）真实凝重的《诗经》、群经研究成果应于醇正人心风俗有益

段玉裁毕生心力萃于群经与《说文》，详稽博辨，登峰造微，所著《毛诗故训传定本》《诗经小学录》《春秋古经》《古文尚书撰异》等，世所推重，而《说文解字注》对群经小学的卓越贡献尤比于禹功[9]。而段氏在认识其师戴震推明古经、故训"所以正人心也"[10]的宏大目标之后，反观自己的单纯考据，不禁感慨系之："喜言训诂考核，寻其枝叶，略其根本，老大无成，追悔已晚。"[11]

段氏曾综述戴震治经之目标："先生之治经，凡故训、音声、算数、天文、地理、制度、名物、人事之善恶是非，以及阴阳气化、道德性命，莫不究乎其实。盖以考核益精，文章益盛，用则施政利民，舍则垂世立教而无弊。浅者乃求先生于一名、一物、一字、一句之间，惑矣。"[12]

戴震生平著作之大，以《孟子字义疏证》为第一，其考论《诗经》，亦以匡正人心、醇厚风俗为务。所撰《毛诗补传序》云："《风》虽有贞淫，《诗》所以表贞止淫，则上之教化时或浸微，而作诗者犹

觊挽救于万一,故《诗》足贵也。三百之皆无邪,至显白也。……余亦曰:三百篇,皆忠臣孝子贤妇良友之言也。其间有立言最难,用心独苦者,则大忠而托诸诡言逊词,亦圣人之所取也。必无取乎小人而邪辟者之秽言,以与贤圣相杂厕焉。"⑬

醇正人心风俗,当以治学修身为基,故段玉裁云:"考核者,学问之全体,学者所以学为人也。"⑭今人研治《诗》与群经,可从清理、分析《诗》与群经的全文与传注入手,就"论道""论政""治学""修身"四个方面加以论证与深入挖掘。先是自己要下一番"去粗取精,去伪存真,居之能安,资之而深,左右逢源,孜孜日新"的工夫,提升学术与思想达到高明光大之境界,然后用今人便于理解、运用的话语将以上四个方面真实的精华部分表而出之,俾有助于自己与他人的"为人""为学"趋于醇正。

以上五条所述《诗》与群经得以贯通的前提条件、观点与方法,由融合前修时贤的经验,间出己意而成,似可作《诗》义考释的基本要求或做法,乞诸同道教正与采择焉。

附　注

①《说文解字读·序》。

②《章太炎全集》五,下引文同。

③ 依段玉裁所说,合"乐"于"礼"则为五经,见《说文段注》。

④《毛诗故训传定本小笺题辞》。

⑤《说文·叙》。

⑥《原始儒家道教哲学》12 页,黎明文化事业股份有限公司 1983 年。

⑦《爱晚庐随笔》370 页,湖南教育出版社 1991 年。

⑧《关于人文学科博士的培养》,载《学位与研究生教育》1997 年第 1 期。

⑨ 龚自珍尊崇《段注》为"导河积石归东海,一字源流奠万哗",见《己亥

杂诗》其五八。

⑩⑫《戴东原集·序》。

⑪《朱子小学跋》。

⑬《戴震集》192～193 页。

⑭《娱亲雅言·序》。

[原载《第四届〈诗经〉国际学术研讨会论文集》,学苑出版社 2000 年]

《左传》"度""制""法""量""守"的联系与内涵

《左传·隐公元年》:"祭仲曰:都城过百雉,国之害也。先王之制,大都不过参国之一,中五之一,小九之一。今京不度,非制也。君将不堪。"

其中的"不度""非制"怎样解释才确切呢?王力主编《古代汉语》(修订本)第一册的注释是:"不度,不合法度。非制,不是先王的制度。"这个注释给人一种赘余而不顺畅的感觉,我们认为这是由于未能从《左传》中相关语词的联系与含义解释"度""制""非"的意义。今将这一问题的探讨陈述如下,向读者请教。

在《左传》中,"度"的主要含义是"量",故在行文中"度"与"量"可对等使用,也可同义连用。例如:

隐公十一年:"度德而处之,量力而行之。"

隐公十一年:"不度德,不量力。"

昭公三十二年:"度厚薄,……量事期。"

隐公五年:"故讲事以度轨量谓之轨。"

昭公十七年:"利器用,正度量。"

在杜预注中,"度"可用"量"来解释,"度"与"量"可同义连用。例如:

文公十八年:"事以度功。"杜注:"度,量也。"[①]

文公六年："为之律度。"杜注："钟律度量。"[2]

"度"是通过"量"来体现的。在《左传·隐公元年》中，体现"度"的"量"是"大都不过参国之一，中五之一，小九之一"。杜预注："侯伯之城，方五里，径三百雉，故其大都不得过百雉。"[3]郑属伯爵，其国都之城"径三百雉"，用"先王之制，大都不过参国之一"的量度来要求，则大都不得超过百雉。而据祭仲言，段所居的"京"已是"都城过百雉"，所以杜预注指出："段强大儁杰，据大都以耦国。"[4]这是说段占据"京"这个"大都"而与庄公之"国都"相"耦"，相匹敌，因而已成"国之害也"。

可见，说"今京不度"，从"量"上来看是指"京"已经不守"先王之制"规定的"大都不过参国之一"的"量"了。但问题尚不止此，"今京不度"有更深的含义。因为由"量"体现出的"度"，其实质是维护尊卑有序的先王之制。《左传·昭公二十九年》云：

> 仲尼曰：晋其亡乎，失其度矣。夫晋国将守唐叔之所受法度……贵贱不愆，所谓度也。

"贵贱不愆"揭示了"度"的实质。杜注："愆，过也。"[5]就是指不能僭越尊卑的等级。《说文》对此也有记载，第六卷下云：

> 邑，国也。从口，先王之制，尊卑有大小。

《说文义证》在解释"先王之制，尊卑有大小"时，就是引用《左传·隐公元年》"都城过百雉，国之害也""大都不过参国之一，中五之一，小九之一。今京不度，非制也"来证明的。可知"尊卑"是指贵贱的等级，"大小"是指所居国邑的范围，也就是"大都""中都""小都"的"大小"。"尊卑有大小"，表明"大小"是由"尊卑"决定的，"大小"是体现"尊卑"的，而"大小"正是"度量"之"量"。

"尊卑有大小"的含义与"贵贱不愆"相同。我们把《左传·隐公元年》"先王之制，大都不过参国之一，中五之一，小九之一"同《说文》"先王之制，尊卑有大小"这两段话加以对照，即可发现："大都不过参国之一"这个"度"的实质是"尊卑有大小"，而这正是"先王之制"的核心内容。

还应看到，尊卑有序不仅包括诸侯国之间"公、侯、伯、子、男"的等级，也包括诸侯国内部君臣的等级。《左传·隐公元年》中，庄公是君，段是臣，"三百雉"的"量"体现"君"尊的等级，"百雉"的"量"体现"臣"卑的等级。"今京不度"，是指"都城过百雉"了，这个举动等于发出了一个信号，表示段已经处于"君"的等级，他这个"臣"要把"君"庄公赶下台。人们对这种表示是明白的，这在《左传·隐公元年》中有三个证据：

1. "今京不度"时，郑国大夫祭仲对庄公说："君将不堪。"意即庄公将被段取代。

2. 段"命西鄙北鄙贰于己"，即"京不度"的范围越来越大时，郑国大夫公子吕对庄公说："君将如之何？欲与大叔，臣请事之。""事之"是指把"段"作为"君"来侍奉。

3.《左传·隐公元年》云："书曰：郑伯克段于鄢。……如二君，故曰克。"这是说段"收贰以为己邑"，制造出段与庄公"等级"相当、同样是君的现实，所以是"如二君"。

"今京不度"，不能像杜预注和王力主编的《古代汉语》那样讲成"不合法度"，因为在《左传》中，对于先王、君王制定的"度""法度""制度"，都强调"守"，而不是"合"。"合"是指地位相等的几个方面集中起来，例如《昭公十三年》"遂合诸侯于平丘"；也指分开的对等的两方再度统一，例如《定公十年》"嘉乐不野合"，《昭公十七年》"水火所以合也"。而"守"则是指后人或臣下遵循祖先或君上制定的法度、规则等。例如：

昭公二十九年："夫晋国将守唐叔之所受法度，以经纬其民，卿大夫以序守之。"这里出现两个"守"字，都是指晋国的后人遵守晋国的祖先唐叔之所受法度。

昭公二十五年："若夫宋国之法，死生之度，先君有命矣，群臣以死守之。"这是说遵守先君已有成文规定的有关死生的法度。

昭公四年："君子谓合左师善守先代。"这是说合左师善于遵守先代的仪度。

昭公十四年："能守节。"又昭公二十九年："节有度。"把这两句话会合起来看，可知"度"连接的词仍然是"守"。

《说文》也提供了相应的证据，十三卷下"封"下云："守其制度也。"这里，"度"连接的词也是"守"。

因此，"今京不度"之"不度"，不应解释为"不合法度"，而应解释为"不守（'大都不过参国之一'的）量度"，才能确切展示《隐公元年》的内容以及《左传》全书辞例的实际情形。

"非制也"一语，王力主编《古代汉语》解释为"不是先王的制度"。把"非"解释为"不是"，于义未安。

杜预注把"非制也"解作"非先王制"⑥，虽然没有解释"非"，但是揭示出所"非"的是"先王制"，以与《隐公元年》"非制也"的上文"先王之制，大都不过参国之一"相照应。"先王之制"是在鲁隐公元年的前代就已定下的，到隐公元年的春秋时代，作为后人，如果遵循之，就叫"守"（见上文的论证）；如果不"守"，就称为"非"。那么"非"的确切含义是什么呢？

在《左传》全书中，与"非先王制"在意义上相同的语句只有一条，就是《成公二年》的"非先王之命"。这一语句所在的上下文是：

先王疆理天下物土之宜，而布其利，故《诗》曰：我疆我理，南东其亩。今吾子疆理诸侯，而曰尽东其亩而已，唯吾子戎车是利，无顾土宜，其无乃非先王之命也乎？反先王则不义，何以为盟主？其晋实有阙[⑦]。

在上述完整的一段篇章中，“非先王之命”与“反先王”在行文上紧紧相连，这两个语句处于对等的相互解说的位置，可见这里“非”的含义就是“反”。“反”是与“正”相违背的，因而在上古文献的注释中，“反”义多训为“违背”。例如：

《国语》卷三《周语下》：“言爽，日反其信。”注：“反，违也。”[⑧]

《管子·七臣七主》：“好佼反而行私请。”注：“背理为反。”[⑨]

《周礼·夏官司马·匡人》：“使无敢反侧。”注：“反侧犹背违法度也。”[⑩]

“非”与“反”同，含义是“违背”，这是“非”这个语词的本义。《说文》云：

非，背也，违也。从飞下两翅，取其相背也。（十一下·非部）

“非”的本义是“违背”。《说文》中，部首从“非”的语词有四个，都包含“违背”义：

“䨽，别也。从非，已声。”（十一下·非部）《说文句读》：“八部云：别也，象分别相背之形。”

“靡，披靡也。从非，麻声。”（十一下·非部）《说文系传》：“披靡，分也。故取相违之义。”

“靠，相违也。从非，告声。”（十一下·非部）《段注》：“古人谓相背曰靠。”

陛，牢也。所以拘非也。从非，陛省声。（十一下·非部）按：

拘非，指拘捕违背正道的人。

《说文》“非”和以“非”为部首的字词均含“违背”义，这可以作为《左传》“非制也”之“非”亦为“违背”义的旁证。由此可知，“非制也”应解释为“违背了先王之制”。

因此，“今京不度，非制也”的正确解释应是：“现在‘京’不遵守‘大都不过参国之一’的量度，就违背了先王之制。”

至此，我们把祭仲劝诫郑庄公时所说的“都城过百雉，国之害也”至“今京不度，非制也，君将不堪”这完整的一段话连起来翻译，就是：

（在作为伯爵的郑国的国内，人臣所居的）都邑的城墙超过一百雉，是郑国的祸害。周代开国的君王制定的量度，是大的都邑的城墙不得超过国都城墙的三分之一；中等的都邑的城墙不得超过国都城墙的五分之一，小的都邑的城墙不得超过国都城墙的九分之一。现在“京”不遵守（先王制定的“大都不过参国之一”的）量度，就违背了（先王由等级的尊卑决定都邑的大小的）法制，（臣子共叔段已僭越国君的等级，）那么庄公您就将不能执掌国君的权柄了。

上述解释与翻译，是从《左传·隐公元年》上下文的实际出发的，体现了其中的重点词“制”“度”“非”等意义的相互联系，反映了“不度”“非制”在意蕴上密切配合、由表及里的关系。以往的一些注疏与教材误把“今京不度，非制也”翻译为“现在‘京’不合法度，不是先王的制度”，因而在行文上显得赘余而不顺畅。

附　注

①②③④⑦《春秋经传集解》524 页、448 页、8 页、3 页、643 页，上海古籍

出版社 1978 年。

⑤⑥⑩《十三经注疏》1402 页、1716 页、865 页，中华书局 1980 年。

⑧《国语》91～92 页，上海古籍出版社 1978 年。

⑨《二十二子》159 页，上海古籍出版社 1986 年。

[原载《汉语史研究集刊》第四辑，巴蜀书社 2001 年]

《论语》"民""人"的实际所指与词义特点*

本文依据程树德撰《论语集释》(中华书局,1990)讨论《论语》中的单音词"民""人"的实际所指与词义特点的不同。而与"民"、与"人"有关的双音词和固定词组则不在讨论的范围内,它们是:"逸民"(尧曰)、"小人"(为政、里仁、述而、子路、宪问、卫灵公、季氏、阳货、子张)、"小人儒"(雍也)、"鄹人"(八佾)、"殷人"(八佾)、"周人"(八佾)、"鲁人"(先进)、"封人"(八佾)、"门人"(里仁、述而、子罕、先进、子张)、"中人"(雍也)、"圣人"(述而、季氏、子张)、"善人"(述而、先进、子路)、"妇人"(泰伯)、"达巷党人"(子罕)、"匡人"(子罕)、"乡人"(乡党、子路)、"野人"(先进)、"南人"(子路)、"行人"(宪问)、"惠人"(宪问)、"成人"(宪问)、"仁人"(卫灵公)、"佞人"(卫灵公)、"远人"(季氏)、"庶人"(季氏)、"大人"(季氏)、"夫人"(季氏)、"邦人"(季氏)、"君夫人"(季氏)、"异邦人"(季氏)、"丈人"(微子)。

---

* 本文是作者主持的国家教委博士点社科基金项目"《说文段注》词汇研究与现代词汇学的建设"(项目批准号96JBY740002)的部分成果。

（一）《论语》中，“民”往往与“君”“上”对照着说，“民”的词义的实际所指是在“知”和“地位”上处于“下等”的众庶。“民”的词义特点是“下”

《论语》中，单音词“民”出现47次，在《论语》同一语句或同一段话中，“民”往往与“君”“君子”“上”等表述“在位者”的词对照着说。例如：

1.“子曰：大哉尧之为君也！巍巍乎！唯天为大，唯尧则之。荡荡乎！民无能名焉。”（泰伯）

这是把“君”与“民”对照着说。

2.“子曰：管仲相桓公，霸诸侯，一匡天下。民到于今受其赐。”（宪问）

3.“齐景公有马千驷，死之日，民无德而称焉。”（季氏）

4.“哀公问曰：何为则民服？”（为政）

以上，是把齐桓公、管仲与“民”，齐景公与“民”，鲁哀公与“民”对照起来说。

《论语》还把“君子”与“民”对照着说：

5.“君子笃于亲，则民兴于仁。故旧不遗，则民不偷。”（泰伯）

《论语注》：“君能厚于亲属，不遗忘其故旧，行之美者，则民皆化之。”《论语正义》：“君子，指在位者，故注以君言之。”

“君子”，《论语注》解释为“君”，《论语正义》解释为“在位者”，由此可把《论语》中与“民”对照着说的“君子”解释为“君”或“在位者”。例如：

6.“子夏曰：君子信而后劳其民；未信，则以为厉己也。”（子张）

这里把"君子"与"民"对照着说，其词义指"君"，故《论语正义》云："言上劳己，使己病也。"

7. "子张问于孔子曰：何如斯可以从政矣？……子曰：因民之所利而利之，斯不亦惠而不费乎？……君子正其衣冠，尊其瞻视，俨然人望而畏之，斯不亦威而不猛乎？"(尧曰)

这里也是"君子"与"民"对照着说，"君子"之义为"君"或"在位者"，故皇疏云："因民所利而利之，谓民水居者利在鱼盐蜃蛤，山居者利于果实材木，明君为政，即而安之，不使水者居山，渚者居中原，是因民所利而利之，而于君无所损费也。"

8. "子谓子产：有君子之道四焉：其行己也恭，其事上也敬，其养民也惠，其使民也义。"(公冶长)

《论语正义》云："君子者，卿大夫之称。"

这是用"君子""使民"来表述"卿大夫"与"民"在行文上的对应。

《论语》中，有时省略"君""君子"等词而以"使民""教民""临民""莅民""务民""济众"等词句来表述"君"与"民"的对应关系。例如：

9. "子曰：道千乘之国，敬事而信，节用而爱人，使民以时。"(学而)

《论语徵》："天子为万乘，诸侯为千乘。"

这是用"使民"来表述诸侯之君与"民"对应。

10. "仲弓问仁。子曰：出门如见大宾，使民如承大祭。……"(颜渊)

《揅经室集》云："孔子惟与颜子、仲弓论南面为邦之道。""南面为邦"是指处于天子诸侯之位。

这是用“使民”表述天子诸侯与“民”的对应。

《论语正义》在解释“使民以时”的“使民”时指出：“‘使’者，令也，教也”，“政令所以教民”。因而，“使民”包含着“教民”之义。《论语》也用“教民”来表述“君”与“民”的对应，例如：

11. “子曰：善人教民七年，亦可以即戎矣。”（子路）

《四书说约》：“善人教民，非为即戎，而言可以即戎者，即《孟子》‘王如施仁政于民，可挞秦楚’之意。”可见“善人”是处于“王”位。这里是以“教民”表述“王”与“民”的对应。

12. “子曰：以不教民战，是谓弃之。”（子路）

《论语正义》云：“此言弃之，亦谓弃其师也。”《榖梁传·僖公二十三年》：“为人君而弃其师，其民孰以为君哉？”这里是以“教民”表述“人君”与“民”的对应。

13. “仲弓曰：居敬而行简，以临其民。”（雍也）

《论语正义》云：“行简临民，即大舜之无为而治。……此节仲弓所言，为可使南面之证。”这里是以“临民”表述“大舜”与“民”的对应。

“临民”又称为“莅民”：

14. “子曰：知及之，仁不能守之。虽得之，必失之。知及之，仁能守之，不庄以莅之，则民不敬。”（卫灵公）

《论语稽求篇》卢东元云：“此为有天下国家者言。”又《论语集解》包曰：“知能及治其官，而仁不能守。虽得之，必失之。不严以临之，则民不敬从其上。”这是用“莅民”来表述“有天下国家者”与“民”的对应。

“临民”也可称为“务民”，例如：

15. “樊迟问知，子曰：务民之义，……”（雍也）

《论语正义》：“窃以夫子此文论仁知，皆居位临民之事，意樊迟时或出仕故也。”依照《论语正义》，“务民”即“居位临民”，用以表述“居位者”与“民”的对应。

16.“子贡曰：如有博施于民而能济众，何如？”（雍也）

在这段话中，“博施”与“济”对当，“民”与“众”对当，因而“济众”就是“济民”。《论语注》：“君能广施恩惠，济民于患难，……”这里是以“济众”表述“君”与“民”的对应。

分析“使民”“教民”“临民”等词句表述的“君”与“民”的对应关系的含义，可以发现这其实是“上”与“下”的对应。“使民”之“使”，《说文·八上》训为“令也”，“令”《说文·九上》训为“发号也”，是指“君上”发号。

又“教民”之“教”，《说文·三下》训为“上所施，下所效也”，因而“教民”表述的是“君上”施行，“下民”仿效。又“临民”之“临”，《说文·八上》训为“监也”，而“监”训为“临下也”，可知“临”有“居上监下”之义，因而“临民”表述的是“君上”监临“下民”。

这在《论语》中是可以印证的。在《论语》的同一语句或同一段话中，“民”往往与“上”相对成文。例如：

17.“上好礼，则民莫敢不敬。上好义，则民莫敢不服。上好信，则民莫敢不用情。”（子路）

此处均是“民”与“上”相对应。

18.“子曰：上好礼，则民易使也。”（宪问）

这也是“民”与“上”相对应。

19.“曾子曰：上失其道，民散久矣。”（子张）

也是“民”与“上”相对应。

在《论语》同一语句或同一段话中，如果有“民”而没有“上”与之对应，那么在相应的《论语》注释语中就必定有“上”这个词来与“民”相对应。例如：

20.“季康子问政于孔子，……孔子对曰：子为政，焉用杀？子欲善，而民善矣。君子之德风，小人之德草，草上之风必偃。”（颜渊）

《论语注》：“加草以风，无不仆者，犹民之化于上。”在“民之化于上”这个注释语中，“上”与“民”相对应。

21.“礼乐不兴，则刑罚不中。刑罚不中，则民无所措手足。”（子路）

《论语集解》：“孔曰：礼以安上，乐以移风。”移风是转化民俗。这是注释语中的“上”与《论语》中的“民”相对应。

22.“子曰：道之以政，齐之以刑，民免而无耻。道之以德，齐之以礼，有耻且格。”（为政）

《论语正义》引《汉书·货殖传》云：“于是在民上者，道之以德，齐之以礼，故民有耻而且敬。”注释语用“上”与“民”相对应。

23.“曾子曰：慎终追远，民德归厚矣。”（学而）

《论语正义》：“民是对君之称，盖化民成俗，必由在上者有以导之也。”注释语中也是“上”与“民”相对。

24.“子贡问政。子曰：足食，足兵，民信之矣。”（颜渊）

《论语正义》：“信谓上予民以信也。……信于民，则上下不干。”这个注释语也是“上”与“民”相对。

25.“宽则得众，信则民任焉，敏则有功，公则说。”（尧曰）

《论语集释》：“《汉石经》无‘信则民任焉’五字，皇本亦无。皇本‘公则说’作‘公则民说’。”关于“公则民说”（见皇本），《论语集释》云：“公平则举措刑赏皆得其宜，民服于上，故说（悦）也。”注释语也是“上”与“民”相对。

以上《论语》语句和注释语中的“上”,是指国君与在位者。“上”与“民”相对,由此可知“民”的词义特点是“下”。依照《论语正义》,这个“下”的意义不止是地势低下,主要是指在“知”上处于“下”,也就是“困而不学。”故《季氏》篇云:“困而不学,民斯为下矣。”《论语》全书,在评述人的等级时,只有“民”这个词才表述为“下”,“人”这个词是不表述为“下”的。现在把《论语》的三段话连起来看:

26. “孔子曰:生而知之者上也。学而知之者次也。困而学之,又其次也。困而不学,民斯为下矣。”(季氏)

27. “子曰:唯上知与下愚不移。”(阳货)

28. “子曰:中人以上,可以语上也。中人以下,不可以语上也。”(雍也)

《论语正义》:“此两言‘中人’谓‘中知’矣。‘中人’谓‘中知’,则‘上’谓‘上知’,‘下’谓‘愚’也。”

综合上述三段话的意义,《论语》按照是否“知之”把人分为三等:一是“上知”,包括“生而知之者上也。学而知之者次也”。二是“中人”,指“困而学之,又其次也”。三是“下愚”,即“中人以下”,指“困而不学,民斯为下矣”。在《论语》中,这第三等人用“民”来指称,而不用“人”来指称。

《论语》认为,“知之”的标准是“仁”“德”“礼”,这三个方面是相互包含的:

29. “子曰:知及之,仁不能守之,虽得之,必失之。知及之,仁能守之,不庄以莅之,则民不敬。知及之,仁能守之,庄以莅之,动之不以礼,未善也。”(卫灵公)

这里讲了“知”“仁”“礼”的关系，其中以“仁”“礼”为重。

“子曰：克己复礼为仁。一日克己复礼，天下归仁焉。”（颜渊）

这是讲“仁”和“礼”的关系：恢复了“礼”，就实现了“仁”。

“子曰：志于道，据于德，依于仁，游于艺。”（述而）

《论语经正录》：“（王）船山据《总注》辨之，谓志道、据德、依仁，有先后而无轻重。”这说明，“德”与“仁”的内容与作用是大体相当的。

“道之以德，齐之以礼，有耻且格。”（为政）

这是讲“德”和“礼”的关系：“德”是先导，“礼”是标准。

既然《论语》“知之”的标准是“仁”“德”“礼”，那么“困而不学，民斯为下矣”的意义，即是指因为不学，所以不具备“仁”“德”“礼”，这就是“下”。这是在“知”上的“下”。这种“知”上的“下”表现为“德”时，《论语》用“鲜少”之“鲜”来表述，《论语正义》用“浇薄”之“薄”来表述：

30.“子曰：中庸之为德也，其至矣乎。民鲜久矣。”（雍也）

《论语注》：“中和可常行之德。世乱，先王之道废，民鲜能行此道久矣。”

31.“曾子曰：慎终追远，民德归厚矣。”（学而）

《论语正义》：“当春秋时，礼教衰微，民多薄于其亲，故曾子讽在位者，但能慎终追远，民自知感厉，亦归于厚也。”也是说春秋时民德浇薄。

依照《论语》，“民”在“知”上的“下”决定了“民”在“地位”上的“下”。“中人以下，不可以语上也。”（雍也）“中人以下”即“民斯为下”（见上文28所引《论语正义》与分析）。《论语》认为，“君子思不出其位”（宪问），因而在“知”上的“民斯为下”就得“居下”之位。

“民”的词义特点“下”反映了在春秋时期，“民”被认为在“知”上“处于下等”，同时在“地位”上也“处于下等”。

（二）《论语》中，“人”的词义主要指称“有仁德与才能者”“在位者”，“人”的词义特点是“上”

词义有概括词义与具体词义之分。《论语》全书单音词“人”出现134次，包含着不同的具体词义。把这些词义加以归纳，按照《论语》的观点来作分析与排列，其具体词义包括5个方面：

第一，“人”指在位的仁人、贤人。表述这一词义的单音词“人”出现10次。今分析如下：

1. “子曰：作者七人矣。”（宪问）

对“七人”有多种解释，较为可信者有刘原父《七经小传》：“‘作’读如‘作者之谓圣’之‘作’。仲尼序书，始尧、舜。尧、舜以来始有典籍，故道其籍以来，圣人得位而制作者凡七人，即尧、舜、禹、汤、文、武、周公也。”则“人”的词义是指在位的仁人、贤人。

2. “定公问：一言而可以兴邦，有诸？孔子对曰：言不可以若是其几也。人之言曰：为君难，为臣不易。”（子路）

《四书考异》：“上文兴邦之言，亦即《大禹谟》‘后克艰厥后，臣克艰厥臣’二语之变。”蔡沈《书经集传》：“后克艰厥后，臣克艰厥臣”，“即禹祗承于帝之言也”，“祗承于帝”即“敬承于舜”。可知“人之言曰”的“人”指舜。

3. “舜有臣五人而天下治。”（泰伯）

《论语集注》：“五人，禹、稷、契、皋陶、伯益也。”

4. “樊迟问仁，子曰：爱人。问知，子曰：知人。樊迟未达。子曰：举直错诸枉，能使枉者直。樊迟退，见子夏曰：乡也吾见于夫子而问知，子曰：举直错诸枉，能使枉者直。何谓也？子夏曰：富哉言乎！舜有天下，选于众，举皋陶，不仁者远矣。汤有天下，选于众，举伊尹，不仁者远矣。"（颜渊）

《四书辨疑》云："仁则亦有爱恶之择也。樊迟问仁，孔子答以爱人，非谓不择善恶，皆普爱之也。"

完整地理解这一段话，可知孔子所说的"爱人""知人"这两个方面是联系在一起的。当樊迟尚未知晓何谓"爱人、知人"时，孔子解释说，就是"举直错诸枉，能使枉者直"，这句话，皇疏解释为"言若举正直之人，在位用之，而废置邪枉之人不用"。而樊迟对此仍未知晓，于是子夏具体解释，"言禹、汤有天下，选择于众，举皋陶、伊尹，则不仁者远矣，仁者至矣"（见《论语集解》）。《论语发微》云："子夏知孔子之意，必尧舜禹汤之为君，而后能尽用人之道，以垂百世之法。"可见"爱人""知人"一语中的"人"，其词义是皋陶、伊尹这种善于致治的"仁人""贤人"。

5. "武王曰：予有乱十人。……唐、虞之际，于斯为盛。有妇人焉，九人而已。"（泰伯）

《论语集注》："马氏曰：乱，治也。十人，谓周公旦、召公奭、太公望、毕公、荣公、太颠、闳夭、散宜生、南宫适，其一人为文母。刘侍读以为子无臣母之义，盖邑姜也。九人治外，邑姜治内。"可知"十人""九人"之"人"，均为在位、能治世的仁人、贤人。

6. "周有大赉，善人是富。虽有周亲，不如仁人。百姓有过，在予一人。"（尧曰）

《论语正义》："百姓有过，在予一人，言凡诸国百姓有不虞，天性不迪率典者，皆我一人之责。所以然者，百姓有过，亦由所封诸侯未得其人，故引以自责也。《曲礼》云：君天下曰天子。朝诸侯，分职、授政、任功，曰予一人。”“在予一人”为周武王讲的话，“人”指周武王。

7. “孔子曰：……隐居以求其志，行义以达其道。吾闻其语矣，未见其人也。”（季氏）

《论语集注》：“求其志，守其所达之道也。达其道，行其所求之志也。盖惟伊尹、太公之流，可以当之。当时若颜子，亦庶乎此。然隐而未见，又不幸而蚤死，故夫子云然。”“人”指伊尹、太公这一类善于治世的贤人。

8. “或问子产。子曰：惠人也。问子西。曰：彼哉！彼哉！问管仲。曰：人也。”（宪问）

“人”指管仲这样的“仁者”，孔子称赞管仲“如其仁！如其仁”！（宪问）

第二，“人”指不在位的仁人、贤人。表述这一词义的单音词“人”出现35次，今分析如下。

1. “伯夷、叔齐，何人也？曰：古之贤人也。”（述而）

在“何人”一语中，“人”这个词的意义是指伯夷、叔齐这种古代的贤人。

2. “子曰：三人行，必有我师焉。择其善者而从之，其不善者而改之。”（述而）

“三人行”的“人”，其词义指孔子之“师”。

3. “卫公孙朝问于子贡曰‘仲尼焉学？’子贡曰：‘文武之道，未坠于地，在人。贤者识其大者，不贤者识其小者。莫不有文武之道焉。夫子焉不学，而亦何常师之有？’”（子张）

“在人”，是说文武之道保存在人们之中。贤者记下了文武之道的大的方面，不贤者只记下了小的方面。孔子何处不学文武之道呢？因而就没有一定的老师。《论语或问》指出："此所谓'人'，正谓老聃、苌弘、郯子、师襄之俦耳。"书传言夫子问礼于老聃，访乐苌弘，问官郯子，学琴师襄，这些都是有善言善行的贤能之人。

4."叶公问孔子于子路。子路不对。子曰：女奚不曰：其为人也，发愤忘食，乐以忘忧，不知老之将至云尔。"（述而）

"其为人"一语中的"人"，指孔子。

5."子曰：默而识之，学而不厌，诲人不倦。"（述而）

6."子曰：若圣与仁，则吾岂敢？抑为之不厌，诲人不倦，则可谓云尔已矣。"（述而）

"诲人"一语中的"人"，指孔子的学生。《述而》篇云："子曰：自行束脩以上，吾未尝无诲焉。"《论语注》："言人能奉礼，自行束脩以上，则皆教诲之。"孔子的学生，有三千弟子、七十贤人，《史记·仲尼弟子列传》云："孔子曰'受业身通者七十有七人'，皆异能之士也。"又《雍也》篇"子曰：雍也可使南面"，《论语正义》引《盐铁论·殊路篇》："七十子皆诸侯卿相之才，可南面者数人。亦兼天子、诸侯言之。"《论语·先进》篇载："德行：颜渊、闵子骞、冉伯牛、仲弓。言语：宰我、子贡。政事：冉有、季路。文学：子游、子夏。"孔子的学生，多为仁人、贤才、善士，故《论语》均以"人"称之。

7."颜渊喟然叹曰：……'夫子循循然善诱人，博我以文，约我以礼，欲罢不能。既竭吾才，如有所立卓尔。'"（子罕）

这段话是颜渊对孔子的赞叹。"夫子循循然善诱人"一语中的"人"，指称颜渊在内的孔子弟子。

8."颜渊死，子哭之恸。从者曰：子恸矣。曰：有恸乎？非夫人之为恸，而谁为？"（先进）

"非夫人之为恸，而谁为？"《论衡·问孔篇》引作"吾非斯人之恸而谁为?"皇疏:"有见孔子哀甚,故云:'子恸矣。'初既不自知,又向诸弟子明所以恸意也。夫人,指颜渊也。"

9."鲁人为长府。闵子骞曰:仍旧贯,如之何?何必改作?子曰:夫人不言,言必有中。"(先进)

《论语经正录》:"闵子一言而有数善,故夫子亟称之。""夫人"之"人"指孔子学生闵子骞。

10."伯牛有疾,子问之。自牖执其手。曰:亡之,命矣夫,斯人也,而有斯疾也。斯人也,而有斯疾也。"(雍也)

"斯人"之"人"指孔子学生冉伯牛。

11."曾子有疾,孟敬子问之。曾子言曰:鸟之将死,其鸣也哀。人之将死,其言也善。"(泰伯)

《论语注》:"孟敬子,鲁大夫仲孙捷。""欲戒敬子,言我将死,言善可用。""人"指曾子。孔子的弟子中,唯有"有子""曾子"称为"子",可见曾子在孔门中有崇高的声望。

12."孔子曰:见善如不及,见不善如探汤。吾见其人矣,吾闻其语矣。"(季氏)

《论语集注》:"真知善恶而诚好恶之,颜、曾、闵、冉之徒,盖能之矣。""人"指颜渊、曾子等有德行与才能的贤人。

13."子曰:可与言而不与之言,失人。不可与言而与之言,失言。知者不失人,亦不失言。"(卫灵公)

皇疏:"谓此人可与共言,而己不与之言,则此人不复见顾,故是失于可言之人也。"《卫灵公》此处提到的"失人","人"的词义是指"可与言之人"。《论语》记载孔子"可与言之人"有六处:《学而》:"子曰:赐也,始可与言《诗》已矣,告诸往而知来者。"《为政》:"子曰:吾与回言终日,不违如愚。退而省其私,亦足以发,回也不愚。"

《八佾》:"子曰:起予者商也！始可与言《诗》已矣。"《乡党》:"朝,与下大夫言,侃侃如也;与上大夫言,訚訚如也。"《微子》:"孔子下,欲与之言。"("之"指楚狂接舆)孔子"可与言之人"有三种:一是弟子中的贤人:子贡、颜回、子夏。二是下大夫、上大夫。三是隐士。

14. "子贡方人。子曰:'赐也贤乎哉？夫我则不暇。'"(宪问)

"方人"的含义,我们采用《论语正义》的解释:"方训比也。学以相辅而成,故朋友切磋,最为学道之益。夫子尝问子贡与回孰愈,又子贡问子张、子夏孰愈,夫子亦未斥言不当问,是正取其能比方人也。""方人"之"方"是"比较",《论语正义》所引《公冶长》篇"子谓子贡曰:女与回也孰愈",此"愈"与《宪问》篇"赐也贤乎哉"的"贤"同义,《广雅·释言》:"愈,贤也。"这是说两者相比较,哪一个更胜些、更强些。孔子与子贡所说的孰愈孰贤,是就德行、言语、文学等方面在孔子的弟子之间作比较,因而《宪问》篇"子贡方人"的"人",是指"七十贤人"中的人。

15. "子游为武城宰。子曰:女得人焉尔乎？曰:有澹台灭明者,行不由径,非公事,未尝至于偃之室也。"(雍也)

《论语稽》:"夫子问得人,正欲观子游平日所赏识者若何。而子游以灭明对。""得人"之"人",指澹台灭明。灭明字子羽,孔子弟子(见《史记·仲尼弟子列传》)。包注云:灭明"公且方"。"公"谓不以私事至,"方"谓行不由径。《论语集注》云:"不由径,则动必以正,而无见小欲速之意可知。非公事不见邑宰,则其有以自守,而无枉己徇人之私可见矣。"

16. "南宫适问于孔子曰:'羿善射,奡荡舟,俱不得其死然。禹稷躬稼,而有天下。'夫子不答。南宫适出,子曰:'君子哉若人！尚德哉若人！'"(宪问)

“若人”之“人”指南宫适这样的君子、有德者。南宫适是孔子弟子。

17. “子谓子贱：‘君子哉若人，鲁无君子者，斯焉取斯？’”（公冶长）

《韩诗外传》卷八：“子贱治单父，其民附。”“君子哉若人”之“人”，指子贱这样的君子。子贱为孔子弟子宓不齐。

18. “子曰：文莫吾犹人也。躬行君子，则吾未之有得。”（述而）

《论语正义》：“盖夫子言为学可以及人，至躬行则未能矣。”《子张》篇：“博学而笃志，切问而近思，仁在其中矣。”“文莫吾犹人”，即孔子自言为学可以及人。“人”指“博学笃志、切问近思”的“仁人”。

19. “子曰：人能弘道，非道弘人。”（卫灵公）

这段话的意义同于《子张》篇的“执德不弘，信道不笃，焉能为有？焉能为无”，在这里，“德”与“道”是互文，“弘”与“笃”是互文，意思是：执守道与德应弘大，信从道与德应纯笃。

《反身录》：“执德是持，守坚定宏，则扩所未扩。信道是心，孚意契笃，则始终如一。既弘且笃，方足以任重致远，做天地间大补益之事，为天地间有关系之人。”故“人能弘道”之“人”是指仁人、贤人。

20. “有子曰：‘其为人也孝弟，而好犯上者，鲜矣。……孝弟也者，其为仁之本与！’”（学而）

“孝弟”为“仁之本”，则“其为人也孝弟”一语中的“人”是指“仁人”或有“仁”的观念的人。

21. “蘧伯玉使人于孔子。孔子与之坐而问焉，曰：‘夫子何为？’对曰：‘夫子欲寡其过而未能也。’使者出，子曰：‘使乎！使

乎！'"（宪问）

《论语集注》："使者之言愈自卑约，而其主之贤益彰，亦可谓深知君子之心而善于辞令者矣，故夫子再言使乎以重美之。"段玉裁《经韵楼集》卷十二亦云："当以'使乎使'三字为逗，下一'乎'字为永叹之语助，曰何也，曰是，《尚书》'孝乎惟孝'、《礼记·仲尼燕居》'礼乎礼'之句法也"，"使乎使，谓好使中之好使也"。"使人于孔子"一语中的"人"是指"深知君子之心而善于辞令"的最佳使者，即贤能的人。

22．"孔子曰：不知命，无以为君子也。不知礼，无以立也。不知言，无以知人也。"（尧曰）

《论语传注》："人之邪正长短不能掩者，言也。知之而人才入吾洞照矣。不然，而何以知之，而取之用之？"又《论语补注》："子思有言：'百世以俟圣人而不惑，知人也。'然知人必求诸言，太史公曰：'余读孔氏书，想见其为人。'后世欲知夫子之所以圣，舍此书之言语文章将何求哉？记此者其有俟诸百世之思乎？"可见"知言"一语中的"言"是指言语文章，"知人"一语中的"人"是指"圣人、贤人、人才"。

23．"叔孙武叔毁仲尼。子贡曰：无以为也！仲尼不可毁也。他人之贤者，丘陵也，犹可逾也。仲尼，日月也，无得而逾焉。"（子张）

"他人之贤者，丘陵也，犹可逾也"皇疏："言他人贤者虽有才智，才智之高止如丘陵，丘陵虽高，而人犹得逾越其上。""他人"之"人"指贤者，有才智。

24．"子夏曰：商闻之矣，死生有命，富贵在天，君子敬而无失，与人恭而有礼，四海之内，皆兄弟也。"（颜渊）

《论语注》引包咸云：“君子疏恶而友贤，九州之人，皆可以礼亲。”可知这里的“人”是“修礼”的“贤者”。

25. “周公谓鲁公曰：君子不施其亲，不使大臣怨乎不以，故旧无大故，则不弃也；无求备于一人。”（微子）

《解论语笔》：韩曰：“周公戒伯禽多矣，仲尼独举此，讽哀公不亲信贤人尔。”“无求备于一人”之“人”指贤人。

26. “子张曰：‘异乎吾所闻。君子尊贤而容众，嘉善而矜不能。……我之不贤与，人将拒我，如之何其拒人也？’”（子张）

“人将拒我”，是拒“我之不贤”，可见这里两次提到的“人”，是指“尊贤”的人。

27. “柳下惠为士师，三黜。人曰：子未可以去乎？”（微子）

《列女传补注》卷二：“柳下惠处鲁，三黜而不去，忧民救乱，妻曰：‘无乃渎乎？君子有二耻，国无道而贵，耻也；国有道而贱，耻也。今当乱世，三黜而不去，亦近耻也。’……既死，门人将诔之，妻曰：‘将诔夫子之德耶？则二三子不如妾知之也。’乃诔曰：……夫子之谥，宜为惠兮。”《微子》篇“人曰：子未可以去乎”之“人”可以理解为是指柳下惠之妻，一则《列女传》记载了柳妻的意见中含有劝柳下惠离去之义，二则柳妻理解柳下惠的贤（“妾知之也”）。

28. “子曰：孝哉！闵子骞。人不间于其父母昆弟之言。”（先进）

《论语注》：“陈曰：言子骞上事父母，下顺兄弟，动静尽善，故人不得有非间之言。”“人”是指赞赏闵子骞“孝弟”的人。“孝弟也者，其为人之本与！”（《学而》）则“人”是指有“仁”的观念、品行的人。

29. “子问公叔文子于公明贾曰：‘信乎，夫子不言，不笑，不取乎？’公明贾对曰：‘以告者过也。夫子时然后言，人不厌其言；乐然

后笑,人不厌其笑;义然后取,人不厌其取。'子曰:'其然,岂其然乎?'"(宪问)

《论语集注》:"文子为人,其详不可知,然必廉静之士,故当时以三者称之。厌者,苦其多而恶之之辞。事适其可,则人不厌,而不觉其有是矣,是以称之或过,而以为不言、不笑、不取也。然此言也,非礼义充溢于中,得时措之宜者不能。文子虽贤,疑未及此。"公叔文子是"廉静之士",是"贤者",则"人不厌其言""人不厌其笑""人不厌其取"等语句中的"人",应是有"贤"的观念与"廉静"观念的人。

第三,"人"指善士、人才。表述这一词义的单音词"人"出现16次,今分析如下。

1."子曰:与其进也,不与其退也,唯何甚?人洁己以进,与其洁也,不保其往也。"(述而)

《论语解》:"子谓其进之志则善,与其进而志善,不与其退而不善也。""人"指善士。

2."子与人歌而善,必使反之,而后和之。"(述而)

《论语集注》:"必使复歌者,欲得其详而取其善也。而后和之者,喜得其详而与其善也。此见圣人气象从容,诚意恳至,而其谦逊审密,不掩人善又如此。""人"指善士。

3."子曰:吾之于人也,谁毁谁誉?如有所誉者,其有所试矣。"(卫灵公)

包慎言《温故录》云:"言我之于人无毁无誉,而或有所誉称扬稍过者,以斯人皆可奖进而入于善之人。"则"吾之于人"的"人"指可"入于善之人"。

4."孔子曰:益者三乐,损者三乐。乐节礼乐,乐道人之善,乐

多贤友,益矣。"(季氏)

《论语述要》:"道人之善,道字,《集注》是称道之道,而皇疏及《汉书·酷吏传序》引此文俱作'导',《释文》亦云本或作'导',是汉唐旧本多作'导'也。"称道人之善,则"人"是有善性、善行者;引导人向善,则"人"是蕴有善性之人。

5."子曰:吾犹及史之阙文也。有马者借人乘之,今亡已乎!"(卫灵公)

《论语补疏》:"我有马不能服习,借人之能服习者,乞其代己调良,此谨笃服善之事也。"则"有马者借人乘之"一语中的"人"是能服习、调驯马的善士。

6."子曰:人之生也直。"(雍也)

《论语集解》:"马曰:言人之所以生于世而自终者,以其正直也。"《论语集释》:"马云'始生之性皆正直',即《孟子》性善之旨也。""人之生"一语中"人"指有善性之人。

7."莫春者,春服既成,冠者五六人,童子六七人,……"(先进)

《论语正义》引《仪礼郑目录》云:"童子任职居士位,年二十而冠。……童子者,人年十五以上为成童。"此则未冠者也。依照《论语》的观点,"生而知之""学而知之""困而学之"称为"人",因为"知之""学之"即有"仁、德、礼";"困而不学"则称为"民"。童子任职居士位,年二十而冠,则"冠者"是士,已学,故称"人"。"童子"将"学之",到二十岁时也要冠,故也称"人"。总之,这里的"人"指"士",或将居士位者。

8."子曰:君子易事而难说也。说之不以道,不说也。及其使人也,器之。小人难事而易说也。说之虽不以道,说也。及其使人

也,求备焉。”(子路)

《论语答问》云:“君子贵重人才,随才器而使之,而天下无不可用之人。小人轻视人才,故求全责备,而卒至无可用之人。”“使人”一语中的“人”是指人才。

9. “子张问仁于孔子,孔子曰:‘能行五者,于天下为仁矣。’‘请问之。’曰:‘恭、宽、信、敏、惠。……惠则足以使人。’”(阳货)

《鲁冈或问》:“孔子答子张能行五者于天下为仁,非言君相之事与?”《论语正义》:“惠者仁也。谓以仁心行仁政也。”“行仁政而使人”,即上文“君子易事而难说也。……及其使人也”,“人”是指人才。

10. “仲弓为季氏宰,问政。子曰:‘先有司,赦小过,举贤才。’曰:‘焉知贤才而举之?’子曰:‘举尔所知。尔所不知,人其舍诸?’”(子路)

《论语注》引孔曰:“女所不知者,人将自举其所知,则贤才无遗。”可知“人其舍诸”一语中的“人”,或是自荐之“贤才”,或是与“贤才”相友者。

11. “子曰:君子不以言举人,不以人废言。”(卫灵公)

这里的“君子不以言举人,不以人废言”,同于上文《子路》篇的“焉知贤才而举之”,都是讲的“举贤才”。《论语正义》引《礼·文王世子》云:“凡语于郊者,必取贤敛才焉。”故“不以言举人,不以人废言”一语中的“人”指贤才。

12. “子路曰:有民人焉,有社稷焉,何必读书,然后为学?”(先进)

《论语後录》:“人读如‘女得人焉’之人,谓贤才也。”

13. “由也兼人,故退之。”(先进)

《论语集注》：“兼人，谓胜人也。”“由”是“子路”，子路“平日忠信明决”（《四书诠义》），为高才异能之士。“由也兼人”，是说他好胜人，他要“胜”的“人”，自然不会是平庸之辈，至少应是在才能上与之相近者，故“兼人”一语中的“人”，其词义是指人才。

第四，“人”指君王、诸侯、卿大夫等在位者。表述这一词义的单音词“人”出现48次，今分析如下。

1.“子曰：躬自厚而薄责于人，则远怨矣。”（卫灵公）

《春秋繁露·仁义法篇》引此句作“躬自厚而薄责于外”。《中论·修本篇》云：“孔子之制《春秋》也，详内而略外，急己而宽人。故于鲁也，小恶必书；于众国也，大恶始笔。”依照这一说法，“躬自厚而薄责于人”是指对鲁国国君“小恶必书”，对鲁国以外的国家的国君“大恶始笔”，因而“薄责于人”的“人”，是指其他国家的国君。

2.“子曰：‘莫我知也夫。’子贡曰：‘何为其莫知子也？’子曰：‘不怨天，不尤人。’”（宪问）

孔子之所以有“不尤人”之叹，是因为“莫我知也夫”。据《史记·孔子世家》：“及西狩见麟，曰：‘吾道穷矣！’喟然叹曰：‘莫知我夫！’子贡曰：‘何为莫知子？’子曰：‘不怨天，不尤人，……’”可见，《宪问》所载孔子“不怨天，不尤人”的话是在“西狩获麟”之后说的。在此之前，孔子曾游说各国的国君，而不被任用，故不能推行其道。《四书辨证》云：“《史记·六国表》《儒林传》则曰：‘仲尼干七十余君。’《索引》曰：‘后之记者失辞也。考《家语》等说，则孔子历聘诸国，莫能用，谓周、郑、宋、曹、卫、陈、楚、杞、莒、匡等尔。纵历小国，亦无七十余君。’”因而“不尤人”一语中的“人”，是指周、郑、宋、曹、卫等国的国君。

3.“（定公）曰：一言而丧邦，有诸？孔子对曰：言不可以若是

其几也。人之言曰：予无乐乎为君，唯其言而莫予违也。……”(子路)

《四书考异》：“此夫子举晋平公成言以为定公戒也。”《韩非子·难一》：“晋平公与群臣饮，饮酣，乃喟然叹曰：‘莫乐为人君，惟其言而莫之违。’”“人之言曰”的“人”，指晋平公。

4.“柳下惠为士师，三黜。……曰：‘直道而事人，焉往而不三黜？枉道而事人，何必去父母之邦？’”(微子)

《论语稽》引《劝学录》云：“岑鼎之征，鲁君欲以赝，惠必以真，鲁君于是乎黜之。爰居之止，臧孙以为吉，惠以为灾，文仲于是乎黜之。僖公之跻夏父，弗忌以为明顺，惠以为不祥，弗忌于是乎黜之。是之谓三黜也。”三黜柳下惠，乃鲁君、臧孙、弗忌之所为，因而“直道而事人”“枉道而事人”一语中的“人”，是指鲁君等在位者。

5.“为人谋而不忠乎？”(学而)

这句话与《子路》篇“居处恭，执事敬，与人忠。虽之夷狄，不可弃也”中的“与人忠”有相同之处。本节第25条将论证，“与人忠”一语中的“人”可理解为楚大夫叶公。又《公冶长》篇：“子张问曰：‘令尹子文三仕为令尹，无喜色。三已之，无愠色。旧令尹之政，必以告新令尹。何如？’子曰：‘忠矣。’”这也是“与人忠”。这是说令尹子文被罢免，交接工作时，一定把自己的一切政令全部告诉接位的人。这里“忠矣”的“忠”涉及的人，是接位的新令尹。又《为政》篇：“孝慈，则忠。”皇疏引江熙云：“上孝慈，民亦孝慈。孝于其亲，乃能忠于君。”这里“忠”涉及的“人”是“君”。又《八佾》篇：“臣事君以忠。”“忠”涉及的人也是“君”。

6.“季路问事鬼神。子曰：‘未能事人，焉能事鬼？’”(先进)

《论语正义》：“事人，若子事父、臣事君是也。”则“事人”一语中的“人”指君王、尊长辈。

7.“子曰:人无远虑,必有近忧。”(卫灵公)

《论语注》解释此句的含义是“君子当思患而预防之”。可知这里的“人”是指“君子”。《论语正义》:“邢疏云:此《易·既济》象辞也。案《系辞》云:安不忘危,存不忘亡,是以身安而国家可保也。”《周易集解》引虞翻曰:“君位定于内,而臣忠于外,故‘身安而国家可保也’。”由此而知“人”——“君子”,是指“君”与“臣”。

8.“子曰:不患人之不己知,患不知人也。”(学而)

9.“子曰:不患人之不己知,患其不能也。”(宪问)

10.“子曰:君子病无能焉,不病人之不己知也。”(卫灵公)

11.“子曰:君子求诸己,小人求诸人。”(卫灵公)

《论语稽》对此句的解释是:“违道干誉而望人之知己,则其责人也必甚。”可见“求诸人”之“求”是责求。小人责求人必甚,是因为小人“违道干誉而望人之知己”。

12.“子曰:古之学者为己,今之学者为人。”(宪问)

《论语集注》引程子曰:“为人,欲见知于人也。”《论语稽》:“士之为学,每以见知于人、博取富贵为心。”

13.“子曰:……人不知而不愠,不亦君子乎?”(学而)

《论语正义》:“人不知者,谓当时君卿大夫不知己学有成,举用之也。”

依据《论语》正文与相关的注解,可知以上六句表述的意义相同,中心是讲“不患人之不己知”。其中“人”的含义是指“君卿大夫”等在位者。

14.“(子路)问于桀溺。桀溺曰:‘子为谁?’曰:‘为仲由。’曰:‘是鲁孔丘之徒与?’对曰:‘然。’曰:‘滔滔者天下皆是也,而谁以易之？且而与其从辟人之士也，岂若从辟士之士哉？'櫌而不辍。子路行以告。夫子怃然曰：'鸟兽不可与同群，吾非斯人之徒与而谁与？天下有道，丘不与易也。'"(微子)

《论语正义》云："谁以易之？'谁'谓当时诸侯也。以，与也。易，治也。言当时诸侯皆无贤者，孔子得谁与治之耶？'且而'之'而'，谓子路也。颜师古叙传注云：'避人之士，谓孔子；避世之士，溺自谓也。'""避人之士"一语中的"人"，杨伯峻《论语译注》译为"坏人"，亦即《论语正义》所说"当时诸侯"。因"当时诸侯皆无贤者"，故是"坏人"。

"吾非斯人之徒与而谁与？""与"是"偕同""同群"义。"斯人之徒"联系着上文"鲁孔丘之徒"来理解，"徒"是"徒众"义，"斯人之徒"可译为"这些人的徒众"。《论语正义》云："山林是鸟兽所居，人隐居山林，是与鸟兽同群也。人与人同群，故当相人偶也。"孔丘的意思是：天下无道，我道虽不行于天下，也不应隐居山林，而应与诸侯治下的众庶同群，一起来将天下无道改变为天下有道，到"天下有道"时，"则丘不与易也"——我就不会改变它了。因而，"斯人之徒"一语中的"人"，也应理解为《论语正义》所说的"当时诸侯"，才较为贴切。

15. "颜渊问仁。子曰：'克己复礼为仁。一日克己复礼，天下归仁焉。为仁由己，而由人乎哉？'"(颜渊)

《揅经室集》："孔子惟与颜子、仲弓论南面为邦之道。"《雍也》"可使南面"，《论语正义》："人君向明而治，故位皆南面，……南面者，天子也。"则孔子这段答颜渊"天下归仁"的话亦是论天子南面为邦的问题，其意是说，如果你来治理天下，那么要使天下归仁，关键在于你这个"治理天下者"，而不在于你手下的那些诸侯、卿大夫。在这段话中,"己"指代的是治理天下者——天子,"人"指代的是诸侯、卿大夫。

16. "子曰:'君子成人之美,不成人之恶,小人反是。'"(颜渊)

《论语正义》引《穀梁传·隐公元年》:"《春秋》成人之美,不成人之恶",《穀梁传·隐公元年》原文为:"《春秋》成人之美,不成人之恶。隐不正而成之,何也?将以恶桓也。其恶桓,何也?隐将让而桓弑之,则桓恶矣。桓弑而隐让,则隐善矣。"在这段话中,"人"指的是鲁隐公、鲁桓公。《春秋穀梁传·隐公第一》疏:"鲁虽侯爵,据臣子言之,故谓之公。"孔子"所云君子成人之美,不成人之恶","人"的含义当也与侯伯卿相有关。

17. "子张问士何如斯可谓之达矣。子曰:'何哉尔所谓达者?'子张对曰:'在邦必闻,在家必闻。'子曰:'是闻也,非达也。夫达也者,质直而好义,察言而观色,虑以下人。'"(颜渊)

据《论语集释》所引唐以前古注,子张答云:已所谓达者,"言若仕为诸侯及卿大夫者,必并使有声誉远闻者,是为达也"。这里指的是"士""仕为诸侯及卿大夫",因而孔子在解答子张之问时所说的"虑以下人"之"人",应是与已经"仕为诸侯及卿大夫"的"士"共事的"人",则此种"人"应是"已仕为诸侯及卿大夫者"。

18. "樊迟从游于舞雩之下,曰:'敢问崇德、修慝、辨惑。'子曰:'善哉问!先事后得,非崇德与?攻其恶,无攻人之恶,非修慝与?'"(颜渊)

《论语正义》:"樊迟从游,有感昭公孙齐之事,因以发问。……昭公不用子家羁,失民失政,以致出奔,是不能崇德也。子家羁曰:诸侯僭于天子,大夫僭于诸侯,公曰:吾何僭乎哉?是攻人之恶,不知攻其恶也。""攻人之恶"一语中的"人",是指"僭于天子"的"诸侯”与“僭于诸侯”的“大夫”。

19. “晏平仲善与人交,久而敬之。”(公冶长)

晏平仲,名婴,齐大夫。《四书大全辨》:“或曰:晏婴于晋悦叔向,于郑悦子皮,于吴悦季札,于周交柏常骞,于鲁交处士苏晋,与孔子处者八年,悦孔子弟子曾子,聘之仕,曾子固辞,于齐友大夫吴翰,分仓粟府金与北郭骚养母,以至赎越石父为上客,此正夫子所谓善与人交。”可见“善与人交”一语中的“人”是大夫与贤人。

20. “问人于他邦,再拜而送之。”(乡党)

《论语稽》:“孔子周游列国,所交皆名卿大夫。……今拜使者,如拜所问之人,此当时使命之通礼。”可知孔子托使者给“他邦的人”问好送礼,“他邦的人”是指名卿大夫。

21. “子曰:‘言必信,行必果,硁硁然小人哉! 抑亦可以为次矣。’(子贡)曰:‘今之从政者何如?’子曰:‘噫! 斗筲之人,何足算也。’”(子路)

“人”是“从政者”,具体指卿大夫。《论语补注》云:“至于必信必果,在士已为最卑之行,而今之卿大夫或有未之逮焉,故(子贡)始继以从政为问,而夫子果鄙之为不足道也。”

22. “曾子曰:‘可以托六尺之孤,可以寄百里之命,临大节而不可夺也。君子人与? 君子人也。’”(泰伯)

《论语正义》:“君子者,卿大夫之称。曾子言此人‘才德’能称其位,故重言君子以美之。”这表明“君子”与“人”是同义并列连用。“人”即是君子,指卿大夫。

23. “子路使子羔为费宰。子曰:‘贼夫人之子。’”(先进)

《论语注》:“子羔学未熟习而使为政,所以为贼害。”《左传·哀公十五年》杜注:“子羔,卫大夫高柴,孔子弟子。”此处“人之子”指子羔，则“人”应是指子羔之父。《论语正义》云：“于时世卿持禄，不由学进，故子路言仕宦亦不以读书为重也。”既是“世卿持禄，不由学进”，“子羔学未熟习而使为政”，则子羔之父似为世卿，此处“人”似指“卿”。

24. “叔孙武叔毁仲尼。子贡曰：‘无以为也！仲尼不可毁也。……人虽欲自绝，其何伤于日月乎？多见其不知量也。’”（子张）

《论语集注》：“自绝，谓以毁谤自绝于孔子。”“人虽欲自绝”的“人”，指叔孙武叔。《论语集注》云：“武叔，鲁大夫。”

25. “樊迟问仁。子曰：‘居处恭，执事敬，与人忠。虽之夷狄，不可弃也。’”（子路）

按：这段“樊迟问仁”之前，有叶公语孔子曰“吾党有直躬者，其父攘羊，而子证之”的话，孔子回答说：“吾党之直者异于是：父为子隐，子为父隐，直在其中矣。”《论语後录》解释说：“若夫子之告叶公，不以楚而外之，所谓与人忠也。”“与人忠”一语中的“人”指叶公。《论语注疏》孔曰：“叶公名诸梁，楚大夫。”

26. “陈司败问昭公知礼乎？孔子曰：‘知礼。’孔子退。揖巫马期而进之曰：‘吾闻君子不党，君子亦党乎？君取于吴，为同姓，谓之吴孟子。君而知礼，孰不知礼？’巫马期以告。子曰：‘丘也幸，苟有过，人必知之。’”（述而）

“人必知之”一语中的“人”指陈司败，《论语注》：“孔曰：‘司败，官名。陈大夫。’”

27. “子路问君子。子曰：‘修己以敬。’曰：‘如斯而已乎？’曰：‘修己以安人。’曰：‘如斯而已乎？’曰：‘修己以安百姓。修己以安百姓，尧舜其犹病诸？’”（宪问）

"修己以安人"一语中的"人"指"臣",《论语後案》:"君子,上位之君子也。人,犹臣也。"

28."敬事而信,节用而爱人,使民以时。"(学而)

《论语述何》:"'人'谓大臣群臣。"

29."子曰:'事君尽礼,人以为谄也。'"(八佾)

"事君尽礼",是指春秋时代之前"君使臣以礼,臣事君以忠"(见《八佾》孔子曰)的仪制与风尚。而到春秋战国时期,"当时君弱臣强,事君者多简傲无理,或更僭用礼乐,皆是以臣干君"(见《论语正义》),即是说,当时"以臣干君"者把"简傲无理,僭用礼乐"视为正常,而把"事君尽礼"看作谄媚,因而"人"是指"以臣干君"者。

30."子张曰:'《书》云:高宗谅阴,三年不言。何谓也?'子曰:'何必高宗,古之人皆然。君薨,百官总己以听于冢宰三年。'"(宪问)

"古之人"一语中的"人",是指"百官"与"冢宰"。

31."子张问仁于孔子。孔子曰:'能行五者,于天下为仁矣。''请问之。'曰:'恭、宽、信、敏、惠。恭则不侮,宽则得众,信则人任焉……'"(阳货)

《鲁冈或问》:"孔子答子张能行五者于天下为仁,非言君相之事与?"《论语正义》云:"任谓任事也。"因而"信则人任焉"是说君相诚信则便于百官任事,"人"是指君相之下的百官。

32."子禽问于子贡曰:'夫子至于是邦也,必闻其政,求之与,抑与之与?'子贡曰:'夫子温良恭俭让以得之。夫子之求之也,其诸异乎人之求之与?'"(学而)

《论语正义》:"吴氏嘉宾《论语说》:君所自擅者谓之政,常不欲使人与闻之,况远臣乎?"这是说,求"与闻国君之政者"是"臣",包括近臣与远臣。因而“其诸异乎人之求之与”一语中的“人”是指“臣”。

33.“子曰：苟正其身矣，于从政乎何有？不能正其身，如正人何？”（子路）

这段话中，“苟正其身”对“不能正其身”，“于从政乎何有”对“如正人何”。这样一对比，可知“从政”指的是“正人”。这一观点，与《颜渊》篇的“子帅以正，孰敢不正”相同。《颜渊》篇：“季康子问政于孔子。孔子对曰：政者，正也。子帅以正，孰敢不正？”因此，《子路》篇的“不能正其身，如正人何”中的“人”与《颜渊》篇的“子帅以正，孰敢不正”中的“孰”是相通的。郑注：“康子，鲁上卿，诸臣之帅也。”季康子是诸臣之帅，那么“子帅以正，孰敢不正”中的“孰”指的就是“诸臣”。由此而知“如正人何”一语中的“人”也应是指诸臣等在位者。

34.“子张问于孔子曰：‘何如斯可以从政矣？’……子曰：‘……君子正其衣冠，尊其瞻视，俨然人望而畏之，斯不亦威而不猛乎？’”（尧曰）

《子张》篇“君子有三变：望之俨然，即之也温，听其言也厉”下《论语古注集笺》云：“盖即下篇（即《尧曰》——引者注）所谓‘正其衣冠，尊其瞻视，俨然人望而畏之’也。”《论语校勘记》提及《公羊传・桓公二年》注“俨然人望而畏之”。该注的全文是：“内有其义，而外形见于颜色，孔子曰‘君子正其衣冠，尊其瞻视，俨然人望而畏之’是也。”这段注文解释的《公羊传》原文为：“孔父正色而立于朝，则人莫敢过而致难于其君者，孔父可谓义形于色矣。”注文所引孔子曰“君子正其衣冠，尊其瞻视”，是用来解释“孔父正色而立于朝”的。注文所引孔子曰“俨然人望而畏之”，是用来解释“人莫敢过而致难于其君"的。这里提到的"人",是朝中欲弑其君的太宰宋督。由此可以推测《尧曰》篇"俨然人望而畏之"的"人",也应是"在位者",但其地位低于"正其衣冠,尊其瞻视"的"君子"。

35."子曰:……夫仁者,己欲立而立人,己欲达而达人。能近取譬,可谓仁之方也已。"(雍也)

36."子贡曰:我不欲人之加诸我也,吾亦欲无加诸人。"(公冶长)

《朱子文集·答冯作肃》:"尝谓欲立人欲达人,即子贡所谓欲无加人,仁之事也。能近取譬,求仁之方,即孔子所谓勿施于人,恕之事也。"

37."子贡问曰:'有一言而可以终身行之者乎?'子曰:'其恕乎!己所不欲,勿施于人。'"(卫灵公)

依照《论语》正文与相关的注释,可知以上三句表述的意义相同,都是"己所不欲,勿施于人"。关于"己所不欲,勿施于人"的含义,《颜渊》篇的"仲弓问仁"有进一步的说明(见下)。

38."仲弓问仁。子曰:'出门如见大宾,使民如承大祭,己所不欲,勿施于人,在邦无怨,在家无怨。'"(颜渊)

《揅经室集》:"孔子惟与颜子、仲弓论南面为邦之道。"此篇所说南面为邦之道有三个方面:出门迎宾;使民;己所不欲,勿施于人。孔子的意思是,仲弓若在天子诸侯之位,在以上三个方面应怎样做。可见"己所不欲,勿施于人"的主动者是"天子诸侯",做到了"己所不欲,勿施于人",其标志是"在邦无怨,在家无怨"。《论语正义》云:"在邦,谓仕于诸侯之邦。在家,谓仕于卿大夫家也。"即:如果天子诸侯做到了"己所不欲,勿施于人",那么仕于诸侯之邦的人与仕于卿大夫家的人就不会有怨怒。因而"勿施于人"一语中的

"人"是指仕于诸侯之邦和卿大夫家的人。

39. "子曰：'听讼，吾犹人也。必也使无讼乎！'"(颜渊)

《论语正义》："听讼者，言听其所讼之辞，以判曲直也。《周官·小司寇》云：以五声听狱讼，求民情。……吾犹人者，言己与人同，但能听讼，不能使无讼也。"可见，"听讼"是指在位者通过了解民情，以判曲直的一种方式，则"人"指"在位听讼者"。

40. "子曰：'……犹之与人也，出纳之吝谓之有司。'"(尧曰)

《论语正义》云："人君若物与人而吝，即与库吏无异，故云谓之有司也。案：夫子言从政之道，而人君为政，亦不异此。"这是说，人君赐予财物、权力给人时，如果吝啬、犹豫，那就与具体的管事者无异。被人君赐予财物、权力的"人"，或是有位者，或是有功业者，或是言行可资褒奖者。

41. "子游对曰：昔者偃也闻诸夫子曰：'君子学道则爱人，小人学道则易使也。'"(阳货)

《论语注》："道谓礼乐也。"又《论语正义》云："君子者，谓王公、士大夫之子孙也。""《乐记》云：'乐者为同，礼者为异，同则相亲，异则相敬。……'则学礼乐，自知相亲相敬之道，故爱人也。"可见"君子学道则爱人"，是指王公、士大夫之子孙学习礼乐则相亲相敬；"爱人"一语中的"人"，是指王公、士大夫之子孙。

第五，"人"指"众人、一般的人"，或"任何人、每个人"，或"他人"，也含有"作为人"的意义，或者是对"人"的一种泛指。表述这一类词义的单音词"人"出现 24 次，今分析如下。

1. 子张曰："异乎吾所闻。君子尊贤而容众，嘉善而矜不能。我之大贤与，于人何所不容？……"(子张)

在这段话中，先说"君子尊贤而容众"，接着说"我之大贤与，于人何所不容”，在这里，“于人何所不容”指的是“容众”，可见“人”是指“众人”。

2. “子曰：富与贵，是人之所欲也，不以其道得之，不处也。贫与贱，是人之所恶也，不以其道得之，不去也。”（里仁）

这是说，富与贵是众人所盼望的，贫与贱是众人所厌恶的。

3. “曾子曰：‘吾闻诸夫子：人未有自致者也，必也亲丧乎？’”（子张）

《论语集解》：“马曰：言人虽未能自致尽他事，至于亲丧，必自致尽。”这是说，平常时候，任何人不可能来自动地充分发挥感情，如果有，一定在父母死亡的时候。

4. “人之过也，各于其党。观过，斯知仁矣。”（里仁）

这是说每个人出现的过失，都反映出他所属的类别。这里“人”的词义，指“每个人”或“任何人”。

5. “子贡曰：‘君子之过也，如日月之蚀焉：过也，人皆见之；更也，人皆仰之。’”（子张）

皇疏：“日月之蚀，人并见之，如君子有过不隐，人亦见之也。更，改也。日月蚀罢，改暗更明，则天下皆并瞻仰。”“人”指众人。

6. “子曰：‘视其所以，观其所由，察其所安，人焉廋哉？人焉廋哉？’”（为政）

7. “始吾于人也，听其言而信其行。今吾于人也，听其言而观其行。于予与改是。”（公冶长）

以上两个例句中，“人”表述“他人”“任何人”的词义。

8. “子曰：‘贤哉回也。一箪食，一瓢饮，在陋巷。人不堪其忧，回也不改其乐。’”（雍也）

“人”指“他人”或“众人”。

9. "司马牛忧曰：'人皆有兄弟，我独亡。'"（颜渊）

在"人皆有兄弟，我独亡"一句中，"人"与"我"相对成文，则"人"指"他人"。

10. "子贡曰：'君子亦有恶乎？'子曰：'有恶：恶称人之恶者，恶居下流而讪上者……'"（阳货）

在"恶称人之恶者"一语中，"人"指"他人"。

11. "或曰：'雍也仁而不佞。'子曰：'焉用佞？禦人以口给，屡憎于人……'"（公冶长）

"禦人以口给，屡憎于人"的意思是"强嘴利舌地同他人辩驳，常常被人讨厌"。这两句话中的"人"都可理解为指"他人"。

12. "子曰：'好勇疾贫，乱也。人而不仁，疾之以甚，乱也。'"（泰伯）

13. "子曰：人而不仁，如礼何？人而不仁，如乐何？"（八佾）

14. "子曰：人而无信，不知其可也。"（为政）

15. "子谓伯鱼曰：'女为《周南》《召南》矣乎？人而不为《周南》《召南》，其犹正墙面而立也与？'"（阳货）

以上四个例句中的五个单音词"人"，都表述"作为人"这一词义。

16. "子曰：惟仁者能好人，能恶人。"（里仁）

《论语补疏》："仁者好人之所好，恶人之所恶，故为能好能恶。"依照这一说法，"能好人"一语中的"人"指代的是"人之所好"，"能恶人"一语中的"人"指代的是"人之所恶"。在"人之所好""人之所恶"的语句结构中，"人"表述的是"作为人"这一含义。《里仁》篇这段话的意思是，孔子说：只有仁人才能把握好作为人应当有的喜好与厌恶的正确标准。

17.“厩焚,子退朝,曰:‘伤人乎?’不问马。”(乡党)

这段话中,“人”与“马”相对,则其词义是对人的泛指。

第六,《论语》单音词“人”的指称义不明者出现1次:

“匿怨而友其人,左丘明耻之,丘亦耻之。”(公冶长)

《论语集解》:“孔曰:匿怨而友,心内相怨而外诈亲也。”“匿怨而友其人”一语中,“其人”不可考,“人”的指称义也不明,故对这个“人”的词义的分类暂付阙如。

综上所述,《论语》全书单音词“人”总共出现134次,其中有10次表述“在位的仁人、贤人”的词义,有35次表述“不在位的仁人、贤人”的词义,有16次表述“善士、人才”的词义,有48次表述“君王、诸侯、卿大夫等在位者”的词义。以上词义可概括为两类:一是指有仁德、有才能的人,二是指有位的人。从词义特点来看,这两类词义都包含“高、上”义(见下文“三”的论证),指的是德、才的“高、上”和地位的“高、上”。表述这些词义的单音词“人”在《论语》里共出现109次,占《论语》单音词“人”出现的总数134次的81%。此外,有24次表述的词义是“众人、一般的人”,或“任何人、每个人”,或“他人”,也含有“作为人”的意义,还有1次含义不明,暂阙待考。

(三)《论语》中,“民”与“人”的词义特点“下”与“上”的区别,反映出春秋时期众庶处于为“君”所“使”的低下地位;而居于上位的君王、诸侯、卿大夫大多不仁、不德、不贤,孔子与其弟子有仁德,仁人、贤人、善士、人才有贤能,但不在位

《论语》中单音词“人”表述仁德、才能“高、上”的词义和表述地

位“高、上”的词义出现 109 次，占了单音词“人”出现的总数 134 次的 80%以上，因而我们就用“人”的这些词义来与“民”的词义作比较，以考察《论语》单音词“民”“人”在词义上的主要的区别。

《论语》的根本观点，即以孔子为代表的先秦儒家的根本观点，是遵循先王之道，即祖述尧舜、宪章文武，也就是推崇与效法上古时代在位的仁人、贤人的政治。反映到单音词“人”的词义上，就是用“人”这个词指称尧、舜、禹、汤、文、武、周公等上古在位的仁人、贤人时，“人”蕴涵着“高、上”的意义。

《宪问》篇“子曰：‘作者七人矣’”一语中的“人”，《七经小传》解释为“圣人得位而制作者凡七人，即尧、舜、禹、汤、文、武、周公”，同时指出“‘作’读如‘作者之谓圣’之‘作’”。孔子表明自己是“述而不作”(《述而》)的，他传述的只是这七位“得位而制作”礼乐的“圣人”。对于这些“圣人”，孔子赞叹说：

“大哉！尧之为君也。巍巍乎！唯天为大，唯尧则之。荡荡乎！民无能名焉。巍巍乎！其有成功也。焕乎！其有文章。”(泰伯)

“巍巍乎！舜、禹之有天下也，而不与焉。”(泰伯)

“唐、虞之际，于斯为盛”，“周之德，可谓至德也已矣”。(泰伯)

“巍巍”是如山之高大。《论语集解》云：“功成化隆，高大巍巍也。”《说文・九上》“巍，高也”下《段注》：“高者必大，故《论语注》曰：‘巍巍，高大之称也。’”

“至德”是至高无上之德。“至”含有“极高”义，《说文・一上》“天，颠也”下云：“至高无上，从一大。”

孔子赞颂尧舜、文武等人时，“人”蕴涵的“高大”义，是表述这些人的功业与仁德的。“有成功”“有文章”是说尧的功业；“唯天为大，唯尧则之”是说尧的仁德。“舜有臣五人而天下治”，反映舜的功业；“舜、禹之有天下也，而不与焉”，“禹，吾无间然矣。菲饮食而致孝乎鬼神，恶衣服而致美乎黼冕，卑宫室而尽力乎沟洫”（泰伯）反映舜、禹的仁德。“武王曰：‘予有乱臣十人’”，“唐、虞之际（犹云唐虞之后，见《论语集释》——引者注），于斯为盛。有妇人焉，九人而已。三分天下有其二”反映周的功业；“三分天下有其二，以服事殷，周之德，可谓至德也已矣”反映文、武，周公的仁德。总之，“巍巍乎其有成功”，“巍巍乎有天下而不与”，“可谓至德”集中体现了他们的功业、仁德处于高上的地位（《说文·一上》：“上，高也”），故尧、舜、文、武等“七人”之“人”的词义特点是“上”。他们是在位的仁人、贤人，但《论语》强调的不是其“地位”，而是仁德、功业，可见这里“人”的词义特点“上”是指他们的“仁”“贤”达到高上的境界。

由《论语》推崇与效法上古时代的仁人、贤人的政治这一根本观点所决定，《论语》注重推阐孔子与弟子以仁德“为政”的主张和积极进取的精神。反映到单音词“人”的词义上，就是用“人”这个词指称孔子与弟子等仁人、贤人时，“人”蕴涵着“高、上”的意义。

《述而》篇：“叶公问孔子于子路，子路不对。子曰：‘女奚不曰：其为人也，发愤忘食，乐以忘忧，不知老之将至云尔。’”“其为人”一语中的“人”指孔子。对于孔子的贤德，子贡说“譬之宫墙，赐之墙也及肩”，而“夫子之墙数仞”（子张）。又说“他人之贤者，丘陵也，犹可逾也。仲尼，日月也，无得而逾焉”（子张）。又说“夫子之不可及也，犹天之不可阶而升也”（子张）。皇疏：“言孔子圣量之深，如数仞之高墙也”，“言仲尼圣智高如日月”。都突出其“高”，“高”与“上”同义（《说文·一上》），可见用“人”来指称孔子时，“人”的词义特点是“上”。

《子罕》篇：“颜渊喟然叹曰：……‘夫子循循然善诱人，博我以文，约我以礼，欲罢不能。既竭吾才，如有所立卓尔。’”这里“人”指称颜渊在内的孔子弟子。《论语後案》：“依古注‘所立卓尔’四字连读，犹言‘卓然独立’也”，“卓尔，高貌”。这是说孔子博文约礼的教诲使颜渊的德行进登于高上之域。又《宪问》篇：“南宫适问于孔子曰：‘羿善射，奡荡舟，俱不得其死然。禹、稷躬耕而有天下。’夫子不答。南宫适出，子曰：‘君子哉若人！尚德哉若人！’”“若人”之“人”，指南宫适，即孔子弟子南容。此篇表示的南宫适“力可贱而德可贵”（见《论语後案》）的思想，体现了先秦儒家推崇尧、舜、文、武等仁人、贤人的政治的根本观点。故孔子赞扬南容“尚德哉若人”。即“人”是“尚德之人”，“上”是“使……高上”之义，这表明“人”包含着“上”的词义特点。

依照《论语》的观点，“仁德”寄寓于“礼乐”中，“夫得制礼乐者，必须德位兼并，德为圣人、尊为天子者也。所以然者，制作礼乐必使天下行之。若有德无位，既非天下之主，而天下不畏，则礼乐不行；若有位无德，虽为天下之主而天下不服，则礼乐不行。故必须并兼者也”（见“述而不作”皇疏）。孔子有德无位，为推行其仁德、礼乐，故游说各国国君。而春秋时的各国国君，多不仁、不贤而有位，故不能实行孔子之道。《子路》篇云：“子贡曰：‘今之从政者何如？’子曰：‘噫！斗筲之人，何足算也。’”这里的“人”，指的是当时的“从政者”，彼辈多不仁、不贤、不德，识量浅陋，故为斗筲之人。又《尧曰》篇云：“子张问于孔子曰：‘何如斯可以从政矣？’……子曰：‘君子惠而不费，劳而不怨……’”皇疏：“言为政之道，能令民下荷于润惠，而我无所费损，故云费而不惠也。君使民劳苦，而民其心无怨，故云劳而不怨也。”把《论语》正文与皇疏相比较，知“从政者”是“君”,与之相对者是“民下”,则“从政者”就是“上”。从政者为斗筲之人,“上”只是表述其地位居于民上而已。因而“上”也是“斗筲之人”一语中“人”的词义特点。

至此我们把本文“一”与“二”两部分的内容加以对比,可以看出“民”“人”之别集中于“下”“上”的不同。

就词义的发展来看,“民”“人”之别首先表现于:“上”是仁德醇备,“下”是仁德不足而行仁德。本文“一”已作分析,《季氏》篇中,“生而知之者”“学而知之者”称为“上知”之“人”。“困而学之”,称为“中人”。“困而不学,民斯为下矣”称为“下民”(“下愚”)。依照《论语》的观点,就仁德而言,“上知”之“人”醇备,“中人”一般,“下民”因愚蒙而仁德不足。“人”的意义,《说文·八上》段玉裁注:“天地之心谓之人,能与天地合德。”“仁者,人之德也。”可见,“人”的词义是指人在效法天地中造就出的“高而上”的仁德。《泰伯》篇的“唯天为大,唯尧则之”正是说尧法天德,他的仁德高明广大。《子张》篇说孔子“不可及也,犹天之不可阶而升也”,是反映孔子在仁德上处于“高上”的地位。“民”的词义,《说文·十二下》训为“众萌也”,段玉裁注:“萌犹懵懵无知貌也。”又《说文·十二上》:“氓,民也。读若盲。”《诗·灵台·序》注云:“民者,冥也。”《周礼·遂人》郑注:“变民言甿……无知貌也。”民、萌、盲、甿、冥是一声之转,都指称“无知”。我们不能一般性地认为“盲、冥”是看不见,所以为“无知”;而应借助上古文献用例来作出具体的理解。《说文·七上》:“冥,幽也。”冥、幽是指山中地势低下而晦暗之处。《说文·四下》:“幽,隐也。从山中𢆶,𢆶亦声。”《段注徐笺》指出:“《系传》曰:山中幽隐处也。此释从山义最确。《小雅·伐木》篇:出自幽谷。毛传:幽,深也。深则暗冥。”《孟子·滕文公上》曾引用《小雅·伐木》,显示了上古时代的人们对“出自幽谷”的意义的理解。《滕文公上》:“今也南蛮鴃舌之人,非先王之道,子倍子之师而学之,亦异于曾子矣。吾闻出于幽谷,迁于乔木者,未闻下乔木而入于幽谷者。”孟子所说“吾闻出于幽谷”,说明这是在孟子之前流传下来的说法与认识。在这段话中,“下乔木而入于幽谷”象征着“非先王之道,子倍子之师而学之”,这是说陈相背叛其师陈良坚持的先王尧舜之道,而学习许行的“不务仁德”的邪说,这叫作“无知”。“下乔木而入于幽谷”一语表明“幽谷”之“幽”的词义特点是“下”,因而陈相的“无知”就是“下”。陈相从宋国来见滕文公时,曾说“闻君行圣人之政,是亦圣人也,愿为圣人氓”。“氓”《说文》训为“民”,读若“盲”。上文引用郑注“变民言甿……无知貌也”,《诗·灵台·序》注“民者冥也”,《说文》“冥,幽也”,这里已说明“幽”的词义特点是“下”,因而“民,无知貌”的词义特点也就是“下”。可见,“民、人”之别所体现的“下、上”之别,在《滕文公上》表现为“非尧舜之道,不务仁德”与“尊尧舜之道而仁德醇备”这两方面的不同。

尧舜至文武时代,“民”“人”的“下”“上”之别着眼于在位的仁人、贤人倡导“仁德”,“民”实行“仁德”。《雍也》篇:“子曰:中庸之为德也,其至矣乎,民鲜久矣。”注:“中和可常行之德,世乱,先王之道废,民鲜能行此道久矣。”这是说:由文武上溯于尧舜时,民是能行仁德的,“民”的词义特点“下”是反映民仁德不足,但要行“仁德”。而到春秋时代,尧舜之道废,孔子则极力恢复与传播之,而施号令者多是不仁、不贤、不德的诸侯、卿大夫,故此时“人”的词义特点“上”,一方面是反映孔子与弟子具有仁德,也反映其他不在位的仁人、贤人、善士、人才具有贤能,另一方面是反映君王、诸侯、卿大夫等的地位居于民上。此时“民”的词义特点“下”则是反映众庶处于为“君”所“使”和“不可使知”的地位。

参考文献

① 李学勤主编《十三经注疏》(标点本),北京大学出版社 1999 年。
② 刘宝楠《论语正义》,中华书局 1990 年。
③ 程树德《论语集释》,中华书局 1990 年。
④ 阮元主编《清经解》,上海书店 1988 年。
⑤ 蔡沈《书经集传》,中国书店 1994 年。
⑥ 朱熹《四书章句集注》,中华书局 1983 年。
⑦ 郑尧臣《龙溪精舍丛书》,中国书店 1991 年。
⑧ 苏舆《春秋繁露义证》,中华书局 1992 年。
⑨ 司马迁《史记》,中华书局 1959 年。
⑩ 李鼎祚《周易集解》,中国书店 1984 年。
⑪ 杨伯峻《论语译注》,中华书局 1980 年。
⑫ 杜预《春秋经传集解》,上海古籍出版社 1988 年。
⑬ 段玉裁《说文解字注》,上海古籍出版社 1988 年。
⑭ 丁福保《说文解字诂林》,中华书局 1988 年。

[原载《古籍整理研究学刊》2003 年第 6 期]

《文始》“京”字条评注

一 注出《文始》“京”字条得以提出的形、音、义依据

章太炎《文始》卷五阳声“阳”部乙“京”条全文如下：

《说文》：“京，人所为绝高丘也。从高省，丨象高形。”此合体指事字也。对转鱼孳乳为虚，大丘也。亦与丘相系。《唐韵》虚，本丘如切。与丘双声。还阳又孳乳为圹，一曰大也。《孟子》：“犹水之就下，兽之走圹也。”《章句》曰：“兽乐圹野。”《诗》以旷为之。对转鱼，圹变易为野，郊外也。然京又有大义。《释诂》曰：“京，大也。”孳乳于鱼为鳋，海大鱼也。于鹿为麠，大麃也。于贝为魧，大贝也。京以丨象高，亦有特立之义。对转鱼于木为格，木长貌。《释木》：“栈木、干木。”郭璞曰：“殭木也。江东呼木艞。”然则木立死亦曰格。与称菑同矣。格还阳为殭。《说文》不录。僵非殭义。对转鱼为枯，槁也。枯所孳乳，于人为殆，枯也。与于属之刳相系。于鸟为腒，鸟腊也。尧如腊，舜如腒，言其枯也。还阳于谷为糠，谷之皮也。亦合虚义。

以下注出《文始》“京”字条得以提出的形、音、义依据：

《说文·五下·京部》：“京，人所为绝高丘也。从高省，丨象高形。举卿切。”《尔雅·释丘》：“绝高为之京。”郭璞注：“人力所作。”《左传·宣公十二年》：“而收晋尸，以为京观。”杜注：“积尸封土其

上谓之京观。”《左传·襄公二十五年》:“辨京陵。”《淮南子·览冥训》:“高重京。”《吕氏春秋·禁塞》:“为京丘若山陵。”注:“合土筑之,以为京观。”《说文通训定声》状部第十八:“丨按引而上,指事也。”京从高省。丨象高形,故为合体指事。“京”下《段注》:“古音在十部。”此即章太炎的阳部,黄侃的唐部。下同。

《说文·八上·丘部》:“虚,大丘也。昆仑丘谓之昆仑虚。古者九夫为井,四井为邑,四邑为丘,丘谓之虚。从丘,虍声。丘如切。又朽居切。”《尔雅·释水》:“河出昆仑虚。”《山海经·海内西经》:“昆仑之虚在西北,帝之下都。”《说文·十一上·水部》:“泑,泽在昆仑下。”“虚”下《段注》:“昆仑丘,丘之至大者也”,“虚本谓大丘”。《易》:“升虚邑。”《释文》:“虚,丘也。”又《说文·八上·丘部》:“丘,土之高也。”故章太炎云:虚“与丘相系,《唐韵》虚本丘如切,与丘双声”。“虚”下《段注》:“五部。”此即章太炎的鱼部,黄侃的模部。下同。

《说文·十三下·土部》:“圹,堑穴也,一曰大也。从土,广声。苦谤切。”《孟子·离娄上》:“犹水之就下,兽之走圹也。”注:“民之思明君,犹水乐卑下,兽乐圹野。”《左传·昭公元年》:“居于旷林。”贾注:“旷,大也。”《孟子正义》:“圹训大者通于旷。”《诗·小雅·何草不黄》:“率彼旷野。”故章太炎云:“《诗》以旷为之。”“圹”下《段注》:“十部。”

《说文·十三下·里部》:“野,郊外也。从里予声。羊者切。”《说文·六下·邑部》:“郊,距国百里为郊。”《周礼》:“体国经野。”疏:“谓二百里以外,三等采地之中。”《说文·五下·冂部》:“冂,邑外谓之郊,郊外谓之野,野外谓之林,林外谓之冂。”《诗·召南·野风》传曰:“郊外曰野。”《郑风》传曰:“野,四郊之外。”《书·牧誓》:

“王朝至于商郊牧野。”“野”下《段注》：“古音在五部。”

《尔雅·释诂》：“京，大也。”《公羊传·桓公九年》：“京者何？大也。”故章太炎云：“京又有大义。”

《说文·十一下·鱼部》：“䲔，海大鱼也。从鱼，畺声。鲸，䲔或从京。渠京切。”《淮南子·览冥训》：“鲸鱼死而彗星出。”注：“大鱼，长数里。”许慎注：“鱼之王也。”“䲔”下《段注》：“古音在十部。”

《说文·十上·鹿部》：“麠，大麃也。牛尾，一角。从鹿，畺声。麖，或从京。（从《段注》本）举卿切。”《尔雅·释兽》：“麠，大麃。牛尾，一角。”《段注》：“《史·武帝纪》《汉·郊祀志》皆曰：郊雍，获一角兽，若麃然。武帝所获正是麠。古音在十部。”

《说文·十一下·鱼部》：“魧，大贝也。一曰鱼膏。从鱼，亢声。读若冈。古郎切。”《尔雅·释鱼》：“贝，居陆贆，在水者蜬，大者魧。”《尚书大传》：“散宜生之江淮之浦，取大贝如大车之渠。”郑注：“渠，车辋也。”《段注》：“十部。”

《说文·六上·木部》：“格，木长貌。从木，各声。古百切。”《段注》：“木长言长之美也。木长貌者，格之本义。”庾信《小园赋》：“草树混淆，枝格相交。”《段注》：“古音在五部。”章太炎引出“格”字，意在系联下文“殭”字。

《尔雅·释木》：“栈木、干木。”郭璞注：“殭木也。江东呼木䑨。”《尔雅义疏》下二：“《说文》：栈，棚也。盖棚以栈木为之，因名栈，栈阁也。”“干者假借字。《释文》：干，樊本作杆。《广雅》云：杆，柘也。杆与榦同。”“杆木为棚栈，亦所以立榦也。”“郭云殭木也者，《玉篇》：杆，殭木也。《释文》引字书云：死而不朽。本或作僵。郭云江东呼木䑨者，䑨之言犹格也，格犹阁也。《说文》：格，木长貌。”

《说文·一下·艸部》：“菑，反耕田也。（从《段注》本）侧词切。"《尔雅·释地》:"田一岁曰菑。"郭注:"今江东呼初耕地反草为菑。"《诗·采芑》正义引孙炎曰:"菑,始灾杀其草木也。"因而章太炎云:"木立死亦曰格,与称菑同矣。"

《类篇》四中:"殭,居良切,死不朽。"《玉篇》卷十一:"殭,居良、居亮二切,死不朽也。"古音属阳、唐部。

《说文·六上·木部》:"枯,槁也,从木,古声。苦孤切。"《段注》:"五部。"

《说文·四下·歺部》:"殆,枯也。从歺,古声。苦孤切。"《段注》:"《周礼》:杀王之亲者辜之。注:辜之言枯也。谓磔之。五部。"又《四下·刀部》:"刳,判也。从刀,夸声。苦孤切。"《段注》:"刳谓空其腹。五部。"殆、刳义同,故章太炎云殆与刳相系。

《说文·四下·肉部》:"腒,北方谓鸟腊曰腒。从肉,居声。《传》曰:尧如腊,舜如腒。九鱼切。"《周礼·庖人》:"夏行腒鱐。"注:"干雉也。"《段注》:"五部。"

《说文·七上·禾部》:"穅,谷之皮也。从禾米,庚声。苦冈切。"《段注》:"穅之言空也。空其中以含米也。十部。"故章太炎云:穅"亦合虚义"。

二 评论《文始》"京"字条系联同源字的得失

(一)系联同源字正确之处

1.《文始》在"京"字条内系联出下述A、B、C三组词认为它们有同源关系,这在实践上突破了在《文始》之前人们从事的两两系源的简单作法,进入由一个起点出发,多方系联,归纳词族的系统研究的新阶段。这一总体设计是十分可贵的。

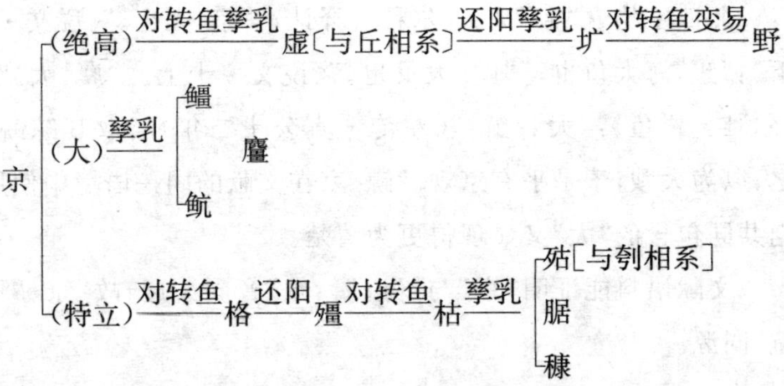

2. 在研究作法上体现了运用音转义通规律系联同源词的原则。具体地说，提出"京"与"虚"，"京"与"鳇、麠、魧"有同源关系，是正确的。因为不但具备音转或音同的条件，而且有文献材料证明其意义相通：

"京"为阳唐韵，"虚"为鱼模韵，二者可对转。并且，"京、虚"均含有"高丘"义、"集土"义，可知二者的词义特点相同。证据是：《尔雅·释丘》："绝高为之京。"郭注："人力所作。"《吕氏春秋》"为京丘"注："合土筑之，以为京观。"《说文·八上》："虚，大丘也。昆仑丘谓之昆仑虚。"《山海经·海内西经》："昆仑之虚在西北，帝之下都。""虚"下《段注》："即《西山经》昆仑之丘，实惟帝之下都也"，"如鲁，少皞之虚；卫，颛顼之虚；陈，大皞之虚；郑，祝融之虚。皆本帝都，故谓之虚。"高大之帝都，亦集土而成。"京"与"虚"既然都含"高丘""人所为"之义，又具备声音相转的条件，彼此同源是可信的。

"京"与"鳇、麠、魧"同源亦属信而有证：

此四字古同音，为阳唐韵。按《说文·十一下》鳇重文为鲸，《说文·十上》麠重文为麖，皆从京得声。

此四字均含“大”义。《尔雅·释诂》:“京,大也。”《说文·十一下》:“鳔,海大鱼也。”“鲸,大贝也。”《说文·十上》:“麠,大麃也。”《尔雅·释鱼》:“大者鲸。”《左传·宣公十二年》:“取其鲸鲵而封之,以为大戮,于是乎有京观。”鲸、京在文献的同一语境中使用,它们共同包含的“大”义显现得更为清楚。

文献语料能证明“京”与“鳔、麠、鲸”音同义通,故“京、麠、鳔、鲸”同源。

(二) 系联同源字的失误

1. “京”与“圹、野”没有同源关系

(1) “京”与“圹”古韵同属阳部,“京”可对转鱼部为“野”。它们在声音上虽有联系,但意义上并不相通。

(2) “京”与“圹、野”在意义上不相通:

“京”含“大”义,但不是一般的“大”,特指“高”中之“大”,即以“高”为特点的“大”。证据是:《说文·五下》:“京,人所为绝高丘也。从高省,丨象高形。”《尔雅义疏》:“京者,丘之大也,与坟同意。《释丘》云:绝高为之京。高亦大也。”京与坟同意,而《说文·十三下》:“坟,墓也。”《段注》:“析言之,则墓为平处,坟为高处。”郑注《礼记》云:“土之高者曰坟。”又《左传·宣公十二年》:“而收晋尸,以为京观。”杜注:“积尸封土其上谓之京观。”“封”谓聚土使高,也证明“京”的特点是高。

而《孟子》“兽之走圹”之“圹”,与“野”同。《左传·昭公元年》:“居于旷林。”贾注:“旷,大也。野空阔故大,大即广也。”《老子》:“旷兮其若谷。”注:“宽大。”又《战国策·秦策一》:“沃野千里。”《庄子·应帝王》:“处旷埌之野。”《桃花源记》:“土地平旷。”杜甫《旅夜书怀》:"星垂平野阔。"由以上可知,含"大"义的"圹"与"野",词义特点均为平面宽大,是着眼于地域之规模广阔,而"京"的"大"义是着眼于"高"。"圹、野"与"京",词义特点不同,义不相通,因而没有同源关系。

2. "京"与"格、殭、枯、殆、腒、穅"没有同源关系

(1)"格"本义为"木长貌",根据文献用例,"格"的词义特点是木长而枝格相交。如《上林赋》:"夭蛴枝格。"庾信《小园赋》:"草树混淆,枝格相交。"(《说文通训定声》豫部第九有说明)故"格"引申而有"扞格"义,如《礼记·学记》:"则扞格而不胜。""格"下《段注》:"引申之长必有所至,故《释诂》曰:格,至也","此接于彼曰至"。"此接于彼"正是"枝格相交"这一词义特点引申的结果。

京(阳部)与格(鱼部)在字音上虽可对转,而词义特点("京"为高大,"格"为相交)并不相通,故不同源。

(2)"殭、枯、殆、腒"同源,而与"穅"不同源。

"殭、枯、殆、腒"在"干枯"的词义特点上同源。"殭"为"死不朽"(《类篇》),即"干枯"义。《庄子·外物》:"早索我于枯鱼之肆。"注:"犹干鱼也。"《广雅》卷二:"殆,干也。""腒"义亦为干枯。《周礼·庖人》:"夏行腒鳙。"注:"干雉。"又《周礼·掌戮》:"杀王之亲者辜之。"注:"辜之言枯也,谓磔之。"《段注》:"按凡言磔者,开也,张也,刳其胃腹而张之,令其干枯不收。"

而"穅"的词义特点是"空"。《说文·七上》:"穅,谷之皮也。"《段注》:"穅之言空也,空其中以含米也。"

"穅"的词义特点是"空","殭、枯、殆、腒"的词义特点是"干",故二者不能同源。

"京"的词义特点是"高",所以与"穅"也不同源。

（三）系联同源字失误的原因

1. 章太炎从自己设立的韵表出发，凡是有音同、音转关系的字，在意义上有点联系的，就系联起来，而没有对于字所包含的词义特点作深切的分析。实际上，音同、音转只是同源的线索与外在条件，是否有共同的词义特点才是同源的内容和内部根据。

章太炎阐说字词的相互联系时有时注重了字词的表面意义而忽视了词义特点，从而导致把一些表面意义相似而词义特点有别的字词也当作同源词。

2. 章太炎提出某字与某字有孳乳同源关系，但有时缺乏可作为证明的文献语言材料。

3. 章太炎没有意识到自己的工作在大多数情况下是平面系源，而不是用历史推源的术语来阐说词义，导致主观编排某些字孳乳的顺序。

[原载《古籍整理研究学刊》1995 年 1、2 期合刊]

中国古代“文化”一词的本义

可以说，对中国古代“文化”一词的本来含义的探求与说明，仍然是今天学术界一个有必要考究的课题。

谈到中国古代“文化”的本来含义，有不少人认为是指“以文教化”，即以人伦秩序教化世人，使之自觉按规范行动[①]。这一说法是不确切的。原因在于这种说法没有通过系统分析、综合考察丰富的文献词义和释义专书的词义来深入挖掘词义的本原。

在中国古代，“文化”这个词的形成，最初是由“文”与“化”两个词在语句中连接着使用，然后结合为词组，最后固定为一个词语。“文”与“化”能够由连接使用逐步固定为语词，表明“文”与“化”两个词早就有相近相通的意义，它们互相联系着，共同表述某种完整的现象与过程。

在先秦的文献词义中，在汉代总结的解释文献词义的专书中，“文”的本义都是指阴阳两物交合。《易·系辞传下》说：“物相杂，故曰文。”“文”是指“物相杂”，“杂”是“配合”的意思。那么是什么样的物相杂、多少物相杂呢？《易》注指出，是“刚柔交错，玄黄错杂”。就是说刚和柔、玄和黄两两相合。其实刚与柔的意义和玄与黄的意义是相通的，都是指阴与阳。所以成公绥《天地赋》说：“气而言之则曰阴阳，性而言之则曰柔刚，色而言之则曰玄黄。”[②]由此可知“物相杂，故曰文”是指阴与阳两物交错、配合。这样来理解

《说文》对"文"的本义的解释,就明确了。《说文》:"文,错画也。象交文。"(九上·文部)《说文》是用两两交错的笔画来表示阴阳两物相交,这就是"文"的本义。这个本义在"五"的构形与意义中也可得到证明。王筠的《说文释例》指出:"文"字"下体交午",就是说"文"字这个字形的下面部分是交午之"×"。而"×"是"五"字的古文,《说文》解释说:"五"表示"阴阳在天地间交午也"(十四下·五部),所以"五"可以证明"文"的本义是阴阳交会。

"化"的本义为孕育、化生。"化"的本字写作"匕",《说文》解释为"变也"(八上·匕部),就是变化。变化的先兆是孕育。所以《书·尧典》正义在解释"乳化曰孳"时指出:"胎孕曰化。"《吕氏春秋·过理》有一句话叫做"剖孕妇而观其化",这个"化"指正在孕育的胎儿。可见"化"的意义特点是"孕育"。孕育的结果将是"化生",所以《礼记·乐记》说:"和故百物皆化。"郑注:"化犹生也。"这个"化"指经由孕育而出生。"化"的本义为孕育、化生,这在《说文》本书中也可得到证明。《说文》:"娲,古之神圣女,化万物者也。"(十二下·女部)化万物,就是孕育、化生万物。

从"文"的本义"明阳交合"到"化"的本义"孕育、化生",这两个词的本义连接起来,就共同指称了创生所必备的先后递嬗的推演过程。这个过程《周易》已做了精审的概括。《易·系辞传下》是这样概括的:"天地絪缊,万物化醇;男女构精,万物化生。"就是说:天地交午,男女配合,使万物得以孕育、化生。所以"文"与"化"这两个单音词可以在语句中连接着使用,进而发展为词组,固定为合成词"文化"。这种发展趋势是必不可免并且顺理成章的。在古代文献中"文"与"化"接近连用的最早的例证是《易·贲》的一段话:"(刚柔以止,)天文也。文明以止,人文也。观乎天文,以察时变;

观乎人文，以化成天下。”疏：“用此文明之道裁止于人，是人之文德之教。”这里提到了“文明”和“文明之道”，意思是指日月阴阳的配合使万物获得生机的道理原则。因为：在天上，地位和光亮最显著、最引人注目的，是日月二者，所以《易·系辞传上》说：“悬象著明莫大乎日月。”《系辞传下》也说：“日月之道，贞明者也。”而“贞明”的“日月”就是“阴阳”，所以《系辞传上》指出：“阴阳之义配日月。”可见“文明之道”其实是讲一阴一阳配合与变化的道理，正如《系辞传上》所说：“一阴一阳之谓道。”至此可以明白：《周易》中表明“文”与“化”两个词接近连用的那一段话“文明以止，人文也。……观乎人文，以化成天下”，是表述这样的意义：人们要效法天地日月所垂示的阴阳交合与化生之道来辅助裁成人们自己以及万物的生命历程。这也就是“文”与“化”在同一段话中连接着使用时具有的含义。

“文化”的这个本来含义到西汉有了发展，表述由日月阴阳两两配合的道理引申而出的某一时期、某一国家、某一地域教化人们当应遵循的夫妇、父子、君臣之道。这时，书面上已可以见到“文”与“化”结合在一起的词，如刘向《说苑·指武》：“圣人之治天下也，先文德而后武力。……文化不改，然后加诛。”这里的“文化”，是指作为思想和制度而存在的特定的夫妇、父子、君臣之道。很明显，这里所说“特定的夫妇、父子、君臣之道”的“文化”含义，是从上文所说的“文化”的本义——效法天地日月的阴阳交会与化生之道——发展出来的。因为，“天地日月的阴阳交会之道”与“夫妇、父子、君臣之道”，都强调“两分而相合”。

中国古代文化的本义——阴阳交合以化生万物——是这样产生的：先是古人从“仰观天象，俯察地法”中得到启示，然后在“近取诸身，远取诸物”中把这种启示座实[③]。既然日月、天地均为两分而相合，那么男女、夫妇、父子、兄弟、朋友、君臣以至万物也应遵循这种两分相合之道。“是以立天之道曰阴与阳，立地之道曰柔与刚，立人之道曰仁与义，兼三才而两之”[④]。由认识阴阳交合、化生的“日月之道”“天地之道”进而形成与规范“两分相合”的“人之道”，这种知与行的方式叫做“与天地合其德”[⑤]，简称“天人合德”。“德”的精义，指阴阳统合、化生时充盈与迸发的蓬勃生机。《周易》称之为“生”或“生生”：

天地之大德曰生。(《易·系辞传下》)

日新之谓盛德，生生之谓易。(《易·系辞传上》)

夫大人者，与天地合其德，与日月合其明，与四时合其序，与鬼神合其吉凶。(《易·乾》)

阴阳合德，而刚柔有体，以体天地之撰，以通神明之德。(《易·系辞传下》)

“德”的精义是指生机。生机的展现则是四时代序的生命历程。所以《易·乾》把“与天地合其德”同“与四时合其序”并列起来说。日月的照临，雨露的润滋，草木的畅茂，人物的长成，无不遵循着四时而周流变化，无不贯串着生机而更替终始。因而天地、人类与万物之间，是相互含吐而又各自保有特定的节律，是相互配合而又各自依准特定的生机的。不仅如此，“人者天地之所以治万物也”，“人者天地之所以用万物也”[⑥]，人是参通天地与万物的主动者。古人认识到这些道理后，视界就为之拓宽与加深了，转而豁然领悟到人应当在畅行自身的生机、完成自身的生命历程的同时也助成万物畅行其生机，圆成其生命历程。这就是人“参赞”天地化育的神妙之功：

能尽人之性，则能尽物之性。能尽物之性，则可以赞天地之化育。可以赞天地之化育，则可以与天地参矣。（《礼记·中庸》）

古代汉民族在体察天地阴阳的化育，认识天地、人、万物的生机与生命历程，并且参赞这种天地神功的时候，逐渐总结出人如何顺应、助成天地化育的轨范。这种轨范逐渐积淀于“文化”这个词中，就形成以先秦儒学为主干的中国古代文化意义体系。这个意义体系有各种贮存方式，东汉许慎《说文》是以汉语字词的综合排比和形音义的整体联系来贮存文化意义体系的。《说文·叙》指出：“慎博问通人，考之于逵，作《说文解字》，六艺群书之诂皆训其意，而天地鬼神、山川草木、鸟兽昆虫、杂物奇怪、王制礼仪、世间人事，莫不毕载。”⑦《说文》是先秦词义的集大成，它从根本上包罗了中国古代文化各个门类的意义。《说文》贮存的中国古代文化的意义体系，集中记录了先秦时期人们对天地万物“生生”的认知及人们参通天地万物的“生生”而形成的情感与观念。这种记录主要表现于四个方面：

1. 天地的产生及其造化之功遵循“合—分—合”的路径

《说文》的记录表明，古人认为，天地的产生源于“太极”——也就是完整的、环一状的元气——造分为二，其一为向上的“轻清阳”之气，其二为向下的“重浊阴”之气：

惟初太极，道立于一。造分天地，化成万物（一上·一部）（从小徐本）

元气初分，轻清阳为天，重浊阴为地，万物所陈列也。（十三下·土部）

其一的“轻清阳”之气简称“阳”，上升为天；其二的“重浊阴”之气简称“阴”下降为地。

天地虽然相互对峙，但彼此并不隔绝，它们通过各自的阴阳之气发生交午、感应，这样来孕育、化生万物：

阴阳在天地间交午也。（十四下·五部）

阴阳薄动生物者也。（十一下·雨部）（从《段注》本）

我们把《说文》的上述四个解释综合起来，可以看到，由太极之“一”而“造分天地”，是由合到分。两分的天地阴阳相互交午、薄动孕育，是由分到合。这就表述了天地的产生及其造化的过程。这个过程的基本路径是“合—分—合”。

2. 万物四时的化育遵循“合—分—合”的路径

《说文》的记录接着表明，当天地的阴阳之气通过交午、感应来孕育万物，使万物萌动的时候，这时的生物个体都是处于一种环合包裹的状态的。《说文》指出：

屯，难也。象草木之初生屯然而难。……《易》曰：屯刚柔始交而难生。（一下·屮部）

甲，东方之孟，阳气萌动，从木戴孚甲之象。（十四下·甲部）

处于孕育与萌动时期的生物个体呈现为环合包裹的状态，具体地说，是有“孚甲”包裹。之所以具有这种环合的状态，是因为“刚柔始交而难生”，由刚柔始交而孕育的生命，从它成形之始就面临着艰难。以草木的萌芽为例，萌芽受着土层的压迫，它在孚甲之中，正好可以屯聚与滋长其精力，以便成熟到一定的阶段“破土而出”。

孕育时期的环合状态已经包含着萌动，萌动继续发展便要改变环合状态，就是穿破孚甲，使孚甲裂分。《易·解》说：“雷雨作而百果草木皆甲坼。”《史记·律书》也说：“甲者，言万物剖符甲而出也。”这里的“甲坼”“剖甲”，是说萌芽长出来了，它使环合发展到裂分。

古人认为，萌芽在春天的出土，也得力于雷霆的振发，是春雷万钧之力推动它穿彻孚甲、挺出地面的。萌芽出土很艰难，所以即使雷霆拼力使之“挺”直，但刚刚出土的草木仍不免呈卷曲之形。《说文》指出：

> 霆，雷余声铃铃，所以挺出万物。（十一下·雨部）（从《段注》本）
>
> 乙，象春草木冤曲而出。（十四下·乙部）

草木欣欣向荣，得夏时盛大的生机，即很快由挺直而丁壮成实。《说文》指出：

> 丁，夏时万物皆丁壮成实。（十四下·丁部）（从小徐本）

由丁壮成实即走向揫敛衰杀。“丁”下徐锴说：“揫敛之乃为成”，“衰杀乃见其成之也”。揫敛衰杀是趋于秋冬之时。《说文》指出：

> 酉，就也。……酉为秋门，万物已入。（十四下·酉部）
>
> 己，……象万物辟藏诎形也。（十四下·己部）

《说文》解释“酉”的意义为“秋门，万物已入”。古经引用李巡的说法是：“在酉言万物坠落”[8]，即万物已入的意义。万物坠落，就是避藏于地下，其时万物呈现弯曲包裹之形。这就是“己”所具有的“象万物辟藏诎形”的意义。《说文句读》在注释“己”的意义时指出，“万物生于土，复归于土，其盘辟收敛，作诘诎之形。”这种使万物收敛避藏的秋冬时节，古人称之为“闭”，如《左传·僖公五年》服虔注：“闭，立秋冬也，阴气用事为闭。”

《说文》以草木指代万物。草木孕育时，萌芽处于孚甲的包裹中，卷曲屯聚，是“合”。待到春雷振发，草木穿破孚甲与土层，则挺出滋长，是“分”。至秋冬时节，草木零落，则敛曲避藏，又是“合”。所以古人认为万物四时化育遵循“合—分—合”的路径。

3. 人的“生生”遵循“合—分—合”的路径

《说文》的记录还表明，人的生命的发端应从“包孕”开始。包孕是指“怀妊”。《说文》指出：

包，妊也。象人怀妊。巳在中，象子未成形也。（九上·包部）（从《段注》本）

孕，怀子也。（十四下·子部）

“包孕”所具有的“怀子”“怀妊”义，古人又称为“重”“含实”。《诗·大明》：“大任有身。”传：“身，重也。”笺：“重，谓怀孕。”《玉篇》：“孕，妊子也，含实也。”这就是说，古人认为包孕是母体包裹胎儿，母体与胎儿重叠合并。

不仅如此，古人认为在包孕的阶段，胎儿自身的形状也是包裹合并。《说文通训定声》引用《庄子·外物》释文，说明包孕之“包”就是“腹中胎”。腹中胎是什么样的形状呢？《说文职墨》指出：“儿在母腹中，其形诎屈”，“并为一团”[9]。就是说胎儿自身的形状是弯曲合并。

由此可知“包孕”的词义特点是“合”。

胎儿发展到成熟阶段，即从母体出生。《说文》指出：

娩，生子免身也。（十四下·子部）

“娩”的意义，《广韵》训释为“子母相解”，可见“生子免身”，就是胎儿与母体分离。所以“娩”的词义特点是“分”。

待到婴儿长成，则男女匹配为夫妇，这就是《说文》的“妃”：

妃，匹也。（十二下·女部）

“妃”的词义特点是两两相合。所以《尔雅·释诂》说：“妃，合也。”《商子·画策篇》说：“夫妇，妃匹之合。”《段注》也指出：“夫妇之片合，如帛之判合矣。”都是强调一个“合”字。

总之，包孕是合，挽生是分，妃匹又合，所以人的生生是遵循“合—分—合”的路径。

4. 人对天地之道的参通遵循“合—分—合”的路径

认识天、地、人的产生，它们的相互关系及三者结合的路径，是中国古代文化研究的核心问题。正如《风俗通义》所说：“天、地、人之始，道之大纲也。”《说文》对于这些问题是有明确认识的，它指出：

大，天大地大人亦大。（十下·大部）

三，天、地、人之道也。（一上·三部）

三者，天地人也。而参通之者王也。（一上·王部）

《说文》解释“大”的本义是“天大地大人亦大”，表面上看来，天大、地大、人大，到底“大”是什么，好像《说文》并没有作出解释。其实，《说文》对“大”的解释是十分精审的，它生动、确切、集中地展示了中国古代“大”这个词义的文化内涵。中国古代文化的一个根本的观点，是认为有一种无形地贯串于天、地、人、万物之中的威力无比的“道”，这种“道”的特点是“广大悉备”。正如《易·系辞传上》所说：“易之为书也，广大悉备，有天道焉，有地道焉，有人道焉。兼三才而两之。”这种“广大悉备”的天道、地道、人道相互之间存在着这样的关系：一是像《老子》所说的：“人法地，地法天，天法道。”二是像《说文》所说的：“三者天、地、人也。而参通之者王也。”由于天道、地道、人道的特点是广大悉备，而人能够把天道、地道、人道参通，所以这样的人就是“大人”。正如《易·乾》所说的：“大人者，与天地合其德。"这是说,"大人"善于领悟、贯通、配合和畅行天道、地道、人道所具有的广大悉备的生机("德"是指生机),这样,"大人"相对于"天大、地大"而言,就成了"人亦大",从而构成"天大、地大、人亦大"的格局。这些都表明,《说文》解释的"大",是指充盈于天地之间的广大的生机,这种生机被古人赋予"道"的名称。这种广大的生机是客观存在的,但不是孤立、抽象地存在的,它具体存在于天道、地道与人道中,人在参通天道、地道、人道时能助成这种生机的畅行。

那么,人对天道、地道、人道的参通遵循着怎样的路径呢?《说文》指出:

数始于一,终于十……推十合一。(一上·士部)

认识这个"始于一,终于十","推十合一"的道理,需要联系着理解《说文》对"一"与"十"的解释:

一,惟初太极,道立于一,造分天地,化成万物。(一上·一部)(从小徐本)

十,数之具也。一为东西,丨为南北,则四方中央备矣。(三上·十部)

上文已经分析,古人认为,天地之道的特点是广大悉备。具体地说,是指天地具有广大悉备的生机,这种生机灌注于万物中,充盈于天地的各个方面。因此古人所说的"广大悉备",或者叫"完备",是体现于万物,体现于天地的各个方面的。天地的各个方面包括东西南北四方和中央。这样,古人关于"完备"的概念,就数目言,是指"万";就空间方位言,则指"四方中央"。《说文》所说的"一……化成万物","十……四方中央备矣",正是古人对"完备"义的说明。

那么,在古人心目中,“万”和“四方中央”的概念是怎样形成的呢?对比《说文》“一”和“十”的解释,可以发现:关键是“二”,过渡方式是“三”。

这里,“二”是指由“一”的太极之气造分而成的“天地”两方,是指“一为东西”“丨为南北”这横与纵的两方。

“三”是指由天地阴阳二气的交午而造成的天、地、人“三才”,是指由横、纵两方的组合而造成的横、纵、中央这三方。

有了天、地、人“三才”的贯通,则有万物畅行生机;有了横、纵、中央这三方的统合,则大宇万类包举无余。

这种由“三”引出“万”、由“三”概括“万”的道理与方法体现到《说文》汉字构形中,便是用三个相同笔画的组合,或是用三个相同字形的重叠来表示数目的众多及其蕴涵的盛大之意。其数目可以成千上万。例如:

晶,精光也。从三日。(七上·晶部)

磊,众石也。从三石。(九下·石部)

森,木多貌。(六上·林部)

轟,群车声也。(十四上·车部)

众,众立也。从三人。(八上·众部)

劦,同力也。从三力。(十三下·劦部)

品,众庶也。从三口。(二下·品部)

亼,三合也。……读若集。(五下·亼部)

彡,毛饰画文也。(九上·彡部)

川,贯穿通流水也。(十一下·川部)

以上所引十个字,是用三个相同笔画或三个相同字形的叠加来表示成千上万的数目及其盛大之意。例如“晶”《说文》解释为

"精光",即众星之光,古人认为众星集中了万物之精,故《说文》"星"的释义是:"万物之精,上为列星"(七上·晶部)。众星集中了万物之精,可知三日叠加的"晶"指代的数目是万。正如段玉裁所说:"凡言物之盛,皆三其文。"("晶"下注)古人深知"三"与"万"的相互关系及其文化内涵,所以用"三"来概括"万"。

以上分析说明的"一""二""三""万"的相互关系以及古人寄寓于其中的深刻道理,在《老子》与刘向《说苑》中有精要的说明:

①《说苑》:"发于一,成于二,备于三。"

②《老子》:"一生二,二生三,三生万物。"

着眼于这两段话中数字的相互关系,则可以把它们简化为:

① 一—二—三

② 一—二—三—万

《说苑》直接说明"三"指称"完备"义。《老子》说明"三"引出"万","三"概括"万"的文化内涵。这是《说苑》与《老子》在表述上的差异,而它们表述的内容是相通的。它们都共同指出由"一"到"完备"或由"一"到"万"的连接与转化中,"二"是关键,"三"是过渡的方式。

中国传统文化的"二"指代阴阳二气的两分相合。古人认为阴阳二气的相分相合、相摩相荡是天地造分、人与万物造化的动因,是人与万物追随天地之道永无休止、终始更替地成就其生命历程的依据,于是就确立了、实行了阴阳两分相合的准则,作为处理人与天地、人与万物、人与人相互关系的轨范。这就是《易·说卦传》所说的"立天之道曰阴与阳,立地之道曰柔与刚,立人之道曰仁与义,兼三才而两之"。兼三才,是参通天道、地道、人道。两之,是在参通时,要把握住每一个道都是对立双方的分而相合:阴与阳分而相合、柔与刚分而相合、仁与义分而相合。

终始交替地进行的“兼三才而两之”的过程，就是《说文》概括的“数始于一，终于十”，“推十合一”的过程。古代汉民族在认识天道、地道、人道的形成与联系，在确立与实行阴阳两分相合的准则的过程中，一般来说，总是先观察整体，确立规模，接着由表及里地“叩其两端”，“相其阴阳”，然后由内向外融合、复合其完整的内涵与形象。首先考察原有的整体，这是“始于一”。接着穷尽其各个复杂的阴阳相合的层面，这是“终于十”。然后把各个复杂的层面整合为完备的机体，这是“推十合一”。这种由一到十，由十到一的过程依次为考察其整合、剖分其整合、恢复其整合，“整合—剖分—整合”的每一步骤都伴随着对于对立与统一的阴阳双方的研讨与处理。可见，兼三才而两之，也就是人对天道、地道、人道的参通，遵循着“合—分—合”的路径。

根据以上的分析说明，可知《说文》记录了先秦时代的人们对于天地万物“生生”的认知以及人在参通天地、万物的“生生”时形成的情感与观念。这主要表现为：

1. 天地的产生及其造化之功遵循“合—分—合”的路径；
2. 万物四时的化育遵循“合—分—合”的路径；
3. 人的“生生”遵循“合—分—合”的路径；
4. 人对天地之道的参通遵循“合—分—合”的路径。

这四个方面集中起来，即显示出中国古代“文化”一词的意义特点与意义体系。其意义特点为：阴阳两分相合以化生万物。其意义体系表述的内容为：天地、万物、人的孕生、化育遵循“合—分—合”的路径，人对天地之道的参通实行“合—分—合”的轨范。“合—分—合”既是对于新新不停的天、地、万物、人“包孕—化生—

包孕”过程的概括，也是对于人参通天地之道时“整合—剖分—整合”方式的概括。

由于天地、万物、人的“生生”是千种万类、千变万化的，古代汉民族对于这种“生生”的整合与剖分是在反复处理博与约的关系中进行的（即：由博返约、守约博施），所以“生生”的“合—分—合”过程和整合剖分的“合—分—合”方式又可称之为“一—万——”（《说文》称为“始于一，终于十”，“推十合一”，也就是“一—十——”。这里的“十”指代“完备”之义。“完备”义在《说文》中还可用“化成万物”的“万”来指代。所以“一—十——”就是“一—万——”）。前人对此已有总结与表述：

王夫之说：“一者，保合和同而秩然相节者也。……功效散著于多而协于一，则又终于合道而以始。是故始于一，中于万，终于一。始于一，故曰‘一本而万殊’；终于一而以始，故曰‘同归而殊途’。”[10]

梁启超说：“天地间之物，一而万，万而一者也。”[11]

“合—分—合”“一—万——”的生生过程之所以新新不停，是因为其中贯串着“天人合德”的生机。“合—分—合”“一—万——”的整合剖分方式之所以在中国古代经久不衰，是因为其中洋溢着新锐的朴素辩证的精神。

所以，总结起来，中国古代“文化”一词的含义，是指古代汉民族认知天地阴阳化生万物的过程，进而形成“两分相合”的情感与观念，并实行“天人合德”的方式与轨范。

附　注

① 冯天瑜《中国文化史断想》6 页，华中理工大学出版社 1989 年。

② 见《说文义证》2页，上海古籍出版社1987年。

③《易·系辞传下》："古者庖牺氏之王天下也，仰则观象于天，俯则观法于地，视鸟兽之文与地之宜，近取诸身，远取诸物。"

④《易·说卦传》。

⑤《易·辩》。

⑥ 王夫之《周易外传》208页，中华书局1977年。

⑦《说文》320页，中华书局1963年。

⑧ 转引自《说文诂林》14283页，中华书局1988年。

⑨ 见《说文诂林》14168页，中华书局1988年。

⑩《周易外传》154页，中华书局1977年。

⑪《饮冰室专集》卷二《自由书·惟心》。

[原载《华东师范大学学报》(哲学社会科学版)1995年第2期]